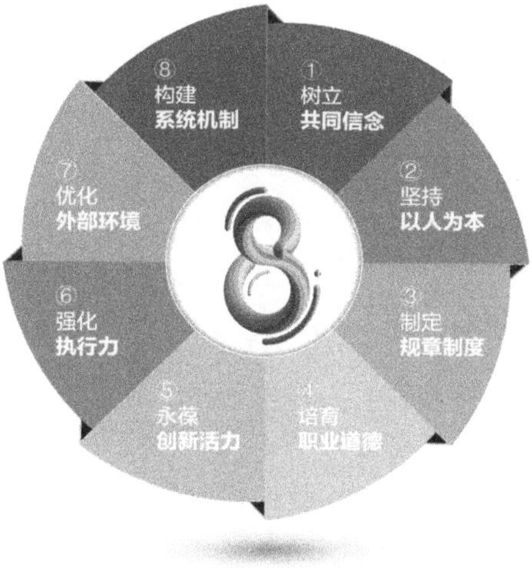

企业长青的八大法则

宋一霖 编著

75个案例揭示企业成败的关键要素

华南理工大学出版社
SOUTH CHINA UNIVERSITY OF TECHNOLOGY PRESS
·广州·

图书在版编目（CIP）数据

企业长青的八大法则/宋一霖编著. —广州：华南理工大学出版社，2020. 7
ISBN 978 - 7 - 5623 - 6357 - 6

Ⅰ. ①企… Ⅱ. ①宋… Ⅲ. ①企业管理 - 研究 Ⅳ. ①F272

中国版本图书馆 CIP 数据核字（2020）第 077608 号

Qiye Changqing De Bada Faze
企业长青的八大法则
宋一霖 编著

出 版 人： 卢家明
出版发行： 华南理工大学出版社
（广州五山华南理工大学 17 号楼，邮编 510640）
http://www.scutpress.com.cn　　E-mail：scutc13@scut.edu.cn
营销部电话：020 - 87113487　87111048（传真）
策划编辑： 庄　严　梁玉琪
责任编辑： 梁玉琪　李秋云
责任校对： 梁晓艾
印 刷 者： 广东虎彩云印刷有限公司
开　　本： 787mm × 960mm　1/16　**印张：** 19.25　**字数：** 365 千
版　　次： 2020 年 7 月第 1 版　2020 年 7 月第 1 次印刷
定　　价： 58.00 元

「

如果

我能看得

更远一点的话，

是因为我站在巨人的肩膀上。

——艾萨克·牛顿」

序

中外企业的经营者们，无不追求企业的持久成长和长盛不衰，但事实却是绝大多数企业难以长久经营下去。这不是一国的独特现象，而是世界各国普遍存在的问题。

早在19世纪中叶，美国商业作家梭罗在《瓦尔登湖》中就总结到，在绝大部分商人中，甚至100个中间大约有97个肯定要失败。他还指出，“甚至很可能剩下的3个也未能成功地拯救他们的灵魂。和那些诚实的破产者相比，他们或许在更精准的意义上也是破产的。”

97%，这是19世纪在美国被引用得最多的破产率，以致林肯在大量勉志自助书籍占领图书市场的50年代不禁哀叹：“人们都急切地想出版他们如何奋斗成功的书，但非常羞于出版那些失败的书。人们被这种遮掩谬误与失败的片面做法毁掉了。”

后世各国企业的命运，证明了19世纪美国的严酷商业事实并非个例。

当今的《财富》500强企业，在五六十年前大多是不存在的。美国在过去二三十年里民间企业新增的就业机会，三分之二来自员工不足20人的小企业，全都不是过去二三十年间的《财富》1000强企业。

1984年，美国评出了排名前十的计算机软件公司，20年后只有微软一家名列其中，其余九家都从前十名中消失。同样，1999—2001年间，美国纽交所和纳斯达克共有899家科技公司IPO（首次公开募股）。至2019年11月底，这批公司的股票仍然存续的仅有61只，存续率为7%，其余838家公司因各种原因相继淡出资本市场，其中48%的公司退市的原因为被并购，但完成IPO的企业已属于创业公司中极少数的佼佼者。

日本中小企业能够维持经营10年的只有18.3%，经营超过20年的只有8.5%，而能够持续经营30年以上的则不超过5%。据报道，发展历经200年以上的企业，日本在全世界居首，多达3000家，德国次之为800家，荷兰近200家，美国 14 家，中国 16 家（其中大陆 9 家、台湾 7 家），印度 3 家。

据有关资料统计，中国民营企业每分钟有 9 家倒闭，能够生存 3 年以上的不足 10%。中国民营企业的生命周期大体不超过 5 年，而一般民营企业的寿命仅仅 3.7 年，美国企业为 8.2 年，日本企业为 12.5 年。

根据世界有关国家的研究，家族企业第一代传到第二代的成功比例为 30%，第二代传到第三代的成功比例为 15%，第三代传到第四代的成功比例仅为 5%，代际传承的成功比例呈 30%—15%—5%递减。这印证了中国的一句老话“富不过三代”。

其他千千万万的企业，都湮灭在历史长河之中，无迹可寻。为什么中国乃至全世界的诸多企业会出现普遍衰退和普遍短寿的现象？也许人们会举出各种各样的理由，比如技术迭代、红海竞争、全球化、马太效应等宏观原因，但是更重要、更有意义的则是微观层面的原因：企业普遍缺乏反映企业运行规律的核心原理和内生机制以及与外部环境良性互动的基本法则的指导，导致当资本潮水退去的时候根基不稳，企业的劣势暴露无遗。

企业是由人组成的。我们须知，同万物相比，人类是具有灵魂、精神追求的高级物种。虽然仍存在各种本能的影响，但生活在文明社会的人类行为不能不受到反应自觉能动性和目的意义性等各种法则的支配，集合成群的人类组织行为也不能不受到相应法则的支配。同科学家解决自然问题必须掌握一定的科学定律和科学方法论一样，同政府治理社会必须掌握一定的法律法规一样，企业家经营企业也必须掌握一定的恒常法则。

遗憾的是，虽然不少有识之士不断探索企业经营的原则，并取得了丰硕的成果，但在当前阶段的中国，知道这些道理的企业领导人和经营者甚少，真正认识并实践、奉行相应原则的企业领导人和经营者更少。大多数企业领导人和经营者只是一知半解而不能系统地把握企业运行的真谛与诀窍，停留在“知其然而不知其所以然”的阶段。一个企业的成功需要遵行一系列法则，但遭受失败却只要无视、误解一个法则甚至一个要项。所以，尽管企业领导人和经营者们努力奋斗、勤苦奔波，但企业“短多长少”的命运却难以避免。

本书正是针对这一中国乃至世界企业普遍存在的难题进行研究，许多提法也许是人们习以为常的常识回归，但结论却是人们见所未见的思想整合。本书中企业长青的八大法则并非个人的独创，它传承中华古圣先哲的最佳智慧，吸取现代经济学和管理学大师的思想营养，鉴戒中外典型企业的成败因素，并在此复合基础上建立了八大法则及相关原理，帮助新时代的企业家们踏上发展的新起点，在新的成长之道的指导、武装、支撑下，走上持久成长和长盛不衰的长青之道。

需要格外注意的是，我们正生活在一个激烈变化的新时代，面临着颠覆性科技、人口老龄化、新生代崛起、两极分化、产业升级、传承与接班等挑战，这个时代将呈现出与过去每年稳定高速增长的时代截然不同的新特点。但是，环境越是多变，越涉及传承，越突显不变的重要性。正如亚马逊的贝索斯在一次采访中所提到的："我非常频繁地被问到这样的问题：'在未来10年里将会发生什么变化?'这是一个非常有趣的问题，也是一个非常常见的问题。我几乎从来没有被问过相反的问题：'在未来10年中什么不会发生变化?'第二个问题实际上是更加重要的。"

自21世纪之初，便有一个说法：21世纪是人才的世纪。尽管该口号在从业者中可能尽人皆知，但如本书中许多其他理念一样，对其并没有引起人们足够重视或付诸实践，这是因为缺乏对核心原理和基本法则的系统性理解。实际上，随着新生代逐渐进入职场，如何管理员工、发掘员工潜能、激发员工动力、培养员工对企业的认同感、让部门和职能岗位之间高效协作、建立适合的企业文化，将是越来越重要的议题。相信本书中的多个法则和案例可以抛砖引玉，让企业经营者对员工的管理有新的理解。

如何基于企业长青的不变之道——核心原理和基本法则，应用于必变的权变器技——形势、行业、专业、技术、市场，将是对新一代企业家和企业从业人员的最大考验。

需要特别说明的是，企业长青的八大法则建立在复合基础之上，结合了中华先贤的智慧，经济学、管理学大师们的主要观点，以及国内外成功与失败企业的精选案例启示。复合基础的内容专业性较强，适合专业的、文化功底较强的读者。一般而言，读者仅仅了解其梗概即可，不必做深入详尽的研读，这并不会妨碍对本书主要内容的把握。故此，企业长青法则复合基础的内容，将列入导言部分作为读者阅读本书的导读。

欢迎读者多提宝贵意见，可发送至电子邮箱共同探讨。jialinsong@ aliyun.com,yilin6918@ sina. com

宋一霖
于广州

目　　录

导　言

现代企业长青的八大法则，并非个人的主观臆想，它立足的头块基石是中华古圣先哲的最佳智慧和中国优秀的传统文化精髓，吸取了现代经济学、管理学、企业文化和其他财经巨匠们的思想营养，并广泛鉴戒中外典型企业的成功经验和失败教训，在此坚实的复合基础上熔铸出现代企业的长青之道——持久成长和长盛不衰的八大法则。

在离开企业经营者的位置后，我周游各地并研读了大量的中外经典古籍，被中华古圣先贤的智慧所震撼，其智慧的深度、广度及系统性至今仍有极强的现实指导意义。管理学界有个理论：所有的企业管理问题都能在企业文化和国家（民族）文化中找到源头，企业文化和国家文化互相交织，影响渗透于企业运行的每个环节。

在习近平主席的号召下，我国社会在逐渐、逐步地发现中华古圣先贤智慧的卓越性，其与发达国家的管理学经验相结合，可以让中华源头文化熔铸在企业文化中，更好地指导企业决策和运行。虽然其发源时间为远古时期，但其精髓和底层价值万殊一辙，可以贯彻到生活、工作中的方方面面，从而指导人们的行为及思想。由于篇幅有限，此处将中华古圣先哲的主要智慧进行了浓缩和提炼，感兴趣的读者可以做延伸阅读。

一、 中华古圣先哲的最佳智慧

远古时期，中华民族是一个有信仰的民族。在数千年前的中华大地上，曾经崛起了一代代出类拔萃的古圣先哲。

原初，伏羲氏观察天地、万物、鸟兽、人世、人生的变化，创制了八卦（乾、坤、震、巽、坎、离、艮、兑），贯通神明的德行，象征万物的情状。炎帝神农氏发明了早期农具——耒耜，始教万民耕种，尝草制药，日中而市，祭祀神明，带领族民开创了中华农耕文明的新时代。黄帝轩辕氏修德振兵，习用干戈，平服战乱，一统中国，祭祀天地神明，设置官制，创立并安定了最早的国家。唐尧顺应天道制作农历，百姓可以按时令节气耕种，百官可以按年计功，晚年禅让帝位于舜，尧舜并称为“人文始祖”。虞舜以一介平民受禅即位，倡导“父义、母慈、兄友、弟恭、子孝”五常人伦教化天下，擢拔贤良，遏恶扬善，成治天下，终年禅让帝位于禹。夏禹被尊称为大禹，临难受命，离家十三年治理洪水，三过家门而不入，疏通九水，通道九山，筑堤九湖，开辟九州，治平了遭遇洪水大患的远古中国。商汤生逢乱世，尊奉天命，敬畏上帝，征伐乱邦，败灭残暴的夏桀，拨乱反正，创建殷商，一统安定了中国。周文王自幼修德，尊老爱幼，贵贤重士，施行仁政，讨伐乱邦乱国，奠定了灭商兴周的基业。周武王不失时机，集合天下诸侯，一战倾覆暴虐的商纣，及时偃武修文，祭拜天地神祇，宣告灭商兴周。周公辅助周文王、周武王、周成王三代圣王，拨乱反正，平息周初叛乱，制礼作乐，设立官制，以制度建设安定了新兴的周朝。孔子身处“春秋无义战”之世，参政治理鲁国，奔走列国匡扶乱世，修订“六经”，教化弟子贤人，是名副其实的儒家学派的创始人和中国文化集大成的“至圣先师”。生在战乱酷烈的战国时期，亚圣孟子和后圣荀子传承了孔子的思想文化：孟子道人性善注重以仁德修身养性，荀子言人性恶主张以礼义法制治国；等等。

圣人们在世时，以其卓越的言行教人匡乱成治；圣人们辞世后，儒家经典记载了圣哲言行道义流传于世。儒家十四部经典各有所重：《周易》言变化，《诗经》言立志，《尚书》言古事，《仪礼》言礼仪，《周礼》言礼制，《礼记》言杂礼，《春秋左传》言历史，《春秋公羊传》言大一统，《春秋穀梁传》言道义，《论语》言仁，《孝经》言孝，《尔雅》言字，《孟子》言修性，《荀子》言礼法。十四部经典相辅相成、融会贯通、合而为一，成就了儒家教义和儒家学说的精华要义——道。真可谓：圣人未生，道在天地；圣人既生，道在圣人；圣人已没，道在经典。

中国古圣先哲在漫长的社会实践、历史创造和文化建树中，洞识发现并一脉传承了天地、万物、人世、人生的普遍真理、根本原理、基本规律和变化奥秘——道。它由孔子集大成，记载在诸部儒家经典之中，流传于世。道，尊称圣哲大道，是道路，人所共由的道路；是真理，世所同存的真理；是光明，照亮暗昧的光明。这凝结了中华古圣先哲的最佳智慧。

圣哲大道的永恒真理和最佳智慧内涵丰富，自成条理，主要由天人合一、则德合一、常变合一、知行合一、治乱合一、殊途合一六大基本精义相辅相成。

天人合一的信仰支柱

皇天主宰，人性为本。天理下贯人性，人性上达天理，天理与人性是贯通合一的。

中华圣人所称的天，尊称皇天上帝，主要是指作为主宰的天，也就是世界的最高原理、绝对真理、终极规律和变化奥秘的神话表述。当我们说天是主宰，即皇天上帝主宰的时候，也就是说世界的最高原理、绝对真理、终极规律和变化奥秘在支配世界的一切，天地、万物、人世、人生等的运行。天，同时指自然界的天，当我们说天人合一的时候，也指自然和人类的和谐统一。

人性，是人的天赋本性，是人与生俱来的遗传属性，是人之为人的根本特性。人性是以利为本的：尽管肉体、物质需求是人性的最基本利益需求，但人的利益需求不是单一的，肉体需求、情感需求、社会需求、精神需求等多重需求，共同构成了人性的基本利益需求，这才是一个正常的人、健全的人、健康的人，而人的精神、灵魂本性才是人之为人的最本质特性。人类的肉体、物质需求本性常常滋生自私、贪婪、侵占等恶性，而人类的精神、灵魂需求本性则引导人产生利人、知足、仁爱、诚信等善性，善恶俱存、善恶交织是人类的天生本性。人性以利为本，禁欲悖逆人性，纵欲放肆人性，追求而节制才是欲望中道和求利正道。

天人合一，天理下贯人性，人性上达天理。天理与人性是贯通合一的：上天创生人类之际，就将灵性赋予人类，使人类具有区别于万物的精神、灵魂、灵性，使人类社会能够成为区别于丛林世界的有序群体。人性是人的天生本性，精神、灵魂、灵性是上天降赐人类的天赋特性，了解了人的天性，了解了人的灵性，也就认识了上天之理。天不远人，天赋予人类以灵性，天理蕴存于人性之中；人不远天，人类灵性通达上天，人性蕴存着上天之理；天德与人性贯通，天理与人欲贯通，也就是说天与人是贯通合一的，天与人同在，天人合一。天人合一，是精神信仰的支柱和健全人性的极致。

则德合一的生活原则

公则，是天下之人的公共行为准则；德行，是人身的美善道德及其派生行为；则德合一，就是奉守公则和修养德行合而为一。

道存于人世为公则。公则，是天下之人的公共行为准则，是人生存于世的起码规矩和行为底线，是一切有序治世的维系纲纪和普世常法。有道治世，公则存于世；无道乱世，公则亡于世。

公则建立在公正、公平、公义的基石之上：不得横暴伤害人；不得杀人；不得盗窃；不得抢劫；不得诈骗；不得淫乱败坏人伦；不得贪贿损害公事；不得侵占他人的一切；不得不抚不孝不恭不友；不得逆乱于内外。

德行是一个人内心存德并付诸行为，是道存于人身的具体体现。中华圣贤以圣言圣迹并以经典传承记载了圣人修德立身的以仁爱为核心的十美德行：勤、新、仁、义、礼、智、信、宽、谦、慎，即勤俭、革新、仁爱、禀义、礼敬、智慧、诚信、宽容、谦虚、谨慎。

修养十美德行，过犹不及。过分有过分的弊端，达不到有达不到的危害，中庸之德才是德行的最高境界，它是指以德修身适中合宜，既不会过了头，也不会达不到：勤俭而知休养；革新而知保守；仁爱而知嫉恶；禀义而知自重；礼敬而知质实；智慧而知持度；诚信而知辨情；宽容而知执正；谦虚而知自信；谨慎而知敢为。

则德合一，即奉守公则是修养德行的前提，修养德行是奉守公则的延伸，奉守公则和修养德行是贯通合一的。奉守公则，人能成为一个合格的社会公民；修养德行，人就从一个合格的社会公民进而成为一个自觉的社会贤人了。

常变合一的人生智慧

常道，是恒常不变的信仰、人性、公则、德行；权变，是因应时间、地点、对象、情况的权宜变化；常变合一，即常道与权变两端皆俱、相辅相成、合而为一的人生智慧。

善恶之别，在于奉行常道与否，在于顺应天理、因循人性、奉守公则、修养德行，此为善、为好、为是；悖逆天理、否纵人性、违反公则、丧失德行，此为恶、为坏、为非。

权变是圣哲大道的生命活力之所在，离弃权宜变化，就丧失了圣哲大道的生命活力，从而陷入固执不通的泥潭。权变，即权宜变化，权衡适宜而变化，这是指顺应天道、人世、人生变化的永不停息以权衡适宜而变化，也就是依据时间、地点、对象、情况等的具体变化以权衡适宜而变化。权变之术，在于预作准备、未雨绸缪、见微知著、见机而行，慎始慎终、慎终如始，学习正确的分析方法，形成良好的思维习惯，善于对事物的变化，从状态、性质、缘由、内外关联、阶段、过程、转换、因应等若干环节进行分析和应对。

圣哲大道既含不变的常道，又含权变的活力，不变的常道和权变的活力相辅相成、融会贯通、合而为一，才能形成禀道的人生智慧。须知，执一不变而缺乏灵活，必然危害道的实行；徒知权变而不守常道，更会造成败坏道的祸害。

知行合一的实践根据

知为知道；行为行道；知行合一，即知道和行道合而为一。

知道，即了解道，认识道。道是世界运行变化的规律、真理，是天下万物共同存在的原理、根据，是人世人生进步发展的核心、本质。认识到了道，也就把握了天地、万物、人世、人生变化的根本。作为一个自觉生活于世的明白人，知道是人生的必修课。

行道，即实行道，实践道。道是天、地、人的真理。天工，要靠人代替完成；道，要靠人弘扬光大。实践，只有实践，才是把道弘扬于世、以道改善世人的不二法门。

知行合一，是指知道和行道合而为一，共同形成道的运行。知道是行道的基础，行道是知道的目的。只有在知道的基础上行道，才能正确地指导世人实践道；以行道为知道的目的，才能有效地弘扬道的真理，改善世界。欲达知行合一的境界，务须明白知道本身应予通览、行道过程更不可忽视的涉及利益、法纪、教化、技能、器用、成势、制度等诸多因素的若干义理：道利合一以聚人；道法合一以匡世；道教合一以育人；道技合一以精事；道器合一以合宜；道势合一以成治；道制合一以长久。

治乱合一的人世奥秘

治，是治世；乱，是乱世；治乱合一即治世与乱世的合而为一、周期循环的历史运行，其奥秘即在行道与否，地区、家庭、个人成治或陷乱的奥秘也在行道与否。

治世，即成治之世，奉道而行的世代。详察起来，治世又可以分为大同世和小康世。大同世，奉行大道真理，大道大行，天下为公，选贤与能，实行远古民主制，实施道德教化，利己又利人，人人各得其所，良善成俗而邪恶受遏，其根本特征是推行大道，天下为公，和睦大同；小康世，大道隐微难见，天下为家，人各为己，天下以礼仪为纲纪，示民有常则，不行礼义，将受惩罚，其根本特征是大道隐微，人各为己，纲纪有序。

乱世，是无道之世，灭天理而穷人欲。人心败坏，逆乱风行，强胁弱，众暴寡，智诈愚，勇苦怯，贫病孤寡的人难以维生，其根本特征是天下无道，穷尽人欲，败坏逆乱。

自上古起，中国历史存治世，有乱世，治世和乱世交替循环成一部中华民族的变迁史，人称治乱周期率和民族之咒。天下成治或陷乱的根本缘由和最大奥秘在于行道与否：行道，天下成治；无道，天下必乱。漫长的中国历史运行，曾经存在过大道之行的大同世，也曾经享有成治的小康世，更饱经了乱世之苦。无论是大同、小康或乱世，都取决于世人的选择，取决于世人是行道还是无道的选择。

不仅天下如此，地区、家庭、个人也如此。行道可成治有序，无道必陷乱无序。

殊途合一的大道共识

殊途，是指以儒家为代表的中华古代先贤智慧和诸历史宗教存在差异；殊途合一，即儒家和诸历史宗教同归于大道共识。

儒家和人类当今尚存的主流宗教，如道教、佛教、印度教、犹太教、基督教、伊斯兰教等，基于缘起的背景、创立者、经典等的不同，存在教义、仪式、诉求、故事、律法、伦理、组织、物质表现形式等多方面的差异，这显示了人类精神的丰富和文化的多彩，理应并存、对话、交流、共美。

儒家与诸历史宗教存在多方面的显著差异，使我们可以把儒家与其他宗教彼此区分。然而，儒家与道教、佛教、印度教、犹太教、基督教、伊斯兰教之间存在的同归性、一致性、共同性也是显而易见的，它们的最高义理和最基本义理——道，是殊途同归的，它们通过不同的道路达成了圣哲大道的真理共识。儒家的孔圣人没有说错，天下同归而殊途，一致而百虑。儒家和诸历史宗教都认同，至上主宰的存在，人类存在天赋本性，主人同一是人生的最高境界，人须奉守律法公则，修养慈爱为核心的美德，主道应时应地应人应情灵活变化等。

诸基本精义的相辅相成

圣哲大道并非支离破碎的思绪堆砌，它由天人合一、则德合一、常变合一、知行合一、治乱合一、殊途合一相辅相成的完整信仰体系和思想体系构成。执持一理而否弃他理，拘泥于一字一篇一理，而无视他字他篇他理的相辅相成，就不能完整地把握圣哲大道的全理，这是难以得道的。广博地学习、详细地解读，再返回到简易阐述精义的地步，是学道、修身、通道并运用于生活的正确方法。

二、 现代经济理论的思想营养

当前我国经济正处于巨大的转型期，这将给有准备的人带来前所未有的机遇，粗犷式的发展模式逐渐接近尾声，而新的变化主要体现在经济对外开放程度提高、市场化程度提高、人口红利消退、社会和行业分工更加细致、知识产权和创新的重要性提高、精细化管理和运作的重要性提升、传统产业面临升级或转型的压力、经营者持续学习的重要性提高、跨界打击和“降维打击”现象频繁出现、消费者群体之间显著分化、新生代行为模式影响力提升、行业龙头效应显著等方面。这些变化，使得我们需要比过去更好地掌握市场运行的规律，并从规律出发去重新理解市场。

自从“现代经济学之父”亚当·斯密开创现代经济学以来，一代代经济学、管理学巨匠层出不穷，为世界经济的发展以及企业的成长作出了卓越的思想贡献。在现代经济的复杂运行中，要正确把握企业运作的原理原则和市场的规律，离不开大师们关于企业的内生机制和外部环境研究的思想成果。

为此，我在诸多经济著作中选取了大师们的代表性、经典性著作，从理论总结和实践指导的角度提取其主要思想和亮点。

亚当·斯密："现代经济学之父"

18 世纪英国著名的伦理学家和经济学家亚当·斯密被公认为是"现代经济学之父"，他的两部传世经典——《道德情操论》（1795 年）和《国富论》（1776 年）成就了其卓著名声和历史地位。

亚当·斯密认为，一个自爱而慈善的人就是一个有美德、品行好的人，人的美德源于人性中的原始情感。

亚当·斯密的最大贡献在于指出，每个人所追求的仅仅是他个人的利益，但在市场供求关系变化导致的价格波动的指引下，调节着商品供应者的生产正常运作，从而促进了社会利益的实现。也就是说，供给和需求之间的关系——供不应求、供过于求、供求平衡——决定着商品的市场价格，围绕一般通行的自然价格趋势的"中心价格"上下波动，从而使商品供应者调节生产和供给的进退增减，即由市场这只"看不见的手"调节现代经济的正常运行。

亚当·斯密还特别指出，意外事件引起的变化、需要特殊土壤和特殊位置的自然生产物和社会制度、法规、政策、意识的设置也会一时、持续、长久地影响商品生产和商品供给的市场自然流动趋势。

阿尔弗雷德·马歇尔：微观经济学的奠基人

马歇尔是新古典经济学的开创者，奠定了微观经济学的理论基础。

马歇尔认为，经济学是对人类日常生活事务学问的研究，它是研究财富的学问，更是研究人的学科。除了基于对人类需求和人类活动两者互相补充导致的可变性供求均衡（以及意外变化）以及买卖双方的最大满足等相关问题外，马歇尔也专门分析了商品需求量对商品价格感应的需求弹性和（短期内）买主所出价格的增加会使供给增长的供给弹性。他认为这种供求均衡不仅是一种静态均衡，还是一个有机发展的问题。

马歇尔还关注了国民收入的分配问题。国民收入是由所有的生产要素供给创造的，并随着各要素供给的上升而提高，因此各生产要素及其各个层面理应在国民收入的分配中获得相应报酬——劳动获取工资，资本获取利润，地主获取地租，特别是提供使用资本经营能力的管理者——企业家（董事、经理、高管等）也应取得合理的回报。

约翰·梅纳德·凯恩斯：宏观经济学的创立者

凯恩斯开创了宏观经济学，其经济观点和政策建议对发达国家以至全世界的经济理论和经济政策具有重要的影响和重大的意义。

在分析现代经济制度的经济行为时，凯恩斯沿袭了亚当·斯密的基础方法——供给和需求之间的相互作用，即以供求关系探求宏观经济运行的通常情况和基本规律。凯恩斯认为，供求相等的均衡点的数值是有效需求，就业量取决于有效需求，有效需求使企业家的预期收益达到最大化。

作为一个参与宏观经济决策并成功创办私营企业的经济学家，凯恩斯提出了若干政策建议和措施手段：一方面要注重古典学派的经济力量或经济因素的自由运行所需要的环境建设，充分发挥个人的动力和职能，以便实现生产的全部潜力；另一方面需要对经济力量、经济因素的自由运行加以必要的制止或引导，即必要的中央控制、政府干预和职能扩大是经济自由运行和个人自由选择的"最好保障"。这就要制定必要的财政、货币政策，特别是收入再分配政策来实现消费倾向和投资诱导之间的协调，实现充分就业，保障个人选择的范围和生活的多样化。

凯恩斯特别指出，一个日趋重要的长期投资类别是由政府进行或由政府承担风险的投资。政府在进行这类投资时，显然只考虑社会的将来利益，而不管投资的商业效益会有多大的波动，也不拘泥于投资利益的数学期望值至少应等于现行利息率——尽管所需支付的利息率仍然会起着关键的作用，决定财力所及的投资规模。他希望看到的是：处于能根据一般的社会效益来计算出长期资本边际效率地位的国家机关承担起更大的责任来直接进行投资。

约瑟夫·熊彼特：创新理论的鼻祖

当代著名经济学家熊彼特在1912年提出的创新理论轰动经济学界，被誉为创新理论的鼻祖，他是与宏观经济学开创人凯恩斯同样出名并惺惺相惜的创新经济理论的开创人，至今仍对东西方经济的发展产生着巨大的影响。

熊彼特指出，社会实际过程是一个由各方面、各种因素组成的不可分割的整体。而经济工作者人为地抽出了经济的事实，但我们不能仅仅以经济因素研究经济，还在从政治变动、制度法律、自然气象、战争动乱、外国冲击等非经济因素的影响下研究经济。

熊彼特指出，传统经济是从有效需求—满足手段（生产、销售产品）—均衡，即从需求到供给、从消费者到企业家的基本经济因素相互联系的循环流转，是一种静态经济。而新的发展和创新经济是经济自发的和间断的变化，是打破旧均衡状态的动态经济。传统经济和创新经济的共同点是需要，不同点在于传统经济是从需要到供给，创新经济是从供给到需要。

熊彼特认为，新发展是五种创新的组合，即新产品、新生产方法、新市场、新供给来源、新组织。需要注意的是：第一，新组合体现在新商号而非传统企业。第二，企业家是实现创新组合职能的人们。第三，金融是实现创新组合的方法——信贷、资本市场或货币市场筹措发展资金，发展又滋养这个市场。

弗里德里希·奥古斯特·哈耶克：新自由主义经济学

哈耶克是20世纪著名的经济学家和政治哲学家，新自由主义思潮的代表人物。

哈耶克指出，自由主义不同于集中的计划经济和自由放任的自流经济，而是在精心设想的法律框架下的有效竞争，以市场竞争指导个人努力和协调人类活动，即使有计划也是以竞争为基础的计划，是使竞争尽可能有效、有益的非常必要的计划。

哈耶克认为，社会的集中计划不可能充分周密地考察现代经济如此复杂的因素，因此不可能明智地集中管理好经济。而自由竞争能通过供求关系比例的变化引致价格变化，指导个别生产者调整自己的活动。

哈耶克强调，自由是19世纪欧洲文明的基础和现代经济最宝贵的遗产。这种经济自由才是其他自由的前提，而财产分散和财产私有则是自由最重要的保障。在其代表作《通往奴役之路》中，哈耶克以自由为“观念根源”开启了自己的思想，也以最后的结论肯定了自由的“终极价值”：“一项维护个人自由的政策是唯一真正进步的政策。在今天，这一指导原则依然是正确的，就像在19世纪时那样。”

保罗·萨穆尔森：新古典综合学派的创立者

萨穆尔森是能够与普通大众进行经济学交流的通才。他于1948年出版的《经济学》教科书，在其在世时每3年更新一次，共发行过19个版本，2007—2009年美国金融危机和经济危机爆发后推出了第十九版。《经济学》被翻译成40多种文字，销量超过1000万册，被誉为“经济学圣经”。

在《经济学》中，萨穆尔森提出了“不偏不倚”的“折衷主义”思想——倡扬现代混合经济的价值，能够将严厉冷酷的市场运作规律与公正热心的政府监督机制巧妙地融合成一体。

在萨穆尔森看来，自由放任的资本主义制度和过度管制的中央计划体制都不能组织起一个真正现代化的社会，经济折衷主义者应运而生并临危受命：中央计划体制酿成经济停滞和消费者的不幸已被历史唾弃，不受约束的资本主义制度所滋生的令人寒心的收入和财富的不公平分配，以及供给学派财税信条导致的巨大的财政赤字。新古典综合经济学，摒弃市场导向或政府监管的一端偏激，提出市场机制和政府干预、法治规则和竞争自由相结合的“混合经济”，主张“有限的折中主义”。

对于自己的代表作——《经济学》，萨穆尔森明确指出了它的使命、宗旨以及基本原则。《经济学》的使命是对现代经济学原理和美国乃至整个世界的经济制度体系进行明晰、精确和生动的介绍和剖析。《经济学》的宗旨是强调最基本的经济学原理，它们比每天报纸上的头条新闻要更加经得起时间和历史的考验。

随着经济学和它所置身的现实世界的发展，《经济学》也在发展。它的第十八版和第十九版强调的六条基本原则是：①经济学的核心理论；②经济学的创新；③小的即美的；④新世纪的政策问题；⑤关于全球化问题的争论；⑥简明清晰。

供给经济学派：供给产出需求

供给经济学派是20世纪70年代中期兴起的新经济学派。供给学派看重供给，主张通过减税刺激经济活动，其主要论点和政策主张如下。

复合萨伊定律。萨伊定律认为，在完全竞争的市场经济条件下，商品和劳务的供给能够产出自己的需求。经济根本不会发生严重的购买力不足的情况，市场调节能够达到充分就业。完全竞争的市场经济是萨伊定律的前提条件，它主张市场自动调节，反对政府干预经济活动，宣扬企业家的创业精神和自由经营活动是生产增长的关键因素，认为市场调节的经济是企业家施展技能的最佳制度。

生产要素的投入及其刺激。供给经济学派认为，产量是劳动力、资本等生产要素投入的直接结果，资本则是各种要素中最重要的因素，而投资是储蓄的转化，所以产量的增长又取决于储蓄的多少。而个人和企业等经济主体的活动取决于各种刺激，如政府征税、规章条例、政府支出（社会保障、社会福利支出）、货币措施等，其中征税是最重要的因素，税率又是关键因素。税率是经济活动的最有效刺激，减税能够促进经济增长和抑制通货膨胀。

供给学派还认为，要抑制通货膨胀，保持经济增长，必须实行限制性货币政策，恢复金本位制。因为物价变动完全是货币现象，货币数量超过经济活动的需要才导致物价上涨。

米尔顿·弗里德曼：现代货币主义的创始人

现代货币主义是弗里德曼创立的新经济学派，它以现代货币数量论作为理论基础，特别强调货币供应量的变动是物价水平和经济活动变动的最根本原因，主张实行一种“单一规则”的货币政策，即以一定的货币供应量作为经济发展的唯一支配因素的货币政策。

弗里德曼提出了货币需求函数方程式，认为对于短期的经济变动来说，货币数量的变化，是决定名义收入和实际收入的主要因素，以至成为经济变动的主因。但就长期来说，货币增长率是对物价产生的影响。至于产量，则依赖“实际因素”（即非货币因素），如事业心、聪明才智、人民的勤劳、节约的程度、工业和政府的结构、各国之间的关系等。通过这一方程式，弗里德曼得出结论：货币供应量的变动是物价水平和经济活动发展变动的最根本的原因。

弗里德曼还提出了一些货币主张和“收入指数化”“浮动汇率制”等政策主张，特别是“单一规则”的货币政策，要抑制通货膨胀，实现经济稳定，最根本的措施就是控制货币供应量的增长率，使之与经济增长率大致相适应。

新制度经济学：研究经济必须注重整体制度

新制度学派认为，现实的经济制度（私有制、货币、信贷、商业、利润等），只不过是心理现象（风俗、习惯、伦理、道德）的反映和体现，起决定作用的是法律关系、人们的心理以及其他非经济因素。

新制度学派把现代经济看作是变动的制度，它的变动是同所有社会现象的影响联系在一起的，经济是同制度的其他部分紧密联系的因素之一。新制度学派的经济学家格鲁奇认为，制度主义关于经济社会统治的理论建立在跨学科方法之上，因为这一理论依赖于社会心理学、社会学和政治学。

新制度学派注重整体制度的分析及其演进过程，讲究经济价值和文化价值综合起来的生活质量，其代表人物科斯通过分析交易成本和制度运行成本得出结论：要解释经济现象、经济行为和经济关系，就必须研究对他们产生影响、支配或约束作用的制度安排。

新制度学派的重要理论内容之一是强调技术发展的特殊作用，宣扬“技术决定论”（工艺主义），即认为在生产中起决定作用的因素不是劳动、不是工人，而是机器、技术，是掌握技术的工程技术知识分子。

威廉·阿瑟·刘易斯：发展经济学的开拓者

刘易斯是著名发展经济学家，诺贝尔经济学奖获得者。刘易斯专门研究了发展中国家短期的资源分配、长期的经济增长和经济增长的动力等经济问题。

刘易斯特别强调发展中国家经济跨学科的研究方法。在这里，市场经济并未成型，生产和交换不是被市场所支配，而是被其他非经济方面的因素所左右。一些贫穷国家则取决于建立在亲族和权力地位基础之上的宗法关系。除此之外还有政府的行为，政府是能够解决问题的，但带来的问题也很多。因此研究发展中国家的经济，不仅要研究经济因素，也要研究非经济因素，还要研究政府行为和制度设置，是一种“集合”研究。

双元结构发展模式是刘易斯提出的发展中国家的重要经济发展模式。

刘易斯指出，发展中国家一般存在双元结构，即国民经济中存在着两种结构不同的部门：一种是仅够糊口的（维持最低生活水平的）乡村农业部门，这个部门存在着低到零甚至负数生产率的“剩余劳动”；另一种是现代的城市工业部门，这个部门的劳动生产率远比农业部门高。

在城市的现代化工业部门中，工资水平自然比乡村中土著的农业部门高，因为前者的劳动生产率高于后者的劳动生产率，工资水平自然存在差异，剩余劳动自然由农业部门向工业部门移动。

当农业部门的剩余劳动已经全部被工业部门吸收之后，农业部门的工资水平和工业部门的工资水平也将提高。这时农业生产者的经济地位将有所改善，工农业将得到均衡的发展。

路德维希·艾哈德：社会市场经济的奠基人

德国经济学家、前政府总理和经济部长艾哈德是德国经济崛起之父，而且是德国社会市场经济的主要奠基人。艾哈德明确指出，社会市场经济的深刻含义在于，把市场上的自由原则同社会平衡和每个人对整个社会的道德上的负责精神结合起来，这体现了社会市场经济的三个基本原则。

一是自由原则。艾哈德指出，“对我说来，自由是一个不可分割的整体。依我看来，政治自由、经济自由和人的自由构成了一个完美的统一体。抽出其中的一部分而不冲垮整体是不可能的”。在艾哈德看来，自由是考虑一切问题的出发点和基础。如果没有人的自由，便没有一切。但这个自由不是无边无际的，是必须在法律限定的范围之内的。

二是社会平衡原则。在优胜劣汰、适者生存的市场经济下，必然出现落伍者、失败者和贫弱者。为了避免两极分化，贫富过于悬殊，一定要考虑社会的弱者，必须要按照社会公正的原则对社会财富进行合理地再分配，必须实行社会保障，必须实行人道主义精神。但是，首先强调要实行自力更生的原则。

三是指每个社会成员必须要提高自身素质、道德修养，对社会负责。在艾哈德看来，每个社会成员必须孜孜不倦、自强不息，通过自己诚实的有创造性的勤奋劳动不断创造财富，对社会作出贡献，并要对社会、对他人和对家庭负责，必须关心他人、关心弱者，绝不能唯利是图，不能自私自利，不能崇尚拜金主义。也就是说作为社会成员，首先要讲道德、讲贡献，然后才是索取。

市场上的自由原则、社会平衡和个人对社会负责不是简单的相加和堆砌，而是一个不可分割的整体，是缺一不可的。抽掉其中任何一点，都不符合艾哈德社会市场经济的本意。其中，“每个人对整个社会道义上的负责精神”是社会市场经济的精髓和灵魂。

艾哈德还传承了亚当·斯密关于个人谋求自身利益从而促进整个社会利益的思想，认为对生存、发展、富裕和实现自身价值的永无休止的追求和欲望是人类活动的基本动力。同时，人民的任何活动都必须是在国家宪法和法律允许的范围内，并在不伤害他人和社会的前提下进行。追求个人自身利益和遵守社会公共规范是相互联系和不可分割的，这就是艾哈德的经济哲学和经济理论的核心。

此外，以人为本，充分竞争和反对垄断、自由和秩序、生产和分配、物质和精神的统一，反对贫富过于悬殊，国家的职能在于制定经济活动的秩序和规则而一般不直接参与具体经济活动等，也是社会市场经济理论的重要内容。

艾哈德创造了德国经济复兴的伟大奇迹、社会市场经济的基本理论和基本原理，其留下的无价之宝和享有的显赫历史地位已经为世认同。诚如伟大经济学家哈耶克所言，路德维希·艾哈德不仅在德国为人们所追忆，在德国以外也都得到普遍承认。

埃伯哈德·丢费尔：企业国际化管理问题专家

德国国际管理研究领域的著名学者丢费尔专门研究了企业的国际化管理问题，提出了环境对企业国际化的影响以及环境与国际化企业互动关系的精辟见解。丢费尔指出，通过出口产品、技术和管理知识，或者在生产或制造的领域直接投资，获得对外业务就意味着一个企业“国际化”了。

丢费尔认为，在国际化企业的活动中，关注环境的企业经济学理论和基于国际化企业实践的经验应该结合起来，从以“种族为中心”的企业方针扩展为以“全球为中心”的企业方针。在对世界范围和东道国环境的描述中，丢费尔提出了“环境关注层级模型”和东道国的“全球环境”对企业国际化的影响。

环境关注层级模型——全球环境，包括任务—环境（企业在国内的外部互动伙伴和“中间人”、法律—政治规范、社会关系与联系、文化决定的价值观念、知识和技术现实、自然现实各个层级），全球环境的各个层级不仅互相影响，而且影响企业互动关系伙伴的总体，也影响国际化企业的决策者和管理者。

这一模型使企业从整体上认识了国际化过程和国际化战略必须关注的环境要素。

东道国的“全球环境”对企业国际化的影响。丢费尔详尽地考察了“全球环境”要素在东道国对国际化企业领导、工作和消费行为的影响。作为环境影响的自然现实，认识现实的状况和程序技术，文化决定的价值观念的影响、社会关系及联系的影响、法律—政治标准影响等。

在认识到复杂要素交织成的“全球环境”及其在东道国体现的影响的同时，丢费尔也注意到了国际化企业对环境的互动：运用现代电子信息技术，可以减少环境的复杂性，对环境影响的不确定性风险可以通过改变它的影响来避免，同时在环境影响的范围中建立接触（协商的环境）减轻强度和予以限制，例如人际之间的心理接触、有法律保证的供贷和支付协议。也就是说，国际化企业与环境之间的关系并不仅仅只是“环境决定论”的消极适应关系，而是一种积极的、有选择的创造性应对的互动关系。

行为经济学：新世纪异军突起

行为经济学早在20世纪50年代便已兴起，但是这一新经济学派竟然沉寂了长达几十年，直到90年代，特别是21世纪以来才以越来越明显的势头进入经济学界和大众的视野。

从行为经济学家进入美国政府和英国内阁的决策“助推”开始，到2014年全球共有136个国家将行为科学融入其公共政策，有51个国家制定的中央政策受到了行为科学的影响。行为科学正在向全世界传播开来。行为经济学家阿克劳夫、史密斯、谢林、麦克法顿、泰勒获得诺贝尔经济学奖，其中两位行为经济学家在2015—2016年相继出任美国经济学会会长。行为经济学在经济学界的地位日益上升，正在成为经济学的主流学科之一。

行为经济学认为，传统经济学家们用虚拟的完全理性的“经济人”代替了真实的有许多非理性行为的“普通人”。而我们必须明白自己所在的世界并不是由经济人组成的，我们身边都是实实在在的普通人，只有在问题简单、经济活动的主体是专家的特殊条件下，理性经济人的理论才能成立，但这些只是例外情况，而非常态。

其实，“现代经济学之父”亚当·斯密在自己的第一部巨著《道德情操论》中已专门探讨过人类情感问题，但却被后世的经济学家置若罔闻。

行为经济学把心理学与经济学结合起来，包含了一些研究经济问题的基本原理或基本方法。

前景理论。人们会通过变化感受生活，人们对损失和收益的敏感性都符合递减规律，而且损失造成的痛苦大于等量的收益带来的快乐。

心理账户。心理账户是关于人们消费和节省的心理学以及家庭的理财行为，每个人都有几个心理账户。比如：小赌注赢大钱、“用庄家的钱赌”、能翻本可承担风险，是人们普遍存在的心理。

自我控制。普通人有激情，缺乏长远眼光，对待不同财富的态度也不同，还存在“情绪温差”（不同情绪下的控制能力不同），人们意识到自己的自我控制问题，却低估了它的难度和严重性。卡尼尔曼为此提出了双系统模型：计划者属于重在反省与沉思的慢系统，而行动者属于以冲动和直觉为特点的快系统。新一代的行为经济学家则认为，“真理”其实位于两个极端之间，即部分“天真”。诺贝尔经济学奖获得者泰勒对此也表示认同。

金融市场的反常行为。金融市场在金融经济学家看来最不可能出现反常行为或非理性行为。而行为经济学家通过考察科技泡沫、房地产泡沫和股市价格波动却得出结论：价格通常都是错误的，有时还错得很离谱；当股价偏离基本价值的幅度很大时，资源误置的情况会非常严重；楼价畸涨时，放贷者不会理性控制却反而放宽贷款要求，政策制定者也没有采取任何措施加以干预。由此可见，决策者在出现经济泡沫时需要做出一定程度的干预。

行为经济学的几个基本要素。行为经济学认为，普通人的行为存在“三个有限”：有限的理性、有限的自我控制力、有限的利己主义。人们的决策肯定有一些不合逻辑的行为：①过度自信；②过于极端的预测；③赢家的诅咒；④错误共识效应；⑤现实偏见。经济行为的三个障碍：第一个障碍是惯性，第二个障碍是损失厌恶，第三个障碍是自我控制问题。

自由家长主义。自由家长主义的目的不是告诉人们该如何做，而是帮助他们达成自己的目标，影响人们的选择，并使其受益，这建立在决策者自身判断的基础之上。

行为科学家们的“行为洞察小组”帮助政府更有效地执政，而以下两点作为小组的行动指南：①如果你想鼓励某人做某事，一定要让事情简化；②没有证据就无法制定循证政策（以数据为中心）。

威廉·诺德豪斯：环境经济学

诺德豪斯和罗默因为对“创新、气候和经济增长”的卓越研究，共享了2018年诺贝尔经济学奖。

诺德豪斯作为新古典综合经济学的创立大师萨穆尔森的钦定合作者，一起完成了号称为“经济学圣经”——《经济学》教科书第十九版的修订，创造了诸多成就并享有盛誉。

诺德豪斯认为，人类的活动和环境变化之间存在密切的关系，其基本思路是：影响气候变化的 CO_2 等气体的排放作为一种影响产出的存量纳入现有的经济增长模型，而人类活动的进行则会产生流量。随着流量的增加，存量将会发生变动。因此，可以在人类活动、环境变化及其产生的经济效益之间建立起一整套因果关系。

经过多年的研究，在大量资料的基础上，诺德豪斯建立了两个分析经济对气候变化的“可计算模型”——RICE 模型和 DIDE 模型，通过这两个模型量化碳排放对于气候变暖的影响。根据实证研究，诺德豪斯还提出了开征碳税、建立碳排放交易市场等市场化的政策手段，在经济增长和环境保护之间建立良好的平衡关系。

罗默：规模报酬递增理论

传统经济学认为，投入要素的规模报酬通常是递减的。如果资本或劳动投入越多，则其边际产出就会降低。因此，经济增长过程的最后只能是出现投入和产出的均衡而不会持续增长。

罗默认为，如果有某个要素的规模报酬是递增的，那么它的积累就会导致产出的持续增长。罗默的研究表明，能够导致规模报酬递增的要素是知识、创意和专业化。也就是说，如果知识、创意或专业化进入生产过程，就可以带来规模经济的持续增长。在此基础上，罗默提出了内生经济增长模型，把知识纳入经济增长的内生变量之中，这就是四要素增长理论：古典经济学中的资本和劳动（体力劳动），加上人力资本（以受教育的年限衡量）和新思想（以专利来衡量，强调创新）。

彼得·德鲁克：“现代管理之父”“大师中的大师”

德鲁克在管理上的卓越创造，不仅奠定了现代管理学的基础，而且至今仍对美国和全世界的管理实务产生着巨大影响。

德鲁克指出，管理是企业的一个器官。企业的本质，即决定企业性质的最重要的原则，是经济绩效。在制定任何决策、采取任何行动时，管理层必须把经济绩效放在首位，他只能以所创造的经济成果才能证明自己存在的价值和权威。企业活动可能会产生大量的非经济成果：为员工带来幸福、为社区带来福利和对文化有贡献等。但是，如果未能创造经济成果，就是管理的失败；如果管理层不能以顾客愿意支付的价格提供顾客需要的产品或服务，就是管理的失败；如果管理层未能令交付于他的经济资源提供或至少保持其创造财富的能力，也是管理的失败。

管理的首要职能是管理企业。企业是由人创造和管理的，而不是由“经济力量”创造和管理的，不能单单从利润甚至利润的最大化角度来理解企业，利润不是原因而是结果，是企业在营销、创新和生产力方面的绩效结果和企业效能唯一可能的检验方式。因此，企业的首要任务是避免亏损求生存，然后才是创造必要的利润。

管理的第二项职能是管理管理者。德鲁克从福特公司的变化得出，企业必须有管理者，不是中央集权式的个人独裁管理，而是充分授权且完全负责的分权式管理。福特二世最特别的地方是，他从一开始就采取整套原则，而不是一边做一边不知不觉地发展出来。他的经验等于在实际验证这些管理观念，因此也别具意义。

管理管理者有三个要求：第一个要求是“目标管理者和自我控制”；第二个要求是“为管理者的职务建立适当的结构”，创造适当的组织精神（组织精神卑劣，则产生的管理者也言行粗鄙；组织精神崇高，则能造就卓越的管理人才）；管理管理者的最后一个必要条件是“为管理组织建立健全的结构性原则”。

需要注意的是，好的组织精神必须让个人的长处有充分的发挥空间，而为了在管理层中塑造良好的精神，必须依靠道德力量，强调优点，重视诚实、正直，追求正义，在行为上树立高标准。但是，道德不等于说教，道德必须能够建立行为准则才有意义。道德必须通过实践才能真正发挥效用。组织的精神根植于道德，因此必须建立在诚实正直的品格之上。

对于万物之灵的人类独具的成长和发展活力，德鲁克对人类精神造就的人类整体的价值与意义看得十分清楚，正如中世纪伟大的政论作者约翰·福蒂斯丘爵士所谓的：“有意识的大众行为”——自由的、有指导的、目标一致的、共同的努力——才能创造出一个真正的整体。

管理的第三项职能是管理员工和工作。德鲁克以 IBM 的发展得出，企业能否提高绩效，完全要看能否促使员工提高工作绩效。管理者要善于让员工参与生产流程与工作安排，其五项基本活动是设定目标、组织、激励和沟通、绩效评估和培训人才。

德鲁克特别指出，管理企业在管理的三项职能中居于首位。没错，企业绩效是第一位的，这是企业的主要目标和存在目的。但是，无论管理层多么懂得经营企业，如果企业不能健全运作，也就没有什么企业绩效可言。

德鲁克不愧为“大师中的大师”，它研究企业管理问题并没有拘束于企业内部，而是从企业与社会环境的互动、从企业承担的社会责任这一更高层次来观察现代企业的运行。德鲁克指出，社会是企业所处的环境，社会（特别是制度）决定企业的运行；企业又是社会的基本器官，对经济和社会制度的未来等都有决定性的影响。企业承担的社会责任，最后一项责任，也是最重要的责任，设法做能增进公共利益的事，也成为企业的自我利益。在德鲁克看来，这也是20世纪美国革命的真正意义：越来越多的美国企业管理层声称，他们有责任在日常活动中实现这个新原则，这将是美国社会或许也是整个西方社会未来最大的希望所在。

马克斯·韦伯：新教伦理与资本主义精神

韦伯是德国著名的社会学家、思想家，他在20世纪初期连续发表的《新教伦理与资本主义精神》系列论文，在德国国内外产生了巨大的影响。

在《新教伦理与资本主义精神》中，韦伯断言：人们的生活态度之所以不同，必须从宗教信仰的恒久的内在特质当中来寻找，而不是只求之于其一时所处的外在历史、政治情况。尽管后者也会产生极为重要的结果。韦伯进一步明确指出，基督教新教的禁欲主义，在其发展过程中及其特质上受到整个社会文化条件特别是经济条件的影响。而在资本主义兴起的时期，基督教的影响无处不起着部分决定性的作用。整体而言，宗教意识内容对于生活样式文化与国民性真的有过如此巨大的意义。

韦伯指出，资本主义社会存在着资本主义精神。资本主义精神即是一种带有伦理色彩的生活样式准则的性格。诚实、信用、守时、勤奋、节俭、工作、劳动，营利、赚钱、精算等德行都是人的“天职使命”和“职业使命”，即为理性营利的资本主义精神。

韦伯的研究告诉我们，资本主义精神孕育在基督教新教伦理之中。德国的路德派和新教的各个教团中，入世的禁欲生活、上帝的恩宠、天职与义务的职业观，以及社会事功、世间活动、职业劳动、工业伦理、神力容器和神力工具、有效信仰、有效生活、臻至完全、讲求方法、理性效益等的教义教理，也几乎成了众多教徒的共识。

韦伯认为，正是基督教新教的伦理，导致了资本主义精神的产生、发展。在基督教新教的竭力推动之下，资本主义所具有的独特的职业风格方可形成。资本主义意义下的企业家视营利为天职与近代劳动者视劳动为天职的职业观匹配，成了资本主义经济的“最具关键性的一股力量和心理驱动力”。但是，带有国库——垄断色彩的“有机的”社会体制，是新教所反对的。

在《新教伦理与资本主义精神》中，韦伯说道："近代的资本主义精神，不仅如此，还有近代的文化，本质上的一个构成要素——立基于职业理念上的理性的生活样式，乃是由基督教的禁欲精神所孕生出来的，这就是本文所要加以证明的。"

韦伯十分担忧，基督教新教造就了资本主义的繁荣，资本主义繁荣的"机械文明"是否会动摇基督教新教这一支柱，例如在美国出现的竞技赛般的营利倾向，而这终究会带来资本主义的衰败："无灵魂的专家，无心的享乐人，这空无所有者竟自负已登上了人类前所未达的境界。"

肯尼斯·霍博、威廉·霍博："在金融废墟重拾梦想"

仿佛是对德国思想家马克斯·韦伯的忧虑的回应。美国从 20 世纪 30 年代到 21 世纪兴起了一波又一波的宗教信仰复兴浪潮，主旨在于重建基督教新教伦理，这对美国的经济、政治和社会发展产生了巨大的影响。

2012 年，在美国爆发次贷危机进而引发全球性金融危机和经济危机的背景之下，霍博兄弟合作推出的《清教徒的礼物》一书，基于美国管理文化的基督教清教渊源，从清教的"老原理"衍生出多种多样的管理文化变式，讲述美国 1970 年后抛弃它们的后果，最后简要提出哪些方式可以让经济和社会恢复健康。

从 17 世纪开始，一批批清教徒带着自己的宗教信仰移民至北美新大陆，清教徒移民及清教的四个紧密相连的特点影响着大部分美国人的价值观，塑造了传统的美国社会。这四个特点是：人生目标不管多么模糊，归根到底都是建立人间天国的坚定信念；拥有机械天赋，喜欢亲力亲为的技师精神；把集体利益置于个人利益之上的道德观念；能够根据大大小小的目的协调各种财力、物力和人力的组织能力。正是宗教教义、动手能力、集体观念和组织能力这四种特点相辅相成地构成了美国管理文化的核心。

1776—1782 年，美国创国先贤华盛顿、汉密尔顿、富兰克林等都体现出超乎寻常的清教徒精神。在两个半世纪的时间里，基督教清教主义传遍了整个美国，美国作为一个工业强国崛起了。

清教徒的 4 个特点和从法国传来的重视技术和技术人员共 5 个管理特点，加上一系列管理大师的管理创新，孕生了 1920—1970 年（特别是 1950—1970 年）

“管理黄金时代”优秀管理实务背后的25条管理原理（每一条都有着清教主义的色彩）。美国黄金时代管理原理和管理实务推到了日本，辐射韩国、新加坡以及我国的香港和台湾地区。

美国黄金时代生产管理的25条原理，按不同类型分为如下几种。

管理系统和常规：原理1，组织不管多么简单，都是由系统嵌套而成；原理2，所有系统都离不开常规工作的补充，这些常规要定期审察和更新。

结构和层级：原理3，任何系统最重要的子系统都是层级，其基础都有可能是某种形式的直线职能制；原理4，最好的层级形式是“自下而上”；原理5，领导者应尽量实行集体决策制或“共治”；原理6，中层管理者是管理的核心“拱心石”；原理7，一人一上司。

决策：原理8，会议是管理工作的媒介；原理9，“集成决策”带来正确的决定；原理10，计划应分为短期（比如1~4年）、中期（比如5~8年）、长期（比如9年及以上）；原理11，研究前人的成败，是最便宜的一种研究；原理12，各方向——尤其是向上的信息流动畅通无阻，对组织的成功非常必要。原理13，管理者在实际意义和道德意义上都应该是领导者；原理14，应该保守地使用顾问，把顾问“放在手边”，而非“供在头上”；原理15，管理者应该清楚自己的社会责任，包括把员工当人而非商品（机器）对待；原理16，不要等坏了才修，要注意保养和改进。

财务：原理17，像回避瘟神一样回避债务——如果不可能做到完全回避，那么尽可能地少借债。

培训：原理18，管理者应该拥有或获得“领域知识”，即深刻了解公司的技术和业务，这种知识只有通过在公司或公司所在行业长期实践才能获得；原理19，对管理者的考核和培训应该是实用的、连续的；原理20，任何想晋升到顶层的管理者都该从底层做起；原理21，工作轮换（有时叫内流动）有利于打造“全才型”经理人。

用人：原理22，用人应该持长期导向，这个长期至少8年，最好是10年；原理23，互补是任命的关键之一；原理24，薪酬制度应该奖励并促进合作；原理25，像回避瘟神一样回避炫耀和张扬。

但是，兴起于20世纪初的泰勒主义，提倡科学管理原理，以系统首位替代人的首位，后来发展成新泰勒主义的“专家”崇拜，终结了美国管理的黄金时代

(1920—1970 年)，也摧毁了美国社会的黄金时代（1950—1970 年），对美国龙头企业产生了两大影响。第一，“共治”式领导被“帝王”式统治替代；第二，整个公司都把制作好看的数据当成第一要务，甚至胜过生产优质的产品或提供优质的服务。

在霍博兄弟看来，从 1971 年起在美国诸多领域里都呈现出衰退趋势，公民希望美国永远持续繁荣的梦想渐渐破灭，经济社会问题重重，国民道德走向崩溃。似乎宗教带来繁荣，而繁荣摧毁宗教，也就是说殖民者依靠勤劳节俭创造财富，但是富裕起来就背弃这些美德。

霍博兄弟认为，美国自 20 世纪 70 年代推至高峰的“专家”崇拜给美国龙头企业、商学院、社会造成了严重的损害。美国需要一场思想革命来纠正“专家”崇拜的影响。现在，这场思想革命似乎正在进行，尽管断断续续，不成体系。美国的若干组织、活动和宗教信仰也出现了清教主义的文化传统复兴的“曙光”。

霍博兄弟最后指出，“这些积极变化说明，美国是有可能恢复以前的经济增速的，但是要实现这个目标只能依靠重拾那些造就龙头企业的优秀管理和务实”，而具有指导意义的是，具有浓厚清教主义色彩的“管理黄金时代优秀实务背后的 25 条原理，所述的一切原理都在那里，剩下的就是刻苦磨练了”。

其他著名专家或知名人士

特伦斯·迪尔、艾伦·肯尼迪：企业文化的开拓者。20 世纪 80 年代初，特伦斯·迪尔和艾伦·肯尼迪率先提出了企业文化的系统理论和礼仪仪式，奠定了现代企业文化研究的基石。企业文化不仅在学术界，也在实践领域引起极大关注，人们越来越把企业文化视为企业经营管理的必修课，它对企业成长以至经济发展起到重要的指导作用。他们开拓了现代企业文化的先河：以信念和价值观为核心的企业文化对企业发展起到相当重要的黏合剂作用，它通过各种礼仪和庆典、故事、英雄人物、文化网络等形式表现和传承。在急剧变化的时代，企业在创新性调整自身行为的同时，必须维护自己的价值观。

里查·巴斯卡、安东尼·艾索斯：7S 模式。巴斯卡和艾索斯是闻名世界的管理权威专家。他们比较研究了日本松下电器公司和美国国际电话电报公司等大公司，强调不能只注意分析、技巧与工具，而应该回到企业管理的根本，并提出了新的管理思想——7S 模式，即最高目标及其支配下的策略、结构、系统、作风、人员与技巧，以及这 7 项要素的密切配合。他们的研究结论是：7 个管理要素都是很重要的，只有完整掌握 7S 框架的系统性并结合实际操作，才能成就一个成功的企业。

汤姆·彼得斯、罗伯特·沃特曼：卓越创新企业的 8 大特质。汤姆·彼得斯是全球著名的管理学大师，被称为“商界教皇”，开创了独具特色的创新思想。他与罗伯特·沃特曼专注于拥有创新表现的卓越企业，对 75 家企业进行了密集、系统的访谈和历史报道年报的分析，发现了创新、卓越企业的 8 大特质：采取行动；接近顾客；自主和创业精神；以人为本；亲身实践、价值驱动；坚持本业；组织单纯，人事精简；宽严并济。

吉姆·柯林斯、杰里·波勒斯：长青企业的基业。作为著名商业畅销书作家的吉姆·柯林斯和杰里·波勒斯教授关注企业永续经营的准则，探讨回归到能够经受时间考验的最基本原则。他们认为，一个全球性高瞻远瞩的公司会把自己的经营方法和商业谋略与普遍的核心使命分开，既坚持永恒不变的核心价值和经久不变的使命，又能把握因时而变的具体目标、运营方式、商业谋略，具备掌握连续性和平衡性的能力，从而奠定持久不衰的长青企业的基业。

史蒂芬·柯维：高效能人士的八个习惯。美国学界的思想巨匠史蒂芬·柯维十分注重高效能人士的思维方式和行为方式，认为人类效能需要原则的指引，而原则是放之四海而皆准的真理，是毋庸置疑、不能忽视的自然法则。他强调以原则为中心、以品德为基础，由内而外地养成高效能人士的七个习惯和适应变化的第八个习惯：个人愿景的原则——积极主动；自我领导的原则——以终为始；自我管理的原则——要事第一；人际管理的原则——双赢思维；移情沟通的原则——知己解彼；创造性合作的原则——统合综效；平衡的自我提升的原则——不断更新；第八个习惯，找到你自己的心声并激励他人去寻找他们的心声。

彼得·蒂尔：“从 0 到 1”。彼得·蒂尔被誉称为硅谷的天使、投资界的思想家，他以自己的亲见亲历，提出了“从 0 到 1”的创新理论。彼得·蒂尔认为，人类区别于其他物种的显著特征就是具有创新能力，并不存在创业创新的秘诀，成功人士总能在意想不到的地方发现价值，他们遵循的是最基本的原则而不是秘诀。进一步，他提出了有悖于主导商业思想的科技创新的基本原则：大胆尝试胜过平庸保守，坏计划也胜过没有计划，竞争性市场很难赚钱，营销和产品同样重要。

…… ……

从亚当·斯密开创现代经济学开始，在人类经济百花园中盛开了经济学、管理学、企业文化和其他财经专著构成的无数绮丽花朵，不少学者耗其毕生精力为人类贡献了不朽的思想成果。我们不能把这些卓越人士的辛劳奉献和珍贵财富置之度外，而要尽可能吸收大师们的丰富思想营养，为企业成长、经济繁荣奠下必需的一块理论基石。

三、 中外典型企业的成败经验

在竞争中追求发展壮大的商业市场上，一批企业成功崛起、延续，引人瞩目；更大一批企业失败衰退、消亡，湮没无闻。我们理应赞赏成功企业家创造的珍贵经验，也同样注重失败企业经营者留下的宝贵教训。中外企业的成败经验、教训给予我们不可低估的鉴戒，成为我们确立企业持久成长的八大法则的一块不可缺失的实践基石。

在浏览数百家中外成败企业案例的基础上，通过重点研读近百个知名企业家及其企业的案例，我们从中精选了70多个典型案例，分为总体和部分从成败两方面分析，鉴戒成功企业的经验并吸取失败企业的教训。当然，由于这些案例大体取材自公开出版的图书、杂志以及报纸、网络，可能存在少量不准确之处。

在注目成功企业家的成功之际，我们钦佩他们创造的优异绩效，感慨他们经历的艰难曲折，更看重他们贡献的珍贵经验，也期望他们和更多的企业家在风起云涌的社会经济大潮和瞬息万变的市场环境中持久地成长、成长、再成长。

在反思失败企业的失败之际，我们没有忘记它们也曾走一段“辉煌的历程”，也感叹它们的不幸衰败，更谨记它们留下的宝贵教训，还期望更多的企业家不要轻易忘记这些泪水酿就的教训，而能以此为戒推动企业持久地成长、成长、再成长。

案例

沃尔玛创始人：山姆·沃尔顿

作为零售业世界性连锁经营第一的沃尔玛，连续多年被列为“财富榜”之首或名列前茅，其创始人山姆·沃尔顿却出生于美国贫困的普通农民家庭，从七八岁开始做送报纸、挤牛奶、服务餐厅、游泳救生等杂活补贴家用、赚取学费。他自密苏里州立大学毕业后进入零售业，除第二次世界大战期间服两年兵役的短期中断之外，他从街边摆摊做起，到小零售店、合作经营、连锁扩张，一直干了50多年。

在50多年的零售商业生涯中，沃尔顿遵循自己的经营哲学和经营规则，形成了独具特色的沃尔玛经营之道——成功经营的六大原则和十条法则。

六大原则：一次只考虑一家店；沟通、沟通、再沟通；听取最基层的声音；下放责权；集思广益；保持精简，反对官僚。

十条法则：法则1，献身事业；法则2，与所有的员工分享利润，将他们视为合伙人；法则3，激励你的同事；法则4，与同事尽可能地交流每件事情；法则5，感激同事为公司所做的每一件事情；法则6，成功了便尽情庆祝；法则7，倾听公司每个人的意见；法则8，超越顾客的期望；法则9，比竞争对手更好地控制成本；法则10，激流勇进，独辟蹊径，藐视常规。

山姆·沃尔顿认为，沃尔玛的经验不仅可以用在零售业，也同样适用于其他行业，并且要具备企业经营的市场经济基础这一前提。

经营之神：松下幸之助

松下幸之助是世界著名电器公司松下集团的创始人，他奠定了日本的商业精神，被誉为“经营之神”。

松下幸之助早年的命运极其凄苦。他出生于日本和歌山县农村的一个富裕农民家庭，因父亲生意失败而家道中落。屡次陷入困境的家庭在二哥（17岁）、二姐（20岁）、大哥（23岁）、四姐（17岁）、三姐（21岁）、父亲（51岁）先后因病去世，母亲带着五女儿回家乡改嫁后，11岁的幸之助成了一家之主，走上了独立谋生的道路。16岁的幸之助转入大阪电灯株式会社，并一直干到1917年从大阪电灯辞职。22岁的他与两个年轻朋友合作在总共10平方米的两间小房内创业。申请专利的改良插头没有销路，电风扇绝缘开关板却接到订单。第二年“松下电器具制作所”（后改名“松下电器制作所”，1935年改组为“松下电器产业株式会社”）正式成立，从灯泡插座、双灯插头做起，生产多种电器产品。到松下幸之助去世时，松下电器产业的营业额超过4万亿日元，员工人数多达20万，营销网点遍布160多个国家。

早年的凄惨生活和从商70多年的坎坷生涯，使松下幸之助深刻地体验到人生的真谛和商业的本质，形成了远超世人的经营理念和经营哲学。他在其反思经营体会的《经营沉思录》中写道：“我从事公司经营已经超过60年了，而通过这一漫长的体验所深切感受到的，就是经营理念的重要性。换言之，这个公司为何而存在？公司经营的目的是什么？应该采用怎样的方法经营？在这些问题上，必须具有明确、坚定不移的认识。”

幸之助经常挥毫书写“道”字。对有人问到自己不断成功的诀窍，他往常会说“我运气好”。他在66岁回答记者问时说：“因为我是循天地万物之理。”对记者的困惑不解，他又说：“天若下雨就打伞。”

在“松下电器具制作所”改为“松下电器制作所”时，幸之助就制定了公司的“纲领、信条”，后来经文字改动的表述如下。

纲领：产业人要谨守自己的本分，拥有一颗改善社会生活的向上之心，并期望以此提升世界文化。

信条：每个人都要有向上发展的意愿，彼此要齐心协力，不得互相羁绊；每个人都要以真诚为宗旨，相互团结，服从公司的规定。

对于自己的经营哲学，幸之助比喻为“自来水哲学”：“生产者的使命，就是要像自来水一样无穷无尽，为社会提供宝贵的生活物资。”

幸之助制定了“松下电器制作所应尊奉的五精神”，后扩大为七精神：产业报国的精神、光明正大的精神、团结一致的精神、努力向上的精神、循礼谦让的精神、顺应同化的精神、报答感恩的精神。同时，松下电器还创定了内部行为规范。

看来，松下幸之助已经不是一个简单的经营者了，他像个虔诚的“求道者”并曾经明确告诉员工：“如果不认可公司的经营理念，或认为经营理念老套过时的人，就请立刻离开公司。如果连这一点也有所含糊的话，经营公司就没有意义了。”幸之助直到临终岁月，还在念念不忘自己的经营理念，嘱咐前来探望的同仁干部们：“拜托了，请把松下的经营理念流传下去。”

王者风范：奔驰

戴姆勒·奔驰汽车公司是德国最大的汽车制造公司，也是世界最大的汽车制造企业之一，一直以优质高价的梅赛德斯·奔驰汽车享誉于世，成长为引领全球汽车创造业的德国最大的企业集团。

戴姆勒·奔驰汽车公司创立于19世纪末期，由奔驰公司和戴姆勒公司合并而成。世界汽车技术的先驱者——火车司机的儿子卡尔·本茨曾在不同的公司做过制图员、设计师和厂长，经过长期艰苦的磨砺，研制成功了四冲程引擎。1886年1月29日得到柏林专利局颁发的专利证书，世界上第一辆汽车问世。但是，当时无人问津这台从未见过的怪物，本茨的太太大胆领先示范，带着两个孩子驾驶这辆汽车，成功访问了住在另一个小镇的亲戚。“汽车之旅”引起了轰动，人们开始对新发明的汽车刮目相看，本茨的奔驰公司也摆脱了绝境。与此同时，德国一个面包师的儿子——格特里布·戴姆勒也成功研发了小型四冲程引擎发动机并取得专利证书。1885年戴姆勒把这种发动机安装在两轮车上而发明了世界上第一辆摩托车。1886年他又在一辆买来的四轮“美国马车”上安装了自己发明的发动机，成功以每小时18千米的速度行驶。之后戴姆勒成立了以自己名字命名的戴姆勒公司。

奔驰公司和戴姆勒公司成立后都得到了迅速的发展。1926年6月29日，两家公司在德国政府的撮合下合并成立戴姆勒·奔驰汽车公司，创立品牌——梅赛德斯·奔驰。伴随经济危机的困境、“二战”期间盟军的炮火轰炸损毁、美苏法军队的占领、后起之秀美日汽车的冲击等种种磨难，戴姆勒·奔驰公司经过100多年的辛勤努力和不断开拓，成长为以高档汽车为代表、以汽车为核心产品的多元化企业集团，一直居于世界汽车行业的领先地位。奔驰公司的产品多种多样：小轿车、大轿车、小型车、载重汽车、各种运输车、多用途拖拉机、越野车、公共汽车等，涉及160多个品种、3700多个型号。除汽车公司外，还包括戴姆勒·奔驰工业公司、德国宇航公司和综合服务公司，涉足宇航、航空、动力等领域，稳步走上多元化的发展道路。

戴姆勒·奔驰企业集团从生产出第一辆汽车、摩托车到发展成为举世闻名的世界性跨国大公司，给我们提供了丰富的经验。

健康的企业文化。创立以来，奔驰长期坚持的信念是：生产最好的，否则就不做。奔驰以此作为企业的信条，争取汽车工业的领先地位。面对日本汽车讲求质量和售后服务的强劲冲击，“奔驰”将自己的信念充实为“生产最好的汽车给顾客”。秉持这一信条，奔驰直面市场，以汽车的质量、造型、安全、服务、维修等全面满足顾客的各种需求。

真诚为顾客服务。奔驰汽车公司的宗旨是：一切为了顾客。为了满足顾客的需求，奔驰公司可谓做到了极致：树立质量优势，严格贯彻质量意识，建立一丝不苟的工作制度和质量检查制度。为检测前座的安全性能甚至不惜每年用100辆崭新汽车以56千米/小时的速度冲撞混凝土厚墙。

奔驰汽车公司在周密市场调查的基础上，建立售前、售中、售后的“一条龙”服务体系，拥有一支高素质的销售队伍，及时、诚恳、热情地为顾客服务。例如，法国农场主驾驶奔驰汽车在法国荒村出现了发动机故障，用小型发动机直接联络德国奔驰汽车公司总部，几小时后，奔驰汽车修理厂的检修工人就在工程师的带领下乘飞机赶到，不仅修理费未收，后来还为他免费换了一辆崭新的货车。对此，奔驰公司负责人这样说：“出现这种情况是我们的质量检测没有做好，我们应当为你提供免费服务。”

充分重视、培养、利用人才。奔驰深知，人的素质事关成败，人才是企业的资本。因此公司不惜时间、重金培训员工，对员工的技术革新按贡献大小给予奖金，以奖学金资助学习成绩优异的理工类在校生，让大学毕业生在上岗之前到研究、开发、生产各部门实习、见习两三年，使年轻人得到跨专业进修的机会，增进多方面的能力和工作兴趣。对公司员工，奔驰不看出身，只重敬业精神和工作能力，通过破格提拔优秀员工到主管位置，为公司降低成本；开发生产出家庭运货车和小马力发动机购物车等新型汽车，顶住了廉价日本车的冲击。

不断创新引领潮流。为了保持强劲的竞争力，奔驰公司谦虚学习日本汽车业的市场精神和价格定位，从20世纪90年代起进行了全面变革，增加新车型，压低生产成本。在海外投资设厂，稳住高端车生产的同时，为广大普通家庭生产物美价廉的中小型车。为此，奔驰公司从充分发挥员工积极性和提高管理效率入手，通过改革生产结构、重新制定工作流程、加强管理、严格工时制度等改善管理效率，采用提高福利、分红、子女免费教育等方式激励员工的工作积极性，并革新了一系列扩大服务、促进销售的措施，通过制度革新焕发奔驰活力。

奔驰汽车公司长期流行的口号是：以创新求发展，不断推陈出新。从创始人本茨发明“火花塞点火”原理开始，奔驰汽车公司不断推出多种技术创新和产品创新——柴油发动轿车、承载式焊接结构、小型车、高级豪华轿车、低能耗汽车、塑胶零配件、高效电脑控制的数据汽车、自动空气动力调节系统、防抱死ABS刹车系统、安全气垫、自动变速器、自动驾驶汽车等。为减少污染、保护环境，奔驰开发无铅汽油混合动力车，建立旧汽车回收网及科学处置旧车技术，还进行了甲醇（酒精）汽车、电动汽车、煤气汽车、菜籽油汽车等的研发。可以说，奔驰汽车公司的创新不仅是技术、产品的创新，而且是技术、产品和策略、采购、成本、营销、管理、服务等的全方位创新。

多元化发展以分散风险。自从汽车发明问世以来，奔驰已成长为世界领先的汽车创造厂家。美日等国汽车业的快速发展并步步前进，世界汽车市场竞争激烈且日趋成熟。为避免经营风险，奔驰一方面在优势产品——汽车上不断创新、革新，另一方面进行了多元化发展以分散风险。

世纪超人：李嘉诚

李嘉诚是华人巨商，白手起家，创建了长江实业、和记黄埔、长江基建、嘉禾国际、香港电灯等大公司，连续15年蝉联华人首富，被世人誉为“世纪超人”。

1928年，李嘉诚出生于中国广东潮州的一个教师家庭，他从小喜好读书，成绩优秀，广涉群籍，立志要做一个像父亲一样的老师。李父教书育人，讲气节义气，待人诚恳，以中国人的传统美德和传统文化深深影响了李嘉诚。

父亲因贫穷在中国香港去世，身为长子的李嘉诚年仅15岁便被迫辍学谋生。他曾在茶楼跑堂、钟表公司当学徒、五金厂推销，少年时期便学会了勤勉敬业、与人相处、观察市场、公司管理等基本商业知识，十八九岁因勤快绩优升任五金厂总经理。看到塑胶产品取代铁桶生意的市场趋势，李嘉诚转入塑胶行业并开办了长江塑胶厂，专门生产塑胶玩具和家庭用品。公司生产出了最新款式的塑胶花，走“物美价廉”的销售路线，但因质量管控薄弱几近倒闭破产。后经过改善质量管理，长江塑胶厂起死回生，产品热卖香港、远销欧美，李嘉诚赚取了人生的第一桶金，赢得了“塑胶花大王”的美称。李嘉诚目睹香港工业快速发展而工厂租房困难的状况，开始进军房地产业。他在香港房地产低迷阶段大量吸纳廉价地皮和优质物业，待香港经济复苏后获取了丰厚利润。20世纪70年代初，李嘉诚将经营重点从塑胶花转向房地产，将新成立的长江地产有限公司改为长江实业（集团）有限公司（取“长江不辞细流，故能浩荡万里”之义），通过上市集资和多种合作成为香港地产界的龙头企业。70年代，李嘉诚进入金融市场，通过复杂多样的上市、入股、换股、收购、并购、买进、卖出等资本运作，成为老牌英资财团和记黄埔公司最大的单一股东，全面接管经营货柜码头、船坞、制药及零售业务。90年代，李嘉诚又收购了老牌英资上市公司——香港电灯，并分拆出嘉宏国际集团公司，掌控了长实、和黄、嘉宏和港电四大上市公司，业务遍及物业、零售、基建、电信、财务投资、能源、货柜码头七大行业，范围涉及50多个国家和地区，李嘉诚集团也成为一家名副其实的多元化、国际化的世界级大型企业集团。

李嘉诚以房地产为经营支柱，但并不限于房地产业。他善于用人所长，启用多种多样的优秀人才，业务从房地产推及通信、能源、酒店、货柜码头、零售、制造、基建、财务投资、电力等广泛领域。长江实业成为一家多元化、国际化的企业集团。

李嘉诚的一生，是勤勉奋斗、不断进取、喜读好学、才智横溢的一生。他已经创造并且还在创造令人惊异的辉煌业绩，也给世人留下了诸多值得珍惜的经验。

坚持正确的价值观和原则。李嘉诚并不拘持中国文化和西方文化的一端，而是取东西方文化之所长，恪守诚信为本的价值准则和内在信念，认为只有坚守正确的价值观和原则，才能共建一个正直、有秩序及和谐的社会。他强调，没有精神文明，只有物质充斥的繁荣表象，是一个枯燥、自私、脆弱、冷酷和危险的世界，而只有通过对真理和公平的不断追求，才可建立一个正义、和谐、稳步发展的社会。

培育做人的良好道德。谈及自己的成功之道，李嘉诚严肃指出：要勤奋，要节俭，有毅力，肯求知，要待人以诚，建好信誉。他说，这其实是老生常谈，只要跟着去做，任何人都可达到不同程度的成功，甚至比他做得更好。听起来好像很简单，但说易行难。李嘉诚还特别谈到成功的秘诀：顾及对方的利益，为对方着想，考虑对方的需要是最重要的。

商人应有市场的敏锐性。李嘉诚从创业开始，投资运作了许多国家、许多行业、许多公司的复杂业务，但没有哪一次投资不是建立在调查市场并周密思考的前提之下。正是对市场现状、市场波动、市场趋势、市场规律的准确把握，才使李嘉诚敢于承担风险、大胆运作，及时利用市场提供的机会，不断取得商业进取的成功。

知人善任。经营一个横跨诸多国家、诸多业务领域的庞大企业集团，李嘉诚靠的是识别人才，用人之所长，充分发挥各种人才的作用。用人之道，李嘉诚首先注重给予好的待遇，创造良好的发展空间、前途；其次是顺应国际化业务的广泛拓展，引进国际化人才，中西结合；第三是不仅善用公司内部的人才，还要善于借助公司外部的"外脑"，内外结合。

多元化中坚持核心业务。李嘉诚不主张"把鸡蛋放在同一个篮子"，认为某一产品或某一行业总会发展成熟、竞争激烈、周期波动，因此单一执着不如多元化地分散市场风险。"东边不亮西边亮"，多元化对市场波动的抗御能力更强，这就要开发新业务、开辟新市场。但是，多元化不等于绝对平均，企业无论大小都要有核心业务，要有足以支撑经济起伏的支柱，既能分散风险，又有业务支撑，发展中不离稳健，稳健中不忘发展。

善于现代经济的资本运作。在现代经济中，实业与金融的相互作用日益紧密，不仅要扎扎实实地做好实业，也要善于运作资本，这样才能较快较大地扩张企业。融资、上市、收购、并购、转让、估价等资本运作的投资手段和投资工具，正在成为一个现代企业家理应掌握的基本技能。

不能否认运气的存在。李嘉诚虽然一直把勤奋努力和个人条件视为事业成功的决定因素，但多次谈到了运气的存在。毕竟，人们努力认识商业规律和商务知识以正确把握自己的行为，但无论是公司内部外部还是宏观政策、社会大环境，毕竟会出现始料不及、不能预测的意外变化，出现机遇或霉运。只有靠自己的必要准备、留有余地、努力、应变，并对逆境予以利用或加以化解，才能让好事变得更好，争取坏事也能变为好事，至少也不会变为灭顶之灾。

始终不忘学习。也许是出身书香门第和早年的习惯，李嘉诚一生坚持了良好的学习习惯，每天睡前总要读点书，广泛涉猎文、史、哲、政、经、科学等。长期坚持读书学习，使他的视野更开阔，并能跟上社会的进步。他认为如果能跟上社会的进步，甚至跑前一点，那么判断未来的能力会更加准确。李嘉诚所受的正规学校教育仅只小学而已，但他一生坚持的读书学习习惯，却使它成为一个知识丰富、眼光开阔、思想新颖、善捕未来的学习型大企业家。

成功取决于多种因素。谈到李嘉诚成功的原因，人们常常会举出他的勤奋努力、诚信做人、市场眼光、资本运作、知人善任等某一方面的长处。其实这是知其一，不知其他，懂成功的必要条件却不识充分条件。香港专栏作家在《新报·正视财富》中概括李嘉诚成功的特点：工作勤奋、节俭、节约、真诚待人、好学不倦。李嘉诚本人解释取得优异成绩的根本原因："令事业成功的因素很多，例如有良好的管理经验，完善的组织和制度，出色可靠的管理层和长期忠诚服务的员工，与做重大决定前深入全面了解及详细研究等，建立良好的信誉亦是重要原因之一。与海内外的合作伙伴一向以来合作愉快。"这就告诉我们，一个企业或一项事业的成功，绝非由一个因素决定，它取决于多种因素的协同作用。

止于至善：王永庆

王永庆是中国台湾台塑集团的创始人，号称台湾“经营之神”。他把一家小塑料公司经营成年产值达两万多亿元新台币的石化产业集团，使集团位居世界化学工业50强之首。

1917年，王永庆生于中国台湾台北新溪山村的一个茶农之家，父母亲的勤劳给年幼的王永庆留下了终生难忘的印记。王永庆小学时成绩平平，小学毕业后，离开家乡到嘉义米行谋生。17岁时王永庆领悟了经商的基本方法，他带着两个弟弟在嘉义市开了一家米店。1941年日本挑起的太平洋战争日益扩大，王永庆的米店被迫关门。抗日战争胜利后，台湾开始大力发展建筑业，王永庆不失时机地经营木材，盈利颇丰。但随着进入木材业的商家越来越多，竞争日趋激烈，王永庆便果断地退出了木材行业。

1953年，王永庆接手设立树脂加工厂（PVC）的项目，开建塑料加工厂。但在台商、日商的联手排挤下，台塑工厂的产品无一人问津。王永庆被迫用个人资产交换台塑股份，在台湾市场不景气且销路不畅的情况下，增加产量，摊低成本，把产品推向国际市场并取得良好效益。为适应拓展的形势，王永庆又集资建厂，开办了二次加工厂——南亚公司，并通过南亚公司再建新厂、新公司，产品从塑料制品到纤维、染整及电子材料，逐步形成上、中、下游一体经营的体系。自1971年，南亚集团的营业额超过30亿元新台币，成为台湾最大的民营企业。在推进南亚公司的同时，王永庆又把目光盯向了木材加工市场，用木材废料加工成纸浆，进而加工成人造纤维。从木材公司到化纤公司、到木材制品公司、到组合家具生产，涉及纱、布、尼龙丝、嫘萦丝、嫘萦棉、芒硝与清洁剂等多种产品，台化公司也成为台塑集团的另一个超大型企业和台湾最大的纺织公司。

20世纪80年代，新建了台塑石化，提炼石油、轻油、乙烯、丙烯、石油焦等石化产品，产品广推台湾岛内外。经过几十年的发展，台塑集团形成了台塑、南亚、台化、石塑化石“四大金刚”引领众多公司、工厂竞相发展的局面，在全球发展与扩张，成长为台湾最大的民营企业和第一财团，进入世界500强企业，被台湾以至整个中国制造业视为学习的楷模和榜样。

在王永庆92年的人生中，积累了许多人生经验和经营经验。王永庆曾经总结说，台塑的许多管理思想都来源于早年卖米的感悟，大道理都是相通的，没有什么高深之处。无论经营一家小店，还是掌舵台塑集团，基本原理相似。“勤劳朴实、止于至善、永续经营、奉献社会”的经营理念和企业文化始终像一根红线贯穿在他从小米店到大集团的发展全过程。台湾著名的王永庆研究专家郭泰在《王永庆给年轻人的八堂课》中，将王永庆成功经营的基本原理和基本经验总结成了八大秘诀。

追根究底。事事要求“止于至善”，也就是对问题不追究到水落石出，绝不罢休的态度。

务本精神。从细枝末节处着手，凡事只求根本，不问结果；事事追求点点滴滴的合理化。

“瘦鹅”理论。学习瘦鹅刻苦耐劳的精神，学习瘦鹅忍饥耐饿的韧性，用刻苦耐劳的精神面对困境，并以坚韧态度等待时机的到来。

基层做起。不怕从基层做起，除了必须脚踏实地、按部就班、从基层做起之外，还必须选定目标，咬住不放，全力以赴。

实力主义。实务经验很重要，学历不等于实力，只有从实践经验中才能培养出坚强的实力。实践经验愈丰富，成功的机会就愈大。

切身感。培养休戚相关的切身感。企业的管理制度若能造成员工的切身感，员工的潜能可以发挥到十成以上。

价廉物美。除了价廉，还要物美，只有建立在价廉物美的基础上，企业才能够蓬勃发展。因此，王永庆坚持供应价廉物美的原料给下游客户。

客户至上。客户就是市场。买卖双方唇齿相依，懂得给客户分享利益并建立相互信赖的、长期稳定的关系。

张瑞敏：最大的乐趣在探索之中

张瑞敏，1949 年生于山东莱州，从担任负债累累、濒临倒闭的青岛电冰箱总厂厂长，到创建了全球白电第一品牌海尔，他创造了 OEC 管理模式和人单合一模式等管理模式，被评为全球 50 大思想管理家和《金融时报》50 位最受尊敬商业领袖之一。

从 1984 年创业至今，海尔集团经历了五个发展阶段：名牌战略发展阶段（1984—1991 年）：要么不干，要干就干第一；多元化战略发展阶段（1991—1998 年）：海尔文化激活“休克鱼”；国际化战略发展阶段（1998—2005 年）：走出国门，出口创牌；全球化品牌战略发展阶段（2005—2012 年）：创造互联网时代的全球化品牌；网络化战略发展阶段（2012—2019 年）：网络化的市场，网络的企业。

30 多年的创造性努力，张瑞敏不仅带领海尔员工取得了骄人的业绩和众多的荣誉，还在其不倦的探索思考中给世人留下了丰富而珍贵的经验。

持久发展的规律。张瑞敏十分欣赏丰田公司的精益生产法和戴尔公司的直接客户模式，并且看到它们都是完整的、环环相扣的系统，而不是孤立的、支离破碎的片断，而企业文化则是这些系统正常运行的润滑剂。2004 年 12 月，张瑞敏揭示了 20 年来海尔能够持续发展的规律，就是在任何时间任何地点都注意处理好三个关系：第一是无为和有为的关系，第二是重点突破和闭环优化的关系，第三是百米冲刺和跑马拉松的关系。这三种关系体现了一种递进的关系，前一种关系是后一种关系的指导，后一种关系是前一种关系的支持。

观念先行。张瑞敏认为一开始每个人首先要解决观念问题，解决一个思路问题，如果观念不对、思路不对，不管你采取什么措施，具体包括设备、技术，都不一定会收到效果。他还说，不断前进的精神和文化是海尔的一个关键。对于伟大的企业来说，有两个共同点，首先是目标非常明确，而且这个目标不是局限于赚钱。另外一个重要的特点是，有一整套企业员工都遵守的价值观，他们在为自己坚信的共同目标奋斗。

海尔坚持用户至上的理念。只关注用户需求，而不是关注竞争对手。张瑞敏强调，企业一定要根据市场的变化不断地提出新的理念，并且总要超前几步来满足用户的需求。不同理念的提出一定要有一个核心的东西不能变，就是海尔的“真诚到永远”，永远接近客户，零距离满足用户的需求。

以人为本的制度建设。张瑞敏管理海尔，并非抓产供销的具体管理，而是主要抓管理之魂——管理文化和管理体制，并形成了以人为本的管理文化和管理体制。海尔的管理文化是：把人当作主体，一切以人为中心，把所有的员工都看作可以造就的人才，在企业内部营造一种尊重人、信任人、关心人、理解人的文化氛围，让每一个主体都富有热情、富有审美特征、积极自愿、富有责任感地去进行创造性实践，是客观的管理体制与内在的心灵需求和谐、完美地统一起来。张瑞敏以以人为本的管理文化为出发点，学习日本、美国的管理方法，立足中国文化的特征，建立起了以人为本的 OEC 管理模式和人单合一共赢的管理模式：海尔管理模式 = 中国传统文化中的管理精髓（以人为本和整体思维） + 日本管理（团体意识和吃苦精神） + 美国管理（个性舒展和创新竞争）。OEC 管理法：全面地对每人、每天、每件事进行把握和清理，核心即“日日清”制度。人单合一共赢管理模式：第一部分应该是体验经济，因为物联网经济是体验经济，是根据用户的体验去服务的；第二个部分就是社群经济，又称“大顺逛”、三点合一，除了线上店、线下店，还有微店；第三部分是创业平台，我们叫作“创客经济”，这一点非常重要，因为现在做的都对，但时代变了就都不对了。

职业道德。张瑞敏反复强调海尔“真诚到永远”的核心价值观。耐得住寂寞，不去做造假的事，有时候可能就损失一些，而别人可能赚了几个亿。这个时候也要坚持住，靠真功夫把内部管理真正做好。外部市场还没有建立起来的时候，你至少可以很好地应付它。几十年来，海尔坚持了利己利企业利社会利环境保护的职业道德：个人的价值实现与企业的目标一致起来，企业的发展目标又和社会的发展目标和整个环境的保护结合起来，就是企业与自然融为一体，这是海尔的奋斗方向。

创新求胜。张瑞敏看到，现代社会的变化速度正在加快，市场需求和用户体验也在加快变化，企业故步自封势将覆亡，企业创新应变才能生存。最重要的创新就是观念的创新、组织结构的创新、市场的创新。在不同场合，张瑞敏还强调了发展模式的创新、管理模式的创新、技术的创新、企业文化创新等。2013 年，张瑞敏在清华大学研修班的演讲中提到：企业也好，国家也好，要想跟上时代的节拍，顺应浩浩荡荡的时代潮流，须做到以下三点：第一，变中求胜是企业永恒的主题，企业都想永恒发展，都希望基业长青，但关键是能不能不断以变制变、变中求胜；第二，颠覆自我，创建互联网时代的企业；第三，时代性和国际性是商业模式的试金石。至于创新的动力，张瑞敏仍旧归本于人：人，是保证创新的决定性因素，人人都应成为创新的主体。

极强的执行力。海尔的成功，不仅在于领路人、掌门人张瑞敏清晰的理念、有效的管理、团队的配合，还在于他所具有的极强的执行力。这几种体现在海尔的创名牌战略和兼并“休克鱼”实施上。

张瑞敏上任的首要战略，就是创名牌战略。从去当时号称世界冰箱质量第一的德国利勃尔公司寻找技术，到取得轻工部认可、成立战略研发部门，再到销毁一批存在严重质量问题的电冰箱。张瑞敏带领海尔形成了自己的名牌并得到了市场的认可。兼并“休克鱼”是海尔扩张发展的重要策略。兼并“休克鱼”，按照张瑞敏的解释，既不是“大鱼吃小鱼”，也不是“快鱼吃慢鱼”“鲨鱼吃鲨鱼”，而是吃“休克鱼”。“休克鱼”比喻因思想、观念有问题而发展停滞的企业。这种企业一旦被注入新的管理思想，有一套行之有效的管理办法，很快就能够被激活过来，如兼并青岛红星电器厂、黄山电视机厂、爱德洗衣机厂等 15 家企业。首先，海尔抓住“人”这个企业的中心，以“无形资产盘活有形资产”，在海尔企业发展理念和企业文化的指导下，让新员工逐渐接受海尔的文化；接着，派出质量保证体系审核小组检查工厂的所有环节，以提高工作效率。依靠海尔的品牌，实行兼并的资本运作，海尔形成了生产冰箱、空调、冷柜、洗衣机等系列产品的“白电产业”重镇。

最重要的影响因素之一：外部环境。在几十年的经营管理中，张瑞敏深知决定企业生死的原因多种多样，而外部环境是企业经营最重要的影响因素之一。市场千变万化，政策、环境因素又不可控。市场经济制度下的法制设置不够完善，会出现劣币驱逐良币的现象，比如低价假货冲击真货的问题。或者有时候很多政策在变化，比如有的政策原来可能没有很明确的规定，企业家不太清楚，做了，最后变成了违法，这些事你会觉得挺可惜的。他也接触到一些人，从本质上说也都不错，最后一脚踏错，被判刑了或者出现别的不好的结局，真是很可惜。还有，中国企业领导人要管的事情很多，既要管宏观上的战略，又要管微观上的管理，常常力不从心，很可能做不好。张瑞敏时时警示自己关注外部环境的变化。他的桌子上曾放了一张图片，就像泰坦尼克号沉没的样子，他在图片上写下了德鲁克说的一句话：企业破产是因为 CEO 用来当作组织决策基础的有关外部环境的假设不再符合实际情况。这是张瑞敏每天每时每刻用来警示自己的，他认为自己必须做到使决策符合时刻变化的外部环境。

走向国际化。张瑞敏关注外部环境，不仅是指关注、适应国内环境的变化，也是指关注、适应国际环境的变化，这体现在海尔的国际化战略实施上。在一般中国企业经营管理者的市场观念中，市场一直划分为两个：国内市场、国外市场，而在张瑞敏的观念中则只有一个国际化大市场。他确立的海尔国际化市场战略包括四个方面：一是设计研发国际化；二是采购供应国际化；三是生产制造国际化；四是营销网络和服务网络国际化。1998—2003 年，海尔通过在美国建厂、收购意大利工厂开始了国际化战略，并制定了培养“1 + 1 + N”的国际化人才的措施（第 1 个 1 叫“外 1”，代表国际先进水平的专家；第 2 个 1 叫“内 1”，代表海尔有创新精神的人；“N”代表整个企业的创新文化氛围。在“1 + 1 + N”中，核心是第二个 1，这个内 1 对前面的 1 和后面的 N 起决定作用）。

国际化的团队，通过“人单合一双赢”商业模式的运营，造就了海尔国际化的业绩。

根据世界权威市场调查机构欧瑞国际（Euromonitor）发布的全球大型家用电器品牌零售量数据显示：海尔大型家用电器 2016 年品牌零售量占全球市场的 10.3%，居全球第一，这是自 2009 年以来海尔第 8 次蝉联全球第一。同时，冰箱、洗衣机、酒柜、冷柜也分别以大幅度领先第二名的品牌零售量继续蝉联全球第一。海尔在全球有 10 大研发中心、21 个工业园、66 个贸易公司、143 330 个销售网点，用户遍布全球 100 多个国家和地区。

尽管如此，在国际化市场的汪洋大海中游泳，张瑞敏仍然充满了敬畏。他说道，现在我们那些骨干的管理人员对市场都有一个公式，就是说怎么样以变制变，怎么样不自以为是，要自以为非。就是在市场面前，你必须永远要自以为非，如果你自以为是，你就马上要栽，再大的国际公司都是这样。

60岁之后，张瑞敏不仅在推进海尔的商业模式从互联网时代跨入物联网时代，而且更多地从更深的层次、从文化的层次、从道的层次探索海尔以至现代企业发展成长的新问题。张瑞敏说，《圣经》中有一段话说得非常好，就是："你们要进窄门。因为引到灭亡，门是宽的，路是大的，进去的人也多；引到永生，那门是窄的，路是小的，找着的人也少。"所以，我希望能找到进去的路。

张瑞敏至今未离对中国文化的浓厚兴趣。他看到，老子两千多年前提出的道是宇宙变化的道，是宇宙变化规律，是系统论。老子的《道德经》有一句话"大制不割"，意思就是说，所有的机制是一个系统、是完整的，不能把它割得七零八碎，否则，看不到总的面貌。

年至70的古稀老翁张瑞敏雄心未消，他表示：我非常希望利用中国两千五百多年以前的传统智慧、哲学思想，使我们今天在物联网时代、在管理模式上超越，走在世界的前列。

狼狈为奸：安然与安达信

美国能源巨头安然公司成立于1985年，由美国休斯敦天然气公司和北方内陆天然气公司合并而成。成立时，安然公司拥有37 000千米的州内和洲际天然气管道，通过游说政府，利用天然气管道网络，从价格低的地方购进天然气，输往需要天然气的地方，开创了天然气现货市场的新交易模式。安然又成功地把核心业务转为天然气发电的动力经营业务，再引入天然气推至煤炭、纸浆、纸张、塑料、金属和电信宽带等领域的期货、期权金融衍生品交易，最后进军电子商务，创建了第一个全球商品互联网交易平台——"安然在线"，提供从电力和天然气现货到期货等复杂衍生品1500多种商品的交易，业务地域从美国遍及欧洲、亚洲和世界其他地区。1990—2000年10年间，安然公司销售收入从59亿美元上升到1008亿美元，净利润从2.02亿美元上升到9.79亿美元，账面价值从每股4.01美元上升到90.56美元。安然在全球能源行业中位居第一，全球最大500家公司中名列第16位。2000年已成为网上交易规模近2000亿美元的全球最大电子商务平台。

在这个发展过程中，安然公司的创新不断：能源交易创新、管理制度创新、经营模式创新、市场营销创新、金融产品创新。安然的创新一直为世人推崇，成为MBA教学的经典案例。

在安然基于股权价值的企业文化指导下，一切以股价提升为目的成了公司经营的信条——“只能成功”“只重结果”。通过多种创新、拓展，安然成为一家全球瞩目的特大型公司。但是，为达到股价提升，规模扩大，近于不惜使用一切手段的安然却埋下了忽视核心价值观和职业道德的定时炸弹，时机一到难免爆炸。

安达信会计师事务所创立于1913年，由创始人亚瑟·安达信独立经营，凭借稳健诚信和会计实力取得良好口碑和业务绩效，先后开设了6家分所。亚瑟·安达信去世后，事务所从美国扩展到全球，至2001年已经成为全球性的五大会计师事务所（普华永道、德勤、毕马威、安永、安达信）之一，因其服务质量好曾连续两年被公认为最受推崇的会计师事务所第一名。安达信代理美国2300家上市公司的审计业务，占美国上市公司总数的17%。在全球84个国家设有390个分公司，拥有4700名合伙人，2000个合作伙伴，专业人员达8.5万人，2001年的全球营业额为93.4亿美元。

在安达信会计师事务所的帮助下，安然通过做假账虚增盈利欺骗投资者，以抬高股价，筹集大量发展资金。但是，纸包不住火。

2001年3月，《财富》杂志首次质疑安然财富的来源，认为存在操纵利润做假账的嫌疑。2001年5月，波士顿一家证券分析公司出的安然分析报告称，安然的运营利润越来越低，投资者不要轻信安然公司的财务利润。2001年8月，著名投资网站发表的分析文章认为，安然第二季度利润很大部分来自两笔“对倒”的关联交易。《华尔街日报》进一步连续发文，披露了安然许多关联企业的细节；许多媒体、分析师都在关注安然的违规操作。

面对媒体和市场的广泛质疑，安然公司董事长兼CEO肯尼斯·雷信誓旦旦：“安然没有任何会计问题，没有任何能源交易问题，也没有任何资金短缺问题。”财务总监也拒绝回答他与各关联企业的关系问题，甚至破口大骂并要赶走参加电话会议的一名分析师。

但在来自各方的压力下，安然不得不对过去数年的财务重审，把关联企业纳入财务报表。2001年11月8日，安然宣布从1997年到2000年，由关联企业共虚报了5.52亿美元的利润，安然还需清偿超过310亿美元的债务。11月9日，德能公司宣布收购安然；28日，安然的股价开市几小时下跌28%，安然宣布当周有6亿美元的债务到期，标准普尔和穆迪投资服务先后将安然的债务信用评级连降六级，评为“垃圾股”，安然股价进一步下跌85%，股价从高峰期的90.66美元暴跌至不到1美元，跌幅近99%，而根据借贷合同，安然必须马上归还通过关联公司贷来的34亿美元债务。德能宣布终止与安然公司的兼并计划。

2001年12月，安然公司正式向法院申请破产。安然的29名高级行政人员被纽约的联合银行起诉，索赔250亿美元。美国众议院特别委员会启动了对安然的破产调查。

2002年1月，美国司法部正式对安然进行刑事调查，为安然进行财务审计的安达信会计师事务所承认曾销毁了部分与安然有关的文件。美国政府两家监督机构公布调查报告，258名国会议员曾接受安然公司的政治捐款，至少11名布什政府高官拥有安然公司的股份。纽约证券交易所正式宣布，由于安然公司股票交易价格在过去30个交易日中持续低于1美元，决定将安然公司从道·琼斯工业平均指数成分股中除名，并停止安然股票的相关交易。安然总裁辞职，董事会副主席自杀身亡。

从事发的2001年11月到2002年1月，短短三个多月的时间，国际能源的龙头老大安然公司彻底坍塌。安然事件的揭露，也引爆了帮助安然公司做盈利假账并销毁安然文件的安达信会计师事务所。

这间享有诚信盛名的全球性会计师事务所，在安然事件爆发后正式宣布破产，因承认销毁安然公司文件受到美国司法部的刑事调查，其CEO辞职。从此，客户大量流失，旗下合作分所纷纷另投新主，安达信为自己的欺诈、违规行为付出了惨重的代价。

其实，安然事件之前，安达信在1998年“美国废品管理公司案”和“阳光电气公司案”中因“欺骗与伪造账目罪”和“无保留意见”审计报告就被罚款和赔付。安达信贪婪之心难改，在安然事件中终于毁于一旦。

安达信为了安然公司付的5200万美元报酬，不惜帮安然公司“造假”“售假”，即做假账虚报盈利欺骗投资者和销毁有关安然公司的审计文件，触碰了会计业务的社会信用底线，接着揭露的美国世界通信公司严重高估公司资产的造假案，更把担任审计的安达信推上法庭受审，以妨碍司法调查罪罚款50万美元并禁止在5年内从事相关业务，安达信被迫宣布停止从事上市公司的审计业务。“五大”会计师事务所从此变成了“四大”。

安然和安达信狼狈为奸双双坍塌的案例告诉我们，即使是经营有效、享有赞誉的大公司或老牌公司曾有过辉煌灿烂的奋斗历程和耀眼绩效，但这仅仅只能说明过去，一旦丧失了诚信等职业道德，甚至触犯法律底线，失败也只是时间问题罢了。核心价值观的端正和职业道德的树立，对任何公司都是举足轻重的关键因素，也是企业创新不可缺失的、相辅相成的“保守”一端。

Novell：技术独轮车难行远

Novell是一家创立于1979年的美国计算机制造商和专有磁盘操作系统开发商，起步最初几年间，Novell的产品销售几无成功可言，公司濒临倒闭。1983年，经引进精明商人Noorda，公司一度辉煌，但还是因为市场营销的重大失误，最后在2001年因巨额亏损只能转让出手。

Novell是一间技术导向的公司，拥有一群精通技术的优秀工程师，也开发出了若干高质量的高技术产品，它的失败不在于技术开发，而在于市场营销，即骑上了技术独轮车而缺乏市场辅成的技术——市场双轮车而未能持久支撑。作为一间技术导向公司，它倚重技术开发，而把市场运作视为一个需要处理的问题，并不把市场视为是与技术相辅相成的经营重点。公司由一群程序精英集权控制，这群技术精英高高在上，几乎被公司其他人视为神圣，管理人员可以向他们提建议，但连掌门人也不能给他们下命令。技术完全压倒了市场营销，公司的产品管理十分脆弱，产品经理对主打产品的开发周期影响很小。这带来了Novell在产品管理和市场营销上不断的重大失误，终至无以为继。

多年来，技术精英一直对用户需求NetWare（网络操作系统）的GUI（用户视觉界面）呼声置之不理。在GUI流行开来的时候，Novell竟然公开宣称：Netware永远不会有GUI。Novell擅长于为Netware编制长长的技术改进清单，但对这些技术改进的成本和市场效用的考虑明显不足，因此不能为Novell产品用户提供更高的投资回报率。

2000年以前，Novell公司有一款产品GroupWise的界面仍然是20世纪90年代中期的老样子，而市场急需要求改变这种陈旧界面。GroupWise的产品市场小组知道这一需求已经多年，却不能劝告GroupWise开发小组为用户提供更具现代感的外观体验。

1993年3月推出的NetWare 4.11把NetWare的名字改名为IntranetWare，致使市场普遍认为Novell公司终止了NetWare，并询问该产品有何变化。经过一年左右的艰难解释后，NetWare才又改回到原来的、大众熟悉的受信任的原名。这种忽视品牌产品名称的做法引起了用户的疑虑。

在产品定位上，Novell把Micropro的翻版开发出了两个竞争性的组件产品线，造成这两个产品在功能和用户群上的高度接近，从而自己分裂了自己的市场，并且影响了用户的购买选择。当1993年微软的强劲产品Windows NT问世时，Novell并没有采取任何有效的价格举措予以回应，推出对应Windows NT的新产品，而是陶醉于自己的价格昂贵的高级服务器，给微软以不断升级的空间，从而让自己坐以待毙。

销售一步步萎缩，利润一点点摊薄，到 2001 年 Novell 的年收入为 10.4 亿美元，亏损了 2.73 亿美元。为摆脱困境，Novell 转让给了 Cambridge Technology Partners，这才在新主人的经营下逐渐起死回生……

导致 Novell 公司衰落的原因是多种多样的，但是只专注于技术开发而忽视市场营销是其失败的主要原因。产品开发和技术研发是企业创新成长的必要条件和前提条件，但并不是充分条件，技术再棒而市场营销跟不上，市场不能吸纳、消化企业的新产品、新技术，这种技术独轮车在市场经济的道路上也是行驶不远的。一位成功的企业家说道："什么叫市场导向型企业还是技术导向型企业？你市场做不好还谈什么技术？"这句话，是对企业技术和市场关系的恰当表述。

美国互联网泡沫：从狂热到破灭

1994 年，互联网盛行于全美，它的清新感觉引起了一阵狂热。但到 20 世纪 90 年代后期，那些沉迷于互联网的人却陷入虚幻的追捧，最终演变成一系列的下滑、破产、倒闭、失业组合成的经济灾难。

最早提出的互联网概念来源于 20 世纪 60 年代早期 Paul Baran 和 Bob Taxlor 对困扰美军的控制、指挥结构的一系列研究论文。为了解决美军的军事控制和指挥系统问题，1965 年，计算机科学家 Paul Baran 提出基于数字技术构建一个分布式的网络。他向美国空军提议，构建一个 Baran 网络原型，进行测试并投入运行。由于空军无线电和电视专家对"数字传输"的构想持反对意见，计划被搁置。但是，美国国家航空和航天局（NASA）高级研究计划署的负责人 Bob Tayler 因对办公室中的 3 台计算机终端不能互通对话而颇感奇怪，于是决定投入上百万美元资助该系统的研究，希望实现计算机终端的连接，并邀请麻省理工学院的 Larry Roberts 来主持这一研究项目。Roberts 设计并实现了 ARPANET（后改名为 NFSNET），这就是互联网的鼻祖。1969 年 10 月，计算机联网系统的通信连接产生了效应，互联网宣告诞生。到 1989 年，互联网从起初的 2 个节点增长到 100 000 多台主机相连。但是，此时的互联网应用并不普及，主要由学术机构、军队以及不同行业的 IT 工作者使用。

英国软件工程师 Tim Berners – Lee 开发了万维网（www），使互联网在使用上大为扩展。1990 年，世界上第一个 Web 网站 http://www.info.cern.ch 诞生。1991 年 10 月，斯坦福线性加速器中心的 Paul Kunz 发布了第一个美国 Web 网站，同年美国政府决定将 NFSNET 转变成商业公司，向公众开放。1993 年，美国第一个 Web 网站可供每个人免费试用相应协议和技术。便捷易用的图形界面，特别是 Mosaic 浏览器版本迅速普及了互联网的应用，上百万 PC 用户可以方便地上网交流，现代互联网问世了。

从互联网概念的提出，到第一个端对端计算机连接的实现，到数十万台主机的联网，到第一个网站的产生，到互联网的普及应用，历经了几十年的时间。在这几十年间，互联网从纸面研究到技术初现、到技术进展、到技术成熟，功能越来越完善，操作越来越便捷，参与的人越来越广泛，终于在 20 世纪 90 年代初形成热潮，特别是 1995 年 8 月 Netscape IPO（新股发行）更点燃了互联网公司及其股东的投资高潮，膨胀成一发不可收拾的美国互联网泡沫。

在西方经济社会发展史上，不乏各种非理性的、情绪化的、狂热的投资泡沫："炼金术"，相信不同的物质可以冶炼成金子；"郁金香狂"，相信销售一枝漂亮的花朵可以让人一辈子富有；"互联网配送公司"蜂起，相信这一特殊行业可以聚敛巨财；"铁路狂热"，相信只要有铁路就会带来经济大繁荣；"南海岸热"，相信美国南海岸崛起的暴发性致富机会；等等。大批纯朴简单的民众，在一小撮投机高手的蛊惑下，纷纷涌进被推高的投资市场和股票市场，酿成了越吹越大的泡沫。这次，轮到高科技了，轮到互联网了。

1995 年 8 月，新股发行的高增值冲昏了人们的头脑，人们疯狂投资网络技术公司，许多公司联合起来宣称可以生产任何东西，上千家"新经济"公司纷纷冒起。一些预言家和空想家宣称，"新经济"将彻底根除和代替现有的所有商业模式和发行系统。人们普遍相信网络技术和新经济的神话，这种狂热导致道琼斯工业股票平均指数从 5000 飙升至 12 000 左右，标志技术发展的纳斯达克指数从 1000 飙升至 5000 以上。狂热在 1999 年和 2000 年年初达到巅峰，1600 多亿美元投入到越来越多、越来越虚幻的互联网公司中。泡沫在 2000 年 4 月破灭，接下来的 3 年股票大幅下跌，资金巨量逝去，影响一直持续到 2002 年：道琼斯股票平均指数低于 8000，纳斯达克为 1200。

从 1996 年到 2000 年，由华尔街和风险资本家基于"前面收入倍增"的理念，随着风险资本家和投资者将似乎无穷无尽的资金注入数百家不同的互联网企业，互联网泡沫急速膨胀，人们热衷于上百万次的页面点击率和给大量客户销售大量商品，而没有考虑这些商品销售是否真正有利润。

当互联网泡沫破灭的后遗症消失时，真正盈利的互联网公司屈指可数。eBay：提供当地日常廉价品消息和买卖信息的"零库存"公司。E * Trade：提供在线商品交易的老牌公司。AOL（美国在线）：用膨胀股票收购规模更大、收益更高的公司，新成立的 AOL 时代华纳出现巨额亏损就及时拆分出售在线服务部门，裁员瘦身。Yahoo：依靠网络广告收益获得一定利润，后来直线下滑，公司股票以由每股 348 美元跌到 8 美元。Amazon. com：销售大幅上升而亏损率下降。Priceline. com：通过互联网销售未坐满的航班机票与打折宾馆房间取得少量利润。WSI：供读者订阅 WSI 在线，大部分人也同时购买纸质报纸。还有提供商品销售信息而无库存管理的公司，如 Monster. com 等。还有一些从互联网公司坍塌废墟中爬出的公司，制订了明智的、有计划的商业计划，如 eHoddies 公司。

通观起来，在互联网泡沫中成功的公司寥寥可数，而泡沫却在无数男男女女的暴富期望中破裂，利润、财富和幸福被破产、贫穷和悲惨所代替。数十亿美元的投资回报不多，全世界投资者投入的数万亿美元财富得到的回报率更是微乎其微，大量互联网公司停止交易或破产倒闭，大批失业者失去新经济工作岗位，股票市场哀鸿遍野……

互联网泡沫的形成、膨胀和破灭给人们的教训是深刻的。在互联网泡沫的灾难性实践中，极少数发轫者的激起，大众投资者卷入"羊群效应"，无知的投资大众追随发轫者的财富"盛宴"，仅仅期望投资的高收益而忘记了投资的风险性，这难免丧失理智地、狂热地一步步催生互联网泡沫的形成、膨胀和破灭。

创新性的高科技产业及互联网行业是经济大局中的一个组成子系统，离不开现代经济规律和经济原理的支配：不能给消费者提供实实在在的产品和服务，不能让企业投资获得必要的利润回报，任你如何华丽地包装高科技企业及互联网公司，也必然会因为根本动摇和支撑无力而难逃覆亡的命运。

可是，人类的忘性之大是令人惊异的。互联网泡沫破灭不到十年，美国次贷危机又引发了全球性的金融海啸和经济灾难，这也许是人类的利益本性所致吧？无怪乎华尔街人士一次次经历金融灾难和经济灾难，总会耸耸肩说："还可以去做另一桩交易，还可以去打另一张牌。"

蝼蚁决堤：巴林

巴林银行是一家拥有 230 多年历史的英国老牌银行，也是世界上第一家商业银行，由弗朗西斯·巴林爵士于 1763 年在伦敦创建。

巴林银行的金融业务范围涉及多个领域和多个国家，如刚果提炼铜矿、澳大利亚贩运羊毛、开掘巴拿马运河，甚至贷款给美国从法国手中购买路易斯安纳州。20 世纪

90年代后，巴林银行拓展海外市场，遍布世界30多个国家和地区，仅1994年就在中国、印度、巴基斯坦、南非等地开设办事处，成为各国政府、大公司和各类客户的首选银行，连英国王室显贵也成了巴林银行的客户。至1993年年底，巴林银行的全部资产总额已达59亿英镑，1994年税前利润高达1.5亿美元。卓越的贡献，使巴林家族先后获得五个世袭爵位。

就是这家拥有230多年历史的老牌银行，却因为一个冒险欺诈的“巴林英雄”——里森利用银行管理制度的漏洞造成巨额亏损，使“金融市场上的金字塔”资不抵债，于1995年宣布破产，被荷兰国际集团收购。

里森于1989年进入巴林银行工作，因为拥有曾在摩根士丹利银行清算部任交易清算的资历，他被外派至巴林银行印度尼西亚分部任职。工作期间，他才智卓著、业务熟悉且善于化解疑难，被视为期货与期权方面的专家，并于1992年被巴林伦敦总部派到新加坡分行成立的期货与期权部门任总经理，同时兼任交易部和清算部经理。里森身兼交易经理与清算经理二职于一身，作为交易经理，负责代客户买卖金融衍生产品；作为清算经理，负责对交易情况和交易风险进行了解和掌握。

为了避免交易错误给银行带来损失，巴林银行设立了一个“99905”的“错误账户”，专门记录并上报交易错误，这是一个银行常见的纠错制度。可是，为避免麻烦伦敦总部的工作，全面负责巴林清算业务的哥顿·鲍塞竟通过一个电话，要求里森开设另一个“错误账号”，记录较小的错误，并自行在新加坡处理，里森很快设立了一个“88888”的错误账号。几周之后，伦敦总部又打来电话，由于配置了新的电脑，要求新加坡分行仍然按老规矩行事，所有的错误还是接着在“99905”账号记录并直接向总部报告。但“88888”账户却被忽略了，并未被要求取消这一额外账户。伦敦总部电话指示的制度疏忽，为里森提供了掩盖亏损、制造假账的机会，头脑灵活的里森充分利用了这一疏忽带来的机会。

1992年7月27日，刚加入巴林银行的里森手下交易员把买进误读为卖出，亏损2万英镑进而扩大为6万，里森隐瞒不上报而纳入了错误账号“88888”。9月，里森示意他的好友兼委托执行人将期货卖出，却被误操作为买进，价值为800万英镑，巨额亏损又被记入“88888”账号。为了赚到更多的钱来弥补损失，里森承担更大风险从事大量期权交易，竟在1993年7月弥补了“88888”账号的600万英镑亏损，还有了盈余。里森的贪欲没有止境，填补亏损并不能使他满足，一时的得手增大了他的胃口；1993年10月下旬，交易亏损接连不断，一天之内高达170万美元，他习惯性地隐瞒了这些亏损。1994年，“88888”账户的损失从2000万英镑到了3000万英镑，甚至到了

5000万英镑，里森对亏损已经变得麻木不仁，仍旧希望出现奇迹能扭亏为盈。损失达到5000万英镑时，巴林银行曾派人调查里森的账目，但他假造花旗银行有5000万英镑的存款，掩盖了交易与清算部门的问题，即使里森要求伦敦总部每天汇入1000多万英镑以追加保证金，甚至1994年资产负债表显示约5000万英镑差额，也未引起巴林高层的足够警惕和重视，里森以极其巧妙的方式蒙骗过关。

特别具有讽刺意义的是，巴林银行破产前两个月，在1994年12月纽约举行的巴林金融成果会议上，250名来自世界各地的巴林银行工作者，还把里森当成巴林的英雄，对他报以长时间的热烈掌声。1995年开年，里森决意大胆出击，一举收回他的巨额交易损失。但事与愿违，日本神户大地震带来了连续反应，里森为巴林银行造成的损失已经高达8.6亿英镑，而巴林银行的总资产也就5亿多英镑。巴林银行终于走向了破产。

自知罪孽深重，1995年2月23日，里森在他的办公桌上留下了“抱歉”字样的便条，走上了逃亡之路。他从新加坡到马来西亚再到德国，不到两周便在德国法兰克福机场被捕。似乎早已预料到会有这一天，他被捕后心情平静，对自己所犯的罪行供认不讳，被引渡回新加坡的法院受审，判处6年半有期徒刑，关押进新加坡培那梅亚监狱。“巴林英雄”结束了自己“辉煌”的金融生涯。

在此期间，巴林银行总裁、副总裁宣布辞职，巴林银行的客户们则蒙受了巨额损失：英王伊丽莎白女王损失67.5万英镑的现金存款，查尔斯王子信托基金的100万英镑也被冻结。经清算，里森的疯狂蒙骗行径造成了巴林银行8.6亿英镑的亏损，巴林只能申请破产保护，正式被荷兰国际集团以1英镑的象征性价格收购。世界上最早、最老的“金融市场上的金字塔”巴林银行被里森拖进了坟墓。

巴林银行高层对新增“88888”错误账户的制度忽略和一人身兼新加坡分行交易部和清算经理二职的制度安排，给里森提供了掩盖错误、不断冒险的机会，最后终于把巴林银行送进坟墓。里森回忆说：“我为自己变成这样一个骗子而感到羞愧——开始是比较小的错误，但现已整个包围着我，像是癌症一样……”而使里森从患“小病”发展到酿成“癌症”，从亏损2万英镑到8亿6千万英镑，问题出在里森无止境无底线的贪婪行径上，更出在巴林银行的制度漏洞和制度制衡问题上，是银行的制度缺陷给里森提供了可资利用的机会。

制度是一个企业维系正常秩序并化解风险的必要组织结构、机制规则和运行分式。它的缺失、漏洞势必给图谋私利而不知节制的人留下可乘之机，从而给企业带来无可估量的损害。必须精心、周密设置必要的制度并予执行，是里森搞垮巴林银行留给企业的最大教训。制度建设，无论对于新创公司抑或老牌公司，都是不可忽视的重大事项。

“泥足大象”：日航

日本航空公司（简称日航）是日本政府所有的国家航空公司，一度成为日本乃至亚洲规模最大的航空公司，是世界第三大航空公司和500强企业之一，运营范围包括国际航线、国内航线和货物运输，并拥有分销、餐饮服务等若干子公司，被视为代表日本的一面旗帜和日本株式会社的骄傲象征。但是，由于长期经营不善，这一“泥足深陷的大象”终至被迫申请破产保护，日航社长西松遥宣布辞职，结束了公司曾经的辉煌，由日本经营之圣——稻盛和夫接手整顿重组。

日航创建于1951年8月，最初是私有民营公司，1953年10月由日本政府依法转制成为国有航空公司。日航的宗旨是力争成为具有综合能力的大型航空集团，将不同文化和不同国籍的人们的心聚在一起，并致力于为日本与世界的繁荣和平做贡献。这一宗旨突出体现了日本政府给日航设定的目标是做大规模和服务政治。

1954年2月，日航开通了第一条国际航线，不久又开通了多条国际航线。1972年，日本政府通过了《航空法》，日航获准以国家航空公司的名义开办国际航线，并被委派开通国内支线，得到政府提供的各种支援。自此，日航的航线不断增加，购买了波音747、波音727、波音767及道格拉斯DC－10等新机种机型，业务范围得到扩展。

1987年，日本政府将日航公司卖出，日航又成了私有企业，但日本政府仍拥有34%的股份。经过30多年的发展，日航平均国内航班飞行班次每天超过1000次，国际航班飞行班次每周超过1700次，是日本拥有最大航空运输网络的航空集团公司，成为日本最大、亚洲最大、世界第三的大规模航空企业，被普遍视为战后日本经济繁荣的标志和日本成功的象征。

在日航的发展过程中，国有企业的性质和政府的多方干预，使日航积累了决策失误、体制僵化、官僚作风等严重体制机制问题。许多地方政治家为增加就业、扩大设施、招揽游客大力建设机场，日航必须配合开通大量缺乏客源的航线。与政府存在结构性关系的日航不能自主决定关闭航线，哪怕收不抵支也得继续经营，日航航运路线的1/3使用率不超过50%，座席的利用率超过70%的路线只有11条。日航买进了许多巨型飞机，燃油量大而乘客运载率不高，随着原油的价格节节上涨，巨型飞机的燃油费用总是高于收益，公司却不能灵活及时停飞这类飞机。过于繁琐的服务条目多如牛毛，员工难以服务到位，甚至乘客也抱怨这种近于机器人式的无感情服务，宁愿改乘其他航空公司的航班。员工享受国有企业的优惠待遇，5万多名日航员工的平均薪酬是民营全日空航空公司的1倍，高于其他普通行业同等员工的两倍以上，奖金、福利和退休员工的待遇也大大超过其他同行，而且退休员工的养老金常常必须由日航额外支付。为求稳定，日航八个工会拥有极大的话语权，在晋升、人事考核、工资谈判、裁员等方面常与公司对立，工会之间和合同制新员工与终身保障型员工的矛盾冲突不断。官僚机制在日航体现多多，决策缓慢，执行力差，对外部环境不够重视。不少岗位人浮于事，习惯安于现状，缺乏提高工作效率的动力和积极性。片面追求规模大的繁多机种和旗下产业，至破产前拥有274架飞机，波音747等巨型飞机达37架且开拓了多种多样的产业，业务导向和经营重心失衡，导致包袱沉重而难以支撑。

尽管经营状况不断恶化、各类成本不断攀升，公司上下仍旧怀存政府支援渡过难关的依赖心。截至稻盛和夫接掌日航事务时，日航公司的债务约达2.32万亿日元(256.5亿美元)，公司股价不断下跌。2010年1月19日，日本航空公司被迫向东京地方法院申请破产保护，实际上就是宣布公司的破产，政府的支持也随之退出。

2010年1月13日，日本政府首相鸠山由纪夫正式邀请稻盛和夫到首相府官邸，请他出任即将破产的日航CEO。78岁高龄的经营之圣稻盛和夫不负众望，从改变日航公司的僵化体制机制入手，日本政府主导的“企业再生支援机构”也通过卖出股份退出了在日航的投资，日本航空逐渐走上了复兴发展之路……

日本航空公司的发展扩张和终至破产的案例告诉我们，建立适应市场变化而充满应变活力的体制机制，是现代企业生存发展的必然。尽管国有企业能够得到政府的种种优惠支持，从而在相当时间段取得超越一般民营企业的规模和发展速度，但由于职能不同、结构差异、权力大小和运作方式的不同，政企不分的国有模式难以保证企业的经营自主权和激励企业的经营活力，这在市场千变万化、创新应变要求倍增的现代经济中是无法提高经营效率和经营效益的。如何解决体制机制问题，始终是困扰国企生存发展的一大难题。

泵抽水断：农凯

上海农凯发展（集团）有限公司由周正毅于1997年12月创立，注册资本8亿元人民币，曾被称为上海注册资金最大的民营企业。

经过短短5年的发展，农凯集团成为农凯产业系的主力旗舰，与华信投资（集团）、上海科技产业（集团）并称为“农凯系的三巨头”。由这三巨头还延伸出若干子公司，形成一个庞大的家族企业网，业务范围包括以地产为主业的房地产、基础设施建设、金融、贸易和农业。

至2002年，农凯集团的销售收入达5.4亿美元，纳税0.12亿美元，员工4000人；创始人兼董事长周正毅在福布斯中国富豪排名榜上排名第11位，自称仅旗下的农凯集团现金就有120亿港元。

就是这样一个短期暴发的“上海首富”——农凯集团董事长及其夫人上海商贸主席毛玉萍，在2003年9月相继被捕入狱，农凯集团也随之分崩瓦解……

周正毅1961年出生于上海一个普通工人家庭，17岁初中毕业就辍学到一家街道工厂做会计。1978年，工作仅半年的周正毅拿出全部积蓄开了一家小馄饨店。20世纪80年代与毛玉萍经营了一段时间小百货，其后毛玉萍到香港工作，周正毅以读书为名带货到日本销售。1989年，周正毅返回上海，开办美通饭店，兼营桑拿和卡拉OK。1994年，周正毅夫妇开办了“阿毛炖品”饭店，获利颇丰，周正毅本人称每年收益1000万元。1995年，周正毅从“个体户”转向“投机家”，倒卖国企职工股票，获利数亿。

1997年，周正毅夫妇趁亚洲金融危机中香港股市低迷之机，购买了大量长江实业、和记黄埔旗下蓝筹股，股市反弹，因低进高出又获利数亿港元。同时，周正毅低价买进处于低潮的上海房地产烂尾工程，增资建成并高价卖出，获利10余亿元。农凯集团还通过收购方式控股4家上市公司：海鸟发展、中盛房产、英雄股份、上海商贸。通过中银国际融资20亿港元，收购香港“建联通”59.98%的股份，把“建联通”的主要业务从科技项目转向中国的房地产，改名为“上海地产”，其最大项目是上海静安区的计划投资50亿元的房地产开发工程。

在农凯集团5年暴富的过程中，主要依靠的是资本运作和房地产的杠杆操作。农凯旗下的大盈股份、海鸟发展两家上市公司大体是这样运作的：积累第一桶金之后，入股控制上市公司，操纵上市公司向自己的关联公司或与其他公司合作收购资产，特别是盈利大的房地产、金融投资项目，把资金转移到自己的公司增值。第二种致富手段是房地产开发。通过建立与银行、地方政府的关系，从银行获取贷款，从地方政府手中拿地。有人概括这种游戏为：“先以100元买一块地，然后找相熟的测量行将其价值估高至200元，再抵押给银行换取贷款；接下来，再以这200元的银行贷款再购入同值的土地，重复以上手段再获取400元的贷款，依此类推，手头资金由400、800、1600元不停地递升。这是一种滚雪球的贷款游戏，以这种游戏积累财富，速度将是惊人的。但是这种游戏的一个特点，就是要求游戏玩家必须同时与银行与地方政府保持亲密接触，原因很简单：土地的使用权在地方政府手里，要向他们申请；钱则在银行，需要向银行借贷。所以，一旦游戏玩砸了，出的事就不会是小事，涉及的人也不会是一般的人。”

周正毅夫妇除了和地方政府要员有“亲密关系”外，从银行获取巨额贷款炒作房地产的相助“贵人”就是曾当选“中国十大杰出青年”“世界十大杰出青年”并曾任中国银行上海分行行长、中银香港副董事长兼总裁、香港银行公会主席的刘金宝。刘金宝与毛玉萍早已是相识好友，他升迁至中银香港分行任职后，仍通过香港中银和上海中银的亲信给农凯集团贷出巨额资金，仅收购“建联通”就获得了21亿港元的贷款。

靠政府要员的关系和银行的巨额输“水”，推动农凯集团飞速膨胀，周正毅也摇身变形为上海首富。2001年，周正毅以5.5亿元在福布斯中国富豪排名榜上排名94，周正毅不服地说：“不止这么少！我家庭全资拥有的上海农凯集团，在上海以发展房地产及基建为主，总资产近150亿元人民币，每年营业额达40多亿元。我投资了一些公路项目，数十亿元。我数年前买入的伦敦广场，当时每平方不过4100元，现在市价已值每平方米2万元，利润达5亿元……这个项目我真的赚很多钱，有一点不好意思。最新购入的静安地皮，总销售面积约63万平方米，总投资约50亿元。”2002年，周正毅壮志凌云，自称“再经过几年的征战，农凯系就可以与李嘉诚的长和系一决雌雄”。但是，“天网恢恢，疏而不漏”。正当周正毅夫妇玩得风生水起之际，噩运降临了，这印证了周正毅在农凯公司画册扉页上的“总裁箴言”中所题之诗：“浩浩申江水，毕竟东流去”。

2002年，中国银行原行长、中国建设银行原行长、中央原候补委员王雪冰被审查，2003年被判处12年有期徒刑，中国政府收紧银根，重点清查与房地产有关的项目。正当周正毅筹资、并购、套现以归还香港中银贷款的紧要关头，王雪冰的同学、同事、故交——香港中银的刘金宝也被审查、逮捕，并以贪污、受贿、巨额财产来源不明罪被判死刑，缓期两年执行。香港中银的刘金宝下属7名官员一同被捕收监，也牵出了周正毅非法贷款的刑罪。2003年5月，上海和香港两地有关部门对周正毅的农凯集团展开调查，周正毅、毛玉萍夫妇相继被捕入狱，以虚报注册资本罪和操纵证券交易价格罪判处周正毅3年徒刑。刑满释放后，周正毅于2006年10月再次被采取“强制措施”，2007年11月被上海市第二中级人民法院判处有期徒刑16年。随着创始人兼掌门人周正毅被捕、判刑，上海农凯集团也坍塌淹灭了……

本来，输“水”的上海中银和香港中银的“水泵”抽掉了，农凯集团不断膨胀的“水源”也断了，又何以维持下去呢？

农凯集团短期暴发又轰然坍塌的案例告诉我们，企业的健康成长需要企业自身的健康行为，也需要一个健康的外部环境，即需要健康的企业内生机制和外部环境的匹配。如果反其道而行之，形成一种企业的非法逐利和政府、银行的权力寻租相结合的利益输送机制，不仅会伤害其他企业的正常经营行为，导致形成“劣币驱逐良币”的不公平市场环境，“关系”企业必然因为享受“特权”而迅速膨胀，尽管这是不可持续的；也会发生极其恶劣的示范效应，导致企业不再专精于产品质量和服务质量，而是热衷于建立特权的政商关系和银企关系，这对企业以至对政府、银行的良性运作和良性发展也是致命的。也就是说，健康的企业与健康的外部环境相匹配，企业的市场经营与政府、银行的良性“护航”行为相匹配，对企业的持久成长和外部经营环境的优化都是至关重要的。

核心法则：
供求关系原理

企业是现代人类社会中，供给产品和服务以满足客户需求的基本经济组织。企业的功能是供给，供给客户产品和服务，而且是按客户能接受价格和企业可承受价格满足客户的产品和服务需求并取得企业的利润。现代企业生存发展和持久成长的核心法则是供求关系原理，即供求关系决定企业的盈亏进退和长短成败：在供求关系的作用下，商品和服务的市场价格围绕通行的自然趋势的“中心价格”上下波动——供不应求，价格上升，企业盈利，成长发展；供求平衡，价格稳定，企业利润最大化，升至发展顶峰；供过于求，价格下跌，企业亏损衰退直至破产倒闭；创新供给创造需求，价格重新上升，企业形成新利润源，扩大生产，持续成长。企业长青的核心法则——供求关系原理，派生出一系列相关的基本法则，综合造就现代企业的持久成长和长盛不衰。

在传承中华古圣先哲的最佳智慧、吸取大师理论中的思想营养、鉴戒中外典型企业的成败经验的基础之上，我们就可以探寻到现代企业持久成长和长盛不衰的核心原理了。

一、 企业的功能

企业是现代人类社会中，供给产品和服务以满足客户需求的基本经济组织。

企业的功能告诉我们，企业是人类社会的“人的组织”。作为现代人的组织，无论对内或对外，都不可以忘记“人乃万物之灵”，人的精神存在——人的体验、人的情感、人的尊严、人的价值、人的信念、人的意义等和人的物质存在一样，都是人之为人的基本天赋需求和基本人性需求。因此，消费者的精神需求与消费者的物质需求一样，应该引起企业的高度重视，而重视这点的企业，都深刻理解了其目标群体的需求，不去“认为”消费者应该怎么样，而是发掘甚至启发客户的需求。这种思维方式对内部治理一样有效。

企业是现代社会的一种组织形态。作为现代社会的一种组织，企业会受到所处自然、经济、政治、社会、文化等外部环境的影响，也会极大地影响自己生存的外部环境，环境和企业是相互影响、相互作用的互动关系。

作为现代人类社会的一种基本经济组织，企业与政府、非营利组织、家庭等社会组织不同，它在充分注重企业中的人的主体性地位的同时，对于土地、资本、技术以及把它们结合起来的管理等生产要素亦不可低估，以形成各种生产要素有效联结的健全生产机制和服务机制。

企业的功能是供给，供给客户产品和服务，而且是按企业可承受价格和客户可接受价格满足客户的产品和服务需求，离开企业可承受价格供给的有效供给和客户有支付能力需求的有效需求，企业就失去了存在的条件和存在的理由。需注意，如何理解有效需求，以及随着行业对消费者的“培养”而导致的有效需求模式的变化，是经营者需要密切关注的。

企业存在盈利和亏损的两端性：企业可能盈利，也可能亏损。一厢情愿只相信盈利的理想主义或单向思维只考虑亏损的悲观主义，都不符合企业的性质和实际，追求不可持续的盈利将最终导致经营风险增加、亏损或发展停滞，而策略性的亏损则可能带来更多盈利，经营企业必须学会追求盈利和防范亏损的两端思维方式和两端行为方式。

二、 企业持久成长的核心法则

在圣哲智慧、现代理论、企业实践的复合基础之上，从企业的功能出发，我们可以总结出现代企业持久成长的核心法则——供求关系原理，即供求关系决定企业的盈亏进退和长短成败。

供不应求，价格上升，企业盈利，成长发展；供求平衡，价格稳定，利润最大，企业登上顶峰；供过于求，价格下跌，企业亏损衰退，直至破产；创新供给创造需求，价格重新上升，企业开拓新利润源，扩大生产，持续成长。

供求关系是现代经济学和现代管理文化的核心法则，也是现代企业持久成长的根本原理。现代企业作为人类生存、活动大系统中的一个特殊经济组织，存在着相对的独立性和独特功能，不可能不存在自身的内生机制。企业能够提供有效供给从而满足客户的有效需求，客户乐于购买企业的产品和服务，企业就能盈利，从而扩大生产或营收规模。

企业提供的有效供给和客户的有效需求相平衡、相均衡，企业的供给最大化而客户的购买最大化，企业的盈利也最大，从而登上顶峰并面临抉择。企业继续提供实际的无效供给，不能通过创新创造客户的有效需求，客户不再购买企业的产品和服务，企业就会亏损，从而紧缩生产，陷入衰退甚至破产。企业通过创新的有效供给创造新的有效需求，客户乐于购买满足自己新需求的产品定位或差异化服务，企业就能开拓新的利润源，从而持续成长，否则就难免被创新企业所淘汰。许多传统企业就走上了这条不归之路。

客户的类型是多变的，企业所针对的客户的范围可能是恒定的，也可能是不断变化中的，同一个客户群体间需求尽管表面看起来一致，其核心诉求和付费逻辑却可能有微妙差别。同一类客户的需求和诉求，随着时间、行业变化、社会发展，也可能产生微妙的区别，企业家需见微知著、更新对客户诉求的理解，并调整自己的经营策略。领先的汽车制造商甚至需要持续跟踪思潮、时尚和大众审美，从而确定下一代车型的设计。

供求关系的核心法则决定企业的盈亏状态，也决定企业的进退升降。正如前面强调的精神需求，在现代经济中，客户的需求要素需要经营者在揣摩和试错中逐渐把握，比如中产阶级消费群体倾向于在价格、面子、里子中寻找一个“高性价比”的平衡，因为中产阶级一般有房有车，也有体面的工作，却常也背负着债务和全家老小的开支，其现状决定了其消费的模式。实际上，很多没有达到中产阶级的年轻消费者也遵循了同样的消费模式。优衣库作为日本品牌，一般选址在高档商业区，加之中等的价格和较好的材质，是满足这种平衡的典型案例。另一方面，当媒体在不断讨论消费升级的那几年间，拼多多却异军突起，其满足了特定群体对极高性价比的追求，更是通过契合目标人群社交方式和“占便宜”心理的推广模式让上亿人第一次尝试网络购物，对于这些没有网购经验的人，第一次尝试网购又何尝不是一种“消费升级”呢？

这几年的消费和产业发展中，大有“进口替代”和“国货兴起”的趋势，这给许多企业带来了前所未有的机会，在所谓的经济低迷时期，笔者见证了许多企业把握住了机会，稳步发展、快速壮大。这离不开企业家对供求关系及其变化的深刻理解，这种理解需贯注于企业经营和企业成长的全过程，推动企业不断地提供有效供给以不断地满足客户的有效需求，促进企业走上持久成长的长青之道。为此，企业和企业经营者须遵循企业成长的核心法则——供求关系原理。

案例

谷歌之神：艾瑞克·施密特

1988 年，谢尔盖·布里和拉里·佩奇在斯坦福大学的学生宿舍里开发出搜索引擎技术，继而成立了谷歌公司。但是，新创的谷歌缺乏能赢利的商业模式，因此自成立以来一直在亏损，这显然是不可持续的。

而被称为谷歌之神的艾瑞克·施密特毕业于加州大学伯克利分校，取得了博士学位，他曾在贝尔实验室、帕洛阿尔托研究中心（PARC）任职，受雇于 NOVELL 公司任首席执行官，担任 SUN MICYOSYSTEMS 首席技术官。

2000 年 7 月，在淘汰了 75 人的两位创始人的严厉面试之后，“懂得工程师语言的执行官”和“经营鬼才”施密特加入了谷歌。施密特担任首席执行官第一年就使谷歌扭亏为盈，从此连年盈利，不再亏损。

作为 IT 界的三个“皇太子”之一的施密特，和微软的比尔·盖茨、苹果的乔布斯一样出生于 1955 年。在施密特带领的十年间，谷歌从一家亏损企业成为全球第一大的搜索引擎和世界上最强的互联网企业。

施密特是怎么将一家亏损小公司转变成全球性大公司呢？谷歌的成功在于采取了一整套相辅相成、自我永续的步骤。

文化：相信自己的口号。谷歌把企业文化置于首位，提出了“整合全球信息，使人人皆可使用并从中受益的使命”和“不作恶”的口号。

战略：你的计划是错误的。谷歌讲计划及其调整，但还注意制订计划的基础，即必须以合乎现今社会的运作方式的基本原理为基础和指导，如用基于技术洞见的创新方式解决重大难题、优化规模而非收入、让能影响每个人的优秀产品带动市场增长等原则。

人才：招聘是你最重要的工作。谷歌的领导人把招聘人才视为“工作中最重要的事情”，对每位面试者一丝不苟，尽其所能地为谷歌引入顶尖人才，而不是本末倒置地把招聘工作交给助理和人力资源部处理。

决策：共识的真正含义。谷歌认为，决策是每家企业的每位领导者的基本工作，自上而下式的决策、数据分析式的决策、每个人都享有发言权的决策三种方式各有所长，制定决策的方式、时机和实施决策的具体方法与做出正确决策一样重要，公司领导人各司其职、互相信赖、互相尊重而达成共识至关重要。

沟通：当最牛的路由器。谷歌认为，在互联网时代，金钱固然重要，但信息才是真正的生命之源，应持开放的心态，将各种关系到企业命脉的信息与员工共享，鼓励公开、透明、诚恳的沟通。

创新：缔造原始的混沌。和苹果公司一样，谷歌注重不断创新，避开传统的市场调查而去揣摩消费者的需求，把为消费者创造最佳体验奉为重中之重，谷歌对创新的理解是：创新的东西不仅要新颖、出人意料，还要非常实用。

放眼：想象无止境。谷歌领导人直面现实，看到微处理器、手机和互联网存在于生活的方方面面，眼见社交网站、智能手机、无人驾驶汽车、人工智能、可穿戴设备、新媒体、量子计算等的涌现，认为自己未知的东西还很多，未来的新技术、新产品、新产业还将出现，谷歌人“热血沸腾”地准备迎战未来。

经营之圣：稻盛和夫

稻盛和夫是日本“经营四圣”中最年轻的一个。他出生于鹿儿岛市一个小印刷厂主之家，高中时代就边读书边帮父亲卖纸袋，勉强进入鹿儿岛县立大学工学部应用化学科学习，大学生涯也在一边读书、一边拼命打工中度过。大学毕业经教授推荐到京都松风工业入职，因公司经营不佳，他一度动摇想进入自卫队干部候补生学校，因哥哥撕毁要求寄给户籍副本的信件而让他不得不在松风工业坚持下去，后来他开发出镁橄榄石陶瓷等新产品；工作三年后，因技术专长不能发挥而辞职。27 岁白手起家创办了京都陶瓷株式会社，至 65 岁辞职退任已经成就了京都陶瓷（kyocera）和第二电电（KDDI）两家世界 500 强企业。78 岁时应日本首相之邀，接手了濒临倒闭破产的世界 500 强企业日航公司，仅半年就奇迹般地扭亏为盈，无愧经营圣人的称号。

稻盛和夫不仅创造了令人惊异的经营绩效，而且撰著了20多本著作，开设了为年轻经营者传授经营之道的“盛和塾”（原名“盛友塾”），并在日本各地和美国、巴西、中国成立了几十家分塾，广泛传播自己的经营哲学、经营理念、原理原则。

稻盛和夫把日本明治维新三杰之一的西乡隆盛（另外二杰为木户孝允、大久保利通）崇奉的“敬天爱人”作为社训，一直在办公室和房间悬挂西乡隆盛的“敬天爱人”匾额。在他看来，道是天地自然之理，人行道必以敬天为是；爱人，即是挚爱人类，诚心为顾客、员工、社会的需求服务。

原理原则，就是要以“作为人，何为正确”为判断基准，以正直、不撒谎、不贪婪、不给人添乱、待人要亲切等为基本准则，这样就不会犯大的错误，获得经营的成功。

遵循这个一体两面——“敬天爱人”和“原理原则”的经营哲学，稻盛和夫提出了自己的经营要诀——经营十二条。

第1条：明确事业的目的意义——树立光明正大的、符合大众名分的、崇高的事业目的。

第2条：设立具体的目标——所设目标随时与员工共有。

第3条：胸中怀有强烈的愿望——要怀有渗透到潜意识的强烈而持久的愿望。

第4条：付出不亚于任何人的努力——一步一步、扎扎实实、坚持不懈地做好具体的工作。

第5条：销售最大化、经费最小化——利润无须强求，量入为出，利润随之而来。

第6条：定价即经营——定价是领导的职责，价格应定在客户乐意接受、公司又盈利的交汇点上。

第7条：经营取决于坚强的意志——经营需要洞穿岩石般的坚强意志。

第8条：燃烧的斗魂——经营需要强烈的斗争心，其程度不亚于任何格斗。

第9条：临事有勇——不能有卑怯的举止。

第10条：不断从事创造性的工作——明天胜过今天，后天胜过明天，不断琢磨，不断改进，精益求精。

第11条：以关怀之心，诚实处世——买卖是双方的事，生意各方都得利，皆大欢喜。

第12条：保持乐观向上的态度，抱着梦想和希望，以坦诚之心处世。

在变化中求生存：马云

马云是中国最大的电子商务平台和全球最大的零售交易平台阿里巴巴集团的创始人。从 1999 年 9 月 9 日阿里巴巴正式成立以来，短短十几年，马云带领团队乘互联网新经济的风口节节上升，业务从单一的电子商务拓展为包括电子商务、蚂蚁金融、菜鸟物流、大数据云计算、广告、跨境贸易和其他互联网服务等多种业务，遍及中国各地和全球多国，创造了令人难以想象的经济奇迹。

1964 年，马云出生于杭州的一个曲艺元老之家。童年和少年的马云似乎不是一个专心学业的“乖孩子”，他酷爱武侠小说，喜欢结交朋友，爱好打抱不平，学习成绩虽一般却独好英语，高考因为英语成绩优异被破格录入杭州师范学院外语专业。马云从杭州师院毕业作为唯一分配到大学的毕业生，到杭州电子工业学院教书，一边任教一边创办了海博翻译社，意在发挥退休老教师和在职教师的余力。海博社创业之初入不敷出，只能靠兼卖鲜花、礼品甚至销售药品和医疗器材维持。马云坚持下来了，并在亏损了三年后盈利。与学校服务 5 年期约满了之后，马云辞职专心经营海博翻译社。

1995 年，一次偶然的机会，马云接触到了互联网，便找到了自己的创业方向。有次，因为一条高速公路建设的事宜，马云受杭州市政府委托，前往美国处理翻译和协调工作。他因这次的机会第一次见识了互联网，并在思想上受到极大冲击，于是他尝试把海博翻译社放到互联网上，当天就收到了五个不同国家的人的回复。马云感到互联网应大有前途，就决定和这间互联网 VBN 公司合作：VBN 在美国负责技术，他在中国负责推广。回国当天晚上，马云邀请 24 位老朋友谈互联网创业，但 24 人中仅一人认为可以试试。马云和妻子商定自己创办互联网公司，向亲友筹资 10 万元开办中国第一家商业网站——“中国黄页”，但经营并不顺利。

1999 年 9 月 9 日，马云宣布再次创业，他自己出资 50 万元启动，采用了 BBS 的方式让商家把想买想卖的东西放在上面，创立一家自己的电子商务公司，实现 B2B 的互联网服务模式的革命。这样，18 人的创业团队在四处充斥互联网眼球经济的浮躁喧嚣声中默默工作，他们把这家国际化的网络公司定名为“阿里巴巴”。

阿里巴巴问世之后，开始在各种网站、BBS 上逐一发帖，流量渐渐增长。马云奔走各地的演讲也发挥了作用。国内外媒体开始关注阿里巴巴这一新生的电商公司。

50 万元的创业资金接近耗尽，资金问题开始困扰阿里巴巴。马云和新聘的 CFO 蔡崇信在 7 天时间里见了 40 多位投资人，寻求融资，全部遭到拒绝。恰逢高盛公司正在关注互联网产业，有意在中国进行一次尝试性投资。经高盛考察，与其他三个投资机构共同投资500万美元给阿里巴巴，占40%的股权。不久日本软银创始人孙正义主动约见马云，并联合其他投资机构共同向阿里巴巴投资2500万元美元，软银出资2000万美元，阿里巴巴得到融资之后，开始快速扩张。

2000年，阿里巴巴还未盈利，硅谷的互联网泡沫破灭，纳斯达克指数一路暴跌，已谈好的风险投资不能到位。飞速扩张的阿里巴巴被迫收缩战线，关闭办事处，裁掉高薪员工，渡过了难关。

进入21世纪，马云通过一系列内外拓展、虚实兼顾、线上与线下等变化多端的举措，把阿里巴巴打造成一个巨型互联网企业：从营造企业文化、创新“中国供应商”服务模式、建立C2C淘宝交易平台、创立“支付宝”“余额宝”金融平台，到阿里巴巴在美国纽约证券交易所挂牌上市、成立蚂蚁金融服务集团、向软银机器人公司注资入股、与政府机构和央企合作。马云似乎已经不满足于单一的电子商务业务领域，而在向打造完整的互联网经济生态圈一步步前进，其经营、非经营业务涉及面之广令人惊异。

阿里巴巴还在变化中，阿里巴巴还在扩展中，阿里巴巴还在种种困扰中，前景也不可能断言一片光明。但在互联网新经济中崛起并在世界性经济危机中逆势扩张，马云带领他的团队在不长的一二十年间创业、发展的经历也为我们创造了宝贵经验。

变中求胜。阿里巴巴奉行的第一条基本原则是：在变化中求生存。在马云看来，唯一不变的是变化，我们在不断的变化中求生存，在不断的变化中求发展。可以说，阿里巴巴取得成功首先是顺应了互联网经济和电子商务的“风口”时势，先人一步及时捕捉到了互联网经营的时机，并能利用机会坚持电商方向的变化，在时势浪潮中被推上波峰。

企业文化。马云提出，永远不要把赚钱作为公司的第一目标，真正的目标是为客户创造价值，“让天下没有难做的生意”，钱只是追求这一目标和完成这一使命的副产品。马云先提出了“独孤九剑”的价值体系：群策群力、教学相长、质量、简易、激情、开放、创新、专注、服务与尊重。后来，阿里巴巴经员工代表座谈和高层讨论将“独孤九剑”简化为“六脉神剑”：客户第一、团队合作、拥抱变化、激情、诚信与敬业。至于阿里巴巴创办B2B电商公司的目标，马云在公司创建之日就提出三个：第一，要建立一家生存80年的公司（后延长为102年）；第二，要建设一家为中国中小企业服务的公司；第三，要建成世界上最大的电子商务公司，进入全球网站前10名。

永做代表。马云提出要求永远做代表——“三个代表”：第一必须代表客户利益，第二必须代表员工利益，第三才是代表最广大股东的利益。作为一个服务型公司，马云认为客户不仅是衣食父母，而且是决定公司生死命运的第一要素，十分注重对客户的服务、沟通和互动；马云知道客户第一理念的落实首先在员工，因此关心员工、尊重员工、培训员工，讲求发挥员工的潜能，把员工视为公司保值增值的最大资本；作为倒金字塔底端（以及管理层）的股东，无论是注资股东或大众股东，马云也从不忘记他们的利益，并争取使他们获得更大的利益。

合理利润。马云提出，阿里巴巴永不追求超额暴利的利润。不追求暴利，追求公平合理的利润和收入，这样才能走向长远。企业不是慈善机构，尽管它也会慷慨解囊、救急扶贫，但企业不能不通过自己的服务获取正当、合理的利润回报，没有利润企业无以维持，员工无以生存养家，国家也无税务收入，自己也不能尽到起码人道责任和社会责任。但是，一定不能牟取暴利，因为这是目光短浅的自亡之路。

团队效应。马云知道自己不懂互联网技术，却打造了一个超大的电商王国，辐射成一个多元化的国际巨头，一个重要的支柱就是发挥团队的集合效应：识别人才、尊重人才、善用人才、粘住人才、发挥人才。从普通的平凡人中选拔、匹配成不平凡的团队，一直是马云十分关注的重要大事。阿里巴巴拥有很强的执行力，不能不归功于马云的容才大度，不能不归功于一支各有所长的人才团队，不能不归功于经过培训素质提升的员工队伍。

资本运作。在阿里巴巴的创业成长过程中，不止一次地受到资金的困扰。在克服一次次资金困难中，马云在投资高手蔡崇信的辅佐下，也逐渐掌握了一套资本运作的知识与技能，通过筹资、融资、让股、入股、控股、收购、并购、分拆、重组等金融手段和资本运作，把一家 50 万元的小电商公司发展成年纯收入数千亿元的大集团。在商务市场上，金钱不是万能的，没有金钱却是万万不能的。掌握多种多样的资本运作手段和工具，是阿里巴巴成功的必要条件。

借力发展。凭借自己的创业团队，在单纯从事电子商务之时尚能勉强维持，但当阿里巴巴扩大为一个跨多国、多领域的庞大商务生态集团时，仅靠马云个人之力或仅靠创业朋友、加盟新秀已是不可能维持的。马云采用了借力发展之道，慎选合作伙伴，明确利权关系，充分发挥合作伙伴的专业优势，使关系复杂、业务繁多、利益有别的阿里巴巴生态合作圈得以维持和运转……

梦断卫星——铱星

铱星公司是由美国通信巨头摩托罗拉斥巨资兴建的全球卫星移动通信网络，1998年1月投入运营，得到社会各界的普遍好评。1999年8月却因无力偿还债务利息，向法院申请破产保护，并自行销毁铱星卫星通信系统。铱星犹如流星一样划亮长空却很快归于寂灭。

铱星的灵感来源于一位工程师的奇想：摩托罗拉一位工程师打算到加勒比岛度假，但是他做房地产生意的太太担心僻远地方的通信联络会耽误自己的生意，因此放弃了他们的这次旅行。这激发了这位工程师的奇想：如果有一台在世界上任何地点、任何时间都可以通话的手机，那该多好！他的全球通信梦想得到了摩托罗拉公司高层的赞誉和董事会的支持，并决定把这一想法付诸实施。

1991年，铱星公司成立。摩托罗拉计划斥巨资建立由77颗低轨道卫星（后减为66颗）组成移动通信网，以化学元素周期表第77位金属“铱”命名的铱星系统覆盖整个地球。

摩托罗拉预计，这个采用先进卫星传播技术的通信设备，可以使人们在任何地点和任何时间即时通信，即使费用高昂也会受到高端商务人士的欢迎。

这个高科技的铱星系统采用复杂、先进的技术使通信终端手持化和个人通信全球化，是地球上最大的无线通信系统和第一个大型低轨卫星通信系统，它由66颗重680千克的工作卫星和8颗备用卫星组成，设计寿命为5～8年，可以克服当时已存的基于地球静止轨道的全球卫星移动通信系统的技术、功能方面的问题，表现出突出的优点：从技术上看，它实现了卫星通信和移动通信的优质高效连接；从经济上看，它的成本大约34亿美元，大大低于现存的基于地球静止轨道的全球卫星通信系统，为后者的1/5；从推出时间上看，它可以在1998年投入通信运营，比其他要在2000年后服务的卫星通信系统提前了2年以上；从发展趋势看，它可以嫁接快速发展的计算机互联网移动通信系统，并与光纤等电话网和数据网连接，提供多媒体移动通信服务。

从理论上讲，铱星移动系统在技术、经济、时间和前景上都占尽了市场先机，开创了全球个人通信的新时代，实现了5个“任何”，即任何人在任何地点、任何时间与任何个人采取任何方式进行通话。铱星公司投入1亿美元对铱星系统进行广告宣传，引起社会各界的一片欢呼：铱星股票价格从发行价每股20美元上升到70美元，被美国的《大众科学》杂志评选为1998年度全球最佳产品之一。中国两院院士也评之为世界年度十大科技成就的第一名。一些人赞誉铱星是世界上第八大奇迹，一些人将其称为人类交流沟通方式的一场里程碑式的革命，比尔·盖茨也声称产生了投资铱星的念头。股民的热捧、传媒的宣扬、科技界的赞誉、名人的关注，把铱星推上了享有盛誉的高峰。

但是，市场不相信眼泪，也不相信欢呼，它相信的是能否以适当的价格满足客户的商品、服务需求。铱星面临着严峻的市场考验。当铱星公司沉迷于辉煌美梦之时，市场给出了相反的回答：通信客户——商业用户和公司经理们并未作出热烈反应，却更热衷于普通移动电话公司。尽管人们并不否认铱星手机的优越性及其革命意义，但种种技术、服务、市场问题却使消费者望而却步。首先，铱星手机的价格和通信费用过高，一部铱星手机售价达 3000 美元，国际通信话费为 7 美元/分钟；其次，铱星手机笨重，重量达 400 克，而普通的 GSM 手机不到 100 克；第三，使用不方便，使用铱星手机要携带笨重的附件，使用时还要掌握复杂的专用知识；第四，全球漫游与当地蜂窝生活网络连接需要换一个甚至几个电话卡。除此之外，铱星系统的通话质量较差，掉线率高，不能在室内和汽车里使用，通信传输的速率慢，仅为 2.4 千比特/秒，而 GSM 已达到 64 千比特/秒。从卫星系统本身来说，卫星交换机维护成本也非常高，每年系统的维护费达到几亿美元。

技术不成熟、产品质量欠佳、使用成本高昂等问题，使尽管具有革命性突破意义的铱星系统得不到市场即客户的青睐。按铱星公司预估，公司实现盈利至少需要 65 万个用户，但到 2000 年 3 月，耗资 57 亿美元建立的铱星通信网络仅有 5.5 万个用户，在庞大的中国市场则只有 900 多个用户。铱星公司降低了收费，但仍挽救不了下降的颓势。

巨额的研发费用和建设、维护成本，使铱星公司背上了沉重的债务：除了摩托罗拉投资和上市筹资外，铱星公司借款约 30 亿美元，每月债务利息达 4000 多万美元。铱星总债务达 44 亿美元，还利息、还债务都十分困难，收回投资遥遥无期，盈利更是看不到希望。

铱星公司期望化解债务，与债权方多次谈判未能达成一致意见。在债权方向法院提出铱星公司破产重组的申请时，一笔 9000 万美元的债务又已到期。1999 年 8 月，无力还债的铱星公司被迫申请破产保护。2000 年 3 月，背负 40 多亿美元债务的铱星公司正式破产。最后，耗资 50 多亿美元的铱星移动系统仅以 2500 万美元的象征性价格卖给了一家公司，方才剥离了全部债务。

在破产的过程中，为了其他卫星的安全，铱星公司还利用地面控制的卫星移位技术，将 66 颗工作卫星和 8 颗备用卫星从 780 千米的太空轨道下移到比较低的轨道，使这些卫星在地球大气层中焚毁。这次大规模的卫星清除行动，耗资3000万~5000万美元。铱星公司及其开发的铱星系统的结局，不能不称为悲惨凄凉。

和曾经在20世纪90年代末引领全球高速通信网络建设风潮的水下海底光纤网络提供商美国环球电讯公司的命运一样，着眼于太空卫星网络建设运营的铱星公司也快速耀眼升起却急剧轰然倒塌，留给我们的教训是极其深刻的。

作为一个科技型企业更不用说高新技术企业，技术本身的成熟程度、产品的质量好坏，更重要的是市场的适用性和接受度，将决定这类企业及其技术、产品的生死存亡。对于高投入、高风险的科技项目，仅仅追求技术的完美性（更不用说技术尚不成熟），而忽视技术产品的市场营销和市场效益，结局都只能是失败。调查表明，从一项技术的研究到最终产生盈利的产品，失败的可能性高达90%以上。当我们看到技术创新的时代意义和可能带来巨大回报的同时，不能不对技术项目的立项实施审慎评估——从技术到产品到市场，避免重蹈铱星、环球电讯和其他90%以上科技企业的覆辙。

“大马”之死：大宇

韩国大宇集团由著名企业家金宇中在1967年创立。经过20年的发展，成为韩国仅次于现代集团的第二大企业，金宇中亦被视为韩国“世界经营”的先导者、经济领域的“民族英雄”，给一代韩国人带来勇气和希望。但是，1997年亚洲金融危机爆发，背负重债高速发展的大宇集团经营逐渐陷入困境，终于在1999年7月因为资不抵债申请破产保护，创始人兼总裁金宇中借机出国逃亡，大宇汽车公司100多位高级管理人员集体辞职，公司于2000年11月被宣告破产。金宇中一度夸耀的“大马不死”还是彻底倒下死去。

1967年，31岁的金宇中以纺织品推销积累的500万韩元（约合1万美元）为资本，创立了一间只有5名职员、30平方米办公室的小公司——大宇实业（20世纪80年代改名为“大宇株式会社”）。仅仅1年就因为出口业绩突出受到总统表彰，7年间大宇资本竟增长了800倍。创业过程中，在韩国政府的支持下，金宇中勤于市场调查、善于捕捉市场变化的商机，把握国际纺织品市场供过于求的趋势，从纺织品出口转向高附加值的服装生产上，以廉价产品的批量出口扛过纺织品市场全面不景气的冲击，而韩国仅仅釜山就有80%的企业开工不足。

在扩大生产、出口的过程中，大宇努力争取到韩国政府的大额出口配额，利用韩国政府开发银行的贷款支持，自身快速发展且兼并其他企业，走上了长期的借债经营以及“市场占有率第一”的扩张道路：70 年代通过兼并扩展到机械、造船、汽车等多领域；80 年代已具集团经营规模，广涉外贸、造船、重型装备、汽车、电子、通信、建筑、化工、金融等若干领域。1993 年起，大宇集团举债在 110 个国家雇用了 32 万员工，产品几乎遍及所有行业，包括利润率很低的葡萄种植业，成立了系列公司 29 个，国外分公司 30 多个，资产为 650 亿美元，在世界 500 家最大的工业公司位列第 43，成为世界性跨国大企业。

在这个快速扩张的过程中，大宇和韩国流行的见解一样，认为谁能取得政府的支持，谁就能立于不败之地，而规模越大就越能获得政府的支持。为了扩大规模获得政府支持下的银行贷款，金宇中力推“世界经营”和“章鱼足式”战略，只讲市场的占领而不顾投资和回报的比例，借了内债借外债，借不了外债又回国借内债，海外大部分工厂也都是依靠当地贷款建成。于是，大宇发展规模越来越大，债务也越积越多以至债台高筑，一旦失去政府支持或发生市场波动，大宇的命运可想而知。

1997 亚洲金融危机爆发，韩国政府已无力给予大宇更多的支持，提出“五大企业集团进行自律结构调整”的方针，债权银行也开始收回短期贷款。其他集团着手调整优化财务结构，而自信到了自负程度的金宇中却不顾市场危机的出现，认为扩大开工、增强销售和出口可以避过危机，于是继续大举借债扩大生产。

1998 年，大宇在经营困难的情况下，发行公司债券 7 万亿韩元（约合 58.33 亿美元）。到第四季度，大宇的债务危机开始出现，在各方的支持下算是逃过一劫。

1999 年 7 月，大宇集团又陷入严重债务危机，连累韩国股市下挫暴跌。韩国政府再度出手，施加压力要 24 家已不愿再对大宇放贷的投资信托公司再次伸出援手，联合向大宇提供 2.6 万亿韩元贷款，银行与保险公司也不得不向大宇贷出 1.4 万亿韩元资金，但须以金宇中除个人私宅外的个人财产和所属系列公司持有的股票及不动产为抵押。但是，救得了一时之急却救不了巨债之本，大宇还是走上了破产之路。7 月 27 日，负债达 800 亿美元的大宇宣布破产，被韩国 4 家债权银行接管。8 月起被迫出售盈利最强的大宇证券、大宇电器、大宇造船和大宇建筑等公司，大宇汽车暂时免遭处理。

1999 年 10 月，金宇中借到中国烟台参加一房地产项目的机会出逃欧洲，韩国政府随即发出全球通缉令，警方的调查也揭露了金宇中的韩国头号财务黑幕：大宇涉案金额 99 万亿韩元（约 1000 韩元合 1 美元），相当于韩国 2001 年的财政预算，如果按 1 万韩元 1 张的顺序排开可绕地球 40 圈，每个韩国人都可以摊到 205 万韩元。2005 年，经过了 6 年的逃亡生涯，年近 70 的金宇中回国自首，被法院判处 10 年监禁，罚款 20 多万亿韩元。

在金宇中逃亡后，大宇汽车公司也未能通过“自救计划书”。各债权银行于2000年11月8日召开银行会议，宣布大宇汽车公司破产。金宇中的出逃和大宇汽车的最后破产，标志大宇神话的彻底破灭，不死的大宇“大马”也死了。

韩国大宇集团在政府扶植下20年间急剧膨胀又旦夕毁灭的案例告诉我们，外部环境，特别是政府的法规、政策对企业的生存发展至关紧要，但同样不可忽视的是企业的内生机制的形成。一方面，政府扶植下发展的企业，因为得到政府或政府压力下的银行的巨额资金支持和优惠的进出口配额而独占鳌头，从而获得扩张必需的巨额资本以及大量的进出口配额，其发展速度将大大超过其他得不到政府扶植的一般企业。另一方面，政府扶植会助长受惠企业的依赖和贪欲，而且由于独占优惠也将形成行业垄断而对其他一般企业并不公平。一旦政府扶植减弱（须知政府以及政府控制下的资源财力也是有限且变化的）或市场出现周期性的不景气变化，更可能是二者的叠加，已经迅速扩大规模至相当地步的企业在政府“输入”不足和市场不能提供相应回报的双重打击下，难以避免“输血”缺失和“造血”不力导致的经营危机，甚至破产倒闭。

总而言之，政府对企业的支持是必要的，但这种支持主要体现在营造良性的法制环境、市场秩序和财税政策上，而不是直接介入、直接支持或直接压制干预企业的正常运营，真正靠得住的是企业的内在机制，即企业在良性环境下的自主发展机制。

“骆驼”倒了：三株

三株实业有限公司是吴炳新、吴思伟父子于1993年在中国山东合创的保健品公司。从1993年底注册资本仅30万元人民币的小公司起步，依靠三株口服液这一保健品，1996年年底销售额达80亿元，到1997年底公司净资产已飙升至48亿元，成为中国保健品市场名副其实的“大王”。

但是，1996年年底发生的“八瓶三株喝死一条老汉”的陈伯顺一案，把风华正茂的三株推上法庭，引起全国上下的强烈反响，终至三株轰然倒下，吴炳新和三株集团从此陷入持久的沉寂。

三株主要创始人吴炳新从小家境贫寒，最初是以200元钱为本做豆芽生意。1989年同大学毕业的儿子吴思伟一起到安徽淮南成立了淮南大陆拓销公司，成为生物制品“851”的代理商，后来又与上海市松江县五里塘乡工业公司联系，宣传、推广和销售五里塘乡工业公司与同济大学合作开发的“昂立一号”口服液。赚到第一桶金后，吴氏父子兵分两路拓展市场：吴炳新北上山东济南，吴思伟南下江苏南京。

吴思伟在江苏成立了克立科工贸有限公司，主销“昂立一号”，1991 年在江苏的年销售额达到1500 万元，1993 年则跃至1 亿元，成为江浙地区享有盛名的“保健品大王”。1993 年 8 月，克立科公司与江苏纺织工业总公司合资成立新的生物制品公司，生产与“昂立一号”功能相近的口服液，以“昂立一号”为假想敌展开猛烈的广告攻势，被昂立公司以不正当的竞争手段攻击“昂立一号”为由告上法庭，又被《江苏健康报》以“盗用刊号私自出版，印刷600 万份凯拉口服液在市场上广为散发”告上法庭，还被人揭露“6 位洋博士合力研制凯拉口服液”是冒牌假造。三宗涉法涉德事件重挫了克立科公司，吴思伟被迫撤出南京。

1993 年底，以吴炳新为首的济南大陆拓销公司与北上的吴思伟的克立科工贸有限公司合并，成立了三株实业有限公司，自称为“发明人兼首席科学家”的吴炳新也同时推出以公司名称命名的品牌产品——三株口服液。据山东省卫生厅的广告批文，三株公布的三株口服液的主要成分为“双歧杆菌”，与“昂立一号”相同，其医学效果是“通过口服进入肠道并繁殖，从而达到治理人体环境之目的、保健之功效”。

三株采取了多形式、全方位的广告轰炸的市场营销策略。

企业电视形象片、主流报刊的新闻广告、广告宣传小册子、赞助各种学术和科技研讨活动、专家义诊行销模式、与国内数十家科研机构合作推出 10 万字的《三株口服液临床验证论文》且含疗效神奇的近百位患者的服用效果病例，等等。

吴炳新用将近一年的时间构建了农村营销网络——地级子公司、县级办事处、乡镇级宣传站、村级宣传员的四级营销体系，低成本聘请了十万名以上的大学生充实到县级、乡镇级办事处、宣传站，要求他们按“三株口服液”的标准模板，刷在每一个乡村可以刷字的土墙、电线杆、道路护栏、牲口圈栏和茅厕墙上，以至大量被人忽略的乡村都刷满了墙体广告。

以三株起步开始，吴炳新逐渐形成了一个区域管理体系。全国市场分为 4 个大区——东北区、华北区、西北区和华东区，4 个大区设战区经理即专员，财务权等由总部实施“六统一”——思想统一、组织统一、政策统一、企划统一、行动统一和管理统一。按照地区直至基层的组织设计，三株建立了八级干部体制—— 一级是总裁，二级是副总裁，四大中心主任二级半，三级是各个省级总经理，四级是一些重要的中心城市如杭州、苏州公司的经理。以此下推直至八级，总部分别与大约3000 名各级经理签订终身合同。

据称，鼎盛期的三株在全国所有大城市、省会城市和绝大部分地级市注册了600家子公司，在县、乡、镇有2000个办事处，各级销售人员超过15万。利用这支庞大的销售大军，吴炳新在1996年的夏季、秋季、冬季三次营销战役中销售额达80亿元，超过全国保健品销售总额的1/3。而在这一年，三株相继推出了“赋新康”“生态美”“心脑康”“保腾康”“吴氏治疗仪”等新产品。1997年又吞并了20多家制药厂，投资超过5亿元，还计划上一个饮料厂，三株涉及的产业广及医疗、精细化工、生物工程、材料工程、物理电子及化妆品六大行业。1995年，《人民日报》刊出的三株第一个“五年规划”中，吴炳新把1994年约1.25亿元销售额陡然提高为“1995年达到16亿元至20亿元，发展速度为1600%—2000%；1996年增长速度回落到400%，达到100亿；1997年速度回落到200%，达到300亿元；1998年速度回落到100%，达到600亿元；1999年以50%的速度增长，争取900亿元的销售额”。

以军事化的组织、战役式的推进、急剧膨胀的目标，三株轰轰烈烈、铺天盖地的宣传，一度取得骄人战绩，1996年销售额达80亿元。

为了取得超乎寻常的发展速度，在市场营销网建设的同时，三株还构织了第二个大销售网——政商关系网。这一绝密级的三株理论秘不公开，开始时经常召开各种主题和规格的专题研讨会，聘请政府、传媒主要官员出任三株的顾问等，在一两年时间构置了一张庞大的政府关系网。三株的各种文件没有隐讳这一官商结合的工作方式。此外，三株不少分公司还在一些地方检察院、公安局、县市政府设立“明察秋毫基金”“保一方平安基金”“见义勇为基金”等，把公关触角伸进检察院、公安局、县市政府等权要部门。这样，在大肆铺排市场营销网络的同时，匹配大力构建的政商关系网络，三株取得了其他保健品企业难以比拟的竞争优势，在两三年时间便居于中国保健品行业的“龙头老大”地位。

随着业务的拓展，一些地方的三株营销人员为了扩大销售额，擅自夸大三株口服液的功效，凡是常见病、急性病等都可以服用三株口服液治疗，把对肠道清洁具有一定效果的产品夸大成包治百病的灵丹妙药，可以“有病治病、没病防病、无病保健”。杭州急性传染病扩散之际，三株在《富阳报》刊广告，声称三株口服液可以治疗霍乱病，马上遭到杭州市工商行政部门、卫生部门的查处。

“八瓶三株喝死一条老汉”事件成了压垮三株的最后一根稻草。1996年6月3日，湖南常德汉寿县的退休老船工陈伯顺在“有病治病、无病防病”的广告承诺打动下，花428元买回10瓶三株口服液，患老年性尿频症的陈老汉服用两瓶后夜尿减少，服用三到四瓶时，遍体红肿、全身痛痒，第八瓶服完，全身溃烂、流脓流水。6月23日，陈老汉被送到县医院治疗，被诊断为“三株药物高蛋白过敏症”，其后病情反复，于7月3日死亡。

陈老汉死后，其妻子、儿女把三株告上常德市中级人民法院。法院把陈老汉来不及服用的两瓶三株口服液送到中国药品生物制品检定所检定，检定报告称：“未检出双歧杆菌等活菌；小鼠安全毒性试验阳性并经病理检查，心、肺、肝、脾、肾和胸腺均有病理改变。该检品为不合格制品。”经此报告，法院判决要求三株向死者家属赔偿29.8万元。

中国媒体对这一事件进行了密集报道，引起广泛关注，报道标题均为《八瓶三株口服液喝死一名老汉》。“三株喝死人了”这一爆炸性的新闻对一家口服保健品企业的产品质量和企业信誉的打击是致命的。从1998年4月下旬开始，三株的全国消费额急剧下滑，月销售额从数亿元下跌到不足1000万元，从4月到7月全部亏损，生产三株口服液的两个工厂全面停产，6000名员工放假回家，口服液的库存积压达到2400万瓶，相当于市场价值7亿元。5月，传言三株已提出破产申请，由于欠下巨额贷款未获批准。三株成为众矢之的，墙倒众人推，倒塌之势已不可挽救。

虽然一年后的1999年4月，湖南省高级人民法院根据中日友好医院、中国康复研究中心等专业单位提供的检定报告和学术研究结果判定，现有证据不能认定陈伯顺死亡与服用三株口服液的因果关系，撤销常德市中级人民法院的民事判决，驳回（陈老汉亲属）三位原审原告的诉讼请求。但是，诚信的声誉一旦失去，就难以挽回了，湖南省高级人民法院的改判民事判决书也无济于事，三株200多个子公司已停业，几乎所有的工作站和办事处全部关闭，三株彻底退出了保健品市场，竟然没有听到一声惋惜与同情……

人们不禁要问，铺就了庞大官商结合化关系网和城乡一体化营销网的三株公司，为何脆弱到如此不堪一击？这印证了中国的一句古话：“民无信不立”。一旦因诚信缺失而失去了市场的信任，这个企业也就走向了毁灭。

现代市场经济是法治经济和诚信经济，一个企业连起码的公平法律规则都置之度外，一个企业连公正的诚信交易都满不在乎，一心只为赚钱谋利甚至无所不为，任你有天大本事也难以挽救覆亡的命运，那时市场不会救你，政府也不能救你。也许，因为种种原因你甚至还能飞扬显赫一时，但覆亡之日也不远了，毕竟“技艺胜不过定数”。

托马斯·斯坦利对美国1300位百万富翁进行调查，2000年2月出版了《百万富翁的智慧》一书，在谈到为什么能成功时，没有一位受调查者归结为“才华”，最普遍的一个回答是：成功的秘诀在于诚实、有自我约束力、善于与人相处、勤奋和贤内助。显然，在这批美国百万富翁看来，诚信等职业道德是放在第一位的。

基本法则一：

树立共同信念

人是万物中有精神、有灵魂、有灵性、有灵气的高级物种，精神、灵魂、灵性、灵气是人的最本质特性，与物质、生理、身体、肉体等人之为人的最基本需求相辅相成为健全、健康的人，故作为人类组织的企业也不能没有联结为一体的共同精神信念。企业的理念、宗旨、目的、意义、口号等共同信念，事关企业的目标认同、方向一致、人心凝聚、步调有序，它通过一定的形式表现出来，是企业全员不可或缺的黏合剂和营养品，是决定企业生存发展、持久成长的首要原则。

一、 树立共同信念的必要性

上天创生万物，各有其属性：金、木、水、火、土，各有其物质特点；花草树木、虫鱼鸟兽，各有其生物特征；而人类，是万物中的高级种类，具有复杂思维，无视人类的精神、灵魂、灵性、灵气的独特品赋就混同了人类和其他物种——物质、植物、动物等的差别。

企业和其他社会组织——政府、非政府组织一样，都是人类为了实现特定的社会功能集合在一起的共同体。因此，作为人类组织的企业不能离开人类的独特本质特性，不能不集结人类的精神、灵魂、灵性、灵气的人性天赋属性，使企业成为一个真正的人的组织。也就是说，精神性信念是一般人类社会组织的自然要求，也是人类社会的基本经济组织——企业的自然要求。

企业是由若干个人组成的，每个人的价值观、性格、爱好、兴趣、才智存在差异，这是企业应予包容、承认、正视的个体差异。同时，企业又是一个实现供给客户产品和服务功能的经济联合体，存在企业全员均需恪守的共同信念——理念、宗旨、目的、意义，这样才能凝聚人心、团结员工、协调行动，确保企业共同目标的达成，为社会客户和企业员工的需求满足创造必要的精神条件。个体差异和企业共性的同存互补，企业共性不否认纯属个人的生活空间，个体差异服从企业共同的工作要求，是现代企业文化一体两面的基本特色。

二、 企业的共同信念

企业的共同信念，是人类和人类组织的精神、灵魂、灵性、灵气在企业中的体现，它包含一个企业对理念、宗旨、目的、意义的共识。

理念。理念是一个企业的精神文化取向，它明确指出企业的核心价值观：什么是企业倡导的，什么是企业反对的；什么是有价值的，什么是无益的；什么是好的，什么是坏的。从而使企业全员从内心到行为能够区分是非、对错、善恶，自觉坚持正确的、善良的价值，抑制错误的、恶性的东西，确保企业益人益己益社会功能的实现。詹姆斯·柯林斯和杰里·波拉斯曾在畅销书《基业长青》中提到："能长久享受成功的公司一定拥有能够不断地适应世界变化的核心价值观和经营实务。"

宗旨。宗旨是一个企业的归宗主旨，是对企业的最高追求和根本追求的定位。宗旨决定企业的境界和高度。俗话说"万变不离其宗"，就是指企业的种种应变举措不能离开自己崇奉的宗旨，以使企业始终维持正确方向的定力。

目的。目的是企业追求所要达到的最高目标，是一切企业活动指向的最佳境界。目的正确，企业的方向才能无误，企业的行为也才能具有价值；目的错误，企业的方向必然迷失，企业的行为也必然失去价值；目的模糊，企业的方向摇摆不定，企业的行为也就会举措失当。

意义。意义是一个企业存在的价值，是企业能够为员工、家庭、客户、社会做出的贡献。生命的意义并不仅仅在于维持肉体的生存，企业存在的意义也并不仅仅在于追求利润，它通过益于社会、服务客户带来员工的收入增加、价值实现和家庭幸福。忽视企业意义的定位，会诱导企业上下自私自利、唯利是图而失去生命充实和人生价值的自信，从而丧失人之为人的根本特质，变成徒知逐利的"经济动物"。

口号。企业的信念包含理念、宗旨、目的、意义等多方面的精神内涵，它是企业作为人类组织而区别于禽兽群体的灵魂表征，是企业文化的核心所在。为了简易以易知易行，优秀企业常常以口号的方式浓缩企业的共同信念。例如 IBM："IBM 意味着服务"；通用电气："发展与进步是我们最重要的产品"；杜邦公司："通过化学使美好的生活变得更加美好"；丘博保险集团："在保险业中出类拔萃"；谷歌："不作恶"；等等。这些口号集中浓缩了企业最为珍视和最为推崇的经营理念和核心价值观。

三、 企业信念的表现形式

一个成熟企业倡导的共同信念，不仅用明确无误的简洁语言记载在企业最重要的文件中并公示全员，而且通过标志、仪式、庆典、英雄故事、网络形象和文化导师等多种多样、生动感人的形式传输到企业上上下下，深入人心。

标志。标志是一个企业的品牌形象，它集中体现了企业的信念、追求和特色，往往是以一个简洁易明且内涵丰富的图案来表现，给人留下独特、鲜明、深刻的企业形象。例如，"三叉星"不仅是德国戴姆勒·奔驰公司的经典标志，也是世界上最著名的汽车品牌之一，象征戴姆勒·奔驰汽车公司向陆海空三个方向发展，由三叉星和月桂圈合成的商标图案，显示奔驰的尊贵、传统、豪华的品牌形象和身份与社会地位的象征，它经久不衰地镌刻在世界各国消费者的内心；蓝白标志的"宝马（BMW)"品牌，象征旋转的螺旋桨，也是高性能汽车的标志，象征奔放潇洒和年轻华贵的形象；四环标志的"奥迪"品牌，象征奥迪是与其他三个汽车制造商结合一体的汽车共同体。

仪式。仪式和礼仪是企业信念的必要表现形式，若无灌注共同信念的仪式、礼仪的承载，旷日长久，企业员工就会淡忘自己应该恪守的理念价值和行为准则，我们须知生动的形象体现总是长于枯燥乏味的说理教化，而反复重复的仪式、礼仪通过不断作用于人的感官、心灵会习惯养成企业的风格。各种人际礼仪、工作仪式、管理仪式、奖赏仪式，赋予公司员工良好的人际关系和外部关系，是从事岗位工作必要的程序和规范。召开富有实效的公司决策会议和经营会议，通过奖励出色工作者、晋升人员和退休人员等的隆重仪式，激励企业员工努力工作，创造美好的绩效。美国著名公司 IBM、丹纳、玫琳凯、NCR、假日酒店和宝洁公司等都把仪式作为企业的日常经营活动的常规，而视“客户至上，服务至上”为企业宗旨的日本丰田汽车公司更制定了一整套礼仪制度，对每位员工的仪表要求、常用礼节、文明用语、接打电话、座位秩序作出明确规定，使员工的一言一行都能体现丰田的形象。

庆典。仪式是一个企业的日常常规文化活动，而庆典则是企业取得重大成果、重要时节的大型、隆重、凝聚的庆祝仪式，它往往能够激动人心、震撼人心，使全体员工对自己公司的共同信念和文化取向留下深刻印象。一些企业文化建设十分成功的企业，把公司庆典举办得犹如一场盛大的晚会。

玫琳凯化妆品公司的“研讨会”耗资数百万美元在达拉斯隆重举办，公司创始人称之为“荟萃了奥斯卡颁奖、美国小姐评选、百老汇首演的精华！其中包括各种令人眼花缭乱的奖品、竞赛、表演和娱乐”。研讨会对数百名销售人员讲授课程、颁奖之夜的超过 13 个小时的节目中包含教育、激励、感染和娱乐，最引人注目的是被称为“文化英雄”的团队首领和未来的领导者们穿着华丽的红色外套，在台上列队排开，每个人讲述一段自己的精彩和成功。她们共同向观众传递的一个鲜明的信息：这些人能做到的，我也一定能做到。玫琳凯公司的另一个庆典活动是给最佳推销员的颁奖：有一年的奖励汽车竟从“云雾”中“飞降”到舞台上，最盛大的晚会是长达 5 小时的精彩表演，公司给每个地区的总经理和皇后级顾问（超级女推销员）加冕。他们戴着钻石、披着貂皮，周围拥聚一群销售业绩同样卓著的女销售员。狂欢结束时，每个人心里都明白，在公司里能有一番作为的工作就是销售。

宝丽来公司的年会也是一种狂欢活动，通过年会凸显公司视研发工作为自己的立足点。宝丽来在奢华的大厅里举行年会，4000 多名员工聚集一堂。1977 年年会上，兰德总裁把宝丽来的新型电影摄影机称为“开创了新的科学、艺术和产业的先河……它把生动形象尽在掌中”。他拿着摄影机拍摄舞台上正在跳舞的年轻姑娘们，90 秒后观众从影片中就能看到这个精彩的跳舞场景，与刚才舞台上的表演完全一致。股东们也都有机会亲自用摄影机拍摄一段电影。随后，兰德又把大家重新召集在一起，反复强调技术的重要性，从整体上和经营理念上突出企业的技术信念：“有一条原则是你在哈佛商学院学不到的，那就是如果有一件事情值得你去做，那就值得你去做得尽善尽美。”

英雄故事。英雄，是战争年代军队中英勇善战的典范，也是企业在和平岁月里创造绩效的楷模，他们身上集中体现了军队的精神和企业的文化，对军人和员工坚定自己的职业信念起着莫大的示范效应，他们的英雄故事经久流传而长盛不衰。

在企业的英雄故事中，首先是艰苦创业或重大发展转折关头的掌门人，他们在难以想象的困难条件下起步创业，历经艰难曲折推进发展，坚定信念，独具慧眼，果断实现对出现危机企业的转型，给从业者在工作中以积极的激励和极大的启迪。IBM 的托马斯·沃森、通用汽车公司的威尔·杜兰特、标准石油公司的约翰·D. 洛克菲勒、福特汽车公司的亨利·福特、杜邦公司的皮埃尔·杜邦、玫琳凯化妆品公司的玫琳·凯·阿什、通用电气的韦尔奇、沃尔玛的山姆·沃尔顿、谷歌的施密特、欧莱雅的利利亚娜·贝当古、戴姆勒·奔驰公司的卡尔·本茨、松下公司的松下幸之助、索尼公司的盛田昭夫、本田公司的本田宗一郎、京瓷集团和 KDDI 通信集团的稻盛和夫，等等。这些创业、发展英雄的故事和他们的企业紧紧地联系在一起，成为他们企业以至其他企业津津乐道、受益良多的珍贵财富。

在企业的英雄故事中，不仅是创立者、掌门人激励人心，普通员工涌现的英雄人物也同样会浸润人心。IBM 公司的内部刊物曾经推荐一位经验丰富的打字机销售员——乔·麦克洛斯基，他连续 30 年一直是百分百俱乐部的会员，IBM 公司通过颂扬麦克洛基斯这样的卓越销售员来告诉年轻的销售员：这就是你们学习的榜样，如能像她一样尽职尽责，你们一样可以成为卓越。3M 公司曾经有一位五弦琴学院退学的学生——理查德·A. 德鲁，他在 3M 公司实验室工作时答应帮助同事解决胶带方面的问题。不久杜邦公司推出了玻璃纸，德鲁自认可以做得更好，于是在玻璃纸上涂了一层无色的黏合剂，可以把东西粘在一起，透明胶带自此诞生了。按照 3M 公司的传统，德鲁自己管理这项发明的开发和初期生产，他继续得到了升迁，最后成为公司的技术主任。他的事迹启发着员工，在 3M 公司怎样做才能取得成功。若干平凡岗位员工的英雄故事告诉人们，成功对不同的人有着不同的含义：创业者创办了企业意味着成功，掌门人实现优异绩效意味着成功，普通员工在自己的岗位上表现卓著、效率高人、创造力强一样也能成功，一样也能成为公司上下学习仿效的榜样。企业的文化信念，会在公司的创立者、掌门人、研发人员、工程师以至普通员工的英雄故事中彰显出来。

网络沟通。文化网络是一个企业通过线上的和线下的、正式的和非正式的信息沟通渠道传扬企业理念宗旨、增进企业各层级人员交流和友谊团结的人际关系网。

线上网络是利用互联网、移动互联网构建的企业局域网或部门、车间群体网，它及时传输企业的各种信息，告诉人们发生的事情，引导员工正确看待得到的消息，推动大家走向共同的方向。谷歌的内部网MOMA将即将上市的新产品的一切信息和关系企业命脉的信息与员工共享——“除了极少数有违反法律法规的信息，其他一概由大家共享”。谷歌的OKR（目标与关键成果）是每个季度从董事长、首席执行官到每位员工都要在MOMA内部网上公示的每个人的目标和关键成果，并且召开专门会议予以讨论OKR对自己和自己团队的意义，根据自己上一季度的OKR指标为本季度的表现打分。因此员工们对公司的季度目标十分清楚，各团队之间也能保持协作。而谷歌董事长拉里·佩奇创设的“摘要”小工具，要求工程师和产品负责人在谷歌内部网上传个人一周以来的最重要的活动信息，形式简明扼要，几分钟就可以写好“摘要”，拉里多年来一直都能得到真实的信息，掌握公司研发的真实动向，正确指导谷歌的研究和新产品开发方向。

线下网络：正式网络是指企业线下的正式沟通渠道，它通过董事会、总经理、事业部、职能科室、信息人员、生产车间和生产小组等正规组织层级的会议、文件、简报、公告传输各种文化信息；非正式网络虽不正规却对企业的文化传播起着更大的作用，因为参与这些网络的成员大都利益共同、意识相近、定期聚会、畅所欲言，对企业文化的传播起到举足轻重的沟通作用。例如IBM公司控制下的百分百俱乐部、通用电气公司“在‘第五屠宰场’进行的公司野餐会”——贝尔艾尔会议、ITT公司的管理者团体以及在公司中普遍可见的亲密朋友圈等非正式团体，都对企业的信念认同起到积极作用。当然，在一些自主性要求较强的行业，一旦这类非正式团体超越了企业的信念理念边界，就会带来相当的副作用，比如高科技公司的频繁跳槽、人才流失、创新受损的现象。

文化导师。文化导师是现代企业中不可或缺的重要人物，犹如各种宗教组织的“布道者”，担负着企业信念和企业文化沟通与传播的重任。文化导师一般德高望重、知识渊博、信仰坚定、平易近人、乐于倾听，特别善于解答员工精神、工作、生活中的各种疑难问题，用人们乐于接受的方式提供良好的建议，是一个公司上上下下认同的良师益友。文化导师虽然在现代公司中没有显赫的实质权力，却是企业威望极高、高层倚重的“精神领袖”和“隐形权力”。美国一家跨国公司最大的办事处的总经理，对于研究人员提出对公司的关键职位的人事决策的问题回答，容易的事情可以很快解决，但在真正棘手的问题上，会征求人事部行政助理——文化导师的意见，因为她在公司的时间比自己更长，她对这里成功了的每一个人都了如指掌，并且她对人具有极其出色的判断力。罗伊·约翰逊是在通用电气公司工作多年的人事部主管，也是通用电气公司的文化导师、文化牧师，虽然拥有很大的权力却并不显眼。

四、 企业共同信念的形成

一个企业要确立起自己的共同信念，并不像董事长或首席执行官讲一通话、公司高层召开一次会议或发布一个文件那么简单。它绝不是一蹴而就的，而是一个渐进浸润并须辅以各种措施的长期过程。

自上而下。企业的运作是在公司核心管理者和最高管理层的领导下展开的，企业信念的形成自然也离不开核心管理者和最高管理层的主导。离开了最高管理层特别是核心管理者的倡导和支持，企业的信念就难以有影响地提出，更不可能通过企业的组织系统和组织资源巩固和发展成为公司的共同信念。最高管理层和核心管理者对企业信念、企业文化的高度重视，是一个公司共同信念形成的最重要组织保障。在最高管理层和核心管理者的主导下，推及公司中层、基层以至员工，企业的共同信念才可望形成、巩固、发展。

循序渐进。一定的经济态势、市场竞争、企业挑战压力下提出的公司信念，势必通过一个循序渐进的长期过程才能真正成为公司全员的共同信念：无论是新创公司或成长公司，首先是最高管理层和核心管理者依据公司内外实际提出明确的信念并统一高层认识，有必要成立专门机构主管企业信念的推广、普及和应对种种难题，组织公司中层及基层逐级培训、教化管理人员成为公司推广共同信念的骨干，通过企业最高管理层和核心管理者、专门机构、中层和基层骨干的共同努力，采取多种多样的方式推广至企业全体员工，使企业的信念成为人人皆知、人人皆行的共同信念。重要的是，企业的共同信念，不仅要成为公司上下的理念共识，更要成为公司上下的行为准则，这只有通过自上而下的、循序渐进的、协调共进的、不断调整的长期努力才能真正实现。

塑造形式。企业共同信念的形成，不仅需要用简洁的文字表述的理念、宗旨、目的、意义、口号，更需要生动形象的标志、仪式、庆典、英雄故事、网络沟通、文化导师等文化形式的承载、体现，切不可低估各种文化形式对企业共同信念形成的重要作用。若无正确信念的丰富内涵，文化形式就会流于华而不实的形式化；若无文化形式的动人展示，正确信念也会成为枯燥乏味的干教条；正确信念的内涵和文化形式的展示，两者相辅相成、融为一体，才能真正形成企业的共同信念。一个现代企业，要确立起自己的信念，就要结合企业的产业、行业、产品、服务的实际，善于选择灌注企业信念的合适表现形式，推动企业信念从少数人的主张变成全体员工的信念。

绩效检验。企业是一种通过提供产品和服务以满足客户需求的经济组织，避免亏损而获得利润是企业生存发展的基本要求，绩效好坏也是检验企业信念正确与否、适宜与否的必要条件。绩效低劣、经营亏损，企业连生存都会出现问题，任你把信念吹得再好、捧得再高、形式再多，也不会受到企业管理层和员工的支持，这种信念也不可能在企业扎根成长。因此，一定要适应外部市场环境和企业的实际，提出合宜合适的企业信念及其表现形式，关注其他企业成长法则和要素的匹配，最好能在短期、肯定要在长期取得明显的绩效，检验企业信念的正确与否和适宜与否，并根据绩效检验的结果改变、修正或强化企业的共同信念。

奖惩兼具。信念是企业经营管理、工作生产的精神指导和生命力之所在，它保证企业的正确发展方向，能够做出真正的人应该做的人事。“人在干，天在看”，要秉承扬善遏恶的品赋，以各种物质、精神手段勉励、奖赏奉扬企业共同信念的优秀员工，遏制、惩罚违背企业共同信念的“害群”员工。没有必要的奖惩、混同善恶的区别、不讲利弊的纵容，就不可能使企业的共同信念蔚然成风，树立企业的共同信念也就必然流于空谈。固然，奖惩涉及人的切身利益，务必有据、谨慎和服人。

案例

宝洁公司：做正确的事

1837 年，威廉·库珀·普罗克特和詹姆斯·甘布尔合作创立了宝洁公司。180 多年以来，宝洁历经了多次经济繁荣、衰退、危机、萧条时期，却能持久发展、成为大众消费品市场中的领头羊，这不能不最终归因于宝洁早期就建立起的共同信念和企业文化。

宝洁最基本和最重要的信念就是“做正确的事”。当公司创始人普罗克特首次把管理大权交给非创始人家族成员理查德·R. 德普雷时，说道：“要永远努力去做正确的事，如果你这样做了，便没有人能真正发现错误。”“做正确的事”这条原则至今还在发挥作用，它传递给了宝洁的历代掌门人，也成了宝洁公司全体员工的共同信念。

宝洁“做正确的事”的指导原则及其顾客至上、促其发生、公司利益与员工利益密不可分等价值理念的形成也经历了多年的努力、探寻和修正。

顾客至上。宝洁公司创立初期，创始人普罗克特采用工人顾客的创意，以月亮和星星的组合图案作为自己的注册商标。长期以来，宝洁一直坚持听取顾客的意见，在顾客的帮助下开发了几乎所有的主要产品，称这种方法为“用户主义：经过全面的市场调查后，对顾客的要求作出回应”。至今，宝洁每年要进行150万个电话调查。“坚持倾听顾客的意见”的文化，也给公司带来了长期的良好收益。

促其发生。从19世纪起，宝洁就开始采用媒体广告的形式促进产品的销售，第一次广告是请来一位顾客做科学顾问，测定象牙香皂的纯度为99.44%，投资11 000美金进行广告宣传。这次创新活动促进了宝洁公司的销售额激增，也推动了现代广告业的诞生。以广告为契机，宝洁提出了“促其发生”的文化理念，不断地检测已用的方法，不断地尝试新的想法，不断地改善原有的想法，促进新产品、新营销的改进发展。

公司利益与员工利益密不可分。1883年，普罗克特从宝洁公司最基层的生产车间工人做起——装卸混合皂液，像一个普通生产工人一样工作，坐在工厂地板上和其他工人一起吃午饭。亲力亲为的工人经历，使普罗克特对一线工人的真实想法和切身利益有了直接的认识，为日后他处理、改善劳资关系奠下良好基础。从“与工人共同分享利润，可能会使宝洁的工人对公司更加忠诚和尊重”的设想开始，普罗克特经过多年的尝试、修正、创新，投资配股、“职工议会计划”、工人董事、八小时工作制、长期雇佣制等，宝洁坚持这一“公司利益与员工利益”密不可分的原则，形成宝洁公司一直传承的共享价值观。

2019年3月6日，宝洁公司宣布从巴黎泛欧证券交易所退市，其股价将于4月4日起从法国清算所删除，但宝洁股票将继续在美国纽交所上市。是因为成本和管理需求的调整而退市还是因为绩效下滑而陷入衰退，世人对这间已有180多年历史的老牌企业拭目以待……

惠普：企业目标手册

为适应不断变化的企业和社会环境，惠普专门编制了《企业目标手册》，明确了公司共同认可的普遍目标和整体目标。

利润目标

实现足够的利润，以便为公司的发展提供资金，以及我们实现其他企业目标所需要的资金。

客户目标

向客户提供价值尽可能最大化的产品和服务，从而赢得和保持他们对我们的尊重和依赖。

感兴趣的领域目标

只有当我们的创意，加上我们的技术、创造和市场营销能力能够保证我们可以在新的领域做出被需要的和有利可图的贡献时，我们才会进入这个领域。

发展目标

能够限制我们发展的只有我们的利润，以及开发和生产出能够满足客户真实需求的技术、产品的能力。

我们的人的目标

帮助惠普的雇员分享公司的成就，这些成就离不开他们的贡献；根据他们的绩效，提供稳定的工作；认可他们的个人成就；确保他们在工作中获得成就感，而让个人感到满意。

管理目标

在实现明确的目标的过程中，允许个人拥有充分的自由，从而鼓励人们发挥主动精神和创造力。

作为公民的责任和权利目标

我们在哪个国家、哪个社区开展经营活动，我们就要在经济上、智力上和社会上做出贡献，从而履行我们对社会肩负的责任。

联想：打好地基

在中国联想集团的创始人柳传志看来，机制文化是一个企业长期发展的地基，立意高远可以让小事情变为大事业，“产业报国”即是联想的责任和使命。柳传志认为，如果一个公司只知做事，只注意一城一地的得失，而忽略了对企业文化的塑造，不能从理念上让大家有共同的认识，就难以长大，可能只是一个小公司；而注重做人的根本，有一个共同理念，才能成长为大公司。

2009 年，柳传志在接受《网易科技》采访时准确地表述了联想的核心价值观：“核心价值观里，企业利益要放在第一位，要求实，要进取。求实里包括了诚信的意思，进取意思包括了目光的高远。还要以人为本，就是真正能够调动起我们的骨干员工和广大员工的积极性。”简洁而言，联想核心价值观就是：“企业利益第一，求实，进取，以人为本。”

除了在创业过程中把企业利益放在第一位，柳传志在选拔接班人时也提出了这一要求。在联想，“德”就是忠于联想的事业，即个人利益服从于联想的利益，管理层和员工都不能只从个人利益出发，而要着眼于组织的共同目标。这种“大船文化”强调的是整体意识，提倡员工要一切以企业为重，只有“大船”的目标实现了，个人的小目标才能实现。

求实是对他人的诚信，承诺了的事情就一定要兑现。柳传志以身作则，不仅仅是参加内外会议守时，给完成特色任务员工发奖金而不惜承受罚款与警告；而且在企业经营中恪守诚信：在一年一度的预算中，在给主管部门和股东做汇报时，清晰说明下年度的营业额和利润，并且力争实现。

柳传志在创业初期就有联想国际化的想法，发展起来后更声称：“我们的理想是联想品牌国际化。”进取就要有高远的目标，这种进取心表现在联想收购 IBM 的 PC 业务的并购过程中。2001 年，IBM 的高管向柳传志透露了出售 PC 事业部的消息。收购 PC 事业部的想法遭到了董事会成员的一致反对，原因在于在全世界的并购案例中，成功的只占 25%，失败的却是绝大多数，而如果联想集团并购失败，结果“不是伤筋动骨，而是粉身碎骨”。柳传志从联想的长远发展着眼，切实分析了收购 IBM 的 PC 业务的利弊，认为这不是跨国公司的圈套，而基本可行，依据在于 IBM 正在实施从以硬件为主向以软件和服务为主的战略转移、有效控制成本可以实现盈利、IBM 的全球业务与联想的国内业务的互补性。联想董事会同意了柳传志的分析，最终在 2004 年以 12.5 亿美元收购 IBM 的 PC 事业部。

以人为本。柳传志在 2011 年卸任联想集团董事局主席时说道：“办公司就是办人，重视人的作用，尊重人的需求，为人的发展创造条件，搭建没有天花板的舞台。让每一位员工觉得自己不仅仅是一个打工的人，而是受到组织关怀的。这与联想以人为本的核心价值观相吻合。”联想为了切实保障员工的生活，在为员工上调工资时，总要紧密结合物价上涨幅度，真正确保员工的收入实际增长，生活上得到保障。为了充分调动员工的积极性并发挥员工的潜能，联想倡导一种叫作“发动机文化”的企业理念：首先，要给员工提供舞台；其次，对员工强调要有“三心”，即责任心、上进心、事业心；第三，一定要有好的保障机制；最后，形成有机配合的同步“发动机”。

京东：“坚持信念”

我国三大电商平台之一的京东商城的创始人刘强东认为，创业者要走向成功，就“必须接受争议，必须坚持自己的信念，千万不能每次有争议的时候就不敢做了”。京东就是中国后崛起的一个“电商新贵”，这个公司在早期就提出了自己的信念，并在各种业务经营和有声有色的活动中表现出来。

京东的目标，是做中国最大、全球前五强的电子商务公司。

京东的使命，是让购物变得简单、快乐，即广告词“多、快、好、爽”。

京东的价值观，是诚信、客户为先、激情、超越、学习、团队精神和杜绝浪费；而诚信、客户为先、激情、超越是京东的核心价值观。

客户为先。刘强东对京东全体员工说，我们将继续坚持“客户为先”的理念，坚持客户利益第一、为客户着想、为客户多做事，为消费者提供更好的客户体验。京东“客户为先”的理念，贯穿在售前、售中、售后服务的全过程：售前，提供商品搜索服务，为消费者提供各种商品的详细信息，后来又为每位客户量身打造一个信息库，记录下顾客的购物喜好和交易记录；售中，可以订购统一制作的产品，也可以定制专属自己的个性化产品，并采用网上支付和用支票、信用卡、现金汇款支付等多种方式，确保货品准时、完好地送达；售后，全方位、自动化服务，开辟在线技术支持、在线续订、疑问解答等服务项目，顾客还可以在拿到货物后20天内退货，京东按原价退款。

刘强东创办“京东多媒体网”（京东商城前身）时，他花时间做得最多的事就是坐在电脑前看用户的留言和投诉，并一直坚持了很多年。看到用户的不满和投诉，他立即要求团队努力改进，真正做到把客户利益放在第一位。一次，有位顾客在京东商城买了一台DVD，不知道怎么使用，就拨通了客服电话。“您好，我不知道DVD和电视机之间该怎么连接。”客服笑答：“很简单，对应好插头，一一配对。”“这么多插头呢，我把谁和谁对应啊？”客服还是笑道：“红的对应红的，绿的对应绿的，以此类推。”这样的对话每天都会出现，客服们也从开始的一忍再忍变成了“百毒不侵”的从容应对。像这样，京东对客户的热情服务颇受消费者好评。

“先人后企”。京东的发展理念是“先人后企”，肯定员工才是公司最大的财富和竞争力，继腾讯的“安居基金”、阿里巴巴的 iHOME 计划之后，创业几年、实力尚欠的京东也推出了安居计划，规定凡是工作时间超过 3 年或持股的员工，都可以从原公司中申请免息贷款，金额将达数亿元。置疑者认为京东的财务实力和员工坏账的风险不可低估，但刘强东认为人才是企业之本，把人才留住，发挥人才智能，才能创造企业效益。为了凝聚员工的归属团队精神，刘强东请 11 个京东配送站的员工吃饭聊天，还发起了“京东新年员工关怀行动”，派员针对困难员工、坚守在条件艰苦的配送站和仓库的员工展开爱心慰问活动，员工们很是感动。

不仅内部尊重人才和员工，京东还展开了各种公益活动。诸如京东华中分公司在 2012 年 4 月的月度员工生日会进社区看望空巢老人，六一儿童节给孩子们捐赠少儿图书，参加“瓷娃娃”（脆骨病孩子）爱心传递活动，联合 APEC 青年创业者峰会、尤伦斯当代艺术中心发起“送给世界的 66 件礼物”网络公益义拍活动等。京东不断通过各种公益活动向社会传递公司的文化信念。

多种形式体现信念。京东不仅清晰地表达了自己的信念，而且采取了各种生动有趣、寓意理念的形式体现出公司的信念。早在 2010 年，京东就创办了内刊《京东人》，通过文字和图片弘扬京东人的“气质与魅力”：拼搏，不畏劳苦；做有价值的事；对欲望驭之有道；诚信和懂得感恩。在电视剧中植入广告，选择电视剧《男人帮》，呼出“要酷学《男人帮》，购物上京东帮”的口号。他还支持京东人士创办了京东话剧社，为京东员工演出反映自己生活的精彩话剧。类似的文化、娱乐活动在京东不定期举办，如一年一度激励、歌颂京东员工的青春活力和奋斗激情，给人印象深刻的“员工技能大赛”和“年会”。

次贷危机：华尔街文化

自从 18 世纪末期证券交易经纪人在纽约华尔街聚集以来，华尔街就成了美国资本市场的代表和象征。越来越多的金融交易机构集中在这条不长的街道上。200 多年以来，华尔街本于逐利的资本本性，秉承一种利润至上的文化，一方面华尔街为美国的发展繁荣筹集巨额资金，西部大开发、铁路和工业化的融资，南北战争的经费，两次世界大战和战后复兴的美国金融支撑，高技术产业的资本支持，它成为美国繁荣发达的“造血机”。另一方面，华尔街又一手酿就了巨大的金融灾难和经济灾难，19世纪50年代的金融恐慌和60年代的金融腐败，引发20世纪30年代的“大萧条”，21世纪初的网络泡沫破灭和经济衰退，2008年引爆的次贷危机及其冲击全美、全球的金融海啸和经济危机，它又成为令无数美国人咋舌的“恶魔”。从1792年美国创国先贤汉密尔顿提出“应该有一个区分好人和恶棍的界限，来区分受人尊敬的股票投资者和纯粹的毫无原则的赌徒”以来，华尔街并没有找到这条界线，结论似乎是善恶交织、喜忧参半……

对于华尔街文化可能导致的恶果，次贷危机的爆发及其强大冲击波又给了世人以新的佐证。长期以来，“每个家庭都应该拥有自己的住房”，一直是千千万万美国人的梦想，基于这一信念建立发展起来的住房信贷市场也支持了一些美国人有了自己的住房，但种种欺诈行为也随之发生，大量金融机构应运而生，他们依赖次级贷款市场大发横财，让一些本来无力负担房贷的人住进了新屋，并营造“房价永远不可能下跌”的神话，华尔街内外都相信房贷还款会持续流入，从而次贷游戏可以不断玩下去。次贷及其演变孕育了巨大的违约风险，数百万贷款违约者的住房被银行收回，次贷危机终于爆发。

次级贷款是美国抵押贷款的一种形式：一种贷款是把符合标准的贷款贷给信誉良好的人，然后再将这一贷款卖给政府属公司——房利美和房地美；次贷是向低收入人群提供的贷款，也把这种风险贷款卖给其他金融公司。“基于房价永远不会下跌”而次贷也永远不会断裂的神话，次贷及其衍生产品迅速扩大开来，参与其中的人们都相信自己可以大赚一笔并乐于推波助澜。确实，美国房价不是在持续上涨吗？许多人不是都赚了钱吗？

从20世纪70年代初，银行发放的次级贷款在华尔街的大力推动下，发展成为一种新的、复杂的金融衍生品——抵押贷款支持证券。华尔街引领了美国金融机构商业模式的重大转变：放贷银行不再把次级房贷保留在自己的资产负债表上，而是将其出售给贷款打包者，这些贷款打包者将个人房贷打包成按风险分层的抵押贷款支持证券，贷款打包者在收取相关费用之后再通过金融市场将这些金融证券推向全美、全球。

在美国联邦政府、美联储、权威评级机构和国际保险集团等的支持和华尔街的大力承销下，似乎美国每一个家庭包括低收入贫穷家庭都可以拥有自己的住房，每一个参与次贷游戏的金融机构都可以大赚特赚。利令智昏，极个别头脑清醒人士的风险警示也被淹没在举国上下的发财致富的喧嚣声浪和疯狂行为之中：政府支持的企业首先开始了抵押贷款证券化，吉利美率先卖出证券，房利美、房地美相继发行抵押贷款支持证券并为本金和利息提供担保，房地美利用华尔街推销证券；美国联邦政府发布了《次级房贷市场促进法》，国会通过 REMIC 法案（《房地产抵押贷款投资渠道法》），而取消了对次贷的法律限制和双重税收，《储蓄机构解除管制和货币控制法案》《选择性抵押贷款交易平价法案》相继生效，美联储降低银行贷款利率以增加市场流动性；国会和监管部门信任的信贷评级机构穆迪、标准普尔和惠誉国际为成千上万种复杂的抵押贷款评定级别；权威的跨国保险及金融服务集团——美国国际集团为次级债券提供抵押担保保险；五家华尔街投资大行——所罗门兄弟银行、第一波斯顿公司、美林公司、高盛投资公司和雷曼兄弟公司竞相进入利润丰厚的新兴抵押债券承销市场，打包的次贷债券迅速推至全球，规模越来越大，风险越推越高。

狂欢终会结束。当抵押贷款支持证券的基础动摇——负债过度的数百万住房拥有者停止支付房贷还款时，各种打包售出市值达 2 万亿美元的证券价值开始下跌，随之而来的恐慌急剧蔓延扩大，演变成一场金融危机：美国两大政府属下房贷巨头房地美和房利美被政府接管；华尔街五大投资银行，一个破产，一个被合并，三个被改组为银行控股公司；世界上最大的保险公司——美国国际集团被政府接管。爆发于美国的次贷危机传至欧洲和全球，酿成了祸及全世界的金融海啸和经济危机。

“聪明反被聪明误”，一波波逐利贪求集合成“合成谬误”，人性的贪婪和华尔街的“利润至上”理念带来了美国和全球的金融、经济灾难。虽然美国政府斥资 7000 亿美元的救助，政府对金融市场干预，包括美联储对大银行和金融机构几万亿美元的救助，避免了美国金融市场的崩溃，但这场灾难至今仍在影响欧美和诸多其他国家经济的健康发展。而根据美国金融危机调查委员会提供的证据，银行对其推出的抵押贷款支持证券的风险早已有数，华尔街出于巨额利益的考量保持沉默，大量持有这种证券的机构投资者获利颇丰而到危机爆发才指责银行并诉诸法律，最终却是千千万万的纳税人为政府的救助注资而买单，“占领华尔街”显示了美国民众对华尔街贪婪无度的极大愤慨。

金融危机爆发了，经济灾难造成了，但人类的贪婪和恐惧的本性并未改变，华尔街“利润至上”的经营宗旨并未放弃，它已经在轰轰烈烈地寻找下一个新的利润点了，华尔街上的人们总是说“还可以去做另一桩交易，还可以去打另一张牌”。华尔街的贪利文化和纯正原始的资本主义色彩，不仅存在于华尔街，还波及全美国，也在向世界各国渗透。它源自人类的劣根性，人类贪利无度、唯利是图的迷误。

我们倡导市场经济，倡导公权力明智干预下的市场经济，但是不应该忘记美国《纽约时报》首席记者和专栏作家安德鲁·罗斯·索尔金在总结次贷危机时所提醒的：

“自由市场模式确实存在着一些缺陷：运作良好时，它所产生的市场经济效应颇为壮观；运作失灵时，它所产生的效果依然壮观，但后果却是灾难性的。”既能保持市场经济的活力，又能规避市场经济的风险；既能坚持以利为本的人性，又能节制唯利是图的放纵。这，也许是一道人类并未真正解决的难题。伟大物理学家伽利略的箴言至今仍对我们具有启发意义：“所有的真理一旦被发现，都很容易理解。关键是要发现它。”

三鹿集团：损人利己的恶果

河北石家庄三鹿集团盲目坚持利润最大化的原则，不惜在婴幼奶粉中添加可能导致泌尿系统结石的化学原料三聚氰胺，造成数万名婴幼儿患上肾结石，一度在中国以至海外激起轩然大波，三鹿集团破产，若干事件责任人遭到了刑事判决或行政处罚。

三鹿集团曾经有过辉煌的历史：作为一个国有控股的大型企业，引进新西兰乳业巨头恒天然公司合资合作，成为国内最大的国产奶粉供应商，创造了三鹿牌奶粉的知名品牌。毒奶粉事件爆发的2008年，三鹿集团开发的“新一代婴幼儿配方奶粉的研究及其配套技术的创新与集成项目”还荣获国务院授予的、代表我国科技发展水平的最高奖项——国家科技进步奖，登上国家最高科技领头羊位置。

但是，纸终将包不住火，绚丽的光环也掩饰不了隐藏的罪恶。随着三聚氰胺事件的曝光，三鹿集团也难逃惩罚的结局。

为了降低成本，扩大市场，牟取暴利，三鹿采取了低价营销战略，选择了添加大量廉价“大豆蛋白粉”的奶源。这些廉价的“大豆蛋白粉”实际上是伪造蛋白质的化学原料三聚氰胺。这种化学原料被广泛应用于工业领域。检测表明，三聚氰胺主要影响泌尿系统，可能造成泌尿系统结石，数万名婴幼儿食用了含有三聚氰胺的奶粉后患上了肾结石。

从2008年3月起，三鹿集团就陆续收到了消费者的投诉，但并没有起引起足够重视。直到毒奶粉事件急剧发酵的危机发生，三鹿集团还试图通过政府公关和花300万元“摆平”的态度以平息事态。据新西兰政府的说法，恒天然公司在2008年8月得知奶粉出问题后，马上要求中资方和石家庄地方政府召回三鹿集团的所有奶粉，经过一个多月的努力却未能奏效，三鹿中资方和地方政府仍寄期望于能掩盖真相，不愿召回问题奶粉。恒天然只能向新西兰总理直接报告。2008年9月5日，新西兰政府得知消息后下令新西兰外交官绕过地方政府，直接向中国中央政府报告此次事件。中国政府严正对待此次事件并直接介入了事件的调查处理。2008 年 9 月 13 日，中国国务院启动国家安全事故一级响应机制，国家质检总局会同卫生部等有关部门，对三鹿婴幼儿奶粉生产和奶牛养殖、原料奶收购、乳品加工各环节以及市场上的所有婴幼儿奶粉进行全面检测检查。

官方公布，截至 2008 年 9 月 21 日，因使用婴幼儿奶粉而接受门诊治疗咨询且已康复的婴幼儿累计 39 965 人，正在住院的 12 892 人，死亡 4 人。毒奶粉事件并未止于三鹿。根据国家质检总局公布的对国内乳制品厂家生产的婴幼儿奶粉的三聚氰胺检验报告显示，包括伊利、蒙牛、光明、圣元、雅士利在内的 22 个厂家、69 批次产品中都检出三聚氰胺。事件迅速恶化，中国居民纷纷拒用国产婴幼儿奶粉，许多国家禁止中国奶制品的进口。

在婴幼儿服用三鹿奶粉泌尿系统受到损害的事件确证后，三鹿集团、石家庄市政府、国家质检总局有关负责人受到了必要惩处：三鹿集团破产，前董事长被判处无期徒刑，高管三人被判有期徒刑，石家庄市市长和分管农业副市长被撤职，石家庄市委书记被免职，国家质检总局局长引咎辞职；三名奶农被判处死刑，4 名奶农分别判处无期徒刑和有期徒刑。三鹿集团盲目追求利益最大化而做出的损人利己的行为，不仅损害了他人，也给自己带来了毁灭性灾难。

亚细亚："野太阳"熄灭

1989 年，犹如郑州亚细亚商场光芒四射的"野太阳"商徽所象征的，商场一开业就以极其独特的活动策划和形象包装夺人眼球，但商业毕竟是一场扎扎实实的经济活动，华而不实、名不符实、虚有其表的花拳绣腿是赢不了商战的。经历沸沸扬扬并令人目眩的十年表演，郑州"野太阳"熄灭了。

1989 年 5 月 6 日，营业面积达 1.2 万平方米的郑州亚细亚商场隆重开业：走进亚细亚，四处鲜花绿草，人工瀑布叮咚作响，宽敞、明亮、豪华的景观撩人眼帘。营业员统一着装，一律讲普通话，见顾客先鞠躬后问好，执行严格的"三声服务"——迎接顾客的招呼声、接待中的介绍声、送走顾客的送别声。每天营业结束，所有离场人员都要停下工作，目送顾客离开。商场不只有营业员，还有迎宾小姐、公关小姐和歌舞演员，每隔半小时就有乐手登台表演。每天清晨，商场门口的仪仗队升国旗、奏国歌、列队表演，成为郑州市一大景观。

亚细亚商场的商徽“野太阳”光芒四射，象征亚细亚光照四方。为了营造声势，亚细亚在郑州各大报纸投放数十万元，广告超过当时郑州全部商场一年的广告费。广告词“星期天到哪里去——亚细亚”传遍全市，后来在央视的广告更改为“中原之行哪里去——郑州亚细亚”。

亚细亚营造一种华丽喧嚣的商业文化——形象文化、包装文化、眼球文化，一时间仿佛成了“中国最有文化的商场”，连天津小学生在作文《我的理想》中也不止一人写道：“到亚细亚，当营业员。”

1992年，中央电视台开播以亚细亚为主线的六集电视纪录片《商战》，反响巨大，亚细亚迅速走红全国，全国各地180多家企业组团到亚细亚参观学习，掌门人王遂舟当选为“第三届全国十大杰出青年”“第八届全国人大代表”，受到河南省政府通令表彰，中央及各地领导、外国友人频频到访，王遂舟也高兴地自诩为“大接待员”。亚细亚一时成了商业文化的典范、郑州人对外夸耀的样板。王遂舟在声名显赫之际，到当时火爆全国的海口开办了“海南亚细亚大酒店”，推开郑州亚细亚的成功模式，100多名员工选自商场的优秀营业员，他最欣赏的商场仪仗队也开拔至海口。

王遂舟亲自经营，呼出“功夫酒菜外，特色礼仪中”的口号在当地晚报刊登，整版整版的广告——“海南亚细亚酒店，郑州亚细亚商场向全国人民拜年”。酒店还向海口交警赠送20把印有“野太阳”的商徽遮阳伞。派出仪仗队为海南武警总队的新兵大阅兵举行表演，海口重大集会、庆典都可以见到仪仗队的身影。

海南大酒店开业后的形象展示也别具一格：每天早上，仪仗队员在酒店门前表演127个动作的欢迎仪式，客人开车前来会有迎宾小姐张伞侍陪，门口两名仪仗队员举手致礼，营业员穿旱冰鞋穿梭上菜，客人自行决定付款标准。但酒店菜肴口味不佳，开业第二天就有八成以上的食客对服务员大骂饭菜质量差，上菜慢、上错菜的现象屡屡发生，四五桌客人一分不付而气愤离开。当晚酒店员工哭声一片，王遂舟却认为问题在于“公关不到位，形象不饱满”，还要求进一步策划新点子。惨淡经营十个月，酒店终于倒闭。

在一片欢呼拥戴声中，王遂舟带着亢奋、焦躁的情绪，在一些海南发迹的金融商和房地产商的鼓动支持下，走上了急剧扩张的“连锁经营”的不归路。1993年底，王遂舟制定出雄心勃勃、规模空前的《郑州亚细亚集团股份有限公司1994—1999年发展规划》涵盖商场、房地产业、实业开发、股权投资、海外发展和海运航运等广泛领域的扩张目标，光店堂数目一项，营业面积2万平方米以上的大型零售商场超过25家，500平方米以上的中型商场超过100家，2000—5000平方米的超市达到500家。

除了目标宏大的规划之外，亚细亚也走上了连锁商店推至全国的快车道。从1994年开始，4年时间里，亚细亚先后开出了15家大型连锁百货分店。河南省外取名“仟村百货”，河南省内南阳、濮阳、淮阳、漯河、开封亚细亚商场相继开业，北京、上海、福州、广州、成都等大城市也开店营业……一时间亚细亚现象引人瞩目。

但是，市场不相信眼泪，也不相信欢呼，它考验的是一个企业能不能为客户提供满足需求、价格可接受、开心满意的产品和服务。离开了这一核心原理和企业主旨，任何的喧嚣轰动也只会产生一时的功效，而不可能带来持续的效益，而离道妄行的企业失败也是指日可待的。

如果说亚细亚商场尚可圈可点的话，连锁扩张的商场则越来越陷入不可收拾的混乱局面。超常规发展的失控、“半军事化管理”的受阻、财务收支的混乱、重广告轻产品的取向、打造形象的巨大浪费、严峻的市场竞争态势等，使隆重开业的序幕刚刚拉开，各地的亚细亚连锁店便一蹶不振，连维持生存都十分艰难。

广州仟村百货开业时，虽然也许多节目助兴，但围观群众仅数百人，不现河南省内分店开业的盛况。相继开张的上海店、北京店、成都店开业情况稍好，但运营一段时间后营业也像广州店一样滑到警戒线。1996年6月的董事会上，王遂舟沉痛公布北京一天只卖七八十万元，上海三四十万元，省内几个店每月亏损400万元，北京、上海、广州每月合计亏损达2000万元。

亚细亚连锁分店已缺乏进货款。上海仟村百货总经理说：“商厦总经理学会了骗钱，配货总经理学会了骗货。”上海分店开业才半年，拖欠贷款已达3800万元，供货商大打出手逼款。接着，天津亚细亚商厦倒闭，商品被哄抢一空；西安亚细亚筹备4年耗资1亿多却无法开业；河南几个店连月亏损，几个月实际亏损了4200万；大本营郑州的亚细亚五彩购物广场开业，一天销售只有100多万元。

1997年3月5日，在重重压力的困境下，王遂舟宣布辞职，从此不见踪影。至此，全国各地的仟村百货连锁店和河南省内的亚细亚连锁店一家接一家地倒闭，平均每四个月倒闭一家。

郑州亚细亚集团从首家商场开业到全盘连锁坍塌，不过用了十来年时间，犹如流星划过长空，光闪一阵却迅速归于寂灭。回顾亚细亚经历的轰轰烈烈、显赫排场、浩大声势，我们不能不看到：企业文化需要必要的表现形式，但内蕴的信念、理念、宗旨、目的、意义才是真正的文化核心。企业离开了这一核心，外在的表现形式也就成了华而不实、虚有其表的形象包装，一时可夺人眼球，持久则必遭覆灭。这，就是亚细亚昙花一现给我们留下的最深刻教训。

基本法则二：
坚持以人为本

经济发展，离不开必要的生产要素，企业成长也离不开物质投入和人力投入。传统的经济发展倚重物的因素，现代经济思想强调以人为本。以人为本，就要以人性为本；以人性为本，就要以利为本。经营企业，必须兼顾各种利益相关者，突出以客户需求为导向和以员工资源为主体，通过谈判协商达成契约，理顺各种利益关系。

一、 经营企业以人为本

在经济发展和企业经营中，都需要投入土地、原材料、资本、技术、人力、管理等各种物质的和人力的生产要素，这在各种经济理论的增长模型中浓缩体现。

传统的经济理解，往往倚重物的因素。例如自然经济时代强调土地，工业经济时代强调资本，技术经济时代强调技术，信息经济时代强调信息，或者把物的要素和人的要素等量齐观，把人机械地看为一种资源投入。

现代经济思想并没有否认土地、资本、技术、信息、管理等的重要性，却把人力资源视为经济发展和企业成长的根本，倡导以人为本的经营理念，在科技行业和服务行业占比较高的发达经济体中，以人为本的概念早已成为成功企业的共识。

从传统经济观念到现代经济思想的转变是自然而然的，因为一切经济活动和企业行为的目的都在于满足人的需求，一切经济活动和企业行为的动力都在于人的创造性劳动，即便自然经济时代生存物资仰仗土地产出，工业经济时代资本投入举足轻重，技术经济时代科技创新引领潮流，信息经济时代信息流动不可或缺，企业的运作不可能离开管理，但归根结底土地产出、资本投入、科技创新、信息流动、企业管理等都是为了人类需求的满足，离开这一目的就不知道为什么要这样做了；离开了人类的努力、劳作和创造，这一切又怎么发生发展呢？人类，居万物之高；人类，是万事之本。经营企业，必须坚持以人为本。

人类，具有天赋人性，坚持以人为本就要以人性为本；人性，天生就有肉体需求、情感需求、社会需求、精神需求等多重需求，坚持以人性为本就要以利为本。以人为本—以人性为本—以利为本，自成逻辑条理。

以人为本。在考量土地、资本、技术、信息、管理和人等各种生产要素时，注重土地支撑、资本投入、技术创新和信息流动、企业管理等的必要性和重要性，更不会忘记人的目的意义和动力效应的主体根本作用。在人类社会，在企业组织中，离开了人，一切都无从发生，无以发展，失去价值。

以人性为本。人性是上天赋予的、不依个人意志为转移的天赋本性。人类存在，人性就存在，人性是人类区别于万物的根本属性。否定人性的根本，就否定了人类本身的真实存在，所做的事终归会因为悖逆人性而遭到失败；顺应人性的根本，举动合乎人的天性本性，所做的事才能够因为顺性合人而持久成功。

以利为本。中华圣哲早已谕明，人类“以利为本”，“利”并非只指金钱，“利”包含了肉体需求、情感需求、社会需求、精神需求等多重需求，“利”是人性的根本。现代经济学和现代企业管理学也证明，人的衣装、食物、住房交通、性爱、娱乐、健康、便利、情感、自由、权利、安全、自尊、兴趣、交往、财富、地位、求知、价值、劳作、创造、信息、精神、灵魂等需求均是现代人类的人性基本需求。满足利益需求，人性才会真实丰满，人才能成为真正的人。

从事经济活动和企业经营，务必时时谨记：以人为本、以人性为本、以利为本。

二、 兼顾各种利益相关者

企业是一个现代人类社会的经济组织系统，是一个以客户需求为导向、以员工资源为主体、兼顾各种利益相关者的利益共同体。正如旗下有 VIVO、OPPO 等品牌的段永平在多个场合所提到的一句话“做正确的事，把事情做正确”。他曾说过："所有的企业一些基本的原则都是相同的，比如保证产品的质量，比如守信用等，关键是企业能不能坚持。就拿信用来说，谁都知道应该遵守，但关键要看一旦要付出代价时能不能做到。举个简单的例子，向别人借了钱，还钱是应该的，这跟以后要不要再借没有什么必然的联系。而有的企业不是这样，他们把讲信誉变成了一种手段，因为我还要跟你打交道，所以我就讲信誉；如果我以后不再跟你做生意了，就会找各种理由赖账，这就是不够本分。"

段永平遵循这种"本分"的价值观，因为在他看来，违背了这种价值观，将导致内心的责问，将损害企业的外部形象，最终不利于企业发展。由此及彼，如果企业经营者不能兼顾他人的利益，也就是包括客户、员工、供应商和其他合作伙伴等在内的相关者的利益，没能理解"以人为本，人以利为本"所衍生出的含义，企业将无法长久发展。

客户需求为导向。客户需求的满足，是企业经营的根本目的，决定企业发展的方向，关系企业的生死寿夭。无论是适应现实客户需求的市场拉动模式，还是创造潜在客户需求的创新驱动模式，都要以客户需求的满足为归依。离开了客户需求，产品和服务就无人买单，企业将无以生存，更谈不上持久成长。企业成功的原因有很多，企业失败的缘故也有很多，满足客户的需求是根本。经营企业，必须以客户的需求为导向。

员工资源为主体。企业的生产资源多种多样，土地、原材料、资本、技术、信息等缺一不可，但是员工才是所有资源中的主体。离开了员工的创造性劳动，物的资源只是一堆零散的物件，生产出来的产品也无法到达客户之手，更谈不上为客户提供满意的服务。即便人工智能机器人在相当程度上替代人工劳动，但离开了人的研制、开发、生产、输入、控制、使用，它也无法产生并服务于人类。人工智能机器人不能取代人在生产中的主体地位，而只是作为人类的辅助工具受人类控制并服务于人类。

以客户需求为导向，兼顾各种外部利益相关者。在满足客户需求的根本方向引导下，企业还存在各种外部利益相关者，它们的利益分享也关系到企业的利益实现，诸如合作伙伴、供应商、代工商、物流商、经销商、经纪商、企业顾问等，理顺企业与各种外部利益相关者的利益关系才能真正实现企业自身的利益。现代企业关涉的外部关系更趋复杂，已不可能依靠一己之力走遍天下，这要求我们在客户需求的引领下，慎重处理好各种外部利益相关者的关系，在分享中实现自身企业的利益。

以员工资源为主体，兼顾各种内部利益相关者。员工是一个企业的基础和支撑，离开一个个活生生、有道德、有技能的员工，企业将一事无成，特别是在现代科技型、信息类、创新性企业中，员工的创造性活力更关系到企业的生命力和持久发展。但是，员工需要组织，企业需要管理和技术先锋，生产也离不开资金投入，领导者、管理人才和技术人才、股东就是实现企业组织、骨干支柱、资本注入功能的重要载体。企业的经营管理，就要在员工资源基础上，充分发挥领导者、骨干人才、股东的积极性和才干，实现领导者、骨干人才、员工以及股东的利益共享，理顺企业内部的各种人力资源关系，推动企业合力创造更大的绩效和持久的发展。

说到底，企业的经营管理，就是要以客户需求为导向、以员工资源为主体，兼顾各种内部和外部的利益相关者，理顺各种内部和外部的利益关系，在合作共赢中实现企业的成长。

三、谈判协商，契约治企

在企业发展利益的分享中，出自人的利益本性，涉企各方都希望自己的利益最大化，认为自己为企业的发展作出了最大的贡献，这并不奇怪，也很正常。但若处理不当就会导致貌合神离，使企业的内外合作关系崩解。正确的利益分配机制，不是由哪一个人或哪一方说了算，而是由企业领导人和专业机构基于科学分析提出初步方案，各方在公平公正的基础上进行谈判协商，达成的结果通过契约的方式予以规范，各方按契约约定享受自己的权益。契约带有法律强制性，任何一方违约或变相违约，不仅不能实现自己的利益，还将受到惩处，付出相应的代价。

传统的“老板说了算”“管理者说了算”或者“工会说了算”的专制型治企方法，在讲求人权、注重创新、依靠法治以及新生代加入职场的现代经济中已不合时宜。须知，在涉及个人切身利益的重大分配问题上，谁都不是傻瓜，谁都不会愚蠢到损害自己利益的地步。谈判协商，契约治企，是真正处理好企业的各种内外利益关系的良性机制和可靠依据。

在企业的经营管理中，以人为本、以人性为本、以利为本，是我们确定不移的根本原则。但是，人是存在缺憾的，人性是善恶交织的，人利是可正可邪的，这就不能不制定必要的规章制度，培育良好的职业道德，确保企业长期持久地健康运行。

案例

Facebook：真诚交往

全世界最大的社交网站——Facebook（脸书），2004 年 2 月 4 日创立，2015 年 8 月 11 日单日用户突破 10 亿，被评为“2016 年全球最具价值品牌百强榜”第 5 名。Facebook 的成功，建立在尊重人性需求上。

哈佛读书期间，一向热衷于电脑的扎克伯格选择了心理学专业，他说：“我只是坚信，人们最感兴趣的事物其实是人。我相信人们喜欢做那些使自己开心的事情。为了使自己开心，他们需要了解身边的世界，了解身边的人。”人与人之间的交往互动是人性的基本需求，扎克伯格创立的 Facebook 就是建立在这一人性需求的信念之上的。

现实社会人与人之间的交往，是人与人之间的往来，而网络上人与人之间的交往，是通过互联网实现人与人之间的互动。因此，Facebook 首先注重的是网络所体现的真实性，采用实名制，即每个进入社交网络的人都必须上传能证明自己真实身份的非隐私信息如姓名、性别、头像、居住位置、好友名录、从属网络等，使每个上网的人都知道与自己交往的人是自己真正知道的“朋友”，从而安全、放心地与之互动。Facebook 通过“墙”“状态”“礼物”“活动”“视频”“市场”“识别语言”“顶级朋友”“涂鸦板”“我喜欢”等多种多样的服务功能，实现人们之间的真实网络交往。

Facebook 的创始人扎克伯格不仅坚持把产品和用户体验放在第一位，还注重人才吸纳，努力把各种各样的奇异人才纳入旗下。他格外看重具有颠覆性创新特质的“黑客”，通过他们的“攻击”“破坏”，不断地弥补网络的缺陷，推动 Facebook 的创新。Facebook 甚至还举办“黑客世界杯”大赛，专门吸引聪明的大学生，通过一个个难题的设置，选择出最好的“黑客”设计方案，让这些奇特人才获得资金、声誉和 Facebook 公司人力资源部的橄榄枝。

扎克伯格推崇知人善任的用人之道，尽力把合适的人才放在合适的岗位上，形成各尽其能的优质团队。扎克伯格多方费力将谷歌资源高管桑德伯格引进，并授予广告大权。当桑德伯格把广告作为管理层工作重点的时候，显然有违扎克伯格“产品与用户体验第一”的经营理念，但扎克伯格并没有压制新到副手的第一把火，而是借环球旅行的一月予以回避，让桑德伯格充分自主地发挥才干，推出定制式广告和“消费者货币化”产品，极大地提高了Facebook的服务收入。

Facebook是以人为本—以人性为本—以利为本的忠实倡导者和真实奉行者，它以服务人性需求和激发人才潜力的卓越举措，创造了互联网经济中通过社会效益实现经济效益的异彩奇葩。

推特：“人性的胜利”

推特（Twitter）是美国博客技术先驱伊万·威廉姆斯和多尔西、科斯特罗、比兹·斯通联合创立的一项新型服务，至今已成为全球互联网访问量最大的网站之一，在2006年拥有上亿名活跃用户，2017年当选为美国第45任总统的特朗普就是推特的忠实用户。

人生总是有限制的，在各种限制条件下行事，推特也没有违背这一规律：从推特诞生之日起，推特信息就被限制在140个字符内展开社交活动。受制于网络带宽和其他技术因素，国际信息准则规定的字符是160个，后来推特认为用户名长的可以占有更大的空间并不公平，于是改为140个字符的推文限制，一般为15个字符的用户名另占空间。因此，推特的首要特点是简洁，直书关键的内容，去除冗繁的文字。在140个字符的限制下，网络交往者可以自由、开放、即时地推送自己的推文。推特犹如“小鸟的轻鸣”，展开“短小琐碎的对话”。

人们通常会认为，作为一家依托互联网的网络社交平台公司，推特一定会把“技术领先”视为最高原则，但推特的理念却告诉我们它始终把以人为本置于基础地位。

推特的企业理念：①我们不知道未来会发生什么；②天外有天，人外有人；③如果坚持为用户提供正确的服务，那么我们终究会赢得市场；④双赢才是好买卖；⑤我们的同事都很聪明，并且心地善良；⑥我们可以创建一种商业模式，既能改变世界又很有趣。推特企业理念的每一条中，都贯穿了人本、人性、人利的基本信念。

推特的联合创始人比兹·斯通更明确地指出，推特的根源在于人性，推特的成功是人性的胜利：“我并不是天才，但我一直对自己信心满满；更重要的是，我笃信人性。这些年里，我掌握的最重要的技能就是：学会倾听他人的想法。我经常倾听谷歌的使用者、推持牢骚满腹的用户、尊敬的同事和我最可爱的妻子的肺腑之言。在事业起步之初，我一直认为是科技改变了我们的生活。但在创立和领导推特前进的5年里，我逐渐领悟到，企业最核心的价值并不是某项技术或者某个神奇的发明。不论网络世界出现了多少种新机器，其运算程序有多么复杂，推特的成功从来都不是依靠技术领先，而是人性的胜利，未来也是如此。”

推特正是以满足人性的交往需求为宗旨，才一步步从2007年美国一次“交互式媒体节”仅有几百名使用者迅速发展到拥有上亿用户的最大网站之一。比兹·斯通点明了这一成功的奥秘：“用户在引导我们。从这一刻起，我们的工作就是去聆听用户的需要，同时提供相应的服务去满足他们的需求。这既是灵感，也是一种对市场的顺应。”

大众：国民的汽车

德国大众汽车集团是德国最大的企业和欧洲最大的汽车生产商，旗下共有12个品牌，分为普通车系、跑车系列、卡车系列和豪华车系。2017年发布的《财富》500强排行榜，大众公司排名第6。至2019年底拥有员工67万人，是世界上雇用员工最多的公司之一，业务遍及全球20多个国家和地区，销售额为2526亿欧元。大众的商标是叠加的三个“V”字形，象征大众公司及其产品必胜—必胜—必胜。

“大众汽车”源自20世纪初期“人民汽车”的梦想，由德国政府指派天才设计师费迪南德·波舍尔设计的一款物美价廉的“人民汽车”——VOLKSWAGEN（“大众的汽车”），1937年正式创建了大众汽车制造公司并投入生产。

第二次世界大战期间，大众公司一度生产军用吉普、弹壳和飞机油箱等军用物资，1945年德国战败被英国盟军接管后，大众公司回归生产民用汽车。

与其他汽车生产厂家相比，大众公司最大的特点是生产廉价耐用的汽车，满足普通平民的交通需要，因此数据化、合理化、规模化的经营策略导致大众公司节节攀升。大众公司为生产适应大众需求的汽车，还专门培训管理人员和技术骨干，注重不断改善与员工的良好合作关系，为公司的发展积累了丰厚的人力资源。

可以看出，大众汽车公司的发展，满足大众交通需求的市场导向和改善与骨干、员工关系的管理方略外内合成一体，这是人本、人性、人利原则贯彻实施的直接结果。

海底捞：人的幸福

1994年，海底捞在四川简阳开了第一家火锅店，4个股东8000元资本起家，在创始人张勇的带领下，坚持顾客的幸福和员工的幸福双管齐下的经营理念。20多年扩大为100多家直营店，盛享“消费者满意单位”“最受欢迎十佳火锅店”“中国驰名商标”声誉，得到社会各方人士的广泛好评。海底捞的信念，体现在张勇屡屡提及的名言中：“客人是一桌一桌抓的，员工是一个一个吸引的。”

夸张而言，海底捞对顾客的服务，的确有点“变态”：等候时，有人给你擦皮鞋、修指甲，可以免费享受水果拼盘、饮料、上网，还可以玩扑克、下象棋。

北京客人可以等上一两个小时，享受餐前服务和进餐。一些客人说：“这里的价钱公道，分量足，还能点半份菜。”一些客人说：“海底捞的卫生好，桌子从来不油腻，擦得比家里都干净；厕所这里没味儿；厨房里面都让人参观，吃着放心。”一些客人说：“我第二次去，那几个服务员就能叫出我的名字；第三次去，他们就知道我喜欢吃什么。”一些客人说：“这个店跟别的店就是不一样，吃火锅眼镜容易有蒸气，他们给你擦眼镜的绒布；长头发的女生，给你系头发的皮筋套，还是粉色的；手机放在桌上容易脏，给你专门包手机的塑料套。”一些客人说：“我就是愿意吃他们的火锅，料正、汤好、味道独特。”还有的说：“到海底捞吃饭开心，他们的服务总是笑呵呵的。”

在海底捞看来，什么是好的服务？就是让顾客满意。什么是更好的服务？就是让顾客感动。正是这种近于“变态”的服务，让顾客满意，让顾客感动，海底捞一桌一桌抓来了客人。

善待员工。海底捞把员工视为家人，无微不至地关心员工的生活、工作、家庭和成长——海底捞的员工住的是城里正规住宅，安装空调和暖气，每人的居住面积不小于6平方米，宿舍到上班地点的距离在20分钟内即可到达。海底捞还设专人打扫员工宿舍，换洗被单；宿舍里可以免费上网，还有电视、电话。海底捞员工称自己在宿舍里享有星级宾馆服务。北京还未供暖气的时候，公司给人配发暖水袋，有的分店还派专人把热水灌进去。考虑到许多员工来自农村甚至偏僻的乡村，海底捞的培训不仅仅是工作的内容，还包括怎么看地图，怎么用冲水马桶，怎么坐地铁，怎么过红绿灯，怎么使用银行卡……有的员工高兴地说：“我们的工装是100多元一套的衣服，鞋子也是名牌运动鞋。”海底捞不仅照顾员工的子女，还会想到员工的父母。海底捞中职位在领班以上的员工的父母，每月会直接收到公司发的几百元补助。

海底捞对员工的细微关心，换来了员工的尽心尽力和热情服务。一位来自云南的阿姨回顾起同事的亲切称呼“阿姨”“大姐”，大堂经理对自己远在家乡读书的女儿的问候，同事们为她庆祝生日。她说：“上次汶川地震，有人捐给店里500元钱。店里考虑再三，决定把钱捐给家乡受灾、家庭最困难、工作最优秀的员工，最后选定了我。当钱送到我手里时，我真不知道该说什么。我现在快50岁了，我总在想怎么报答海底捞。在我有生之年，我要每天拼命端锅、扫地、拖地……只要我能干得动的我都干，我没有半点怨言，因为这是我的第二个家。”

海底捞凭借对员工生活的关心和人情的关爱，吸引了一个一个员工，服务好一桌一桌客人，海底捞的生意也越做越大。

固然，人没有全面完美的，海底捞也存在客人不满意的太过热情、影响正常用餐、微笑“越来越假”、后厨卫生不够等问题。海底捞并不隐讳护短，而是在不断听取各方意见的同时致力整改，这些年来也仍在一家一家地继续成长扩大。

为了更好地实现“人的幸福”，海底捞开始做自动化。从2018年11月起推出了机器人24小时上班的无人厨房配菜、调制锅底和送菜，还应用了机器人技术及大屏互动立体投影等现代新技术，并尝试开办了全球首家智慧餐厅。

新可口可乐：悬崖勒马

1886年，可口可乐在美国乔治亚州亚特兰大市问世，至今全球每天有17亿人次畅饮可口可乐饮料，大约每秒钟售出19 400瓶。2016年10月，可口可乐公司上榜2016年全球100大最有价值品牌，享有世界性声誉。有人计算，把销售可口可乐的瓶子直立并排，等于地球到月球的115次来回；铺成宽7.5米的高速公路，可绕地球赤道15圈。

可口可乐的诞生是出于偶然的错误：药剂师彭伯顿配错了药，他品尝了一下这种咖啡色的液体，味道神奇！他把它作为糖浆带到药店，加水后卖五分钱一杯。药房的伙计无意中偶然把苏打水兑入，加了几块冰，味道令人怡神畅快，客人赞不绝口，“可口可乐”正式诞生了。

1888年，彭伯顿把可口可乐的秘方和生产销售权卖给了一位商人——阿萨·堪德拉，堪德拉成立了一家专门生产经营可口可乐的公司，采用多种多样的手法营销，把可口可乐推到全美各地。堪德拉亦被称为“可口可乐之父”。

直到20世纪70年代中期，可口可乐公司秉承“积极乐观、美好生活”的信念，一直是美国饮料市场上独一无二的领导者。但是，诞生于1898年的“百事可乐”异军突起，在70年代给可口可乐带来了很大的竞争压力。可口可乐公司决定改变传统配方，开发新可口可乐，却把可口可乐推上悬崖，险些一落千丈。

第二次世界大战之后，百事可乐公司提出“百事新一代”的口号，把目标市场锁定在美国新一代年轻人身上，努力营造百事可乐的“青春形象”。口味偏甜的百事可乐在一浪高过一浪的营销攻势中，市场占有率从1975年的17.4%上升到1984年的18.8%，而可口可乐的市场占有率从1975年的24.3%下降到21.7%。根据可口可乐公司市场调查部门的数据，1972年有18%的软饮料消费者只认可可口可乐一种品牌，只有4%的消费者非百事可乐不饮。10年后的情况大变，只有12%的消费者忠诚于可口可乐，而只喝百事可乐的消费者比例达到11%。

可口可乐公司临阵换将。1980年5月，董事会任命罗伯特·戈伊朱埃塔为总经理并在1981年3月将其升任董事长。戈伊朱埃塔上任即召开了可口可乐公司全球经理会议，声称可口可乐公司已经没有什么东西值得沾沾自喜了，他要求各位经理必须接受这一现实——可口可乐公司非变不可了。他宣称可口可乐公司进入了变革的新时代，而变革的突破口则是可口可乐公司那99年来神圣不可侵犯但如今已不再适应时代的饮料配方。

1982年，可口可乐公司开始实施“堪萨斯工程”，动用2000名调查员在10个主要城市调查顾客是否愿意接受一种全新口味的可口可乐。调查结果显示，只有10%—12%的顾客对新口味的可口可乐表示不安，其中一半的人认为自己以后会适应新可口可乐。可口可乐公司技术部门决定开发一种全新口感的可口可乐，尽管大大小小的消费者团体表达了强烈的赞成和不赞成的对立情绪，但技术部门执意开发新口味的可口可乐。

1984年9月，可口可乐的技术人员们终于开发出了一种全新口感的饮料，这种新饮料采用了比蔗糖含糖量更多的谷物糖浆，更甜，气泡更少、口感柔和并略带胶黏感。

经过再度的市场测试和反复权衡，可口可乐决定用“新可乐”取代“传统可乐”，停止传统可乐的生产和销售。

1985年4月23日，戈伊朱埃塔在纽约的林肯中心举行盛大的新闻发布会，正式宣布“新可乐”取代传统的可口可乐上市。700余位报纸、杂志和电视台记者出席了新闻发布会，并通过卫星将现场图像传送到美国各地，81%的美国人在24小时内都知道了可口可乐改变配方的消息。

“新可乐”上市初期，市场反应很好，1.5 亿人在当天品尝这种新饮料。但是，噩耗接踵而来，抗议、批评、反对、愤怒的声浪一波波掀起，“新可乐”的销售陷入了危机。“新可乐”上市 4 小时内，可口可乐公司接到 650 个抗议电话；到 5 月中旬，公司每天接到的电话多达 5000 个，6 月末上升到 8000 多个，更有雪片般飞来的抗议信件。可口可乐公司应急开辟了 83 条热线，雇用更多的公关人员来处理声讨事态。西雅图的一些激进的忠诚者打算对可口可乐公司提起控诉。人们开始囤积老可乐，一些人以高价出售。

愤怒的情绪在全美蔓延，《新闻周刊》的大标题声称“可口可乐乱弹琴”，大量传媒加入了抗议阵营。就连可口可乐公司董事长戈伊朱埃塔的父亲也站出来批评“新可乐”，威胁说不认他这个儿子。大多数美国人表达了同样的意见：可口可乐公司背叛了他们，“重写《宪法》合理吗?《圣经》呢? 在我们看来，改变可口可乐的配方，情况一样严重。”到 6 月中旬，“新可乐”的销售量远低于预期值，不少瓶装商要求改回销售传统的可口可乐。可口可乐公司的紧急市场调查表明，在 5 月 30 日前还有 53% 的顾客声称喜欢“新可乐”，到了 6 月，一半以上的人说他们不喜欢“新可乐”，到 7 月只剩下 30% 的人说“新可乐”的好话了，瓶装商们依据销售结果也要求供应“老可乐”。

民意不可违！在继续发酵的抗议声浪中，7 月 11 日，戈伊朱埃塔率领可口可乐公司的高管们站在“可口可乐”标志下向公众道歉并宣布恢复传统配方的生产，其商标定名为“可口可乐古典”，同时继续保留和生产“新可乐”，其商标为“新可乐”。美国上下一片欢腾，当天即有 18 000 个感激电话打进公司，ABC 电视网中断正在播出的节目而插播这一消息，各大报和所有传媒都以头条新闻报道了“老可乐”归来的消息。可口可乐公司的股份攀升到 12 年来的最高点，“新可乐”的市场占有额降至 0.6%，百事可乐的股票也下跌了 0.75 美元。

可口可乐公司悬崖勒马，避免了一场结果严重的灾难，可口可乐在历经磨难的 1985 年还是占到全球饮料销量的 21.7%，雄踞世界第一。

痛定思痛。可口可乐公司一度低估了美国人延续了 99 年的消费习惯和文化体验，轻易改变可口可乐的配方和口味，抛弃长期传统形成的产品“民族精神”，遭遇的危机的确是极其严峻的。这一事件再次告诉我们，尊重消费者，尊重消费者的传统习惯，尊重消费者接受的产品文化，对一个企业的成功是至关重要的。

博爱会：并无博爱

20 世纪 70 年代，日本进入了老龄化社会，为老年人服务的商业、住宅、医疗、保健、福利设施也大量涌现。但是，老年人特别是超高龄老年人，因为年迈体衰、疾病困扰、行动困难，要求老年人福利设施的从业人员具有更多的热情、爱心进行细致服务，遗憾的是许多机构却做不到这一点，日本博爱会就因为掌门人的贪婪和服务的冷漠而遭世人诟病，最后陷于破产倒闭。

日本医疗机构博爱会于1954年9月在兵库县成立，起初是结核病患者的疗养院。1968年增建了治疗老人脑中风后遗症的病房，20世纪70年代中期确立了以地区治疗和老人看护为中心的医院治疗方针。2008年4月，面向老人的平野医院花园楼开业，通过设立医院和老人福利设施，博爱会在2009年3月增长了25.4亿日元的利润，似乎巩固了自己在兵库县医院中的地位。

但是，由于急于扩大、过度投资、超力贷款，博爱会实际上资不抵债——负债2.5亿日元。更严重的是，医院的事务长擅自设立了两套账本，非法挪用了5亿日元的事实被揭露。而且，事务长乱发票据，致使博爱会资金周转困难。人们对医院的伪造票据提出异议，票据的负债总额达48.18亿日元。

博爱会掌门事务长贪婪聚敛个人私财，滥发票据负债累累，医院的良好服务从何谈起呢？尽管博爱会的花园楼和医疗设施不错，但接受服务的老人们却得不到真正的关怀，经常受到冷冰冰的对待，还存在虐待老人的问题，老人们感觉到的是难以言表的孤独，为老人提供真正幸福的服务并不存在。

博爱会受到社会的普遍谴责，银行也不愿继续发放贷款支持这种机构。博爱会终于在一片责难声中破产倒闭。

日本博爱会的案例告诉我们，服务型企业一定要以服务好客户为上，尽管良好的必要设施也很重要，但为自己的客户提供满意的服务才是第一位的。特别是医疗机构和老年人福利机构，鉴于服务对象的患病特殊性和衰老特殊性，更需要一种真诚关爱、耐心细致的服务理念和服务行为。在这类特殊行业若施行逆道无爱行径伤天害人，终必遭天怒人怨而自陷绝境。

基本法则三：制定规章制度

人类以利为本，人性善恶兼具，人群组织有序，人类社会是文明社会，这一切都要求人类社会及其组织必须制定科学合理的规章制度，以确保它们的正常运行。企业作为人类社会的基本经济组织，自然也需要制定相应的规章制度，这包括企业的总规章制度和价值创造制度、公共职能制度等，而现代企业的规章制度，则需特别注重共同约定、个人能动性和统一协调性相结合、重在执行等突出特征。

一、制定规章制度的必要

企业和其他社会组织一样必须制定必要的规章制度，这是由人的本性、组织的特点、人类社会的特征所决定的。

人类以利为本，必然追求个人的利益，这难免带来种种利益的矛盾甚至冲突，而评断矛盾冲突的是非曲直，化解矛盾冲突的升级激化，不是仰仗个人的巧言善辩或以强凌弱，而是依据企业上下认同共循的规章制度。人性并非只有善性一端或恶性一端，而是善恶兼具、善恶交织的，为弘扬人的善性，抑制人的恶性，避免过当的贪婪行为对他人、对企业、对社会的伤害，形成扬善遏恶的良好企业风尚，规章制度是必不可少的行为底线和行为规范。人类组织是有序的群体，而不是混乱的一盘散沙，为确保组织目标和企业目标的实现，而不至于在“窝里斗”中涣散组织和企业的凝聚力，形成一个有活力的有序群体，设计组织和企业的规章制度是不可缺少的。人类社会是文明社会，而不是丛林世界，缺乏必要的规章制度，就会混淆文明社会与丛林世界的区别，导致人类社会沦入强凌弱、众暴寡、智诈愚、刚劫懦的丛林世界生存环境。同理，人类文明社会的组织和企业也需要规章制度的约定，以保证组织和企业的文明性而不至于变成动物性，形成真正的人之为人的人类群体。

由此，企业务须设置有效的、公正的、可行的规章制度，不是无章可循，也不是不合理的“霸王条款”或形式主义，更不是摆设。这些，都会陷入规章制度的迷误，导致企业欲益反损、欲利反害、欲成反败。

为了使制定的规章制度合理有效，其需遵从和参考企业的业务模式和企业文化。实际上，制度是从业务模式和企业文化衍生而出的，是为了保障后者的顺利运行而设置的。华为就是典型的例子，华为自创业之初就面临着国际通信设备巨头兵临城下的局面，为了弥补技术积累的不足、获取客户，华为强调对内的团结和类军事化管理、对外的客户至上和合作开放，弥补了早期技术和生态上的劣势，并通过合理的分钱、分权达到这些目的，探索了以员工为主而非资方为主的分配方式，内部奖励侧重于以对客户做出的直接或间接贡献大小作为主要衡量标准。因此，其“客户至上”并非只停留在口号层面，而是通过一种制度的方式既保障劳动者利益，同时又为客户提供优质、高性价比的服务。

二、 企业的规章制度

规章制度是企业正常运营的必要保障，它包括企业总规章制度及其规范下的相辅相成的价值创造制度和公共职能制度。

总规章制度可简称为总章程。总章程必须对制定本章程的目的意义和企业遵循的信念宗旨作出明确清晰的陈述，并对企业的价值创造和公共服务两大类主要制度及其相辅相成关系的要点作出规定。例如，价值创造制度类的决策制度、研发制度、生产制度、质量保证制度、营销销售制度、服务制度、流程制度等，公共职能类的产权制度、组织制度、人力资源制度、行政制度、财务制度、危机处置制度、奖惩制度等，以及对企业的价值创造和公共职能两类活动的相互配合、相辅相成关系作出明确的规定。鉴于对企业运营总体的规范意义，总章程的修改程序也应予以明确规定。

价值创造制度，是指企业以生产和服务创造价值的规定，它包括生产产品和提供服务而创造企业价值的运营链条的各个环节，使企业生产和企业服务的各个环节都能良好进行并相互匹配，达成创造价值的功能目标。价值创造制度具体包括：信息制度、决策制度、投资制度、研发制度、采购制度、生产制度、质量制度、定价制度、仓储制度、物流制度、营销销售制度、流程制度、合作制度、资本运作制度等。

公共职能制度，是指为企业的价值创造提供公共服务和公共保障的职能部门履行职责的规定，它确保企业的各项生产、服务活动的正常进行，达到为企业的价值创造提供服务、保障的功能目标。公共职能制度具体包括：产权制度、组织制度、沟通制度、人力资源制度、行政制度、财务制度、培训制度、公关制度、危机处置制度、奖惩制度等。

三、 现代企业规章制度的特征

传统企业会有规章制度，现代企业也要建立规章制度，但现代企业却带有现代化的突出特征。

共同约定。传统企业以物为本、以资本为本、以老板为本，现代企业以人为本，在企业内部以员工为主体，同时注重领导者、管理人员、骨干人才、股东（老板）的功用，即以员工和领导者、管理人员、骨干人才、股东（老板）为本。制订规章制度也就不是由老板一人说了算，而要通过员工和领导者、管理人员、骨干人才、股东的参与、协商、讨论共同约定，形成上下一致遵守奉行规章制度的共识，从人治企业转变为按公正、公平、公义制度治理企业。

逻辑条理。企业的运行不是一盘散沙式的混乱作为，而要根据生产或服务的各个环节的功能和联结，形成自然联系的整体。反映企业运营各环节及其联结的规章制度，也具有必然的逻辑关系和条理顺序，实现规章制度对生产过程和服务过程的全覆盖。

个人能动性和统一协调的结合。现代企业的分工愈趋细密，科技革命愈需创造性，这就离不开企业全员主观能动性的充分发挥，而压制员工或骨干的创造性必然导致企业活力的丧失；企业又是一个实现共同目标的联合体，要求从上到下具有共同的信念、宗旨、文化以及派生的行为。离开了共同的企业文化和必要的组织管理，企业势必无以维持正常的生产和展开正常的服务，人人自行其是终将造成企业的分崩瓦解。制订规章制度的最大艺术，就在于实现个人能动性的充分发挥和统一协调的组织合力的相辅相成。

可变化性。任何规章制度，都是在一定社会环境中企业发展的章程规定。社会环境发生变化，企业发展的实际已经变化，企业的规章制度也必须随之变化，在变化中不断趋于合时、合理、完善。执一不变，不仅在生活中会执固僵化，在企业的运营中也会停滞落后，企业的规章制度必须随着时代以及企业的具体变化而变化，从而在变化中不断创造企业的绩效。科学技术的加速度进步，也向企业制订规章制度提出了新的要求和形成了新的挑战，现代企业也必须适应科技进步的要求和挑战制定新的经营管理条规，才不至落后于时代趋势而遭到淘汰。

奖惩分明。企业的规章制度，犹如一个国家的宪法和法律，它是保障企业人员利益和企业发展需要的准绳和底线。对于遵守企业规章制度、造福于他人利益和有利于企业发展的人员，应该给予积极的奖励，物质奖励或精神奖励；对于违反企业规章制度、有损于他人利益和危害企业发展的人员，则应该给予必要的批评、教育以至物质的或精神的惩罚，直至除名。一个企业，没有必要的奖惩，规章制度的制订就成了摆设，规章制度的执行就成了一句空话。良好风尚得不到申扬，不良习气得不到遏制，混同善恶为一体，企业也就失去了发展上进的希望。唯我独尊的霸王行，一团和气的和事佬，都无助于企业规章制度的贯彻，也无助于企业的发展壮大。

关键在执行。一般说来，自上而下和自下而上，经过几轮的参与、协商、讨论，企业总能够制定出自己的规章制度。制订规章制度的目的，在于执行规章制度。若不能执行规章制度，还不如不制订，一则不至于耗人耗时耗财，二则不至于丧失规章制度的权威性。制订规章制度是前提，执行规章制度是关键，这才是企业规章制度问题上的全部道理。

案例

华为：《华为基本法》

1987 年，任正非投资两万元创立了华为公司。尽管也存在零零散散的规章制度，但是直到 1996 年，华为才聘请中国人民大学的六位曾留学于美国和日本的年轻学者——“人大六君子”，按照西方管理学的一般框架，草拟了包括战略、组织、人力资源管理和控制等几大块的《华为基本法》。虽然《华为基本法》出自外脑之手，但它还是八易其稿，经历了两年半的讨论与争论，最终形成了融合西方管理学和华为十年经验于一体的《华为基本法》。其后的经营实践，华为不一定完全拘泥于《华为基本法》的具体条文，却都没有脱离《华为基本法》的大体框架，并通过《华为基本法》平息了公司内“思想混乱，主义林立”的局面。

任正非认为，《华为基本法》是为了从“从企业家管理向职业化管理过渡”，为了保障在人员变动和时间流逝中公司的宏观奋斗方向不会变，他解释道：“以前我们就讲过华为公司什么都不会留下，就剩下管理。为什么所有产品都会过时、被淘汰，管理者也会更新换代，而企业文化和管理体系会代代相传？因此，我们要重视企业在这方面的建设，这样我们的公司就会在奋斗中越来越强、越来越厉害。”

《华为基本法》内容较多，以下仅摘录核心价值观部分供读者参考，其余内容读者可自行搜索。

核心价值观。

第一条（追求） 华为的追求是在电子信息领域实现顾客的梦想，并依靠点点滴滴、锲而不舍的艰苦追求，使我们成为世界级领先企业。为了使华为成为世界一流的设备供应商，我们将永不进入信息服务业。通过无依赖的市场压力传递，使内部机制永远处于激活状态。

第二条（员工） 认真负责和管理有效的员工是华为最大的财富。尊重知识、尊重个性、集体奋斗和不迁就有功的员工，是我们事业可持续成长的内在要求。

第三条（技术） 广泛吸收世界电子信息领域的最新研究成果，虚心向国内外优秀企业学习，在独立自主的基础上，开放合作地发展领先的核心技术体系，用我们卓越的产品自立于世界通信强者之林。

第四条（精神） 爱祖国、爱人民、爱事业和爱生活是我们凝聚力的源泉。责任意识、创新精神、敬业精神与团结合作精神是我们企业文化的精髓。实事求是是我们行为的准则。

第五条（利益） 华为主张在顾客、员工与合作者之间结成利益共同体。努力探索按生产要素分配的内部动力机制。我们决不让雷锋吃亏，奉献者定当得到合理的回报。

第六条（文化） 资源是会枯竭的，唯有文化才会生生不息。一切工业产品都是人类智慧创造的。华为没有可以依存的自然资源，唯有在人的头脑中挖掘出大油田、大森林、大煤矿……精神是可以转化成物质的，物质文明有利于巩固精神文明。我们坚持以精神文明促进物质文明的方针。这里的文化，不仅仅包含知识、技术、管理、情操……也包含了一切促进生产力发展的无形因素。

第七条（社会责任） 华为以产业报国和科教兴国为己任，以公司的发展为所在社区作出贡献。为伟大祖国的繁荣昌盛，为中华民族的振兴，为自己和家人的幸福而不懈努力。

惠普：产品和质量管理制度

惠普是世界上最大的信息科技公司之一，成立于1939年美国加州帕洛阿尔托市，下设信息产品、打印及成像系统和企业计算机专业服务三大业务集团。惠普在2007年美国财富排名榜中名列第14位，从2006年第四季度到2012年初，一直是全球第一大的PC生产厂商。

在惠普看来，企业的成功取决于多因素间的协调一致，这其中包括领导力、专注度、执行力，以及最重要的——伟大的产品和服务。为了确保最为重要的因素的实现，惠普是通过一些具体的规章制度来掌控的。

（一）产品分部

产品分部是惠普公司的基本经营单位，是一个独立自主的组织，具有很大的自主权和独立性。除了投资和产品分部的重新组织等重大问题之外，几乎所有的生产决定都可以在产品分部作出，而不需要逐级请示。每个产品分部一般都具有六种职能：研究和开发、制造、市场销售、财务、质量保证和人事。前三种职能一般叫作生产线职能，承担这些职能的部门要对生产线的成功与否负主要责任；财务、质量保证和人事通常被看作参谋职能，它们主要向研究和开发、制造、市场销售部门提供重要的信息和支援，帮助他们更有效地承担他们的责任。

产品分部是以生产线来划分的。因此，不管这条生产线设在美国本土，还是设在国外，只要生产同一类产品，都归有关的产品分部领导。在产品分部工作的人员都有相同的目标，都为达到这一目标而努力工作。同时，他们也必然抱有强烈的责任感，要对其上级领导事业部的繁荣做出应有的贡献。产品分部的经营好坏，主要是用盈利多少和发展快慢即保持竞争能力的大小来衡量的。但是，归根结底，是根据它们所生产的产品满足用户和潜在用户的需要程度，以及预测它们的需要程度来衡量的。产品分部也可以根据生产线发展的情况予以拆分：当某一生产线的规模变得较大，足以用它所获取的利润来支持其继续发展时，或者当一个产品分部规模变得太大，而在该产品分部工作的人员不能很好地了解生产线的活动时，就趋向于出现新的产品分部。

（二）质量管理

惠普公司认为，保证产品质量是提高竞争力、赢得用户信任的重要因素。而且，产品质量越高，技术支持费用就越少，从而增加利润。惠普公司质量管理的一个原则是：质量要设计进每一个产品。因此，质量保证首先从研制设计阶段开始执行，然后贯彻到生产和销售全过程，然后反馈回研制设计。惠普认为产品质量是通过设计、生产和服务保证的，而不是单纯通过检验保证的。

惠普公司也非常强调系统能力的测试。像计算机外部设备一类的产品，在现有系统中的互联兼容性试验，可以在排除所有可能发生的故障后再交给用户。应力试验是惠普公司在研制设计阶段和生产阶段广泛采用的可靠性试验方法。有关人员把极限湿度、极限温度、极限振动和其他极限参数加在产品上，有意地使产品发生故障。应力试验加上随后的纠正措施，有助于保证产品在正常工作条件下的长期质量。

在市场销售服务中，惠普公司认真听取用户对产品质量的反映。销售服务办事处每个月向产品分部提出一份质量分析报告，供改进产品质量服务。惠普公司的产品一般都免费保修一年。

（三）工资管理

惠普公司实行“能力加资历”的工资制，但对某些人员也采用“固定工资加提成工资”的工资制度。公司认为，胜任工作的能力是随年限增长的，但成绩优异者可以越级晋升。这充分体现能力与资历相结合的政策。销售人员的工资分成两个部分：一部分是固定工资，占50%；另一部分是根据销售额支付的提成工资，也占50%。有些销售人员因推销产品有力，所得工资相当于董事长的工资。工资调整由主管领导集体讨论确定，报更高一级审批，平均工人6个月、工程师9个月、经理1年晋升一次工资。工资晋升是不需要群众讨论的，也是秘而不宣的。惠普创建后不久，就开始执行现金分红计划，作为工资的补充。参加工作6个月以上的正式职工都有资格参加每年两次的现金分红计划。

惠普公司还有一个股票认购计划。在公司工作1年以上的雇员，都可以用基本收入的10%来购买公司股票。雇员大约支付股票总价的3/4，其余部分则由公司补贴。惠普认为，奖励的刺激效果是短暂的，而科学的工资制度的效果才是持久的。

（四）财务管理

惠普公司的每个产品分部都设有财务会计部门，负责财务管理业务。财务会计通常分为普通会计和成本会计两类：普通会计的主要职责是制定产品分部的财务报表，其中包括产品分部月报表，按生产线划分的月度报表、季度报表以及在每年年底向外界发布的年度报表；成本会计的任务是确定现有产品的实际成本，以及预测未来产品的未来制造成本，预测产品的未来成本难度很大，但是为了避免生产出无利可图的产品或停产本来就有利可图的产品，公司对成本核算控制很严格。

财务会计部门还估算新产品的成本。当新产品从实验室一出现，他们就力图估算出它的成本。首先计算样机中所用元部件的成本，然后估算每个产品的劳动量，力求合情合理。新产品的售价是由产品分部的市场销售部门提出建议并进行审批。最初的定价是非常慎重的，因为这涉及很多因素，如市场分析、技术贡献、竞争、利润和整个产品战略等等。

惠普十分注重将公司利益与个人利益联系在一起。公司从财务管理角度出发，对产品制造成本、销售成本、管理费用、新产品研制成本和经营利润，在每年总销售额中所占的比例都有一个大致的分配。每个项目所占的比例不完全相同，但相差极小，上下不到2%。

IBM：不断革新的制度

IBM（国际商业机器公司）于1911年在美国纽约创立，至今成长为全球最大的信息技术和业务解决方案公司，业务遍及160多个国家和地区，拥有全球雇员30多万人。IBM在2017年《财富》杂志评选的美国500强排行榜中位居第32名，《2017年BVANDZ最具价值全球品牌100强》中名列第9，入选麻省理工学院《科技评论》“2017年度全球50大最聪明公司”榜单。至2016年连续24年居美国专利拥有量第一名。

出身农家的乡村小商贩托马斯·沃森号称“IBM之父”，1911年负责经营13个小公司组成的计算制表记录公司。1924年50岁的老沃森成为公司老板，将公司改名为国际商用机器公司（简称IBM），宣布全世界的客户都是IBM的服务对象。作为一个“仁慈的暴君”，他用关心员工的生活，培育职工参与管理、忠诚于公司，不停地思考等组合成的“IBM 精神”，对公司进行严厉的管理，基本实行一人说了算的家长式管理体制，奠定了 IBM 的发展基础。老沃森去世后，其长子小沃森接管公司，一方面继承发扬父亲与政府关系良好、开门接纳职工、动脑筋多思考等有效做法；另一方面积极创新，在规章制度等公司基本建构上大步推进。

（一）组织制度

老沃森去世后几个月，小沃森于 1956 年 12 月召开了威廉斯堡会议，开启了 IBM 发展史上的一场划时代革命：首先，将以往老板一人独断专行的管理方式改为由各方面专家集体领导；第二是分权制，改变普通公司的金字塔式组织结构，由众多三角形组成集合体，这些小三角形大小不一、凹凸不平，却充满生机活力，在竞争中发展壮大，或消亡衰落。

在英特尔、微软、苹果、东芝、日立等大公司崛起形成的巨大挑战和沉重压力之下，1994 年上任的新董事长葛茨勒对 IBM 的分散经营方式进行改变。实现公司的大规模重组，集中自己的力量应对竞争，职工也要树立整体作战的观念。IBM 一位管理人员说：“从前是为自己的部门而工作，现在是为整个 IBM 而工作。”

21 世纪以来，IBM 提出了六个层面的创新内涵：产品创新、服务创新、业务流程创新、业务模式创新、管理和文化创新，政策与社会创新，继续推进公司组织管理体制的改善。

（二）研究开发制度

1943 年，IBM 与哈佛大学共同研制出世界上第一台计算机，但一直没有把它作为一种产品进行企业化生产。1952 年，美国的雷明顿·兰德公司和安塔沃多公司、英国的佛兰特公司和英吉利电气公司最早开始生产计算机，偏爱打孔机的老沃森坚持认为计算机只是为科学界服务的，不会对 IBM 的现时生产产生任何影响。不少客户警告 IBM 公司，穿孔卡片系统即将退出市场，代替它的将是以电子计算机为代表的新产品。接着，IBM 的老客户相继离去，地盘越缩越小。

严峻的市场形势终于使 IBM 的决策人醒悟了，自己确实坐在一条正在下沉的船上，如果不想让公司倒闭，出路在于：抛弃过时产品，全力开发电子计算机。IBM 集中技术精英，引进生力军，由小沃森领衔挂帅开发、生产各种型号的电子计算机。

1953 年，公司推出了 IBM701 计算机；1954 年推出了 IBM650 计算机；1955 年和 1956 年相继推出 IBM/705 和 IBM/706 大型计算机；1959 年，IBM 又先后推出

IBM1401、IBM1400、IBM7070等机型。从1953年进入计算机行业，仅仅用了7年时间，到1960年就在计算机行业取得了统治地位。1961年底，IBM决定投资50亿美元研制360系统电脑，整合各种产品的硬件和功能。在近于使人崩溃的压力下，1964年4月IBM宣布360系统电脑研制成功，并在美国63个城市和14个国家举行记者招待会向来宾演示了6种机型和44种新的设备。为了应对计算机市场的激烈竞争，IBM于1970年6月又宣布研制成功IBM/370/155、IBM/370/165型计算机，实现了360系列电脑产品的升级换代。

自1977年以来，IBM又先后推出了303X系列机、E系列机，H系列机等，稳住了自己在大、中型市场上的霸主地位，在小型机市场上占据一方，并开始进军微机市场。到20世纪80年代，IBM完成了本公司计算机历史发展的一个重大突破，即研制成功个人计算机——IBM/PC机。IBM的PC机在1981年销售量不足1万台，而1982年达到20万台，1983年达到60万台，与当时的个人计算机王牌苹果公司稳居前列。

90年代，IBM率先提出“电子商务”的口号，勾勒出电子商务发展的三阶段蓝图；将经营重点从硬件转向软件和服务，若干年居计算机软件市场头把交椅，直至1999年以后才被微软超越，IBM稳居世界第二大软件实体。

2000年以来，IBM没有停止技术创新和产品创新的步伐，在增强咨询服务能力、加大专利组合、出售个人电脑业务给中国联想、与日本索尼和东芝共同开发“Cell”中央处理器，并在充分把握“感知化、互联化、智能化”的科技大势的基础上，提出“智慧地球”“智慧城市”的愿景，迈向云服务、人工智能等，全面展开产业热点的研发……

看来，IBM在研究开发、业务创新的道路上仍将一步步走下去，无怪乎着眼于公司价值和长期收益的股神巴菲特控股的伯克希尔·哈撒韦公司会不断买进IBM的股票，成为IBM两个最大的股东之一。

（三）培训制度

卓越的企业需要卓越的人才支撑。IBM在人才培训和销售人才培训上不遗余力。

IBM决不让一个未经培训或者未经全面培训的人到销售第一线去。遵循“优质服务、顾客至上”的理念，IBM培训的资金充足，计划严密，结构合理，培训结束后学员可以有足够的技能和信心同客户打交道。

IBM公司的销售人员和系统工程师要接受为期12个月的初步培训，主要采用现场实习和课堂讲授相结合的教学方法：75%的时间是在各地分公司中进行；25%的时间在公司的教育中心学习，教学大纲包括学员的素养、价值观念、信念原则到整个生产过程的基本知识等方面的内容。学员们还会和市场营销人员一起访问用户，从工作实践中得到体会。此外，IBM 还经常让新学员在分公司的会议上，在经验丰富的市场营销代表面前，进行他们的第一次成果演习。现场实习之后，再进行一段长时间的理论学习，紧张的学习令人“心力交瘁”，每天从早上 8 点到晚上 6 点，附加的课外作业常常会使学生们做到半夜，长达 14～15 个小时的紧张学习压得人喘不过气来。但是，却很少有人抱怨，几乎每个人都能完成作业。

当然，在模拟销售及其他关键领域，教员将对学员的培训结果进行评价和衡量。

IBM 公司为销售培训设计的最具特色的是阿姆斯特朗案例练习，它集中考虑一种假设的，由饭店网络、海洋运输、零售批发、制造业和体育用品等部门组成的，复杂的国际业务联系。通过这种练习，可以对工程师、财务管理、市场营销人员、主要经营管理人员等进行详尽的分析，包括学员的个人特点、工作态度、决策能力等都可以清楚地表现出来：由教员扮演阿姆斯特朗案例人员，学员们需要对各种人员完成一系列错综复杂的拜访。面对众多的问题，他们必须接触这个组织中几乎所有的人员，从普通接待人员到董事会成员。

灌输 IBM 精神，传授推销技巧，提供优厚优质的待遇，加上对不称职人员的惩罚，IBM 靠这些手段培训出一批批优秀的推销员，然后派往全美乃至世界各地。

IBM 业务的不断扩大，需要不断雇用新推销员，而且给新推销员的定额总量比老推销员高一些，完不成定额就会遭到惩罚甚至解雇。对于连续三年完不成定额的推销员，公司就将他调离推销部门，另外安排工作，或者进行“冰冻处理”，也就是停止你做任何业务工作，直到你自己因苦闷而主动辞职。据小沃森回忆，当时付给推销员的薪金和佣金平均每人每年 4400 美元，大约相当于 20 世纪 90 年代的 38000 美元，优秀者能够拿到比这高几倍的薪酬。

（四）租赁制度

小沃森回忆说：“租赁制是 IBM 成功的诀窍之一。”

在营销市场上，人们使用计算机或其他设备，一般通过两种途径，一是购买，二是租赁。租赁又分为租用和租借两种。租用机器的不容许退货期限为几个月至一年。逾期后，什么时候都可以退租不用的机器。租借机器的不许退货期限一般为几年。如果中途解除合同，就必须支付高额的违约金，用户如果采用租用方式，不需支付设备维修费、固定资产税及机器保险费；如果采用租借方式，就需要支付上述各种费用。

租赁制在IBM的推广应用，对公司的打孔机和计算机生产的成本回收和利润增值作用很大，也许可以说这是IBM市场营销最成功的一种制度。

无印良品：制度制胜

无印良品（MUJI）是日本西友株式会社于1980年开发的PB品牌，1983年在东京设立第一家独立旗舰店，于1990年正式成立良品计划株式会社。至2010年底，无印良品在日本国内共有直营店121家，经销点146家，并在英国、法国、中国香港三地成立公司，开设海外店铺26家，成为日本最大的生活形态提案店（Life Style Store），名列全球100大品牌。

秉承“合理而便宜”的经营理念，倡导简约、自然、富质感的生活哲学，无印良品开发食品、服装和日常小物件等百货商品，通过严密的制度，确保满足消费者的多方面需求。

无印良品有两本厚厚的指导手册，它们包含了无印良品的企业文化内涵，是全体员工智慧与努力的结晶。

无印良品的制度，是一套“把努力联结到成果的制度”“累积经验与直觉的制度”以及“彻底免除无谓之举的制度”，也是无印良品发展的原动力。之所以如此看重制度建设，这是因为在无印良品的领导者看来，良好的制度如同组织的基石，就像凡事都必须先有“基础”，才有“应用”一样，企业倘若缺乏制度，也将无法产生“智慧”，更遑论创造“营业收入”。而无印良品的制度，遍及公司内部的各种业务和单位，因为“魔鬼藏在细节里”，对于细节的坚持程度，将决定产品的本质。一个企业实力的高低，同样也取决于对细节的追求，而当中的关键就是靠良好的制度。而且，无论从事什么产业，处于何种位置，“重视制度”都是有助于把工作做好的前提。

无印良品每个店铺都有指导手册，称为“MUJIGRAM”；而店铺开发部和企划室等总公司也有指导手册，称之为“业务标准书”。

这两份“指导手册”，记载了无印良品各项工作的技巧、态度与细节，从公司的经营、商品的开发、卖场的陈列，乃至于如何接待顾客都有精要的说明。MUJIGRAM总计达两千页，其中穿插了许多照片、插图和图表。制订这本指导手册，目的在将原本依赖个人经验或直觉的各项业务制度化，以积累个人的工作技巧和智慧。而指导手册中，每项工作一开始，都会简要说明这项工作或业务的“意义”与“目的”，以使员工们明白自己工作、业务存在的价值。

工作标准化。无印良品的指导手册上，对店铺门面的店头陈列、模特儿的服饰搭配等都有详细规定。其他工作也要先找出把它做好的法则，再予以标准化。

商品命名。无印良品的商品标签，都会写上“商品名称”与“商品说明”，而且必须呈现出“无印良品的风格”。无印良品的商品说明以坦率简洁、顾客易于理解的文字描述商品的特色，传达出无印良品的理念，让顾客知道“这家公司重视的是什么”。

靠制度提升工作效率。无印良品认为，员工的工作效率会因为“良好的制度”而有所提升，一个管理有道的公司会先建立制度，然后共享、实践，使得绩效逐步改善。

打造持续制胜制度的关键。无印良品在全球开设连锁店，“开店地点”是决定经营成效的一大关键，而“判断开店与否”也将根据业务标准书来决定。

广纳“更好做法”的知识。无印良品把各种工作细节都纳入指导手册，积累一线员工的经验和智慧，每个月更新一次指导手册。在无印良品的领导者看来，企业这种“生物”，必须持续追求成长，否则一转眼就会衰退，不能只求“维持现状”。相应的是，只要指导手册不断更新下去，企业就会不断成长，工作事项的指导手册实际上也成了衡量企业成长状况的指标。

无印良品指导手册的架构

【MUJLGRAM】

1. 到卖场开始服务之前
2. 收银业务、会计
3. 店内业务（接受与执行指示）
4. 配送、自行车
5. 卖场设计
6. 商品管理
7. 后方管理
8. 劳务管理
9. 危机管理
10. 开店准备
11. 店面管理
12. 归档

销售员 ZTS（训练制度）

【业务标准书】

1A. 服饰·杂货部
1B. 生活杂货部/食品部
2. 咖啡·食品事业部/品质保质部/通路开发部
3. 销售部/业务改革部/客服中心
4. 海外事业部
5A. 宣传经销室/流通推进组
5B. 店面开发部
6. 资讯系统组/企划室
7. 财务会计组
8. 总务人事组
9. 无印良品网站

无印良品的制度设计和制度改革的成效是十分明显的：无印良品在 2001 年上半年曾亏损 38 亿日元，松井忠二临危上阵，出任良品计划公司会长。松井从制度改革入手，以适应瞬息万变的商业环境和日本泡沫经济破灭的低迷走势。自新制度——MUJLGRAM和业务标准书等指导手册实行后，2002年即转亏为盈，到2005年创下营收1410亿日元，经营利润156亿日元，2007年营收达到1620亿日元，经营利润186亿日元，连续创造了新的经营记录。

无印良品的松井会长告诫人们，只要打造出好的制度，无论在任何时代，都能培养制胜的组织文化。而且，不光是无印良品如此，任何企业都适用于这样的法则。

丰田：礼仪制度

日本丰田汽车公司不仅以精益制造的丰田模式著称于世，也以一整套细节精致的礼仪为世人赞赏。

“客户至上，服务至上”是丰田公司的服务宗旨。作为一名员工，你的一言一行都代表着丰田的形象，能否给客户提供优质的服务直接关系到企业的声誉。因此，讲求礼仪是公司对每位员工的基本要求，也是公司服务宗旨的具体体现。

（一）仪表要求

（1）男职员在仪表方面应注意以下事项：穿公司的衬衣外套、鞋子，头发不染色。

（2）女职员在仪表方面应注意以下事项：不穿奇装异服，发型不古怪，头发、指甲颜色适当，着装得体。

（3）工作时保持自身良好的仪态。

工作中大家应注意自己的仪态，它不但是自我尊重和尊重他人的表现，也能反映出丰田员工的工作态度和责任感。正确的站姿是抬头、目视前方，挺胸直腰，肩平，双臂自然下垂，收腹，女职员双腿并拢直立，脚尖分成V字形，身体重心放到两脚中间；男职员两脚分开，比肩略窄，将双手合起，放在腹前或腹后。

（二）常用礼节

1. 握手

握手时，伸手的顺序是“上级在先、主人在先、女性在先”，握手时间一般为2—3秒或4—5秒为宜。握手力度不宜过猛或毫无力度，要注视对方并略带微笑。

2. 鞠躬

鞠躬时应从心底发出对对方表示感谢、尊重的意念，从而体现于行动，给对方留下有诚意、真实的印象。

3. **问候**

(1) 早晨上班时，热情与同事打招呼，问好；

(2) 因公外出应向部内或室内的其他人打招呼；

(3) 在公司或外出时遇见客人，应面带微笑，主动上前打招呼；

(4) 下班时也应相互打招呼后再离开，如“明天见”“再见”等。

(三) 文明用语

1. **“您好，欢迎光临！”**

当顾客来店时，咨询员、推销员必须竭诚相待，主动问候顾客，站立、鞠躬、微笑着说：“您好！欢迎光临！”如果知道顾客姓张，可说：“欢迎张先生。”

2. **“请”**

与客户交谈时，请顾客参观时，要保持微笑对话：“请您自由地参观汽车，如有需要请您不要客气，随时找我！”然后精神饱满地端立在自己的岗位上，直到顾客对商品感兴趣叫推销员为止，否则不要在展厅里乱走动。

3. **“您还满意吗？”“您觉得怎么样？”“请教您一些事情可以吗？”**

当顾客与你说话时，要主动应对。同时，设法将顾客带至会客区，端上饮料尽可能延长顾客的逗留时间，并采用类似于这样的方式说话：“您还满意吗？”“您觉得某某款汽车怎么样？”“我们已经为您准备好了饮料。如果方便的话，请坐下来喝杯饮料，我们详谈一下。”“请教你一些问题可以吗？”

4. **“如果方便的话，是否可以……”**

在询问顾客问题，索取对方联系方式的时候，要用这样的方式说话：“如果方便的话，是否可以……”“请问您贵姓？”“请问您在哪里工作？是否可以告诉我您的联系方式呢？”“请问您现在有什么样的车呢？您是如何使用这部车的呢？”

5. **“再见”或“欢迎您下次再来”**

当顾客离开时，员工要送顾客到门口，并说“再见”或“欢迎您下次再来。”

(四) 接打电话

1. **接听电话**

(1) 电话铃响3声之内，要接起电话，并准备好纸和笔以便做记录。拿起电话听筒，告诉对方自己的名字：“您好，我是丰田公司××部×××。”

（2）必须对对方身份进行确认，确认对方用“×先生，您好”“感谢您的关照”等，如果是客户，要表达感谢之意。

（3）在听电话时，用“是”“好的”“清楚”“明白”等话回应，必要时进行记录。

（4）对谈话内容进行确认，“请你再重复一遍”“明天上午10点钟，在××见面”等，确认时间、地点、对象和事由等关键信息。

（5）结束语：“清楚了”“请放心……我一定转达”“谢谢”“再见”等。

（6）等对方放下电话后，再轻轻把电话放回电话机上。

2. 拨打电话

（1）确认拨打电话对方的姓名、电话号码、要讲的内容、说话的顺序和所需要的资料、文件等。

（2）对方接电话后，首先问候，然后告知对方你的姓名：“您好，我是中国××丰田公司××部的×××。”一定要报出自己的姓名，讲话要礼貌。

（3）确认电话对象。“请问您是××部的×××先生吗?”“请您帮我转达一下好吗？让×××先生接听电话。”

（4）电话内容：“今天打电话给您，是想针对你咨询的××事和你详谈一下……”先把事情告诉对方，让对方明白你为什么打电话给他。

（5）结束语：“谢谢”“麻烦您了”“那就拜托您了”。语气诚恳，态度和蔼。

（6）放回电话：等对方放下电话后，再把电话轻轻放在电话机上。

（五）座位次序

1. 会谈时座次安排

（1）主宾坐在右侧，主人坐在左侧，翻译员和记录员分别安排坐在主宾和主人的身后。

（2）如果会谈桌一端朝向正门，即纵向摆放，则以进门方向为准，右侧为客方，左侧为主方。

2. 会客室的座位安排

（1）离会客室门口较远的座位为上席（客人席）。一般情况下，客人来访时，按照职位顺序从内到外入座长形沙发。

（2）远离办公台或窗户对面的座席为上席。此时，与门口无关。

（3）办公台前的座位为主人席，其旁边并远离门口的席位为客人席。

3. 会议室的座位安排

（1）门口的右侧为客人席，左侧为主人席，远离门口的为上席。

（2）如果是圆形桌，远离门口的座位为上席。

4. 乘汽车时的座位安排

乘汽车时，遵循右为上、左为下，后为上、前为下的原则。一般情况下，司机后排右侧是上宾席。

5. 乘列车时的座位安排

列车行驶方向靠窗子的座位为上席，然后是其对面的座位，再然后是行驶方向靠过道的座位，最后是其对面的座位。

科龙：潘宁走了

产权制度是企业诸种制度中的基础制度。产权制度不明晰，或对产权制度的性质认识不到位，即使创立者、领导人竭诚努力、贡献非凡、成效卓著，但企业的所有权、支配权、控制权终究是一个由他方他人掌握的权力，什么时候发生什么事也是由他方他人决定。一时声名显赫的科龙集团创始人潘宁的出走就告诉了我们这样一个企业制度中常常被人忽视却是企业运行的基本常识……

1984 年，广东顺德容桂镇工交办副主任潘宁在手工锤挫的简陋条件下打造出了中国第一台双门电冰箱。潘宁造电冰箱，靠的是容桂镇政府出资 9 万元的试制作原始启动资金，珠江电冰箱厂也就成了乡镇集体企业，产权归属出资方——容桂镇政府。这最终决定了潘宁的命运！

潘宁的创业历尽艰辛，坚持以产品质量和技术进步为生命。面对策划人员的大量花哨广告词，厂长潘宁为品牌“容声”冰箱圈定的是一句“容声容声，质量保证”。到 1989 年前后，在镇政府的倾力支持和潘宁的决策带领下，珠江电冰箱厂已拥有固定资产 8000 万元，进口设备占 45%，整条生产线长达 6 千米，全是由欧美、日本引进的最好设备配套组装，“容声”冰箱也成了当时中国南方最知名的家电品牌。

1992 年 1 月底，到广东视察的邓小平专程到珠江电冰箱厂视察。面对装备了最先进设备生产线的现代化车间，邓小平十分惊奇，问道：“这是什么类型的企业？”随行人回答说：“如果按行政级别算，只是个股级；如果按经济效益和规模算，恐怕也是个兵团级了。”巡行在厂区，邓小平连问了三次：“这是乡镇企业吗？”在这里，邓小平提出了一句流传于世的格言："发展才是硬道理。"

邓小平视察后不久，北京有关机构公布了全国家用电器产销排行榜，容声电冰箱厂荣获"电冰箱产销量第一"的排名，在此冠军位置稳坐了8年。

盛名之下，年届60的潘宁也关心过"提不得"的话题——产权明晰化，或明或暗地提出希望镇政府能够在经营团队的股权上给予考虑，但是得到的答复都是含糊其辞。这样，潘宁在尴尬犹豫中经营工厂，尽管珠江电冰箱厂由他创办，可是产权和品牌权都归镇政府所有。

1994年，潘宁终于决定，将珠江电冰箱厂变身为科龙集团，宣布新创科龙品牌，进军空调行业。接着，1996年科龙在香港上市，融资12亿元，成为全国第一家在香港上市的乡镇企业，又在辽宁营口和四川成都建立了多个生产基地，宣布将在日本神户投资10亿元人民币建立科龙技术中心。

1997年，科龙实现营业收入34亿元，利润6.6亿元，荣获《亚洲货币》杂志评选的"中国最佳管理公司"和"中国最佳投资者关系"企业。与此同时，从独创科龙品牌改变厂名就引起容桂镇政府关注的"独立倾向"，升级为地方政府对科龙的直接管控，当1998年中期科龙集团谋划在科龙空调项目上增大投资时，镇政府却意外提出：政府希望科龙收购同镇的华宝空调。

华宝的结构落后、矛盾重重、处境困难，引起了潘宁的疑虑，政府方面则希望他能够挑起重担，并由市长承诺，并购后可以"拨给"科龙一个上市指标，允许它在深圳证券交易所上市。在权力的高压和上市指标的诱惑下，潘宁选择了妥协，于1998年10月宣布科龙和华宝的联合，但实际上科龙并无能力打造两个性质完全不同的品牌，两家空调大厂也未能融为一体。

更严重的事情终于发生了：随着科龙规模的扩大，地方政府对它的控制也越来越直接。就在收购华宝两个月后，无任何预兆，科龙集团突然发布公告，潘宁辞去公司总裁职务。第二年1999年4月，潘宁卸任董事长，他的所有职务由他多年的副手王国瑞接任。

据很多当事人回忆，潘宁对此毫无思想准备。可怜他1998年一年还一直在全国各地考察，四处奔波拟扩大科龙的生产规模和竞争实力。

潘宁几乎没有对外界做任何解释，默默地承受了自己的解职"退休"，迅速决定移民加拿大，并与科龙约法三章："不保留办公室，不拿科龙一分钱、退休金，不要科龙一股股份。"他对记者宣称："我光荣退休，确实好荣幸。"告知外界自己有6个退休计划：学打高尔夫、学摄影、学开车、学太极拳、读点近代史、陪太太外游。

潘宁退了，退得干净彻底，尽管科龙日后风波不断，他却再也没有对自己倾注心血一手扶植长大的企业说过一句话。每年清明，他回乡扫墓，然后又悄然离去，几乎与科龙旧人再无往来。潘宁走了，真正地走了，远远地走了……

自从1998年潘宁“被退休”以来，历经长期任副手的王国瑞的“科龙革命”和容桂镇镇长徐铁峰的“科龙大化”及“科龙企业精神”重建的短暂波澜，一度风风火火、到处出击的灰色人物顾雏军收购巨亏的科龙，四年后却因“涉嫌侵占、挪用科龙电器财产累计发生额为34.85亿元”锒铛入狱，到2005年科龙巨额亏损36.93亿元，牵涉93宗诉讼官司，公司净资产为－10.9亿元。

潘宁离开后7年间，科龙由一家连邓小平都惊叹的现代化企业沦落为负债累累、资不抵债、官司缠身的垃圾公司，给人留下的启发是深刻的。

从制度层面来看，产权制度的明晰及其派生的管控、机制将决定企业的命运。在现行资本主宰的产权制度下，无论是个人独资、家族合股、股东集资、中外合资、风险资本入股、政府出资、官民混合等任何一种出资方式及其股权股份，都会由于出资或不出资、出资多或出资少、占股多或占股少最终决定企业的决策、支配、管控，这是不以经营者个人意志为转移的经济惯例和必然命运。潘宁识命知趣，默默地承受了命运的降临，得以安全着陆和安全退走，也算明智的了。比起他的广东老乡——中山爱多公司创始人胡志标的急升骤落和三水健力宝集团创始人李经纬奋力与命运抗争的悲凉下场，潘宁的确算幸运。

北京大学周其仁教授的一席话，也许是中肯而发人深省的：“科龙的主要教训就是潘宁时代没有及时发起并完成产权改革。”“科龙的结局似乎是时也，运也，命也。欲哭无泪。”

爱多：制度性失败

1995年年中，胡志标成功开发VCD，广东爱多电器公司（简称爱多）宣告创立。短短的2年时间，爱多的销售额便由1996年的2亿元猛增至1997年的16亿元，爱多荣登中国电子企业50强的排行榜，创始人胡志标也被戴上“一代标王”“20世纪末中国商业历史永远不能被遗忘的商业奇才”的桂冠。可惜好景不长，由于产权矛盾、企业财务制度以及日常工作制度的混乱，爱多至1999年已资不抵债，陷入破产还债的境地，胡志标与其妻子也随后被捕入狱。爱多急升骤落，淡出了世人的视野。

1994年，从小喜欢摆弄半导体的广东中山民众镇沙仔村农民胡志标与自小的玩伴陈天南开办了一家生产学习机的小厂。一次偶然的机会，胡志标听到一则消息：一种叫“数字压缩芯片”的技术流入中国，用它生产出来的播放机叫 VCD，比正在流行的 LD 效果好百倍，一定能够大卖。敏锐的胡志标迅速起步，到香港、上海考察，招聘人才开发 VCD。1995 年 6 月，VCD 样机开发成功，随后胡志标与陈天南、益隆村以 45% 与 45%、10% 的比例合股成立了爱多公司，正式生产 VCD。

通过《羊城晚报》二分之一的通栏广告、中央电视台的电视广告、各出奇招并跑遍全国的业务员，以相当于爱多一年利润的 450 万元高价特邀香港影星成龙拍广告，以 2.1 亿元竞拍为中央电视台新闻联播后 5 秒黄金标版广告标王、投资 1000 万元聘请成龙和张艺谋两位影坛巨星拍摄爱多形象片、降价大战等多种营销手法，在畸形繁荣的中国盗版市场的催生下，爱多的 VCD 一路高歌猛进，1996 年销售额便达 2 亿元，1997 年飙升至 16 亿元，各种荣誉接踵而至，荷兰菲利浦公司对前来考察的胡志标甚至以“私人飞机加红地毯”的最高规格接待。

但是，物极必反，盛极而衰，乐极生悲，爱多也没有逃脱这一规律的惩罚。

以爱多的大股东之一——陈天南在《羊城晚报》发表的“律师声明”为导火索，引爆了制度混乱的爱多集团。其实在 1999 年初，数百家经销商和原材料供应商已到中山上门讨债，据称胡志标与中山一家企业集团经频繁接触达成最后的秘密协议：该集团出资 500 万元租用爱多品牌 10 年，同时以资金、技术和管理要素注入爱多公司。

秘密协议激化了胡志标和陈天南的矛盾。过去几年，爱多所有的人事任命、财务管理和日常经营都由胡志标全权负责，陈天南基本不插手。随着爱多的发展和胡志标的所作所为，两位大股东的矛盾渐增，特别是胡志标的妻子林莹掌管财务对陈天南封锁信息、成立视频设备和音响等多家子公司的股权设置完全撇开陈天南、与其他企业洽谈品牌出租的大事对陈天南保密等事件的发生，终于引发了陈天南在《律师声明》中宣称爱多新办的子公司均未经董事会授权和批准，其所有经营行为和债权债务均与“广东爱多电器有限公司”无关。

“律师声明”引爆了爱多创始人之间的矛盾。尽管胡志标对公司的成长壮大作出了决定性贡献，但从资本结构和产权结构的产权制度来看，胡志标只占有 45% 的股份，陈天南和益隆村共占了 55% 的多数股份，因此在后来二者联手行动的时候，胡志标也只能愤怒而任人宰割。经过 20 天的艰苦谈判，胡志标被迫让出董事长和总经理的位子，接着营销副总经理、电器销售部部长、售后服务部部长、整合营销传播总监、策划部部长、音响设备市场部部长也走了，多年打造的爱多精英团队一时分崩离析。

除了产权制度的决定影响之外，爱多的财务制度混乱也堪称一大败因。爱多独特的财务融资手段是向上游供货商、下游经销商融资，新的融资渠道从头到尾打通，这在企业销售情况良好时尚能良性循环，一到 1998 年销售下滑而利润锐减，爱多拖欠上、下游商家的债务纠纷就难以避免了，太大的违约拖欠终于使不堪重负的商家把爱多告上法庭，数百名被拖欠工资的员工也把胡志标、陈天南软禁了两天，爱多只能走上破产之路。据爱多旧人回顾，爱多的财务管理十分混乱，身为董事长和总经理的胡志标不知道自己有多少钱，也不知道自己欠多少债，常常把账上现金当成利润，经营支出大手大脚，成本控制的观念很差，巨额的开支使企业背负重债。

胡志标当时认为，爱多越来越接近一个现代化公司的管理规模。而实际上，据爱多员工反映，爱多的内部管理上，工作浮躁、脱离实际、人浮于事、目标不清、责任不明。一位技术人员说，由于管理混乱，造成严重浪费，比如搞开发的随意开订单采购，配件买回来即丢在一边不用。内部管理制度的不到位，造成了爱多管理上的混乱，飙起的奇迹难以长久。

胡志标下台后，在部分商家的拥戴下一度“复辟”，陈天南以 5000 万元的价格出让股份，胡志标重任总经理掌门爱多。但是，重病缠身的爱多已非胡志标所能回天，中山市政府的初步调查审计结果显示：爱多有固定资产 8000 万元，库存物料近 2 亿元，负债 4.15 亿元，资不抵债达 1.35 亿元。在债主的控告下，中山市法院受理申请债务人广东爱多破产还债一案，爱多进入破产程序。

胡志标不是甘于失败的人，2000 年初又出任新组建的中山爱多公司总顾问，拟重振昔日爱多雄风。4 月，因出具空头支票涉嫌商业欺诈，胡志标被汕头警方拘捕。超期羁押 3 年后，胡志标以挪用资金罪、虚报注册资本罪被终审判处有期徒刑 8 年，其妻林莹也被判 4 年。胡志标、林莹以牢狱之灾结束了爱多的辉煌。

爱多高速崛起又轰然坍塌的故事告诉我们，规章制度是一个企业良性运行的保障体系。缺乏必要的产权制度规范、财务管理和日常管理制度等的配套及其执行，企业纵是一度辉煌终究难逃覆亡的宿命，特别是一个快速扩大发展的企业，更不可忽视规章制度的匹配。在这个意义上可以说，制度才是真正的老板。

基本法则四：
培育职业道德

企业作为一种人类社会组织，为了弘扬人性的良善，奉守必要的规章制度，满足市场选择的需要，形成企业的凝聚力以适应良性社会的发展趋势，必须培育职业道德。企业的职业道德，来源于古圣先哲的经典、人类本性的善端和企业经营的本质要求，它体现为敬业、节俭、仁爱、正义、礼敬、智慧、诚信、谦虚、和谐等多种美德，而“过犹不及”的中和境界才是德行的极致。企业职业道德的培育，离不开多种多样的方法和手段。

一、 企业为什么需要培育职业道德

无论从组成企业的人的本性，抑或企业本身的发展成长，还是企业所处市场环境和社会环境，都要求企业培育起职业道德。

人类善性的弘扬。人类是以利为本的，既存在善良的本性，也存在邪恶的本性，善恶交织于一体。只有弘扬良善，才能遏制邪恶的滋长，才能成为一个益人益世益己的贤人义士；不能弘扬良善，必然助长邪恶的滋长，尽管也许能一时获利，终必害人害世也会害己。须知，真正能审断我们的，是天地公道的良心和识察善恶的人心。

奉守规章制度的延伸。奉守规章制度是任何社会公民的宿命，也是企业上下的义务，它可以使人成为一个合格的社会公民和企业员工。而要从一个合格的社会公民和企业员工，转变为自觉的社会贤人和企业精英，就必须把外界强制的行为规范内移为内在自觉的德行修养。

形成企业的凝聚力。企业是一个有序的人类组织，需要具备达到企业目的和目标的凝聚力。这种凝聚力，除了必要的规章制度的底线支撑之外，更需要上上下下每一个人职业道德的内蕴养成，这样才不至于使企业沦落为口是心非、貌合神离的“一盘散沙”，而真正具备完成共同经营任务的凝聚力。

满足市场选择的需要。企业生存于竞争的市场环境之中，企业的生存、发展、壮大，最终取决于客户的市场选择。一个企业，如果连真诚为客户提供有效产品和有益服务的起码道德意识都没有，又怎么能生产出客户需要的产品，并提供客户满意的服务呢？满足市场选择的需要，必须培育企业的职业道德。

适应良性社会的发展趋势。良性社会，是一个君子之道长、小人之道消的“良币淘汰劣币”的社会；恶性社会，则是一个小人之道长、君子之道消的“劣币驱逐良币”的社会。人类社会的发展，虽然难免经历或这或那或长或短的艰难曲折，但总的趋势是由野蛮到文明、由混乱到有序、由恶性到良性的发展过程。而作为人类社会的一个组织，要适应并推进良性社会的发展趋势，不能不倡导企业的职业道德，自觉承担起自己的社会职责。

二、 企业职业道德

企业的职业道德，并非来自企业家的主观臆想或主观设计，而是源起于中外古圣先哲的教诲，以及现代经济大师的探索、典型企业成败实践的鉴戒，因此具有自然权威性和现实可行性。

企业的职业道德，是从事企业经营的人员所必须具备的职业精神和职业品质，它是一般的社会公德在企业组织中的特殊体现，服从、服务于企业的信念、理念和宗旨，是一个内涵广泛的职业伦理准则。大体说来，企业的职业道德主要包括：敬业、节俭、仁爱、正义、礼敬、智慧、诚信、谦虚、和谐等。

敬业是起码的职业道德，它是指企业从业人员热爱自己的工作，敬慎自己的工作，尽责自己的工作，精致完成自己的岗位职责和工作任务，这是从事一项职业和做好一项工作的起码要求。那种“差不多”“马马虎虎”“大概可以”作为一种自谦之辞尚可理解，作为一种工作态度和职业要求则必败无疑。

节俭是企业经营的必然要求，作为企业从经济效益上说总要“增收节支”，一方面要努力创造价值，另一方面必须节省开支，尽量通过降低成本提高产品和服务的增值，满不在乎、大手大脚的奢华作风迟早会把企业拖上衰败的道路。

仁爱是职业道德的核心，企业从业人员应该具备仁爱之心：爱客户、爱自己、爱同事、爱公司、爱社会统一于爱心，这自然生出尽心生产客户需要的产品和热情为客户服务，尽力完成好自己的岗位职能以增加收入并实现个人价值，能够与同事和睦共处以互益互补互助互进，致力公司的发展壮大而可以持续成长和不断进步，为社区、社会作出自己的职业贡献和公益贡献。人谁不希望别人爱自己？推己及人，爱客户、爱同事、爱公司、爱社会的企业才能稳立于世，持久成长。爱心，仁爱之心，爱客户和员工之心，是一个企业最难被他人模仿、最具独特竞争优势的职业品赋。

正义，是指企业人员的合宜行为，何为对、何为错、何为是、何为非、何为好、何为坏，任何企业都必须有一个基本的界定和取向，这样才能在企业中弘扬对的、是的、好的正气，抵制错的、非的、坏的邪气，混同善恶甚至遏善扬恶，只会导致企业的堕落和衰败。

礼敬即尊重他人、以礼待人。人皆有自尊之心，自尊是人的天性，依此理而应该养成尊重他人的人格尊严，怀尊重之心礼貌对待客户和对待同事，那种唯我独尊、轻慢他人的言行举止在人际交往和组织企业中都难得善待，理应予以克制修正。须知，任何人都有其长处、有其价值；尊重他人，就是尊重他人的长处、价值；以礼待人，就是尊重他人的长处、价值的外在体现。

诚信是诚实、守信的职业道德，是现代企业立足于市场的根本依托。企业只有诚实经营，信守契约，才能赢得客户、员工和合作伙伴的信任，也才能做好生意，创出效益；企业如果欺诈欺骗，不守信用，或许会一时得手得益，但“纸包不住火”，邪恶行径暴露之日也就是企业覆亡之时。诚信，说来容易，做到实难，因为世俗功利对人的诱惑太大了。

谦虚是变革时代的必赋品格。人才层出不穷，科技日新月异，企业竞相发展，市场千变万化，社会不断进步，变革的潮流席卷全球各地，落后于这一潮流终将难逃被淘汰的命运。在变革时期的环境中生存、发展，谦虚以及必需的学习、应对，已经成为企业从业人员的必备品赋和必修功课。那种“老子天下第一”“不变也照样活得下去”的妄自尊大，只会沦为发展的笑柄。

和谐是企业经营管理的一种状态，也是企业职业道德的重要品赋。尽管存在难免的竞争，但是企业是由各种部门、各类业务、各样人员组成的整体，离开部门、业务、人员之间的配合协调，企业陷于互相掣肘的“窝里斗”，谈何企业合力？尽管市场客观存在竞争，但企业力求独霸市场、为挤垮其他企业而不惜一切手段，社会又岂能容忍？而且，专注发挥自身独特优势而不是着眼于“打垮”其他企业的发展取向，不是更易获得市场支持和世人赞誉而筹高一等吗？

职业道德是企业生存发展的内在精神和内在品质，缺乏职业道德的企业是难以持久支撑的。但是，推行职业道德过了头又是好事吗？古圣先哲告诫我们，过犹不及，过了头和达不到也是一样的危害多多、弊端重重，并非过了头就比达不到好，无过无不及的中庸状况才是企业推行职业道德的极致境界。

试问：敬业而不知休娱，又何能持久支撑？节俭而不知享受，又何来健康身体？仁爱而不知嫉恶，又何可扬善遏恶？正义而不知宽容，又何见包容大度？礼敬而不知自尊，又何以敬己及人？诚信而不知辨情，又何保不受伤害？谦虚而不知自信，又何论建功立业？和谐而不知竞争，又何谈符合实际？

因此：敬业而知休娱，才能事功久长；节俭而知享受，才能健体生财；仁爱而知嫉恶，才能守本抑邪；正义而知宽容，才能行正容众；礼敬而知自尊，才能重人贵己；诚信而知辨情，才能人信免害；谦虚而知自信，才能进步立业；和谐而知竞争，才能集众适实。

这样看来，职业道德的内涵，并不是我们想象的那样简单，偏执一端不是真理的全理，而只是一端一偏而已，如此自己行事难免祸患临身，指导他人也致人陷于迷误。执持一端为美，抓住另一端不松手，两端皆俱才能接近真理，这的确是人生的至理真谛，这才符合人性的实际，也才符合人世的实际，也就符合企业的实际。接近真理还不等于达到真理，即使持美、二俱、执中到达日臻完美的地步，还需要因时因地因人因情而权衡适宜变化，这样就可望在企业中形成符合实际的职业道德风尚了。

三、 怎样培育企业的职业道德

犹如园圃栽植花卉，不施肥、浇水，除去杂草、害虫，就不能长成繁茂的花朵。企业也需要精心的培育，多方的养护，才能形成符合企业宗旨、益于企业成长的良好职业道德风尚。

1. 恪守规章制度的底线

规章制度是企业正常运营的公共约定和规矩准则，是规范企业上上下下的起码要求和行为底线。遵守规章制度的自然延伸即为培育职业道德，也就是由外在的强制规范升华为内在的自觉道德，员工也由合格的员工成长为优秀的员工。这是一个自然成长的过程，遵守规章制度自然上升到修养职业道德的境界。连初步、起码的奉守规章制度都做不到，培育职业道德实属虚幻苛求了。培育职业道德，首先要做到遵守规章制度，这是前提、基础。

2. 明确企业倡导的职业道德

职业道德具有丰富的内涵，来源于中外圣哲的教诲、经济大师的探索、成败经验的鉴戒，主要包含敬业、节俭、仁爱、正义、礼敬、诚信、谦虚、和谐等优良品赋，应结合企业的职业特点，明确提出企业倡导什么、主张什么、赞同什么，使上下都知道企业的追求和取向，而不是人言人殊，因此职业道德的陈述应该简洁、明确、可行。

3. 管理层以身作则

传统的、专制型的企业，往往视遵行规章制度和提倡职业道德是对普通员工的要求，是管理层管控员工的手段。实际上，言教不如身教，只有管理层特别是最高管理层自己身先士卒地倡导并做到职业道德所要求的准则，才谈得到上行下效的辐射实效。那种只要求员工修德行善而自己失德行恶的老板、管理者，是不可能真正得到员工的钦佩信赖的，这样的企业也不可能培育起良好的职业道德风尚。

4. 传扬职业道德至企业全员

尽管形成企业的职业道德风尚首先要求管理层以身作则，但养成职业道德绝不仅仅是管理者的独门特色，它是一切从事这一职业的人都要追求的文化目标，理应在企业中实现职业道德的全覆盖，使全体员工都知道并力行企业倡导的职业道德。培训、网络、内刊、交流、庆典等各种方法都可以培育职业道德。特别是养成职业道德的优秀员工——英雄人物的英雄故事，更应该受到推崇和奖励，使员工从自己的身边即知道怎样做、怎样行才是一个具有职业道德的人。须知，榜样的力量是无穷的。

5. 落实职业道德到工作信条

职业道德并不是空洞的道德说教和道德口号，它要与管理者、员工的日常工作和日常行为联系起来，成为从业者的工作信条和行为准绳，使职业道德成为看得见、摸得着的实在存在。比如说，仁爱美德不能仅仅是理论道理上言说一般，而要结合职业工作的特点，让从业人员看得见怎么做、怎么行才是仁爱精神的外显，怎么做、怎么行才是爱顾客、爱自己、爱同事、爱公司、爱社会，这样才能逐渐使贯注爱心的工作、行为落在实处而不致流于空谈。

6. 奖励和批评

遵守规章制度有优有劣，养成职业道德更是有先有后。只有通过奖励和批评才能使职业道德在企业中蔚然成风。对于具有职业道德的先进分子、英雄人物，必须通过物质的和精神的手段予以褒扬，让全体从业人员看得见自己效法的榜样和企业追求的职业品格；对于不讲职业道德的后进落伍者，也应予以必要的批评、处分，让全体从业人员知道自己应该克制的行为和企业反对的职业品格。总之，离开了奖励和批评的奖惩手段，企业就无以形成讲求职业道德的良好风尚。

案例

通用电器：诚信至上

美国通用电器公司（简称GE）于1892年由大发明家托马斯·爱迪生电灯公司和汤姆森·休斯顿电气公司合并成立。GE公司是世界上最大的提供技术和技术服务的多元化跨国公司，从飞机发动机到发电设备、金融服务、医疗造影、电视节目、塑料等，业务覆盖100多个国家，全球员工30多万人。由于出色的服务，GE公司在2016年10月位居2016年全球100大最有价值品牌第10名，2017年《财富》美国500强排名第13，在《2017年Brandz最具价值全球品牌100强》排名第19。

从1981年4月出任通用电器最年轻的董事长和CEO的杰克·韦尔奇算起，GE形成了独特的企业文化，经营发生了令人惊异的变化：通用电器市值从130亿美元上升到4000亿美元，排名从世界第10位上升到第2位。

韦尔奇提出了“在自己进入的每一个行业里做到数一数二”的核心理论，把“硬”管理如精干、高效、成本控制、全球化经营等和“软”价值观如现实、质量、卓越、人性因素等结合起来，软硬结合是GE的企业文化。

GE实行走动管理为主的直接亲近员工的、富有浓厚人情味的开放式有效管理。从公司最高领导到各级领导开门办公，欢迎员工随时进入办公室反映情况，总能负责地妥善处理员工来信。每年至少举办一次的“自由讨论”，不分上下尊卑，大家互相尊重，互相信赖，各抒己见，彼此和睦融洽。

GE视诚信为公司最重要的价值，犯了错要诚诚实实地纠正，犯了罪更要真真正正地惩处。

一次，机械工程师伯涅特领工资时发现少了30美元，这是他一次加班应得的加班费。为此，他找到了顶头上司，上司却无能为力，于是他给公司总裁斯通写了信。斯通叹道："我们总是碰到令人头痛的报酬问题，这已使一大批优秀人才感到失望了。"斯通立即责令最高管理部门处理好这件事。三天之后，他们补发了伯涅特的工资，并"小题大做"：第一是向伯涅特道歉；第二是在这件事的带动下，了解那些"优秀人才"待遇较低的问题，调整了工资政策，提高了机械工程师的加班费；第三，向《华尔街日报》披露这一事件的全过程。通用电器公司以"大家庭观念"妥善处理少发工资的事件，引起了美国企业界的轰动。

韦尔奇在每次公司的会议上，发言结束时从来没有忘记强调要诚信，因为在他看来："如果我在GE极力宣讲过什么的话，那就是诚信。这是我们的最高价值，具有至高无上的重要性。"可是，在GE却发生过一件背弃诚信的大事：GE飞机引擎业务部门的一名雇员赫伯特·斯坦德勒与以色列空军将军拉米·多坦合谋，从为以色列F-16战斗机提供GE引擎的主合同中将资金抽调出来。

事件被揭露出来后，斯坦德勒立即被停职，他拒绝与GE内部调查人员合作即被开除；公司专门从著名律师事务所聘请了一批外部律师，帮助GE的审计队伍进行调查。在大半年时间里，外部律师们和公司审计人员一起，调查了合同的每一个环节，与每一位参与者谈了话。这批人员在9个月的时间里，审阅了35万页文件，与100多名证人进行了交谈。结果发现，多坦在斯坦德勒的帮助下，设立了一个虚假的新泽西转包商。斯坦德勒的一个密友拥有这家公司，然后他们用这家公司将大约1100万美元的资金转移到多坦和斯坦德勒在瑞士银行的联名账户上。

在事件处理上，斯坦德勒被一脚踢走，最后进了监狱。但是，牵涉到的另外20名员工大多是GE的老员工，有些人工作长达37年，但他们没有得到一分钱，而且对这个阴谋并没有任何意识，只是属于失察之过。经过详细调查和公平分析，最后，对涉事的21人中的约11人做出了解聘或劝退处理，剩下的6人被降职，4人遭到严肃批评。一名公司经理被迫辞职，另有一名经理也辞职了。经历了19个月，GE处分了21名GE的主管、经理和雇员，向美国政府支付了6900万美元的刑事和民事罚款。在一个国会委员会上，公司飞机引擎业务部门的负责人不得不站在联邦法庭上代表公司认罪。

这一事件给全公司传达了一个清晰的信息：如果在经理们的管辖范围内出现了违反诚信原则的事情，那么他们就要为此负责，因为不重视诚实正直原则而导致“当官的被枪毙”，这在 GE 是一件大事。

在通用电器公司发展史上最重要的人物之一杰克·韦尔奇视诚信为公司的基础。他认为，没有什么比公司的诚信更重要的了，这是任何机构最为重要的价值观念。它不仅意味着人们必须遵守法律的条文和精神，还意味着要做正确的事情，并为你认为是正确的事情而斗争。

英特尔：职业道德/工作环境和团队

英特尔公司由罗伯特·罗伊斯、戈登·摩尔和安迪·格鲁夫三人在 1968 年创建于美国硅谷，经过多年的发展，英特尔公司在芯片创新、技术开发、产品与平台等领域取得了全球领先的地位，始终引领着相关行业及其发展，并率先向可穿戴设备、自动驾驶等新兴技术领域进军。鉴于英特尔公司推出的微处理器所带来的计算机和互联网革命，公司成立的时间显然不算太长，却盛享殊荣：2002 年，被美国《财富》周刊评选为全球十大“最受推崇的公司”之第 9 名，在《2002 年度最佳公司》排行榜上名列全球榜首，并在《2002 全球最佳雇主》排行榜上名列第 28 位；2017 年《财富》的美国财富 500 强排行榜发布，英特尔公司排名第 47 位。

英特尔公司的目标十分明确。在技术和经营上被公认为是最优秀的、保持领先的头号企业，这就要求企业不仅要在高科技及其产品上突出创新与创造能力，而且在经营领域取得的成就也要与在纯技术领域取得的成就一样出类拔萃。

为了实现英特尔的目标，经过调研审查、特别工作组草拟、十几位高管的讨论，公司形成了指导实践的哲学观手册。

1. 职业道德/工作环境

英特尔的总体目标是根据个人的职业目标分配工作任务。此外，努力营造一种环境，雇员在这个环境里实现自己的目标的同时，可以享受工作的乐趣。公司努力提供有利于快速发展的机会。因此，需要在培训上投入大量的精力。

英特尔是一个以成果为导向的公司。重视实质，而不是形式；重视质量，而不是数量。公司相信靠努力工作换来高生产力的原则是值得骄傲的。高度纪律性是公司所期望和值得称道的。

公司认可推定责任的概念。如果某项任务需要有人完成，那么推定你有责任完成这个任务。公司承担长期的责任。如果在某个阶段事业上出现了问题，重新分配工作是一个比解雇更好的选择。

公司希望让所有雇员都参与发展和分享他们与英特尔的关系，希望雇员关心公司。为了实现这个目标，公司强调畅通的沟通渠道，并努力把公司分成规模尽可能小的集体，从而使雇员形成认同感和密切的关系。

公司希望雇员在行为举止上遵守职业道德。

2. **英特尔的团队**

团队是英特尔的职业道德/工作环境不可分割的一部分。要实现英特尔的目标，团队的绩效是至关重要的。

英特尔的团队具有不同的形式。公司的许多组织必不可少地设置了拥有正式名称的团队（如现场销售人员、Fablv 工厂等）。为了解决重大问题，公司还组成了特殊的团队，其中许多团队在本质上需要牵涉许多团队。公司常常把这种团队称为“特别工作组”。

虽然上述团队是非常重要的，但是对于英特尔来说，可能最重要的是“无形”团队。这些团队没有正式的名称，没有特殊的形式，什么时候需要解决正常经营中不断发生的团队问题，它们什么时候就会应运而生。只有靠这些无形的团队的努力，英特尔才能实现其宏伟的目标。

团队的目标优于个人目标。这个原则适用于日常的经营活动，而且是根本性的。若需要改变工作任务或组织结构，这些变革是以优化团队的工作效果为目的的，而不是以维持个人的职业发展道路为目的的。

公司非常重视“管理接口”。公司的经营活动受到矩阵式的管理层和“多个老板”的影响。在许多情况下，责任是模糊不清的，运用推定责任的原则就变得非常关键。公司还有一个选择，即将增加企业的管理费用，设置许多重复的岗位，从而解决这些问题。

从英特尔的哲学观手册可以看出，英特尔公司不仅注重职业道德，而且还关联到目标、环境、硬件、经营、管理、纪律和团队等重要因素，形成了一整套以目标为指导、环境为依托、技术为支撑、经营为手段、管理为纽带、纪律为保障和团队为基本的职业道德机制。而且，英特尔不仅希望所有雇员在行为举止上遵守职业道德，而且强调管理层必须具有职业道德。决策与行为必须始终如一地在职业道德上不会受到指责。如果管理层具有诚实的品德，一视同仁地对待雇员，那么他们便树立了这样的信誉——他们具有职业道德。

巴菲特：所罗门之痛

沃伦·巴菲特几乎已经成为世人皆知的“股神”。从1965—2016年的52年间，巴菲特执掌的伯克希尔·哈撒韦公司的账面价值综合年增幅达到19%。巴菲特享有无数的荣誉头衔：2015年和2016年内，伯克希尔公司均夺得美国企业美元收益保有量第一名，其收益要比排名第二的企业多出数十亿美元；2016年9月，为彭博“全球50大最具影响力人物排行榜”第9名；2016年10月，列《福布斯》杂志“美国400富豪排名榜”第3名；2016年12月，荣获“2016年最具影响力CEO”荣誉；2017年3月，《福布斯2016全球富豪榜》排名第2；2017年7月，巴菲特在《福布斯富豪榜》以净资产734亿美元排名第4。这在美国历史上是罕见的。

我们可以看到巴菲特的财富，但更需要知道“财富背后的财富”，即是什么力量推动巴菲特的财富像“滚雪球”一般增长。正如巴菲特的授权传记作者艾丽斯·施罗德所说的，说得坦白一点，巴菲特不过就是一个拿着别人的资金进行投资的人，但就是依靠这种方式，他成功地跻身名人行业，成了众多投资者仰望的对象。别人投入了金钱，而巴菲特投入了自己的眼光和智慧，这样就成就了他数以亿计的财富，而他的手段不过就是买卖股票，进行投资。进一步观察可以看到，巴菲特的空前成功，除了受美国的经济走势、美国证券交易市场等外部环境以及他深邃的哲学思维、独到的投资理念、非凡的长期眼光、娴熟的投资技巧等影响之外，巴菲特高人一等的责任心、诚实的品格、节俭的习惯、报恩于社会等职业道德也是他成功的必要因素，而这一点却鲜为巴菲特的崇拜者们所注意。

巴菲特深知自己接受股东委托投资证券市场的责任，屡次重申自己的投资三原则：不要亏损，不要亏损，牢记前两条。为了实践自己的投资原则，他坚持受之于自己敬畏的恩师本杰明·格雷厄姆的投资理念——价值投资，即在众多个股中寻找内在价值优秀、发展前景好、企业设有“护城河”却为市场低估而股价偏低的公司股票、债券，果断购进并长期持有，特别是在股市一片萧条的低迷时机选好投资对象，而不会为一时“虚高繁荣”的短期行情所迷惑。

可以说，巴菲特的投资是一种负责任的投资，是一种把股东委托投资而不亏损置于首位的价值投资策略，这就支持了真正优秀却不为市场认识的公司的发展，从而益于创造更多的优质企业、就业岗位和经济繁荣，也让自己积累起了巨额的财富。股民获利、股东获利、企业获利、社区获利、自己也获利，这的的确确是一种堪称楷模的金融投资和金融经营的职业道德。

股东和世人最为赞赏的是巴菲特在经营中屡次强调并身体力行的诚信品格，这在巴菲特处置华尔街所罗门兄弟公司危机事件中彰显无遗。

1987 年，时任所罗门兄弟公司的首席执行官约翰·古特弗罗因德因为公司经营陷于危机不得不向巴菲特发出了求救信号，而在 1976 年巴菲特的 GEICD 出现危机险些破产的关头，古特弗罗因德曾伸出援助之手，帮助 GEICD 渡过了难关，两人也结下了深厚的友谊。大难当头，古特弗罗因德亟须巴菲特的收购。为了尽快完成收购事宜，他表示可以向巴菲特提供一笔 7 亿美元的优先股股票，能够分配到 15% 的公司利润，并用非常强硬的态度向员工们通报了这个消息。

巴菲特没有令朋友失望，他知道所罗门公司在销售市场和重构债券市场的实力，于是正式与所罗门公司签订了交易合同，买进了所罗门公司的优先股。根据双方协议，在所罗门公司的股票价格达到每股 38 美元前，公司要向巴菲特支付 9% 的股息，一旦公司股价达到或超过 38 美元，巴菲特即有权将优先股转让为普通股。如果股价走低，巴菲特可以选择撤资，放弃手中持有的所罗门公司股票。所罗门公司因巴菲特注入资金而解困，精明的巴菲特也因为可以得到所罗门公司的 15% 分红而不存在风险，双方的合作都实现自身利益的最大化。进入所罗门公司的第一年，巴菲特得到了 6300 万美元的红利，他和搭档芒格都成为公司董事会成员。谁知道，进入所罗门公司却给巴菲特带来了莫大的痛苦，而最后，又使巴菲特的诚信品格誉满全美。

所罗门公司的证券发行部和外汇交易部主管保罗·莫泽尔善于敛财，在短短几个月内就将公司的财务黑洞填满，并使它开始赢利，因此古特弗罗因德对莫泽尔大加赞赏。毕竟，在华尔街，在所罗门，谁能创造收益，谁就是英雄。还是那句老话："纸终究包不住火。"莫泽尔的违规造假行径逐渐暴露出来：他曾经 8 次申购债券的比例超过了美国财政部规定的 35% 上限，提交假的客户名单申报，虚假地抬高客户的报价，并且在客户不知情的情况下将多而杂的债券转入所罗门自己的账户。还有 4 次，他甚至申购了所发行债券的 75%。莫泽尔的这许多违规造假的"交易"被上报到了公司 CEO 古特弗罗因德处，但他也未受到处理，并且严严实实地对巴菲特封锁了消息，直到美国财政部、司法部反垄断以及律师事务所的深入调查使"实质犯罪"已不可隐瞒，巴菲特才被告知。古特弗罗因德被迫引咎辞职，巴菲特同意暂时接管董事长的工作。

出任所罗门公司董事长的巴菲特开始推行一种新的企业文化。巴菲特认为问题出在华尔街身上。"这个巨大的市场吸引了那些仅用金钱来衡量自己的人。"他说："如果一个人的一生仅靠他有多少钱来衡量，或是用去年赚了多少钱来衡量，那么他迟早都要惹上麻烦。”巴菲特说，从现在开始，所罗门的重心将转移：如果让公司亏钱了，我还能理解。但是如果让公司名誉受损，那我将毫不留情。巴菲特这种毫不畏缩的原则正是他本人的一种写照。这句话反映了他的专注、诚实、正直、干脆和行事简单。巴菲特希望他本人所代表的品质——专注、坦诚、正直、诚实等也能成为所罗门公司的品质。

巴菲特给全体员工写了一封信，要求员工将所有违背法律和道德的事情都上报给他。他还说道：“我希望每个员工都是自己的监督员。”到参议院作证时，巴菲特说：“一个国家有权利要求人们遵循其法律法规，所罗门公司没有尽到自己的义务。”国会议员们就所支付的超高薪水表示了质疑，一个债券交易员怎么可能挣到2300万美元呢？他们质问道。“这也让我很困扰。”巴菲特回答说。

巴菲特以异常的镇定和冷静处理着所罗门的麻烦事，但在看似平静的外表下，巴菲特内心却蕴藏着巨大的愤怒。经过很多努力和谈判，所罗门公司最终支付巨额罚款而被免于起诉。巴菲特认为员工们不可能在股东有损失的情况下还拿着高薪，员工们和他的想法恰恰相反，因为多年来他们一直是被这么对待的：除了节日奖金减少外，薪水的减少也引起了公司前所未有的震动。公司13位重要的高管发现自己的薪水减少了一半，公布薪水的时候，所罗门的走廊和交易大厅立刻起了骚动。由于预算和奖金都遭到大幅削减，交易员和银行家纷纷走人，证券部门一半的人离开了。交易大厅剩下的人也在临时罢工。尽管巴菲特拿了9亿美元给员工发了奖金，他们拿了钱就走了，大家都跑了。巴菲特将这次薪酬事件看作是一次文化测试：那些离开的人，是公司完全不需要的唯利是图的人；而那些留下来的人，才是公司真正需要的人。

巴菲特的授权传记作者追述说：华尔街是个唯利是图的地方。很多高层员工陆陆续续地离开，走的时候还将大宗业务带给了原公司的竞争对手。巴菲特无法入睡。“我没有办法不去想这件事。”他说道，巴菲特一生都在避免为那些没有安全退路的事情做出承诺，然而他在所罗门却无法控制。

巴菲特努力扭转所罗门“核心已经窝烂”的形象，事态正向有利于所罗门公司的方向发展：员工的辞职现象开始有所缓解，评级机构开始提升所罗门的债务等级，客户们也开始慢慢回来了。随着所罗门的股价慢慢攀升至33美元，巴菲特也迫不及待地要回奥马哈了。他宣布自己将辞职，莫恩接过了首席执行官的位置，巴菲特又任命MTO律师登纳姆为公司董事长。

巴菲特在国会上的证词和他解救所罗门的行为让他从一个富有的投资商变身为国家英雄。巴菲特证明：诚实最终可以得到回报，罪恶可以通过善良来化解。当所罗门丑闻平息之后，巴菲特的名气也迅速提高，公司的股价也随之升腾：伯克希尔·哈撒韦的股票突破了10 000美元，公司的资产总值达到了44亿美元。那些从1957年开始对伯克希尔进行投资的人，他们当初每投入1000美元就能得到350万美元的回报！

与巴菲特具有的坦诚、正直、诚实、简洁、敬业等职业道德而传扬于世的，还有这位亿万富翁的节俭，尽管他从来不非议其他有条件享受的富翁们的奢华。

早在童年时代，从巴菲特6岁时卖第一袋口香糖开始，紧紧抓住每一分钱就是使他比同龄人相对富有的两个途径之一，另一个途径就是积攒更多的现金。可以说，开源和节流是巴菲特贯彻终生的致富两手，杜绝浪费是巴菲特人生的首要信条。也许，他的节俭达到了令世人不解的地步，也留下了许多令人印象深刻的逸闻趣事。

巴菲特的节俭，在他赴纽约华尔街拯救所罗门期间突出地显示出来了。一到所罗门，巴菲特就对华尔街理所当然的奢侈生活方式大为震惊。那些高管的专用厨房简直和纽约的餐馆一样大。高管们可以点"地球上任何他们想要的东西。"在巴菲特看来，餐厅就是华尔街文化的象征，他觉得这种文化相当可恶。对所罗门，巴菲特回忆说，"他们在楼下还有个美发店，但他们从来没有告诉过我。他们担心我发现后会出现不良后果。他们甚至还派了个人来帮我擦鞋，而我根本不用付钱。"

一个员工曾说：所罗门的高管以前觉得"除了叉子以外，上帝禁止他们举起任何东西"。巴菲特这位新来的亿万富翁老板的行为在他本人看来十分平常，但却让所罗门的员工大为震惊。一天晚上，在去打桥牌的路上，巴菲特让他的司机停下车。他下了车，走到附近的一个商店，几分钟后又回来了。他的司机目瞪口呆：巴菲特居然拿着满满一兜子三明治和可口可乐。

一次，一家银行的董事长邀请他共进午餐，巴菲特还是点了他喜欢的薯条。沮丧的厨师做了一批又一批薯条。他们精心地削着土豆皮，然后又将土豆切得很细，紧接着迅速放入油锅搅拌，直到松脆程度刚刚合适。出锅后，厨师又将薯条精细地码放成金字塔形状，放在巴菲特每日必吃的汉堡包旁边。然而，巴菲特一边心不在焉地吃着，一边却还在想着麦当劳的薯条。

巴菲特永远不会忘记与他长期的密友《华盛顿邮报》出版商凯瑟琳·格雷厄姆在机场打电话那件事。有一次在机场，格雷厄姆要打个电话，需要10美分，由于没有零钱，她向巴菲特借钱。当巴菲特掏出口袋里仅有的一枚硬币时，发现是25美分。他毫不犹豫地转身去换零钱。格雷厄姆知道巴菲特是不想浪费，她连忙叫住了巴菲特，用半开玩笑的口气说就让她浪费掉这15美分吧。

一次，巴菲特去纽约出差，日本索尼公司掌门人、著名企业家盛田昭夫为凯塞琳、巴菲特等在其公寓举行了一场小型宴会，巴菲特应邀接受了盛田昭夫的邀请，只是除了菜单他什么也没碰过。第一道、第二道、第三道菜一道接一道地上来，大家津津有味地吃着，而巴菲特的盘子都是一点儿未动地拿了回去。他开始数数了，已经超过10道菜了。他试图用关于工作的幽默、谦虚的对话来弥补他在饭桌上的失礼。饭吃到一半的时候，巴菲特不由自主地开始想念汉堡包了。到第15道菜快结束的时候，他还是一口菜都没吃。盛田昭夫一直是盛情款待，这让巴菲特更觉得愧疚。他极想逃回凯瑟琳的公寓，那里有爆米花、花生、草莓冰激凌在等着他。

巴菲特的"豪宅"只是一栋价值31500美元的房子，他开的车还是多年前购买的那部凯迪拉克，而购买了一架飞机也是因为这样能省钱又省时间。品位非凡、成就不俗的沃伦·巴菲特过着简单的生活，他向来喜欢简单朴实的生活—— 一个妻子、一辆车子、一座多年没有翻新装修的房子，经营一家公司，和家人在一起的时间越来越多。

尽管巴菲特的个人生活堪称"吝啬"，但是在慈善事业上却是实实在在的全球之冠。

2006年6月25日，巴菲特在纽约公共图书馆签署捐款意向书，正式决定向5个慈善基金会捐出其财富的85%，约合375亿美元，这是美国和世界历史上最大的一笔慈善捐款。巴菲特准备将捐款中的绝大部分约300亿美元捐给世界首富比尔·盖茨与其妻子建立的"比尔与梅琳达·盖茨基金会。"自2006年开始，这一基金会将在未来的每年7月收到全部款项的5%。

同时，巴菲特还宣布，将其余价值约67亿美元的波克夏股票，分别捐赠给苏珊、汤普森·巴菲特基金会，以及他三名子女所成立的基金。

2015年7月7日，巴菲特宣布，将向5家慈善机构捐赠28.4亿美元，这是巴菲特的第二次年度捐赠活动。巴菲特再捐出19.3亿美元的股票给5个慈善基金会。

巴菲特午餐的慈善活动，是指和股神巴菲特在纽约知名的牛排馆共进午餐。2000年起每年拍卖一次，并从2003年起转为网上拍卖，所得善款全部捐给美国慈善机构。至2013年6月，过去13次竞拍一共为格莱德基金会募集了约1500万美元的善款。

自从2006年开始，巴菲特捐出99%的资产，却给子女留下比例不会太高的继承财产，他表示过："我想给子女的，是足以让他们能够一展抱负，而不是多到让他们最后一事无成。而且，他们都有了自己的不同事业。"

良好的职业道德、精明的投资眼光、亮丽的财富绩效、超常的慈善义举，不仅造就了巴菲特在美国和世界财富排名的最前列，也使他在美国被誉称为"除了父亲之外最值得尊敬的男人"。

7天酒店：从不竞争

7天连锁酒店集团，2005年由郑南雁获风险资本创立，经过连续多年的快速发展，分店总数已超过2000家，分布全国300个城市，成为中国经济型酒店行业的第一品牌。

7天尊奉“从不竞争”的经营理念，实行“自动自发”的管理机制：追求良性和谐发展，从不挖人，从不破坏公司生存环境，在激烈竞争的经济型酒店领域寻找属于自己的空间；公司的发展是“自动自发”，一方面注重自我发展、以我为主，另一方面公司上下在行事风格、平衡之道、管理策略、电子商务、会员体系等管理实践中建立起一种自动自发的机制。这就是通过“自动自发”机制而实现“从不竞争”式的发展。7天连锁酒店CEO郑南雁说：“公司的成功来自找到客户、员工、股东利益和谐统一的规律。”

在集团的经营管理上，7天强调先人后事的原则、重视人的职业道德重于其专业知识技能或工作经验。在郑南雁看来，专业知识和技能是可以传授和学习的，但个性、工作伦理和价值观都已经根深蒂固而很难改变。

在建立团队的过程中，郑南雁形成了自己的人才观，把人的能力分为三种：敬业能力、职业能力和专业能力。敬业能力是与每个人的人生观、价值观、理想密切联系在一起的，可能在一个人三五岁的时候就开始受到潜移默化的影响，这种对自己的核心要求贯穿整个人生历程；而职业能力包括协调、协同、沟通、与人相处和正确看待周边的人、事、物的能力，这些本领多半是从学生时代开始形成的；而专业能力则往往是在工作之后培养出来的。专业能力可以由公司培养，职业能力可以在后天磨炼，唯独敬业能力是最难被改造的，敬业能力、职业道德被郑南雁视为最有价值的人才素养。

7天的五人创业团队，虽然各有特色，却对公司的整合、文化具有认同感，能够“和而不同”地协力推进公司的发展。而且，7天公司贯彻先人后事、德重于才的原则于店长、员工的识别、选拔上，尽力寻找能遵循这套行为准则和文化价值的人，将那些不符合公司价值观、不认同公司行为准则的人请出去，离职者一律不挽留，通过新陈代谢自动形成公司的良性运行机制。

在对客户的服务上，为满足客户“天天睡好觉”的核心需求，7天推出了垂直切割的服务理念，即是把最关键的部分，重点投入资源并经营好，做到比人们期望的还要好一点，不重要的部分尽可能砍掉或严控成本，切忌像撒胡椒面一样，把所有的精力和资源都平均分配。为做好垂直切割，7天强调必须与它的会员和顾客有良好的互动：一方面，尽可能把会员和客户服务好；另一方面，也需要把自己的行为准则告知会员和客户，谋求对方的了解并形成默契。

在7天网站的专设会员投诉区里，入住的客人提出不满和问题，有些甚至言辞尖锐。郑南雁从不避讳揭短，明确表示对于投诉帖，7天一律不会删除，而要鼓励这种有效的监督。一次，有一位7天的会员在酒店订了两个房间并预付了房费，后来由于行程推迟而把订单取消了。但预付的房费却一直没有退回来，这位会员在7天的论坛上投诉。“很快有人联系我，而且还主动打电话想解决这件事。”这位会员说。3天内，这笔预付房费就退回到了他的账户内。

就像这样，7天连锁酒店集团秉承从不竞争、自动自发、先人后事、垂直切割、客户至上的经营理念、管理机制、行为准则，贯穿重德敬业的职业道德于内部管理和对外服务，成为7天持续成长的可靠人本依托和人才依托。

野村证券：内部交易之劫

1925年12月，日本野村证券从野村银行独立出来，逐步发展成为日本第一大券商和金融业的风向标，也是世界上最大的证券公司之一，至今在全球28个国家和地区设有办事机构。可是，2007年4月起，厉瑜的一系列内部交易却使野村证券遭受一大劫难，导致了声誉、信用一落千丈。

德国前总统霍斯特·科勒曾经说过，“现在的金融界是被一群自我满足和犬儒主义的精英所支配。”也就是说，现今的金融界精英们陷入了自我满足、漠视道德的泥潭，出现了严重的唯利是图倾向，职业道德问题异常严峻。也许，厉瑜内部交易案例仅仅是冰山一角而已。

中国籍日本京都大学药学专业毕业的留学生厉瑜在2002年被野村证券录用，原因是新世纪日本制药公司兼并急速发展需要医药人才，再就是考虑中国经济迅速增长的可能需要。据当时录用过程的调查，在是否录用厉瑜问题上，法务部门的部分负责人重视才能、结果而赞成录用，但其他负责人则指出这名中国留学生在遵守法令的意识上不强。尽管认识到这一点，但他们决定让他参加为日本籍员工开设的培训课程和道德教育课程，认为通过教育、培训，员工的伦理道德能够得到提升。但是，一个人的改变并不是一次或几次的教育、培训就能够实现的，况且是在钞票成堆、金钱诱惑力极大的金融机构。

还在读大学期间，厉瑜和苏氏兄弟在京都留学生聚会上认识后便密切往来成了好朋友，后来三人的职业都与金融有关，而且三人在赚钱目的上达成一致，甚至发展到合伙在不法行为上相互扶持以谋利。

在野村证券公司企业信息部任职的厉瑜伙同苏氏兄弟 2 人，通过厉瑜掌握的内部资料合谋赚钱。根据东京地方检察厅特殊部的调查，嫌疑人厉瑜在 2007 年 4 月份左右，掌握了野村证券公司与富士通的设备公司签订了并购协议的情报，正在进行股份公开收购。厉瑜早在消息公开前就知道了这个情报，通过他掌握这一情报的苏氏兄弟在随后的第二个月以 1170 万日元买入了富士通设备公司的 7000 股股份。之后，消息公开使得股价迅速上涨，此时他们又把股票抛售出去，从中赚取了 490 万日元的差价。此外，在北城制纸购买王子制纸的股份兼并其企业前，他们都预先买入一部分股票再抛售以赚取差价。用这样赚取差价的方式，他们通过多达 21 次的内部交易总共获取了 4000 万日元。最终，事情被揭发。也就是说，厉瑜以在企业信息部得到的情报为基础，伙同留学生时代结交的苏氏兄弟在别的证券公司开设新的账号，之后通过网上交易一年获利 4000 万日元。

野村证券的内幕交易事件曝光后，别的合约公司宣布要与野村证券解除合约，对野村证券的抱怨声也越来越大，不止一次出现内幕交易丑闻使人们对野村证券忧虑置疑，其业绩也受到相当影响。而厉瑜及另外当事人利用内幕消息进行股票交易，违反了日本《金融工具与交易法》，被东京地方检察厅逮捕入狱。

在企业经营中更不用说在容易湿脚沾水的金融交易中，没有职业道德甚至丧失法规底线的结局往往如此：尽管当事人可以侥幸谋利，但终究不能长久，恶行最后难免导致害人害己也害社会的恶果。可是，巨额暴利的诱惑下滋长的利欲本性却往往会使人弃置道义原则铤而走险，中外金融史上竟一再反复重演这样的悲剧，这不能不引起世人特别是金融从业人员的高度重视和异常警醒！

中科创业：无德终败

中科创业于 1999 年 7 月由吕梁在北京创办，注册资金 3000 万元，短短 4 个月左右，中科创业与国内 20 多个省市的 120 家证券营业部建立了融资关系，融资额超过 54 亿元。

创立以来，中科创业连续26个月被《中国证券报》列为投资风险最小的10只股票之一，长时间排名第一，被选为指数样板。被道·琼斯选为中国指数样本，被《证券周刊》列为可以长期放心持仓的大牛股。就是这家“大牛”公司，顺风顺水地玩弄欺诈操纵之时，到2000年底，却因内讧爆出惊天骗局，一朝崩塌，6名相关人员以“操纵证券交易价格罪”被判处徒刑。中科创业的沉浮奇迹印证了中国的老话：“来得容易去得快”“多行不义必自毙”，失去职业道德，无视法规底线，终会付出惨重的代价！

20世纪90年代，朱焕良（号称朱大户）在1992年的股票认购证风波中，依靠与人内外勾结抢到上万张认购抽签表，挖到了第一桶金。此人在建筑工地开大装卸车起家炒股，在股市中名声不好，不讲信誉，几次在与深圳机构联手炒股中都在关键时刻撒手先撤，从来不顾合作者死活，但却在康达尔上市公司中耗资两亿元购进康达尔流通股的90%被套牢；股评家K先生（吕梁）也因为炒股、做期货欠债上千万，他一直在等待翻身的机会。在他看来，“由于上市公司质量的普遍低劣，使得股民根本无法选择到真正有价值的股票，这就给市场运作带来了极大的空间，中国股市在某种意义上是一个故事会。”

1998年冬天，一需解套、一急还债的朱大户、K先生合谋翻炒康达尔股票，二人签了一个协议，K先生组织资金接下朱大户手中50%的康达尔流通股，朱大户配合长期锁仓，还必须帮忙安排购入康达尔部分国有股，最终实现对公司的控制和重组。朱大户承诺日后无论股价如何上涨，他都将以13元的协议价向K先生转让手中的股票。双方合作目标为5年。而曾任北京一家证券交易部交易员的丁福根狂热于证券，辞职跟随K先生办起工作室充任操盘手。

1998年11月26日，丁福根接到一份传真，中煤信托深圳证券营业部将227.9万股康达尔股票以转托管的方式打到了中兴信托北京亚运村证券营业部，接着他又收到了K先生的项目建议书，给出15%的融资中介费。K先生告诉丁福根，凭借项目建议书和朱大户送来的227.9万股股票，工作室必须在3个月内融资4个亿。

一周后，痴迷于K先生的债主——上海一家实业发展公司的总经理就拿来了1000万元的融资，并愿意为K先生找钱。旗开得胜，丁福根奔走于上海、深圳和全国各地的证券营业部洽谈委托理财事宜。融资协议由三方约定，即K先生的工作室、出资方和证券营业部，K先生以手中的股票做质押，资金方由营业部介绍，条件之一就是只能在该营业部操作，从而为其创造交易量。

融到第一笔资金后，K先生就用它去收购朱大户手中的股票，然后再把买进的股票拿给丁福根用于抵押融资。如此循环往复，到下一年3月前后，丁福根通过投资理财、合作协议、抵押贷款等各种形式，与各方人员共签下100多份协议，融进3.98亿元的资金。K先生用这笔钱，先后从朱大户手中买下1300万股，并转托管了1700万股，完成了控盘3000万股即50%的既定建仓目标。根据法律规定，任何人持股超过5%就必须举牌公告。为了规避这一条款，丁福根先后动用了1500个个人账户，把股票分藏在各个户头中，这些账户八成以上是由各地证券营业部以每张股东卡190元的价格卖给他的。同时，K先生组建了几个似乎毫不相干的公司分头收购了康达尔第一大股东深圳龙岗区投资管理有限公司持有的国有股。至此，K先生已占康达尔公司总股份的34.61%，成为第一大股东，拥有公司11个董事席位的7席，董事长也由他精心设计成了自己的木偶。

进入康达尔公司董事会后，K先生发现朱大户并没有讲实话。康达尔的养鸡业务几近瘫痪，内部账务出奇混乱，几乎是一个已经被内部人掏空了的烂公司，赢利报表靠朱大户填钱进去做出来，所谓地皮也是官司缠身，此外还发现了4亿元的假账。K先生在日后的自述中说："康达尔就是一个骗局，公司已经烂到无可救药，到处是谎言。我仿佛落入了一帮犯罪分子中间，而且要迅速沦为这伙混蛋的同伙。"K先生已无退路，背负了将近4亿元的债务，只能把骗局继续做下去，朝着犯罪的道路越走越远。身处骗子环绕的环境，他欲借助骗子们解套敛财，也沦落成一个货真价实的骗子。

K先生们的欺诈行为是十分精明有效的：当K先生从朱大户手中逐渐转买股票的时候，同时指令丁福根坐庄操作康达尔股票，当时他们已经控制了康达尔的5843万股流通股，其他散户流通股仅有1000多万股，他们轻而易举地拉抬股价。康达尔股价从1998年12月起震荡上升，操盘高手丁福根每天遥控各地营业部的操盘手们，有的抛盘，有的接盘，把K线图做得很好看，每日的震荡小涨也不会引起监管当局的注意。

一名操盘手日后在法庭上承认："K先生和丁福根的指令下达得很细：从早晨的开盘价到多少钱中盘倒仓，在哪几家营业部倒仓多少。为了操作隐蔽，操作不能太快，也不能慢，拉升时要注意日涨幅不超过7%—8%。"他细致描绘了当时对倒建仓的情景："比如，确定好价位是30元，操盘手就给两个持有中科创业股票和资金的营业部打电话，数量一样，价格一样，一个营业部买，一个营业部卖。"

第二年春节后，康达尔的股价拉抬至17元左右的价位，但自拉自抬并未带来效益。为引诱普通股民买进康达尔股票，K先生从3月起在《证券市场周刊》上连续发表了四篇《关于世纪末中国资本市场的对话》，为股市的重启大声唱歌。

1999年5月19日，在网络科技股的带动下，沪深两市突然井喷，上证综指在不到两个月的时间里从1100点之下飙升至1700点之上，涨幅超过50%，"5·19"行情让

K先生盛享“中国第一股评家”的美誉，他拉抬康达尔股票的行动变得无所顾忌，股价一路上扬，从20元涨到36元，7月份已到40元的高位。8月，K先生在《中国证券报》上组织了一个整版的文章，全面介绍重获新生的“康达尔”，宣称康达尔有望成为中国的伯克希尔·哈撒韦。在舆论造势、拉抬股价的配合下，康达尔到1999年底在深市涨幅最大的前20名股票中名列第17位，全年累积涨幅达111%，俨然成了科技大牛股。12月，康达尔在深圳工商局更名，新名为中科创业（集团）股份有限公司，简称中科创业。

此时，K先生雄心万丈，决心打造一个由多家上市公司组成的“中科系”，他入主上市公司，不想走朱大户当年从二级市场股民中吸纳股票的旧路，而是直接从上市公司的国有资产主管机构收购法人股，这样成本低而且避开了监管。他靠这种手法相继收购了中西药业的法人股、胜利股份的转配股、岁宝热电的流通股，并宣布中科创业与中西药业等成立全资公司展开先进癌症治疗仪器——中子后装治疗机（中子刀）的生产与销售，又宣布两家公司将共建“中国电子商务联合网”，实现18家不同所有制企业的大联合创建一个跨区域、跨国界的大型网络平台，修建一座“极具创新意识的超级电子商务大厦”；他还宣称中科创业将与海南中网公司组建“中国饲料业电子商务投资有限公司”，还将在西北地区投入巨资开发具有防止流沙和药物开发双重效益的苜蓿项目。而这些耀眼的重大工程，除了苜蓿项目投入100万元之外，其他全是“画饼”，从未真正实施过。可是，对不明真相的普通股民来说，这些弥天大谎却如注入鸡血，越来越多的股民竞相购买中科创业的股票，况且证券类媒体、金融研究机构也卷入吹拉唱抬：《中国证券报》排名第一的最小风险股票、中国指数样本和道·琼斯中国指数样本、《证券周刊》列为可以放心长期持仓的大牛股、无数企业和地方政府的投资顾问等，若干令人目眩的头衔光环大大抬高了中科创业的股价。

K先生们不仅巧妙收购、多方造势，在炒作中科创业的股票上也为所欲为。丁福根后来在法庭上供认：“股票市值翻番后，我们就用中科创业作质押，买进莱钢股份、马钢股份、岁宝热电，从而将这些股票拉升，提高市值卖掉挣钱之后，再通过倒仓、对敲进一步炒作中科创业的股票。因莱钢股份、岁宝热电等股票价位低，K先生希望用它们挣钱还融资利息，希望慢慢置换出中科创业的‘融资’，最终将中科创业据为己有。按K先生的指示，公司利用重组手段为莱钢、马钢、岁宝热电发布利好，从二级市场挣钱。K先生再去策划，鼓动大的机构如北国投、云南红塔、山东电力收购这几个上市公司。”

这时的丁福根已是中国股票市场“排名第一”的超级操盘手，每天指挥全国各地

70多名操盘手，按照他的指令卖出买进，控制着“中科系”的股价起伏。值得一提的操纵见证是K先生新婚之日——2000年2月18日的婚礼礼物一事：K先生开玩笑式对丁福根说：“你能给我一份特别点儿的礼物吗?”丁福根嘻嘻一笑。而在18号当天，他竟然把中科创业的收盘价恰恰停在72.88元的价位，给K先生的婚礼送上了一份意头好、价格高的股票。K先生、丁福根玩弄股权交易、炒作股票的手法真是到了肆无忌惮、炉火纯青的地步，融资、赚钱也达到了空前未有令人惊异的高度。

但是，当K先生和丁福根在中国股市上玩得风生水起之时，酝酿已久的中科系内讧却内爆了，虽然并非真相败露或操作失误受到监管部门或股民们追究，最终导致中科创业的崩溃和K先生们的悲剧下场。

眼看中科创业的股票节节上涨，深知内情的朱大户坐不住了，一心谋利的公司人员也手痒不止：终于，朱大户不管什么锁定自己股票5年的约定了，当他的股票市值从亏损2亿元增至10多亿时，他极度忧虑中科创业的骗局暴露，决定不再玩下去了，于是不断抛盘收纳现金。看到几次抛出股票套现的金额都在1500万元左右，机敏的丁福根觉察到只可能是朱大户所为，但当K先生找到朱大户时，朱大户毫无愧疚地直言，“我不玩了”。他继续抛盘出货。为免股价下跌，K先生先后动用36亿元接盘，但朱大户已经租用了几艘小快艇把金额达11亿元的数十箱现金偷运出境，K先生得知消息最后一次面见朱大户谈判，并发出威胁：“如有背信弃义的行为发生，绝不容忍，绝不客气。”但朱大户已经死不回头了，给K先生的最后一句话是“股票总要卖出才能赚钱吧”，对他来说这只是习以为常的惯伎重演而已。

中科创业内部的“老鼠仓”也爆仓了。公司人员私下建仓炒买股票已是公开的秘密，很多高层甚至拿出公司股票去做质押套现，K先生也只是睁一只眼闭一只眼装作不知道。当与朱大户谈判破裂后，K先生下令清查“老鼠仓”，要求所有公司资金于年底前结清。清查之风震动公司：与丁福根并称为“左臂右膀”的申总裁私自将公司股票拿出去质押，建仓规模达数千万元，在K先生的严令之下，以总裁为首的“老鼠仓”纷纷平仓出货，规模大到足以撼动中科创业的股票价格，它也引发了普通股民的大规模出逃。

从2000年12月25日开始，中科创业直跌到跌停板，连续9个跌停板，股价从33.59元一直跌到11.71元，50亿元的市值烟消云散，中科系的其他成员如中西药业、岁宝热电等股价数日之内跌去一半。

兵败之势已不可挽回。K先生约见《财经时报》总编辑，欲吐露中科创业内幕情况，认为自己的今日下场是“上当受骗”的结果，并透露在坐庄过程中与他有染的机构多达400多家，其中不少都非常知名。

“中科系”内部已经乱成一团，债主们包围了中科创业总部，一些人冲向K先生居住的北辰别墅。中科高层纷纷辞职，董事长和总裁相继面见媒体，声称“我们就像是光绪皇帝，被K先生架空”，“我们并不知道内情，是最大的受害者”。深圳中科召开紧急会议宣布“彻底与K先生决裂”。

K先生觉得“待在大牢里比待在外面被人追杀更安全”，但他并没有“如愿以偿”。2001年2月3日，北京警方到北辰花园别墅将他抓获。9日，被监视居住的K先生突然失踪，自此渺无音讯。据称，“那天他披着秋衣潜离，消失在初春亚运村川流不息的人流中”……

超级操盘手丁福根先生和妻子躲在一个亲戚的家里，他在北京的家里接到威胁电话说，若他踏进北京城半步，就会剁了他的脚。公安机关于2001年4月将他抓捕归案，他在拘留所里一夜愁白了半边头。第二年4月，他以“操纵证券交易价格罪”被判处有期徒刑4年并处罚金50万元。

2001年5月，中科创业（集团）股份有限公司通过股东议案，宣布公司名称变更为深圳康达尔（集团）股份有限公司。10月29日起，公司股票简称由“中科创业”变更为“ST康达尔”。

2002年4月，北京市第二中级人民法院公开审理中科案，6名相关人员以“操纵证券交易价格罪”被判刑。

中国古训说，“君子和而不同，小人同而不和”。这讲的是有德君子和睦相处而不同流合污，无德小人同流合污而不和睦相处。在小人眼里心中，只见钱、钱、钱。利益在中间，道义弃两边。在企业运作中，创业初期尚轻一点，一旦有利可图，不用说有大利可图，更不用说有暴利可图，无德小人基于唯利是图、唯我独尊的邪恶本性就会致人坐立不安了，巴不得自己多捞一点、更多捞一点，什么信义承诺、合同协议、职业道德、法律规章统统抛开弃置，并干出种种伤天害理、无法无天的罪恶之事，害了他人，害了社会，最终也害了自己。确如著名财经作家吴晓波所言，中科创业案件中，“几乎所有参与其中的都决意铤而走险，视法律为无物。这些人都学识渊博，精通法律条文，个个都是这个商业社会中的顶级精英人士，可是在巨大的利益的诱惑下，所有人都突破了自己的职业道德底线。”

在现代企业经营中，德重否？才重否？德才孰重孰轻？中科创业的案例就给了我们待己识人、录人用人的“德重于才”的珍贵鉴戒。

基本法则五：永葆创新活力

世界是变动不息的，创新发展也是永无止境的，从权宜变化到创新成长是现代企业的必然命运。创新型企业，离不开创新的环境、创新的意识、创新的实践、创新的考量和创新的反馈，一般存在创业生存期、发展扩张期、成熟品牌期、蜕变升级期四个阶段，需要构建创新的动力机制，把握新理念、新技术、新产品、新生产方式、新市场、新原材料、新商业模式、新制度等的多元复合型创新模式，通过自主开发、引进模仿、渐进改善、升级上档、全新革命等多种方式，永葆企业的创新活力。而现代创新型企业，通常需要注重技术开发和市场效益、个人能动和团队合作、计划安排和偶然机遇、创新发展和传统价值、创新成果和知识产权保护之间的平衡与互动。

一、 变动不息的世界

我们生活的世界，是一个变动不息的世界，旧的东西去了，新的东西到来；新的东西变旧了，更新的东西又来了。革新成长是这个变动不息世界的自然规律，生存在这个世界中的企业也须不断创新以永葆活力。周而复始，永无止境。

世界及企业的变化，既存在合乎规律的变化，也存在不合常规的意外，合乎规律的变化和不合常规的意外交织而成世界及企业的确定性和不确定性的运行。

世界及企业的变化，既存在渐进性演变，也存在突变，渐进性演变和突变交织而成世界及企业的按部就班和及时转变的运行；供给和需求互动决定的市场走势，既存在供给不足或过剩的可能，也存在需求过当或不足的可能，供给不足或过剩和需求过当或不足交织而成的市场必然出现变动不定的走势。

因此，生活在这个变动不息的世界、市场中的企业，理应遵循外部环境和自身规律的变化，权衡适宜而变化，而在加速变化的现代世界和现代市场环境中，权宜变化更体现为创新成长，这样企业才可望长盛不衰。

二、 企业的创新

一个现代企业，要真正走上创新成长之路，必须存在创新环境，具有创新意识，推进创新实践，进行创新考量，实施创新反馈。

创新环境。企业的创新需要创新的外部环境，这是一个以市场为基础、以竞争为机制、以公权力的明智干预为保障的环境。在一个以自上而下的集中计划为基础，以垄断为机制，以公权力的不作为、不公平、乱作为干预为特征的环境中是很难创新的。因为集中计划不可能反映现代经济的各种极端复杂的关系而失当，因为垄断无须创新也能攫取独占利润，因为公权力的不作为、不公平、乱作为干预必然造成混乱无序、机会不一、举措失当等经济恶果，而不可能形成创新的良性环境，这就必然抑制企业的创新活力，也谈不上创新企业的成长。

创新意识。对具有主观能动性的人类而言，意识决定行为，创新的意识导致创新的行为。但是，意识又常常具有“思维定式”的特征，特别是长期生活于因循守旧的不良环境或长期接受了不合时宜的落后意识，创新意识的产生或被世人的接受都将出现困难。企业创新，往往需要突破陈旧意识的束缚，接受创新意识的引领。无创新意识，就没有创新行为。

创新实践。创新不是停留在头脑中的一个意念和口头上的一句空话，它需要通过创新实践来体现，通过创新实践来产生结果，通过创新实践来造益于人类。没有实践，就没有创新意义的体现，就没有实际的产品和服务，造益于人类的目的也不可能实现。在创新的实践中，具有创新意识的创新先锋，虽然人数极少甚至只是一人，却对企业的创新举足轻重，其出类拔萃的卓越价值绝对不可低估。

创新考量。企业经营的目的在于满足客户的产品和服务需求，企业创新的目的也在于创新产品和服务满足客户的需求，无论是适应市场需求或创造市场需求，其最后目的都是满足客户的需求。尽管创新的动机是多种多样的，甚至可能纯粹只是一种兴趣、爱好、好奇心，但是考量、检验创新实践及其标准只能是需求，只能是满足客户有支付能力的产品和服务需求，只能是为满足需求、满足客户的产品和服务需求所创造的业绩。

创新反馈。创新不可能一蹴而就、完美无缺，而是一个逐步走向完美的过程。企业创新，要善于根据创新的成果，特别是创新的绩效来强化、修正、升级、改变某一创新产品和服务，坚持以市场绩效为考量创新活动的标准。有的创新，方向正确而力度不够，这需要强化；有的创新，还不成熟，瑕疵不少，这需要修正；有的创新，初级目标达到，档次不高，这需要升级；有的创新，形式亮丽，绩效不佳，这需要改变等。创新，虽然是企业成长的过程，但却需要创新成果的反馈，特别是创新成果的市场业绩的反馈予以强化、修正、升级甚至改变。创新技术、策划精英与市场营销、销售精英相辅相成，的确是创新型企业的最佳搭配。

三、 变化中的创新成长

企业是一个永无休止的成长过程，创新型企业也是一个永不停息的创造过程。创新型企业的成长一般存在渐次推进的四个阶段。

创业生存期，此为创新的初始阶段。即以创新为导向开创基业，此期的要旨在于找准现实市场或潜在市场的可能发展空间，务求企业能够立足于市场而生存下来。生存是贯穿这一阶段的第一要义，以生存为目标妥善安排人力、资本、技术、物资等生产要素的运作。

发展扩张期，此期为创新的扩展阶段。即在已保企业生存的基础上扩大事业，此期的要旨在于判明企业内生机制和外部市场的走势，确保企业扩大人力、资本、技术、管理等的生产要素投入能够取得相应增长的市场空间和相应增长的市场绩效。这一阶段最大的忌讳及最容易犯的弊病是利令智昏、管理失控而投入过大、扩张过快，导致企业在一片欢呼声中轰然坍塌。

成熟品牌期。此为创新的成熟阶段。在保住生存和扩大发展的基础上苦练内功并形成品牌。此期的要旨在于规范化企业的内部管理和巩固好企业的外部市场，通过为客户提供满意、更满意、超出预期满意的产品和服务，形成市场的公认品牌，稳定地创造出企业的优异绩效。

升级蜕变期。此为创新的更新阶段。在产品和服务市场已经成熟的条件下，探索企业的升级蜕变以实现新的发展。在竞争性的市场环境中，有利可图更不用说有大利可图的产品和服务势必引来众多的、强大的竞争者涌入，停滞在自己的成熟品牌上只会坐以待毙。此期的要旨在于顺应或开发市场需求推进成熟品牌的升级蜕变以至实行人力、资本、技术、管理等生产要素的重组，采用新技术，开发新产品，推出新服务，占领新市场，推动企业走向具有新技术、新产品、新服务、新市场内涵的新发展过程和新发展阶段。

企业的成长永无休止，企业的创新永不停息，完成一轮的生成又开启新一轮的萌生，一年接一年，一期接一期，一代接一代，永无止境。企业经营和企业创新的最大任务，就在于把握好发展过程中各个阶段的要旨并予实施；企业经营和企业创新的最大艺术，就在于准确判断阶段转换、过程转换的时机并予以实现；企业经营和企业创新的最大成功，就在于企业发展的全过程和各阶段都能把创新贯穿始终并产生市场绩效。善于把握阶段要旨、准确判断转换时机和贯穿创新产生绩效，才能推动企业从一个阶段发展到新的阶段、从一个过程发展到新的过程，实现持久以至永恒的成长。

四、 企业创新的机制、 形态和方式

要实现企业的持久创新，必须弄清楚企业创新的机制、形态和方式。

1. **动力机制**

事物的发展，存在一定的原因；企业的成长，存在一定的缘由；创新的展开，存在一定的动力。企业创新的动力，或来自企业的内部——内生机制，或来自企业的外部——外促机制，无论是内生机制——新理念引发的创新、新科技推动的创新或者是外促机制——市场拉动的创新或竞争逼迫的创新等，都能导致企业的创新活动。

新理念引发的创新。当企业在一种新理念的指导下，无论是取自思想市场或企业自身的实践，展开企业的创新活动，开发出新产品或新服务项目，这种创新就是新理念引发的创新。现代思想市场成果丰富，现代企业实践复杂多彩，只有善于学习和善于发现的企业，才能捕捉到利于企业成长的理念以至“闪光”，从而引发企业的创新实践。

新科技推动的创新。无论是来自科学技术研究机构或企业自身的研发部门，当企业的产品开发或服务推出是由新科学、新技术导致的时候，这种创新就是新

科技推动的创新。在现代社会，高科技和新兴技术呈指数涌现，无视或低估新科技对企业的推动作用，就难以推进现代企业的创新活动。要有效展开新科技推动的创新活动，就要从自身企业的实际出发，综合考评新科技的技术价值、市场价值和可能存在的风险，以成败两面观的思维方式规避、减小失败的风险，尽力争取企业创新的技术成功和市场成功。

市场推动的创新。一切经济活动的目的都是为了满足客户的需求，一切企业经营的目的都是为了满足客户的需求，企业创新的最终目的也是为了满足客户的需求，为了满足客户的需求——现实需求或潜在需求而由市场推动的创新即属于外部促进的企业创新。市场存在什么需求，市场存在什么潜在需求；供给满足现实市场需求的状况，供给可能满足潜在市场需求的状况；市场竞争的态势，本企业在竞争中所处的位置等。明智的企业，当是善于从供给和需求两方面的全面评估中展开创新活动。市场——这是企业从业人员更不用说企业领导者务必时时谨记而不可须臾忽视的创新关键变量。

2. **创新形态**

企业创新，常常表现为“硬”的物质形态，如新产品、新技术、新工艺、新原材料等的创新。但是，一个真正的创新型企业绝不会只着眼于“硬”形态的创新而无视、忽视“软”形态的创新。现代企业的创新，是广涵新理论、新技术、新产品、新生产方式、新原材料、新商业模式、新管理制度等的软硬兼具的、多元复合型创新。

新理论。理念导致行为，理念的创新对于一个由人组成的人类经济组织而言具有先行的效用。只有产生了创新的理念，才有可能发生创新的行为。“点子”“灵感”“偶遇”的价值，就在于理念层面的创新，可能引发实实在在的创新实践活动。

新技术。新技术在现代经济和现代企业中的驱动价值，也许怎么强调都不会过分。新技术能驱动新产品的产生，新企业的崛起，新业态的出现，新产业的问世，新经济的形成，正在成为企业成长的“硬”原动力。忽视新技术的应用，在科学技术突飞猛进、奇迹不断的时代，已经成为扼杀企业成长的头号“杀手”，是一个现代企业和现代企业经营管理人员不可犯下的“大错”。

新产品。企业的经营，终归要以新产品和新服务满足客户的需求为归依。在传统产业随着经济的发展日趋饱和的时代，不善于改新传统产品或开发新产品，就会陷于传统产品生产过剩的恶性竞争的泥潭，导致企业举步维艰甚至难以生存。开发新产品，提升传统产品的消费欲望，创造新的客户需求，才是摆脱恶性竞争“红海”的真正出路。那种依靠“假冒伪劣”产品和欺诈性服务的劣质企业，可能侥幸骗利于一时，但走向遭到市场淘汰、公义惩罚的自毁之路是不可避免的归宿。

新生产方式。企业的生产，总是按照一定的方式组织起来的，现代企业伴随新技术的应用必然形成新的生产方式，如何改善、提高生产效率已经成为现代企业的一大课题。新工艺的采用，新流程的建立，新信息的流通，新物流的传输，“新人类”的管理，这一切新生产方式的创新，正在速度越来越快、程度越来越深、规模越来越大地改变人类的生产方式。

新原材料。原材料是任何企业生产产品或提供服务必须投入的物质资材或精神素材，开发适用的原材料自然会成为企业的必修功课。发明新的原材料，应用新的原材料，开辟新的原材料来源，势将成为现代企业改善产品品质、提升产品性能、增强产品功能、降低产品成本的必由之路。

新商业模式。商业模式是一个企业提供产品和服务于客户以获取自己合理利润的经营模式。随着科学技术的进步和服务方式的革新，信息的采集、产品的供给、营销方式的改善、支付手段的安全与便捷、售前售中售后服务的全覆盖等，这一切关系到企业生存发展的信息、产品、营销、支付、服务诸环节的有效组合，创建新的商业模式，理应成为现代企业持久成长的重要黏合剂。

新管理制度。现代企业的运行更加复杂，发展速度和市场变化更快，对员工的自主能动性和创新能力要求更高，企业管理制度适应新的变化而创新势在必行。新时代的新管理制度，既要树立企业的文化理念，又要组织好企业的“硬件”生产；既要发挥好员工的自主创新能力，又要讲求公司的统一协调；既要生产出性能优异的新产品，又要提供好客户满意的新服务；既要讲求产品的品质和服务的质量，又要注重合理的价格定位；既要坚持企业自身的独特优势，又要保持适应市场变化的应变活力；既要保证企业的短期生存，又要注重企业的持久成长；等等。这一切，都在向传统的管理制度发起了新的挑战。能够成功应战的企业方可持久成长，不能应对挑战的企业势将夭亡。

3. 多样化的创新方式

要实现现代企业的创新，并非仅仅只有一条路，而存在自主开发、引进模仿、渐进改善、升级上档、全新革命等多样化方式。

自主开发型创新。自主开发型创新是依靠自身力量所进行的创新活动，是企业形成技术支撑的可靠依托。自主开发能力强的企业，往往具有良好的内部和外部动力机制，能够组织、激励员工、技术人员、先锋人士的创新积极性，对创新的成果予以肯定、评估和奖励。

引进模仿型创新。引进模仿型创新是技术落后的企业和国家实施创新的重要途径，它通过引进模仿先进企业和发达国家的创新技术，缩小与先进企业和发达国家的技术差距，实现跨越式的发展。引进模仿，务须注意知识产权和专利技术保护的法律法规，不能随意侵犯发明者的法定权利，并善于逐步推进，从引进模仿到消化吸收到自主开发的技术进步路线。

渐进改善型创新。渐进改善型创新是在已存技术基础上的改良、微调，通过对产品的原材料、性能、外观等逐渐改善实行的创新。人类总是不全面的，人类生产的产品也可能存在瑕疵，即便成熟产品、品牌产品也可能存在这样或那样的不足，这就需要渐进改善予以化解。在这里，客户的市场反应，自身的技术审视，对企业的渐进改善具有举足轻重的作用。

升级上档型创新。升级上档型创新并不局限于渐进改善，而是通过一些重大创新实现企业或产品的显著改变并升级、上一档。这类创新，不是对原有产品和服务的微小改善，而是在材料、功能、品质、结构上的重大改变，使生产者和客户能够明确感受到新技术、新产品比原产品、原技术的显著改进和升级上档。

全新革命型创新。全新革命型创新不同于原技术、原产品的升级上档，而是一种“颠覆式创新”，颠覆旧技术、旧产品的市场地位，重立新技术、新产品的市场地位，引起业内人士和客户群的惊异。这类创新，难度大，风险高，一旦突破就会引发旧技术、旧产品行业的革命性转变，甚至开创一种全新的新技术，新产品行业、产业。全新革命型创新，“颠覆式创新”，在科学技术日新月异、突飞猛进的时代，具有推动产业革命和社会进步的非常意义。

五、 创新型企业的几个特征

与传统型企业相比，创新型企业具有明显的不同特征。

推陈出新的机制。无论是新理念引发的创新、新科技推动的创新，或者是市场拉动的创新，它们都具有推陈出新的工作机制。比如，走动管理中吸纳一线员工的智慧，容忍工作异端，逆反的颠覆性置疑，流通畅达的信息渠道，专家群议的“头脑风暴”；重视科技新意的出现，专职研发机构的设置，特殊“机动密室”的存在，审慎评估科技创意的可行性，组织必需的科技项目的人力、财力、物力和时间支撑；及时收集市场需求的信息，利用互联网的客户端建议、意见甚至投诉、抨击而把握客户需求，成立专司市场信息、销售信息的机构，多方激励客户提供关于既有产品的意见与建议，等等。

个人能动性的充分发挥。人类，具有主观能动性、活动自主性、革新创造性，创新的进行有赖于这种能动性、自觉性、创造性的潜力释放和充分发挥。而这取决于构建利于、激励创新的管理机制。这种机制，一般不采用金字塔形的“专制”管理制度，而注重建立矩阵式、扁平型的分权自主制度，尊重技术人才、员工的“灵机一动”和各种偶然、意外的发现。许多企业的实践表明，创新不仅会来源于有计划的探察，也会来源于非凡人物的意外机遇的把握。

跨部门的团队合作。虽然技术创新主要是研发部门的职责，但有效的创新十分需要其他如生产部门、销售部门、服务部门甚至财务部门等的参与，组建跨部门攻关团队，克服研发部门可能出现的纯技术脱离实际、脱离市场、不计成本的倾向，形成企业创新的合力效应。跨部门的团队合作，可以避免技术部门“坐井观天”的狭隘性，开阔研发人员的视野，把企业的创新和生产实践、市场需求紧紧地联结起来，更有利于创新活动的业绩、效益成功。

容忍犯错与失败。创新的过程，实际上是一个不断犯错与不断失败的过程，期望一次创新就达到成熟完美的地步只是一厢情愿的良好愿望，爱迪生为找到合适的灯丝经历上千次失败才成功就是一个明证。尽管我们交付市场的产品理应是达到近于成熟完美而可以放心使用的产品，而它也会在市场的消费过程和企业的技术反思中逐步升级，从旧的成熟完美发展到新的成熟完美。在必要的成本控制和严谨的技术检测的情况下，通过犯错的纠正和失败的总结，才能取得创新的成功。不能容忍犯错的失败，就不可能实现真正的创新。

学习型企业。创新型企业必然是一个善于学习的企业。企业的实践不断出现成功经验和失败教训，成功的企业往往善于从成功中学习经验，也从失败中学习教训，一步步继续上进前行；外部世界是丰富多彩的，理论成果不断涌现，创新科技层出不穷，经验教训不断提供，创新型企业注重发挥自身优势但绝不会拘于自我，而善于从外部世界的理论成果、创新科技、经验教训中吸取营养，转化为自己的生命滋补，作出新的创造。一个现代企业，如果不能从自己的实践和他人的创造中不断学习、不断吸取、不断消化、不断创新，命中注定难逃遭到淘汰的命运。

创新的市场效应。企业的创新不同于科学的探索，它着眼于客户的需求，追求着市场的效应，检验于市场的接受。无论适应市场需求型创新或开发市场需求型创新终究要归本于市场。无视市场需求的创新，只是个人的兴趣爱好，而不是作为经济组织的企业的功能。企业，天生注定必须立足于市场；创新，命中注定势必面向市场。只讲市场，无视创新，企业没有生命力；只讲创新，不问市场，企业丧失持续力。成功的企业，是善于把创新与市场结合起来、讲求创新的市场效应的企业。

创新不忘保守价值。创新是推出新的东西，保守是恪守传统美德，创新与保守务必相辅相成，这样才能确保创新的正确方向，确保创新能够成为造福人类而不是危害人类的行为。诸如仁爱、诚信、正义等美德是人类社会数千年历史和市场经济数百年实践锤炼出来的恒常真理和普世价值，关系到人类社会的和平、幸福与繁荣。如果只讲创新的发明创造，而对创新的发明产生的社会后果一概不问，就有可能推动创新走上危害人类的歧途。我们期望科技创新的主体——科技人才能意识和坚持传统美德而避免“纯技术”的倾向，也希望社会公权力、非营利性组织、大众传媒发挥“防火墙”的作用，力避创新技术的滥用以免危害人类的生存、福祉。新技术是一把双刃剑，可能造福人类，也可能危害人类，关键在于人类怎么使用它、怎么管理它。

创新的知识产权保护。创新是企业的命运，创新成果是企业的权利，离不开知识产权的保护。企业耗费大量人力、物力、财力开发新技术、新产品，一些企业能有效保护自己的创新知识产权，就能够不断享受创新成果并创造条件推进创新，客户受益、企业受益，社会也受益；一些企业不能有效保护自己的创新知识产权，就不能享受创新的成果并缺乏条件推进创新，客户受害，企业受害，社会也受害。侵犯知识产权，这是不劳而获的盗窃行为，这是违法乱纪的罪恶行径，这是扼杀创新精神的邪恶举动，不仅需要企业的以法抗争，也需要社会公权力的公正执法和社会大众的自觉抵制。

案例

微软：创新制胜

微软由比尔·盖茨和保罗·艾伦创办于1975年，是世界PC（个人计算机）软件开发的先导性专业大公司，以研发、创造、授权和提供广泛的电脑软件服务为主业，其驰名世界并畅销全球的产品是不断升级换代的Microsoft Windows操作系统和Microsoft Office系列软件，是世界上最大的电脑软件提供商。微软后来更是扩张到了消费电子、云计算、社交网络等诸多领域。

发达国家的企业界流行一句话："不创新即死亡。"美国通用电气公司的前董事长和CEO杰克·韦尔奇也警示人们，在目前这个竞争激烈的新经济时代，一个企业家最差劲的表现就是缺乏创新，不思进取。微软的历程证明了这一现代企业运营的真理。

自从微软公司在一间旅店房间创办以来，开始是开发PC的编程软件，2年后以修改BASIC程序和销售BASIC解译器为主要业务，微软BASIC逐渐成为公认的市场标准，占领了整个市场；1980年，微软购买一位西雅图程序编制者帕特森的操作系统（QDOS）的使用权，进行部分改写后提供给IBM作为新PC机的关键操作系统软件——Microsoftdos（磁盘操作系统），随着IBM新机的普及取得巨大成功，并在很多公司被特许使用，使其成为80年代PC机的标准操作系统；1983年后，微软为IBM、苹果公司和无线电器材公司的计算机开发软件，日益成长壮大。

尽管微软开发的软件多种多样，覆盖PC、平板电脑、手机等多种电子用品，但微软技术创新和产品创新的真正代表是它的旗舰产品——Windows。

早在20世纪80年代，微软就开始研究图形用户界面（GUI），但在看到苹果公司演示的图形用户界面，接受苹果公司的委托开发应用软件并掌握了相关技术之后，才开发出了自己的仿苹果操作系统的Windows 1.0和Windows 2.0，推出后因技术不成熟并未受到市场的普遍关注。

尽管首次出击并不成功，但比尔·盖茨认定图形用户界面将成为电脑操作系统的发展方向，并加大了对Windows的开发力度，改进了产品的稳定性和视觉性。1990年Windows 3.0的上市引起了巨大关注，微软开始成为一个引人瞩目的公司。

微软并未停步，而是加大研发力量的投入对Windows 3.0的内核进行了很大改进，1995年推出新版操作系统Windows 95，实现了单用户多任务和多用户多任务的服务功能。Windows 95开始给用户提供浏览器，满足用户访问Internet的需求，受到很大欢迎。产品推出的同时，微软投入35亿美元展开了一系列宣传促销活动，使许多用户充满期待连夜排队争购Windows 95，对新产品的销售起到重要的配合作用。

盖茨日益感受到互联网对社会的深刻影响，坚持更多地开发软件的网络支持功能，Windows NT系列不同于Windows 9X系列，它是微软为企业服务的第一个服务器级操作系统。Windows NT 4.0 Server是Windows NT操作系统的集大成产品，这一新产品的内核稳定性更高、系统更安全、界面更友好、硬件的兼容性更强。它吸取了其他企业级操作系统的优点，使用户不再需要记住上百个指令，而是通过图形用户界面和鼠标操作实现所有的管理工作。

随着多媒体操作的日益扩展，微软在1998年10月将NT升级到5.0，命名为Windows 2000。这套系统功能更强大、性能更安全可靠，可以满足更多的企业需求并支持电子商务的发展。

21个月之后，集成了NT的稳定性、安全性以及Windows ME的多媒体和网络功能的Windows XP操作系统问世，它以互联网和数字媒体技术为动力，集个人计算机、多种设备连接以及多种服务为一体，增进了用户的个人计算体验，提高了个人计算机用户使用的可靠性、安全性和多功能性。

为了适应不同用户的需求，微软开发了三个不同版本的Windows XP：Windows XP Professional是为企业用户设计的，提供了最高级别的扩展性和可靠性；Windows XP Home Edition是数字媒体的最佳平台，服务于家庭用户和游戏玩家；Windows XP 64-Bit Edition则满足特殊专业工作站用户的需求。

新世纪以来，微软并没有停下创新的步伐，而是通过自主开发、合作、兼并等多种多样的手段继续创新。

2009年7月，微软公司和美国雅虎公司达成协议，在互联网搜索和网络广告业务方面进行合作，雅虎网站使用微软新推出的“必应（Bing）”搜索引擎，微软获得雅虎核心搜索技术为期10年的独家使用许可权。2011年5月，微软宣布以85亿美元收购Skype，使微软得以吸引更多的互联网用户，并在互联网广告市场缩小与谷歌之间的差距。2012年8月，微软推出全新的企业logo，首次对其企业logo标志进行大幅改动，给用户以新的感受。2013年9月，微软宣布将以54.4亿欧元（约71.7亿美元）收购诺基亚手机业务及大批专利组合的授权，并享有其他授权。2014年9月，微软以20多亿美元的价格收购Mojang开发组以及所发行的游戏Minecraft。2015年1月21日，微软举行Windows 10发布会，22日宣布于2017年推出Office 2016。2015年9月，微软以2.5亿美元收购以色列安全公司Adallom，进一步完善旗下云产品的选择，为包括Office

365 等产品提供安全服务。2016 年 1 月 12 日，微软发布 2016 年度第一波安全补丁，并不再为 Windows 8 系统提供技术支持，几百万 Windows 8 用户必须升级到 Windows 8.1 或 Windows 10，否则不会再收到安全补丁。2017 年 5 月 2 日，微软举办 Windows 10 S 系统和全新的 Surface Laptop 笔记本电脑发布会……

在以 Windows 系列产品为旗舰和包罗广泛的计算机软件产品的不断创新升级和不断创新业态的旅程中，是什么力量驱使微软能够做到这一点呢？这引起了业界、经济学界的极大关注，对这家在二三十年即跃居世界企业前列的新兴公司进行了多方面的探讨。

首先，这是一家理念清晰、目标明确的公司。微软的创新意识十分明确，也是比尔·盖茨一直坚持的核心理念。每天早晨醒来，想想王安电脑、想想数字设备公司、想想康柏，它们都曾经是叱咤风云的大公司，而如今已烟消云散了。有了这些教训我们就常常告诫自己——我们必须要创新，必须要突破自我。我们必须开发出那种你认为值得出门花钱购买的 Windows 或 Office。盖茨一直以悲观的腔调谈论微软的前途，即便是在公司最鼎盛的时期，他也一再强调微软离破产只有 18 个月的时间，要想继续滋润地生活下去，就必须学会创新。在创新意识的支配下，微软一直没有停止创新的步伐。甚至，微软的目标也在创新：微软原先的目标——让每一个办公桌上、每一个家庭中都摆放一台电脑。随着微软的发展壮大和计算机的广泛应用，微软提出了新的发展目标：用功能强大的软件来增强人们的办事能力——让人们可以在任何时间、任何地点、用任何装置完成想要完成的工作。

从模仿到自主的创新方式。微软奇迹般的发展举世瞩目，但“贪得无厌的剽窃者”的反对意见也不绝于耳。事实上，微软早期的确是善于模仿并完善他人成功的软件，然后把它应用到自己的产品中。盖茨 1981 年以 5 万美元的价格从竞争对手那里买来一套程序，这就是后来的 MS－DOS 操作系统；20 世纪 90 年代，苹果公司起诉说 Windows 操作系统侵犯了它的图形界面专利，此案以苹果公司的败诉告终；90 年代初，微软公司希望用 Windows 2000 操作系统取代太阳公司基于 Unix 的企业和网络服务器产品，以及利用一再改装的 MSN 在线服务超越雅虎（Yahoo）和美国在线（AOL），拿来主义、模仿完善、有所创新是微软早期的技术创新方式。

微软自身技术实力的增强，业内侵权官司的压力，世人对“剽窃”的诟病，市场竞争的驱动，使微软从模仿创新转向了自主创新之路，人们说从 1990 年 Windows 3.0 的推出标志微软真正开发出了自己的创新产品，致使微软迅速成为最成功的科技公司和最大的软件公司。

满足市场需求是王道。比尔·盖茨认为，市场的需求才是公司发展的指南针。通用电器公司的董事长也说过，我们只有一个使命，即理解我们的顾客，并以比其他公司更快的速度满足顾客的需要。盖茨在一次讲演中明确指出，微软公司要做两类事情：一类是满足用户现在的需求，另外一类是满足用户未来的需求。

为此，微软铺了研究和开发两条主线并相互联结：微软研究院这样专门的研究部门不惧风险失败，研究长期的、未来的需求；众多开发机构考虑市场现存的、即时的需求，务求满足客户的适用产品。研究的“思想家”和开发的“实践家”紧密合作：鼓励研究人员充当新技术的推销者，促进向产品开发部门的研究成果转移；鼓励产品开发部门等把用户需求和产业发展态势及时反馈给研究部门。同时，微软允许并推动科技人才在研究和开发部门之间的转移和流动。

微软的目的就在于满足市场需求，或者是用户现在的需求，或者是用户未来的需求。比尔·盖茨明确指出了微软的这一市场需求导向的发展轨迹：“我觉得，我们对于Windows 能把人们生活改变的这种梦想是无止境的，也正是这种梦想推动我们微软的事业一直在前进。”

不惧失败，越败越战。微软不乏成功的激励，也不乏失败的煎熬，但微软人不惧怕失败，而是越失败越勇战，须知创新毕竟是研发出市场没有的产品，其前景具有极大的不确定性。

“微软视窗”（Micvosoft Windows）就经历了这样一个艰难甚至备受嘲弄的问世过程。

1983 年 1 月，比尔·盖茨已向新闻界暗示微软公司正在开发视窗软件，到 11 月开了一个盛大的新闻发布会，宣布“微软视窗”将在年底推出，但是到 1983 年底，微软发布消息，视窗软件推迟到 1984 年的第一季度推出。第二次承诺的时间很快到来，但微软公司在图形用户界面技术研讨会上宣布，视窗软件将推迟到 5 月份才能与公众见面。5 月份来了，人们听到的是“请诸位再等一等，最迟 8 月份吧，我们一定给你们的机器装上视窗软件”。8 月份到了，因为可视公司投入上千万元开发 vision 软件失败破产和 IBM 公司、数字研究公司推出的产品遭到失败，人们寄希望于微软，得到的回答是：无可奉告。传媒给“微软视窗”取了一个象征性的名字“泡沫软件”。微软觉得 10 月份推出软件是可能的，但他们再度失望了，只好宣布视窗问世的时间是 1985 年 6 月份，这离第一次新闻发布会宣布的时间相差了两年半。

在一次又一次备受人们嘲笑的推迟中，微软改革内部管理体制，加强“微软视窗”的人力物力投入，程序员们不分昼夜地工作。“微软视窗”终于在 1985 年 5 月的春季计算机展销会上亮相，成千上万的用户看到了用鼠标和键盘打开和关闭“窗口”的神奇效果。经过用户和新闻界的测试和评估，“微软视窗”于1985年11月正式上市。微软的时代到来了！尽管它来得如此曲折，如此迟疑，如此艰难！

微软公司认为，失败是成功的一种需要。诚如美国知名创业教练约翰·奈斯汉所言，造就硅谷成功神话的秘密，就是失败。失败的结果或许令人难堪，但却是取之不尽的活教材。在失败过程中所积累的努力与经验，都是缔造下一次成功的宝贵基础。请记住中国的一句老话：“失败乃成功之母。”

创新的人性环境。为了激发研发人员和员工的创造精神，微软倡导崇尚自由的办公理念和突出办公平等的意识，营造了一个独立的富有个性的工作环境和理想的便利服务的办公环境。

微软公司总部设立在西雅图北区，四周都是葱郁的树林，所有的楼房都设计成X形，从每间房子的窗户都可以看到翠绿的树林。在总部里，所有的成员都享有同等的约11平方米的单间办公室，里面可以听音乐，调整灯光，可以在墙壁上随意贴自己喜欢的海报或在桌上摆设自己喜欢的东西，让员工犹如在家里工作一样。在公司里，员工可以任意穿他们自认为最舒适的服装上班，短裤和汗衫都可以，也可以光着脚。每栋楼里有四个供应间，里面堆满了多种办公用品，应有尽有，并且无人看管。楼内设有提供24小时服务的快餐店，所有饮料都是免费的，还有专为熬夜的人准备的羹汤。微软博物馆的数据显示：微软园区内每天要消耗3500块比萨饼，2400个汉堡包、1000只鸡、48 000罐饮料。每年回收的废品：易拉罐112吨、白纸197吨、混合纸581吨、纸板461吨……

离办公楼不远就是运动场，所有的集体性体育活动都免费。盖茨还鼓励大家应当有业余爱好，从攀岩、溜冰至雕刻、自己搭建房屋等。微软帮助人们填补生活空缺，稳定的供应流水线可以提供T恤，还可以自由组织唱歌、团体、英式足球团体、单亲父母团体、男女同性恋团体，等等。微软公司里没有设定工作时间表，他让员工自己选择工作时间，目的在完成工作任务，而不在于工作时间的长短。

微软创造的办公环境，富有人性，相当程度满足人性需求，让员工感觉自由自在，被尊重和信任。在比尔·盖茨看来，如果只是用高的待遇，或许可以吸引到一些人，但只有一个特别吸引人的环境，才能吸引到并且长期留住所有最佳的人才。

招聘吸纳人才，实施职业培训，充分发挥个人能动性。微软视人才为公司成长的生命力所在，因此在招聘人才、培训人才、授权人才、评估人才、激励人才诸环节不遗余力，力求创造最佳的工作绩效。

微软公司拥有200多名负责招聘的专职人员，他们每年要访问上百所大学，举行几千次面试，招聘上千名新雇员。这批微软新人大多来自排在世界前列大学的计算机专业，如哈佛大学、耶鲁大学、麻省理工学院、卡耐基·梅隆大学和数学闻名于世的华特鲁大学等。而在招聘人才时，微软比较注重人才的综合素质，即除了考查人才的专业背景之外，还要考查其心理和情感因素，其中包括：应变能力、适应能力、再学习能力、竞争能力、承压能力等。

微软有一句口号："不管员工是什么专业的，都可以通过培训使他们完全胜任微软的工作。"在人才培训上，微软推行了一套独特的"师傅制"，通过熟练员工来教育新员工。这些熟练员工有组长、某些领域的专家以及正式指定的指导教师。这些"师傅"除了完成本职工作外还要负责教导新雇员，不仅传授专业技能，还包括各种职业精神。此外，不定期举办的"蓝碟"午餐会，由经验丰富的程序经理介绍他们的经验，进行工作的交流和探讨。

微软公司的管理特点是充分授权，即领导者在自己权力许可的范围内让下属充分发挥自主能动性，也就是将大部分权力下放给属下，让每项工作都"责任到人"，员工有权决定自己的工作方式。

工作时间和工作方式并不是微软对员工的考量标准，研发出来的成果才是。微软采取了360°全方位的评估办法：评估过程中，本人、负责经理、直属下属、同事、客户都会对员工做全面的评估，以保证评估的客观性。而且，微软还在评估中注重反馈和跟踪，这样既可以最大限度地提升员工的积极性，又可以及时解决员工反映的问题。

为充分发挥员工的积极性和创造性，微软实行了股权激励和精神奖励的双管齐下政策：一方面，员工入职即可获得按职位划给的股票，离开时划出，可提取划入日和划出日之间的差额，这是比其他收入高数倍的财富，微软"低工资高股份"的薪酬模式使员工的主要收入来源并非薪水而是股票升值，使员工更加注重公司的持续成长；另一方面，每一位参与微软产品研发的员工都可以获得一块镌刻参与项目的纪念性铜牌，铜牌上记录的产品越多，说明获奖者参与的项目越多，贡献也越大，这成为微软员工的一种莫大的荣誉。

打造创新的团队合作企业文化。微软注重充分激励个人的工作能动性，也高度重视团队合作精神。微软遵循六个核心价值观：一是正直、诚实；二是对客户、伙伴和技术满怀热情；三是尊敬他人，以诚相待；四是勇敢面对挑战和征服挑战；五是自我批评，不断提高，追求卓越；六是忠于职守。微软还有8字箴言：互补、互助、互勉、互动。微软人本着这种蕴含丰富的合作精神，投入到不断的技术创新和产品创新之中。

在微软的高层领导者中，就体现了这种优势互补的合作精神。保罗·艾伦喜欢技术，专注于微软新技术和新理念；比尔·盖茨以商业为主，负责销售、技术、律师、商务及总管公司；后来的微软公司首席执行官史蒂夫·鲍尔默擅长社交，实施激励员工激情与活力的激情管理；精于计算机程序软件的西蒙伊，担任软件开发部经理，对微软 Windows 图形视窗的贡献卓著。

除了高层管理人员，微软员工都十分重视团队合作精神。当新录员工进入微软，感觉得到公司上下都是成功人士，他们的精神抖擞、信心十足，所有人都穿着普通的服装，却有着难以置信的谦逊，没有锋芒毕露咄咄逼人，也没有愚蠢的傲慢。正是从上到下各种人才的团队合作，造就了微软举世皆知的非凡业绩。

保护知识产权。尽管在微软发展的初期曾经因为仿制其他公司的软件产品而受到诟病，也经历了一些侵权官司，但随着公司发展成熟，Windows 和 Office 系列软件节节推出，知识产权保护也日益为微软所重视。

其实，微软公司成立之初，比尔·盖茨就注意到保护自己的知识产权。微软同艾德·罗伯茨的微型仪器遥测系统公司曾签订过一份合同，比尔·盖茨对软件的开发者、销售者与使用者各自拥有的权利作了明确的规定，这份合同细致而合理，后来成为专利合同的样本。比尔·盖茨呼吁："同音乐作品一样，计算机软件也是一种知识产品，并不是可以免费使用的。"值得庆幸的是，计算机软件和其他网络产品逐渐受到了版权法的保护。

乔布斯：不断前进

史蒂夫·乔布斯生于 1955 年（出生即被父母遗弃），卒于 2011 年。在短暂的 56 年生涯中，乔布斯以其卓著的天才、鲜明的个性和优异的创造，彻底改造了六大产业：个人计算机、动画电影、音乐、移动电话、平板电脑和数字出版；刷新了电子产业的业态；开设苹果直营连锁店，创办应用程序商店。除了留下伟大的产品和卓越的公司之外，乔布斯还给世界留下了关于企业创新的珍贵遗产，给致力于创新成长的公司以丰富的启发。

1976 年 4 月，乔布斯和高中学友沃兹尼亚克（以及不久后退出的罗恩·韦恩）卖掉自己的汽车，合资 1300 美元在一间公寓里创办了苹果电脑公司。他们认同，一个伟大的工程师，只有和一个伟大的营销人员合作，才有可能被世人所铭记。沃兹尼亚克富有技术设计才华，主要负责电子工程的执行；乔布斯长于商业能力，负责电子工程和市场营销；韦恩负责机械工程以及文书工作。

苹果公司成立不久，乔布斯和沃兹尼亚克推出了他们最新生产出来的电路板——Apple Ⅰ主板，整合了微处理器、8Kb的内存以及沃兹尼亚克编写的BASIC语言的程序版本，特别是“关键部件”的人性化键盘。但是，尽管功能不错，差劲的粗乱外观却令人望而却步，Apple Ⅰ并没有成功。

沃兹、乔布斯开始改进，开发新一代的电脑——Apple Ⅱ。乔布斯的养父曾经教导过他，追求完美意味着：即便是别人看不到的地方，对其工艺也必须尽心尽力。乔布斯终身受益，把追求完美的理念用于Apple Ⅱ的内部电路板设计。乔布斯和沃兹尼亚克推出了第一台整合所有部件的个人电脑——Apple Ⅱ，沃兹尼亚克的电路设计能力与乔布斯的整体布局能力相结合，新电脑简单而又精致，体现了乔布斯设计理念的决定性准则：“至繁归于至简”。这时，真正了解销售又能写商业计划书的迈克·马库拉加盟苹果，新公司——苹果电脑有限公司买断原苹果公司的股权。1977年4月，苹果公司在旧金山举办了盛大的产品发布会，受到普遍好评，也引起了媒体和风险投资商的关注。此后16年中，各种型号的Apple Ⅱ共售出了将近600万台，真正开创了个人电脑产业的新时代。

苹果公司开发出新的电脑产品——麦金塔，它引发了一阵短暂热潮后，销量急剧下滑。而之前推出的丽萨电脑的销量几乎为零。麦金塔的资深工程师们相继离开，苹果公司的创始人之一沃兹尼亚克也悄然离去。在苹果效益节节下滑的巨大压力下，乔布斯在董事会动议前提交了辞职信，1985年9月离开了自己亲手创办的苹果公司。

离开苹果公司之后，乔布斯继续创新产品的步伐，但总体上看并不算成功：新创NeXT公司推出实现可搜索式电子书概念的先驱——NeXT电脑，工厂储备好每月生产10000台，结果每月销量只有约400台，过高的价格以及外配打印机、外部硬盘还得花不少钱，NeXT电脑的光驱速度缓慢，产品发布会的一片欢呼声并没有带来市场效益。收购的皮克斯公司电脑制作的动画片——硬件、软件、动画内容不断赔钱，《锡铁小兵》“叫奖不叫座”。直到1995年，《玩具总动员》才获得巨大的商业成功与业界认可，全球总收入3.62亿美元。虽然在家庭生活和电影产业上获得巨大的成功，但乔布斯一直热衷的主业——个人计算机产业却乏善可陈，1993年他彻底放弃了硬件的创造，解雇一半以上的人员，把自己喜爱的工厂卖给佳能，而把操作系统授权给其他制造商。

离开苹果后的10来年间，乔布斯创建了自己的公司，充分发挥自己的自由天性和创新激情，推出了一系列炫目的产品，虽然这些产品大多遭到了市场失败的重挫，但这深刻地启发了他，使他自己取得了切身的经验，对他后来重返苹果做了必要的积累。

在乔布斯离开后的几年，苹果公司还统领桌面排版系统，获取很高的利润率，乔布斯的接班人斯卡利甚至声称"高科技不能作为消费品去设计和销售"。1995年8月，微软发布的Windows 95成为最成功的计算机软件，苹果的麦金塔开始暴跌：到1996年，苹果的市场份额从80年代16%的最高点下降到4%。1993年，取代斯卡利担任苹果CEO的迈克尔·斯平德勒试图把公司卖给Sun、IBM和惠普，失败后即在1996年2月被吉尔·阿梅里奥取代，而他上任第一年，苹果公司亏损了10亿美元，每股股票从1991年的70美元暴跌到14美元，而当时正值高科技泡沫把其他股票推向一波又一波的高峰。苹果因缺乏创新产品进入市场，已经陷入十分危险的破产境地。

苹果公司的绝境和乔布斯的NeXT的困境，驱使苹果公司和乔布斯走上了重新合作以渡难关的道路。经过一番讨价还价，苹果公司同意收购NeXT公司，乔布斯将拿到1.2亿美元的现金和价值3700万美元的股票，并承诺持有这些股票至少6个月。由于惦念自己钟爱的家人和皮克斯公司，乔布斯经过一段犹豫，最后下定决心重返苹果。这时是1996年12月，离乔布斯从苹果出局已达11年了。

天才就是天才！谁曾料到，在少有创造的30多岁的10年之后，《玩具总动员》一炮当红，第二年乔布斯重返苹果，40岁后的他竟然能创新再创新，彻底改变了音乐播放器、唱片产业的商业模式，移动电话、平板电脑、图书和新闻业的产品和业态，创造了人们难以想象的奇迹，而他的动力十分明确：创造不断革新不断变化的伟大产品，以及建立一家有持久生命力的公司。令人惊异的是，在乔布斯40岁之后的16年时间里，达到了自己的目的。

一回到苹果，乔布斯就开始实施自己的专注原则：决定不做什么跟决定做什么同样重要。对公司来说是这样，对产品来说也是这样。经过产品评估，显示苹果的产品线十分不集中，乔布斯给了三个星期的时间让开发团队对此作出简单的回答，但未能如愿。一名苹果员工回忆道，乔布斯愤怒指责："真是荒谬！无数的产品，大部分都是垃圾，由迷茫的开发团队制造。"乔布斯说："我让他们给我解释了三个星期，我还是搞不明白。"最后他提出了一些简单的问题，比如："我应该让我的朋友们买哪些？"当无法得到简单的回答时，乔布斯开始大刀阔斧地砍掉不同的型号和产品，数量达到70%。他说："你们是聪明人，不应该把时间浪费在这样的垃圾产品上。"

在一次大型产品战略会议上，乔布斯干脆在白板画了一个方形四格表，分别写上"消费级""专业级"和"台式""便携"，他说他们的工作就是做伟大的产品，每格一个。会议室里鸦雀无声。董事们在会议上听取计划时也同样一片沉默，开始时还反对这个计划，认为这是在冒险，乔布斯坚定回答："我能成功。"虽然董事会从来没有投票赞成过这个新战略，但乔布斯带领苹果往前冲了。

接着，苹果的开发力量和管理重点突然高度集中在四个领域：专业级台式电脑，他们开发了 PowerMacintosh G3；专业级便携电脑，开发出了 PowerBook G3；消费级台式电脑，后来发展成了 iMac；消费级便携电脑，就是后来的 iBook。乔布斯退出了制造打印机、服务器和手写识别系统，"停掉它，我就解放了一些优秀的工程师，他们可以去开发新的移动设备。最终我们走对了路，做出了 iPhone 和 iPad。"

专注拯救了苹果，在乔布斯回归的第一年，他裁掉了 3000 多人，扭转了公司的财务状况，而在 1997 年 9 月乔布斯成为临时 CEO 之前的一个财政年度，苹果已经亏损了 10.4 亿美元，"我们离破产不到 90 天。"在经历了两年的巨额亏损后，苹果终于在 1998 年第一季度赢利，获得 4500 万美元利润，整个财政年度实现了 3.09 亿美元的赢利。乔布斯惯于在讲演结束时说："噢，还有一件事……"还有的一件事就是"考虑利润"。他深知，公司没有利润，不说发展，生存也是极其困难的。

对于一个产品，乔布斯坚持以设计为核心灵魂，把产品设计、产品本质和产品制造联结起来，苹果产品——包括 iMac、iPod、iPhone 和 iPad 就是这种工作机制的卓越成果。

iMac——面向家用电子市场的台式计算机于 1998 年 5 月问世，这个一体化的产品把键盘、显示器和主机结合在一个简单的装置中，从箱子里拿出来就可以用，体现苹果的品牌文化，价格也低于过去的苹果计算机（2000 美元），仅为 1200 美元。

乔布斯不仅精益求精地苛求制造出受市场欢迎的产品，也发动了强大的营销攻势，乔布斯再次举办了一场划时代的 iMac 产品发布盛会。1998 年 8 月，iMac 正式发售，售价 1299 美元，上市 6 个星期就售出 27.8 万台，到年底售出了 80 万台。除蓝色之外，iMac 还设计了四种色彩诱人的新颜色。而此时，乔布斯已把眼光投向不仅能播放音乐还能刻录音乐光盘的可能新趋势了——进军音乐市场。

到 2001 年，苹果在自己的计算机产品上做了不少创新，乔布斯在思考"下一步做什么"的方向。而此时，互联网泡沫破灭了，通货紧缩也更加严重，作为数字革命中核心产品的个人计算机被专家预测将寿终正寝。苹果面临何去何从的重大抉择。"疾风知劲草，板荡识忠臣。"乔布斯就在这种情况下交出了新的答卷，宣布了苹果的新战略——拓展数字中枢产品个人计算机，这不仅将改变苹果，也将影响整个电子技术产业。在这个战略的指导下，个人计算机不仅不会成为边缘化的副线产品，而将成为一个“数字中枢”，整合各种数字设备，包括音乐播放器、录像机以及相机，它可以连接并同步所有的这些设备，也可以管理人们的音乐、图片、视频、信息，以及被乔布斯称为“数字生活方式”中包含的方方面面。苹果公司的“麦金塔”计算机将得到重生，成为各种新潮数字产品的中心，包括 iPod、iPhone 和 iPad。

乔布斯在向自己的年龄挑战，一直在思考为什么人在 30 多岁后就会变得思维僵化、缺乏创新意识。他说：“人们被卡在这些固有的形式中，就像唱片中某一段固定的凹槽，他们永远无法摆脱出来。当然，一些人天生就有强烈的好奇心，永远有一颗孩子般的心，可惜这样的人太少了。”45 岁的乔布斯，就从人们常有的这段人生“凹槽”中跳出来，投身到引领未来的数字革命浪潮之中了。

2001 年 1 月，乔布斯在 MacWorld 大会上发布了音乐软件 iTunes，所有苹果电脑用户都可以免费使用这个软件，过去的界面可以按照歌手、歌曲名或专辑名进行搜索，现在则可以直接输入任何你想搜索的信息。2001 年 10 月，便携式音乐播放器 iPod 在产品发布会上隆重推出，这个可以放进牛仔裤口袋的小机器里面装着 1000 首歌曲，用户可以从计算机里把歌曲转移到 iPod。2004 年 1 月苹果又宣布推出新版本的 iPod mini，体积更小而容量也更小。2005 年 1 月具有革命性创新的 iPod shuffle 推出带有随机播放功能的更新版本。到 2007 年 1 月，iPod 的销售收入已占到苹果总收入的一半。

更大的成功来自 iTunes 商店。自从在 2003 年 4 月发布后的 6 天内卖出 100 万首歌曲，2006 年 iTunes 商店卖出了第 10 亿首歌曲，2010 年 2 月一位 71 岁的老人下载了第 100 亿首歌曲。iTunes 商店还为用户提供在线支付和在线购买、订阅杂志服务。随着 iTunes 商店开始销售视频、应用程序和订阅服务，该数据库到 2011 年 6 月已有 2.25 亿活跃用户，把苹果带进了一种全新的商业模式和数据商业的新时代。

乔布斯的数字影像公司皮克斯也没有停止创新的步伐，继《玩具总动员》大获成功之后，《虫虫危机》《玩具总动员 2》《海底总动员》相继推出并受到热捧，实现了乔布斯“精彩的内容和伟大的科技相结合”与“把科技与艺术联系起来”的理念，创新了数字影像的发展。

乔布斯也好，苹果也好，创新路上并非只有胜利没有失败。苹果公司 2000 年推出的 PowerMac G4 Cude 高端台式电脑外观、功能都不错，但在专业市场和大众消费者市场的反应并不好，过高的价格令专业人士不愿追求外表，而大众市场不愿花出大价钱。乔布斯曾预计，苹果公司每季度持续卖出 20 万台 Cude，但在其销量的第一季度只卖出了预计销量的一半，第二季度销量低于 3 万台。乔布斯后来承认，Cude 设计过度且定价过高，就像当年的 NeXT 电脑一样，他渐渐吸取了自己的教训。在创造 iPod 这类设备时，他会控制成本并作出必要的权衡，让产品在预算范围内按照预定时间发布。2000 年 9 月，受 Cude 销售业绩太差的影响，苹果公司的营业收入不佳，科技泡沫开始破灭使苹果在市场处于衰落状态，股价从之前 60 美元以上在一天之内下跌 50%，至年底 12 月初已低于 15 美元。Cude 的失败并没有阻断乔布斯的创新脚步，他决定用新产品应对败局。

两头奔忙的乔布斯忽视了自己的身体承受力。2003 年 10 月他偶然碰到自己的泌尿科医生，意外发现自己的胰脏长了肿瘤，医生建议他趁早进行手术切除。但是，偏执的乔布斯拒绝肿瘤切除手术，拖了 9 个月坚持用严格的素食、针刺疗法、草药疗法甚至请过灵媒应对癌症。2004 年 7 月肿瘤长大并可能扩散迫使乔布斯动了手术，被迫切除大部分胃和肠道及全部胰脏。不幸的是，手术中医生们发现肝脏上出现三处转移。如果不是拖了 9 个月才动手术，也许癌细胞还不致转移。他接受了化疗。

2005 年 50 岁生日过后第二天，乔布斯就召集自己的团队，宣布要做一款平板电脑，不要键盘和手写笔。看来，年龄没有挡住乔布斯前进的脚步，癌症也没有！

2005 年，iPod 的销量暴涨，当年售出 2000 万台，是 2004 年销量的 4 倍，占当年收入的 45%。但是，乔布斯却陷入了担忧。“他总在担心有什么会让我们陷入困境。”苹果公司董事长成员亚瑟·莱文森回忆道。乔布斯得出结论：“能抢我们饭碗的设备是手机。”他向董事会说明，手机都开始配备摄像头，数码相机市场正急剧萎缩。同样的情况也可能发生在 iPod 身上，如果手机制造商开始在手机中内置音乐播放器。“每个人都随身带着手机就没有必要买 iPod 了。”乔布斯是有远见的，他不仅看到现存市场，还洞察预测潜在市场。于是，在 iPod 的基础上，平板电脑 iPad 和手机 iPhone 进入了秘密打造的日程。

通过组建团队的自主开发和收购技术领先公司的专利并纳入公司创始人，苹果掌握了“多点触控”技术，用户可以通过手指触摸屏幕在同一时间处理多个输入。冒工程失败的风险，苹果终于开发出革命性的新产品——iPhone，集宽屏触控式 iPod、革命性手机、实验性的互联网通信设备于一体。至 2010 年底，苹果公司已售出 9000 万部 iPhone，其利润占全球手机市场利润总额的一半以上。

到 2008 年初，乔布斯的癌细胞正在扩散，医生们采取了定位靶向治疗，移植了肝脏，但癌细胞已经继续扩散到其他部位。到 2010 年初，恢复了大部分体力的乔布斯又重新投入工作。

在乔布斯的推动和干预下，2010 年 1 月，他出现在新产品发布会上，推出了 iPad——介于 iPhone 和笔记本电脑之间的产品，集浏览网页、电子邮件、照片、视频、音乐、游戏和电子书于一体。不到一个月，苹果公司就售出了 100 万台 iPad，iPhone 花了两倍时间才达到这一销量。至 2011 年 3 月，即 iPad 发布 9 个月后，其销量已达到 1500 万台，成为有史以来最成功的消费产品。

线下，苹果零售店自 2001 年 5 月开办以来，逐渐扩展到全世界。零售店虽然为苹果公司贡献的收入占比不高，但对提高苹果的知名度贡献显著。线上，应用程序商店锻造了一个新的产业。开始只有数百种应用程序可供免费或低价在 iPad 上下载，很快发展到成千上万。乔布斯同意了董事会开放 iPhone 应用程序的建议，但为了避免造成混乱、感染病毒、破坏完整性，他允许外部开发人员编写应用程序，但必须遵循严格的标准，接受苹果公司的测试和批准。2008 年 7 月，iPhone 应用程序商店开放，9 个月后下载量就达 10 亿次。至 2011 年 6 月，苹果应用程序商店中的 iPhone 和 iPad 应用程序已达 42.5 万个，下载数量超过 140 亿次。

乔布斯的技术创新和产品创新发生了跨领域的冲击和震撼，iPod 改变了音乐产业，而 iPad 及其应用程序商店的出现，正在改变所有的媒介，从出版到新闻，再到电视和电影，电子版教科书则是乔布斯的下一个变革目标。

在乔布斯职业生涯最后的日子里，存在天线问题的 iPhone4 销售仍然极快，改进的 iPad2 大受欢迎，将数字中枢从计算机转移到“云端”，规划苹果公司的新总部大楼——标志性的新园区。乔布斯的创新思维继续扩展，他认为“21 世纪最大的创新将是生物学与技术的结合，一个新的时代正拉开序幕”。他正想设计新的数码技术以改善像素水平，拟发明一种把电脑、音乐播放器和电话新功能集成的简单家用的一体化电视机……

但是，乔布斯的身体已经支撑不了他的远大想象了，到 2011 年 7 月，他的癌细胞已经扩散到骨骼和身体的其他部分，而医生们难以找到对症的药物治疗，他的时限到了。在临终的那些日子里，乔布斯说他希望在健康允许的情况下继续积极工作，“我会参与新产品的开发和营销，以及我喜欢做的事情。”他最后说：“我有过很幸运的事业，有过很幸运的人生。我已经做了我能做的一切。”

乔布斯走了！在其短短的 56 年人生中，他一手组织创造了一系列伟大的产品，留下了一个深深打上他烙印的伟大的公司。对我们来说，伟大的产品和伟大的公司，也许这并不是最重要的，它们也会随着时间的流逝而渐渐被人们淡忘，更重要的是，伴随着乔布斯的成功与失败、优势与短处的创新生涯给我们留下的珍贵精神遗产。

精神信念的强大力量。乔布斯身上存在着一种令人难以抗拒的“现实扭曲场”，它推动苹果的创新团队完成了现实世界中不存在的而被陈规俗见束缚的人们所抗拒的革命性创造。乔布斯认为自己很特别，他是被上天选中并受到启示的。“他认为有一些人是很特别的——比如他自己、爱因斯坦、甘地以及他在印度遇到的那些导师——而他就是其中之一。”苹果高层人士赫茨菲尔德说，“有一次他甚至暗示我，他是受到过上天启示的。”在对人分类时，他黑白分明：人要么是“受到过启示的”，要么就是“饭桶”。

乔布斯认为，意志的力量可以改变现实。可以看出，是这种受上天启示的坚定的使命感和责任感，武装乔布斯创造了伟大的苹果产品和伟大的苹果公司，造就了苹果永远创新、不断前进的企业文化。在癌症复出的日子，他和国际新闻巨头默多克谈到了在企业中注入创业精神和敏捷文化的重要性，乔布斯说：“我曾认为，一家真正的大企业不可能具有鲜明的企业文化。但是，现在我相信这是可能的。默多克就做到了，我觉得我在苹果公司也做到了。”

永远创新、不断前进是苹果企业文化的重要内容，这一精神导致乔布斯一次又一次地开发全新的革命性产品，全新的革命性产品也还要不断升级换代，力求日臻完善。在每一次新产品发布会上，他的习惯结尾语是“哦，还有一件事……”

科技与人性相结合。乔布斯注重科技，也注重人性、人文、艺术，在苹果产品中体现了科技与人性、科技与人文、科技与艺术的紧密结合：科技是支撑，但必须与人性对简约的欲望、与人文的绮丽创造、与艺术的美感质真结合起来，这样才能开发创造出功能优异而形式完美的伟大产品。

专注，追求完美极致。乔布斯并不追求电子产品的全面布局，而在其中一个时段总是把公司的力量专注于某些少量的领域、集中于某些少量的产品，达到目标之后再渐次推进。在经营决策中，他知道不做什么和做什么一样重要，这样才能够集中苹果公司的技术开发力量，在资金投入的限度范围内把产品做得更优更好，力争达至完美无缺。乔布斯对苹果产品精益求精、苛刻至偏激的要求，成为他的这一品赋的最好注释。

创造需求，讲求顾客体验。乔布斯懂得适应市场需求的重要性，更注重以新技术、新产品、新商业模式创造市场需求，这种需求是潜在的却并未被人所认识，它以其新颖性、独创性的创新产品和成功的、震撼的营销传达给市场。在这里，满足市场需求，无论现实需求或潜在需求都是决定性的。顾客的体验，即顾客对新产品和销售环境、方式的体验举足轻重，它在第一时间决定消费者的购买欲望，而新产品的内在性能则会决定新产品的持续购买力。直观的体验和理性的考量，导致消费者愿意购买并乐于使用创新产品。

不惧失败才能创新。新产品旨在满足现存的市场需求或潜在的市场需求，但新产品能否真正满足市场需求却具有不确定性，因为这毕竟是市场上未曾见过的产品，产品本身的完善和市场的接受在相当程度上是难以准确预测的。乔布斯就经历过不只一次花费巨大精力制造出来的新产品遭遇市场失败，甚至因为这种失败而被自己创立的公司施压出局。但是，对乔布斯这样一个意志坚强的创新天才，失败没有打垮他，而是使他吸取了必需的教训，为以后的成功奠定了必要的经验基础。勇于探索、不惧失败、吸取教训、倒下再起、不断前进，这就是乔布斯创新成败留给我们的珍贵遗产之一。

保护知识产权。作为一个创新型的企业家，乔布斯深知保护知识产权的重要性，他和传统创新者一样不愿意让自己历尽辛劳创造的成果被别人不付任何代价而窃取。他说，从苹果公司创立之初，我就意识到我们的成功来自知识产权。如果人们可以任意复制或偷取我们的软件，我们早就破产了。如果知识产权不受到保护，我们也没有动力再去创造新软件或设计新产品了。如果没有对知识产权的保护，那么很多创业公司就会消失，或者根本不会出现。其实说到底，道理很简单：偷窃是不道德的。这样做会伤害其他人，也有损自己的名誉。乔布斯不仅诉诸人的道德，还采取防止盗版的技术手段，如创立“iTunes 商店”让唱片公司、艺术家、苹果公司、用户都能受益。而且，必要时他还会诉诸法律手段以保护自己的知识产权。

珍惜生命构筑家庭后盾。对于一个致力于创新事业的企业家更不用说像乔布斯一样的“偏执狂”，身体健康和家庭和睦与否事关成败。乔布斯在前者遭到失败，在后者堪称成功，为我们留下了珍贵的经验和教训：尽管癌症的起因不可妄断，但乔布斯太专注事业而较迟才发现癌症，发现癌症后又拒以现代医学手段手术，明显加剧了癌症的扩散，以至才 56 岁便已无法救治，遗憾地过早结束了自己的职业生涯和生命。值得庆幸的是，他有一个和睦有爱的家庭，当他执迷于苹果事业，家人理解宽谅；当他陷于病困，家人陪伴在旁。可以说，乔布斯的家庭成了他致力于“伟大产品”和“伟大公司”的可靠后盾，以致他临终都感受到自己“幸运的事业”和“幸运的人生”。保持身体的健康、营造和睦的家庭，是乔布斯留给我们却常常会被人忽视的珍贵遗产。

马斯克：连续创业家

如果说，乔布斯在个人计算机、动画电影、音乐、移动电话、平板电脑和数字出版领域彻底改变了六大产业的话，那么马斯克对互联网金融、航天技术、新能源汽车三大领域也进行了创新的非凡改造。马斯克不仅成为硅谷连续创业家的新版旗帜人物，常常被称为“下一个乔布斯”。

埃隆·马斯克，1971 年 6 月出生于南非，历经颠簸移民到加拿大，靠在农场打零工为生。1992 年，21 岁的马斯克从加拿大转学到美国宾夕法尼亚大学攻读物理学和经济学，他回忆当时的决定时说：“我觉得美国是一切皆有可能的地方。”依靠奖学金和勤工俭学取得宾夕法尼亚大学双学位之后，马斯克 1995 年初来到斯坦福大学，但是仅仅两天他就暂停学业，“因为他无法忍受旁观互联网时代的到来，而自己却置身事外。”退学之后，他和弟弟一起创办了为新闻机构开发在线内容出版软件的 Zip2 公司，这是美国第一家在线城市列表软件，引起了许多大公司的关注。4 年后，康柏公司以 3.5 亿美元现金和 3400 万美元股票期权收购了 Zip2，年仅 28 岁的马斯克赚到了 2200 万美元。

1999 年，马斯克成立了一家在线金融支付公司 X.com，与推出在线支付产品 Paypal 的 Confinity 公司合并，命名为“Paypal”。2002 年 7 月，Paypal 公司在纳斯达克上市 5 个月后，被 eBay 以 15 亿美元的价格收购，马斯克作为最大的个人股东获得了 3.28 亿美元。

2002 年 1 月，离 Paypal 被收购还有 7 个月，马斯克学生时代的航天梦重新燃起，他积极做好各种准备，在 6 月份创立了 SpaceX 航天公司。马斯克打算建造真正的火箭和太空飞行器，以维持长久的太空运输工作。幸运的是，美国航空航天局（NASA）从 2006 年开始部分开放了和民营太空公司合作的大门，民营企业可以通过竞标开发往返于地球和近地轨道的“太空出租车”。已经积累了 4 年经验的 SpaceX 集中研究如何降低火箭的发射成本，马斯克考虑要将发射费用降低到商业航天发射市场约 1/10，并计划研制世界上最大的火箭用于星际移民。带着几亿美元的创业资金，马斯克奔走于各大航空航天公司宣扬自己的畅想，将美国最大的引擎制造商 TRW 的液体推进器专家和核心设计师、在波音公司当了 15 年的“Deltea”火箭测试主管、麦道飞机公司的技术专家等一批技术精英组合成创新团队。

2006 年，SpaceX 公司开发的“猎鹰”1 号火箭首次发射，仅仅一秒之后燃料管就破裂了。2008 年，“猎鹰”1 号经历 3 次失败，耗尽了马斯克的所有资金，他不得不靠赊借度日。若第 4 次再失败，SpaceX 公司就将破产。“猎鹰”1 号的第 4 次发射成功进入了预定轨道，这震惊了美国，也震惊了整个世界。新奇之处在于，由于采用可部分重复使用的发射系统，“猎鹰”发射一次的费用仅为 670 万美元，而当时便宜些的飞马座火箭发射一次的费用达2500万美元。“猎鹰”发射的成功带来了美国航空航天局的合同，为SpaceX公司的发射项目提供2亿美元到10亿美元的资金支持（2010年6月30日至2012年12月），SpaceX转危为安。

可重复使用的火箭技术进一步完善。2010年12月8日，SpaceX的“猎鹰”9号火箭成功将“龙”飞船发射到地球轨道，12月9号成功软着陆。这是世界上首次由私人企业发射到太空并能顺利折返的飞船。两年后，“猎鹰”9号运载火箭接受了美国航空航天局的业务，向国际空间站输送500千克的物资。由于拥有大大低于其他公司（一般公司发射的大中型运载火箭在4亿美元左右，“猎鹰”9号的标准发射费用仅仅为5400万美元）的价格优势和成熟的技术，两度成功向国际空间站运货使SpaceX得到了美国奥巴马政府的祝贺和航空航天局的更多合同与不断支持。

成功没有使马斯克停下创新前进的步伐，他设想的长期目标是帮助人类建立真正的太空文明。“SpaceX可能是第一家建造火箭带人上火星的公司。”马斯克说道，“死在火星是一件挺酷的事情（当然不是在登陆的时候撞死），我们有实现这一梦想的可能。”

如果说苹果的iPhone智能手机改善了整个手机行业，那么可以说特斯拉的Model S电动汽车则震动了整个汽车行业。

其实，电动汽车并不是什么新鲜事物，早在1834年托马斯·达文就制造出了第一台直流驱动的电动车，比第一台内燃机汽车早问世几十年，但由于内燃机技术的迅速提高和石油工业的大规模发展，从20世纪20年代到90年代长达70多年的时间里，电动汽车的发展陷于停滞。直到20世纪末期，环境污染、温室效应和能源危机引发人们对汽车尾气排放和燃料供应的担忧，才使长期默默无闻的电动汽车重又引起世人关注。近20多年来，福特、丰田、雷诺、雪佛兰、日产等老牌国际汽车制造巨头和美国电动车专业厂家菲斯克、BP公司、A123电池公司等创新企业都投入巨资生产电动汽车，一款款电动汽车轮番登场，但是充电时间长、持续里程短、维修成本高、配套设施少等短板制约了电动汽车的销售，这些老牌厂家和新兴企业都因“叫好不叫座”而惨淡收场。

看到电动车的发展趋势，马斯克不惧出现的技术困难，投资630万美元给陷入资金困境的专业电动车厂家——特斯拉公司，取得了公司所有事务的最终决策权并出任董事长，而由创始人艾伯哈特担任CEO继续打理公司。后来，马斯克直接管理公司升任为CEO。按照三步走的战略，特斯拉将发展目标定为小批量高价车、扩大消费群体而性价比更高和3万美元以下的大众电动车三阶段，达到全面取代汽油车的目标。

但是，特斯拉的发展道路十分艰难，一次次走到悬崖边缘，马斯克回顾说“那种感觉就像是一边嚼着玻璃，一边凝视着死亡的深渊”。2008 年全球金融危机爆发，马斯克的 SpaceX 因三次火箭发射爆炸陷入困境，特斯拉也濒临破产：公司账上现金不足 50 万美元，连给员工发工资也成问题。马斯克投进了自己最后的 300 万美元到特斯拉，还劝说其他投资人，包括自己的亲兄弟将个人财富投资公司，缓解了困难。他说；“特斯拉有很多次接近破产，到 2008 年末的时候，我们还差几天就破产了，就差三天。”“有一瞬间，我觉得我失去了所有东西，婚姻、公司都完蛋了。”

这时，一个关键转折出现了！按德国戴姆勒公司的要求，在 6 周时间里费尽心力将戴姆勒的 Smart 改装成电动车，德国工程主管目睹并试驾了这辆装上特斯拉电池组的 Smart 电动车，促成了戴姆勒投资 5000 万美元购入特斯拉 10% 的股份，挽救了特斯拉公司。

接着，戴尔公司决定出资 1. 2 亿美元收购马斯克为大股东的 Everdream。2009 年因美国总统奥巴马和能源部长参观了特斯拉而使公司获得美国能源部的 4. 65 亿美元低息贷款，丰田公司也宣布向特斯拉注资 5000 万美元用以抵价加州的一家标志性工厂。马斯克承认自己将赌注压在火箭和电动车上很冒险：“若我不这么投入，才是最大的冒险，因为成功的希望为零。”

成功不负有心人。2008 年，特斯拉推出电动 Roadster 运动型车。2010 年，Roadster 2. 5 第四款升级版开售。2013 年，续航能力达 320 千米、实施 3 级电源管理体系、从静止到破百时间只要4. 5 秒、中控台的 17 英寸超大屏平板电脑取代一切旋钮的 Model S 问世。2013 年第一季度，Model S 在美国的销量达到 4750 辆，5 月发布的第一财季报上显示特斯拉公司首度赢利。2015 年 9 月，第三款电动汽车 Model X，豪华纯电动 SUV，交付市场。新一款汽车 Model 3，首次公开于 2016 年 3 月，于 2017 年末开始交付。2016 年 11 月，特斯拉电动汽车收购美国太阳能发电系统供应商 Solarcity，特斯拉转型成为全球唯一垂直整合的能源公司，向客户提供包括 Powerwall 能源墙、太阳能屋顶等端到端的清洁能源产品。2017 年 2 月，特斯拉汽车公司正式改名为特斯拉，标志特斯拉不再以电动车为唯一方向，正在朝“加速全球向可持续能源的转变”的愿景迈进……

在推动企业通过创新求得生存发展上，马斯克的确无愧“下一个乔布斯”的称号，也给我们留下了珍贵的经验。

不断的创新。从到斯坦福大学博士课程报道两天即退学开始，马斯克就从未停止过创新的脚步：在线城市列表软件、在线金融支付产品、“猎鹰”系列火箭、Model S

电动汽车、太阳能板、储电设备等，一系列新公司、新产品贯穿了马斯克的创业发展历程。马斯克十分清楚，在市场竞争环境中的企业“不创新，即是死”。

简洁的设计。和苹果的产品一样，特斯拉的电动车也追求简化而干净的设计，为达到这一目的，特斯拉从苹果挖来了Mac硬件副总裁、零售策略指定人、制造部门主管和为数众多的苹果设计师、工程师和运营人员，他们的加盟大大增进了特斯拉电动车的简洁风格。Model S中控台上的17英寸超大屏平板电脑就是一种简洁的控制器，它以触摸屏解决所有问题，车况信息、模式选择、悬挂调整、导航、娱乐等一切都通过这一屏幕进行，而且还可以刷软件增添新功能。外观简洁，功能复杂，这也是特斯拉的明显设计特征。

特斯拉的零售门店也一样简洁。一辆特斯拉轿车停在中央，近旁设有展示内部的电池组、发动机和定制动力传动系统的车架，墙上的触摸屏可供选车、显形，整个门店显得简洁而明晰。

精致。西谚说，魔鬼经常潜伏在细节中。特斯拉尽力在电动车的整体设计和细节体验点上做到精致完美：电动车从外观上一眼望去就极致悦目，而在各种技术细节上也追求精益求精。例如，车门把手是自动伸缩感应，当钥匙接近时会自动从收起的状态打开，使车主感受到便捷和关怀。目前，所有汽车车门或内嵌或外拉，但特斯拉的车门把手是嵌在里面的，合得严实，当车主接近时会自动翻起来，使人感觉十分温馨。对于电动车的每一个细节，特斯拉都要进行一系列严格的测试，包括用高压水枪检查潜在裂缝，以及在不同路面行驶，查看是否有松动部件。

为确保电池使用的安全，特斯拉早期员工晚上都在试验引爆电池，测试它们的热性能，避免电池的爆炸、燃烧、传递。工程师们不懈的努力，却偶然想到一个设计，给每块电池设置一个缓冲空间和冷却液，让它与其他电池隔离，这样既可降低电池的热度，又可避免意外爆炸传递。

为确保电动车的性能质量优异高档，从Model开始，特斯拉将电池、电机和电控系统等核心技术由外包改为自产。Roadster和Model S的电池组分别由6000多枚和8000多枚18650电池组成，迄今为止安装18650电池组的Roadster和Model S均未发生过一起火灾事故。

理念、技术、营销合为一体的经营模式。特斯拉是一家设在硅谷的公司，马斯克喜欢硅谷利于创业创新的环境。他承认，硅谷的破产率非常高，“那里是一个杀戮场，只有拥有真正价值主张的公司才会通过考验。”马斯克就是一个理念鲜明而富有激情的创业创新家，遭受失败、濒临破产、家业两挫都没有让他停下前进的脚步。马斯克的确是一个大众创新者，无论航天火箭或电动汽车的开发和生产，在他内心深处想到的都是如何推向大众市场，以自己的创新产品创造市场，改变世界。

为了实现这一理念，马斯克把电动制造技术和电子信息技术精密结合，开发核心技术以把握电动车质量，让顾客在特斯拉体验店感知产品，通过网络下单购买，形成市场的产品口碑，树立特斯拉的优异品牌。“优秀的企业满足需求，杰出的企业创造市场”（营销之父菲利普·科特勒）。也许可以说，特斯拉坚持以客户为中心，走的是一条以创新产品“创造市场”的道路。

与马斯克“帮助人类建立真正的太空文明”和“交通工具应该百分之百地由电力驱动”的愿景相比，SpaceX 和特斯拉还在路上，还谈不上成熟成功，马斯克坦言“我是个小人物，我们是小公司”。的确，特斯拉的体验店模式在美国几州遭到传统经销商特许经营系统的抵制，充电桩、充电时间、电池置换网络等基础设施很不完善，特斯拉锂电池高价造成的大众消费品价格难题，马斯克在航天公司和电动车公司的力量分配，通用汽车、福特、丰田等老牌汽车巨头和谷歌、苹果等 IT 公司的竞争压力，等等。这一切都使特斯拉的发展前景不甚明朗，看空者和看多者一样言之凿凿。尽管如此，马斯克及其主掌的 SpaceX 和特斯拉已经取得了相当成就，而在创新发展上留给我们的经验也是极其珍贵的。

腾讯：微创新

深圳市腾讯计算机系统有限公司（简称腾讯）由马化腾、张志东、许晨晔、陈一丹、曾李青五位创始人共同出资 50 万元人民币于 1998 年 11 月开办，至今是中国最大的互联网综合服务商之一，也是中国服务用户最多的互联网企业之一。

腾讯成功的诀窍是微创新，即在产品模仿的基础上进行细节上的打磨，做出一些微小的创新，让用户使用起来更便利，体验更舒服。这种“追随战略”，不是由自己“从 0 到 1”地开发全新的产品，而是在互联网上不断地搜寻，一旦发现有价值的新产品、新信息，就及时地模仿，做出更适合市场需求、客户体验的“微创新”，从而以更完善、更美感的腾讯新产品在短时间内占领市场、聚焦客户。也许，这种“追随战略”可称之为“1 +”战略。

马化腾没有隐讳自己的模仿创新战略。他认为，“模仿是最稳妥的创新”，“我不盲目创新，微软、Google 做的都是别人做过的东西。最聪明的方法肯定是学习最佳案例，然后再超越。”一位业内人士感慨道：“腾讯从来不是第一个吃螃蟹的人，但捡到的螃蟹总是最多。”腾讯的发展历程证明，模仿基础上的微创新，的确是腾讯在中国的成功之道。

1997 年，马化腾在深圳润迅传呼公司任工程师期间，一次偶然的机会让他看到了基于 Windows 系统的 ICQ 演示，这款聊天软件已经席卷世界。这是 1996 年 7 月由三个以色列年轻人维斯格、瓦迪和高德芬格开发的即时通信软件，方便人们在互联网上在线沟通。

马化腾注册成为 ICQ 用户后，在多次使用中发现了它的不足：一是没有中文版，二是操作太复杂。作为开发部主管的马化腾向润讯高层提出了做互联网即时通信的建议。“这东西究竟是收钱还是不收钱？如果不收钱，我做它来干什么？”由于没有找到盈利模式，马化腾的建议未引起润讯高层的注意，不了了之。经过几个月的犹豫考察，马化腾决定辞职创业。于是，27 岁的马化腾与大学同学张志东同时辞职，于 1998 年 11 月 11 日成立了“腾讯”公司（万马奔腾的信息时代），开发即时通信软件。随后，曾李青、许晨晔、陈一丹相继加入腾讯，形成了腾讯的早期创业团队。

1999 年 2 月 10 日，腾讯推出了第一个测试版本 OICQ，模仿 ICQ 在前面加了一个字母 O，意思是“开放的 ICQ”，这款软件取名网上中文寻呼机，集寻呼、聊天、电子邮件于一体，“滴滴滴”的寻呼声，界面完全中文化，在服务器端保存信息，可离线留言，找陌生人做朋友，设置有趣的个性化头像，等等。腾讯以诸多的微小创新，改进完善了 ICQ。通过试验在大学的 BBS 上发帖，广受欢迎。两个月后，OICQ 注册用户已经达到 20 多万，QQ 开始蔓延开来。QQ 这个名字的得来纯属偶然，它是后来当腾讯收到 ICQ 的产权拥有公司“美国在线”起诉腾讯的 OICQ 侵犯了 ICQ 的知识产权之后，被迫放弃 OICQ 域名。一天，腾讯研发经理在公交车上，听到两个学生的对话：“我刚刚申请到一个 QQ 号。”“你的 QQ 是多少？”回到公司一讲开，大家觉得 QQ 这个名字不错，于是腾讯在 2000 年 4 月正式把 OICQ 改名为 QQ。但是，qq. com 域名早在 1995 年 5 月就被美国软件工程师罗伯特·亨茨曼首次注册，几经波折腾讯才以高价购买了 qq. com 域名。

QQ 注册用户急剧膨胀，到 2000 年 6 月已经突破 1000 万。但是，用户虽多，却是免费的，腾讯没有找到赢利模式，工资都快发不出了，正常运营费用无以为继。迫于无奈，马化腾考虑卖掉 QQ，但独家买断，出价不高，盈利无望，QQ 竟难以卖掉。“一连谈了好几家公司，最高的一家只出到 60 万，没有达到我们 100 万的底线，最后，我们决定留下 QQ 自己养。”马化腾后来不无酸楚地回忆说。

马化腾开始寻找风险投资。在1999年11月的深圳第一届高交会上，人头涌动，许多大公司都来设展。马化腾满怀信心，拿着备好的6个版本，20多页的商业计划书，一个展馆、一个展台地推介自己的QQ，但没有一个投资者表示出兴趣。一轮轮的谈判，一次次的拒绝，马化腾这几个年轻人疲惫不堪，从满怀信心跌落到了绝望的深渊。

只能改弦更张。通过给予5%股份的中介提成，腾讯终于得到了IDG公司和香港盈科李泽楷的认可，理由是马化腾所说的："以色列ICQ用户1000万，卖了2.87亿美元，我现在有100多万用户。"2000年4月，腾讯第一期融资到账，创始员工占据60%股份（包括中介人股份），IDG和香港盈科各出110万美金，各占20%的股份。这次融资的成功，马化腾归结为"更多的是运气"。

不久，世界性的互联网泡沫破灭，全球至少有4854家互联网公司被并购或倒闭，中国60多家即时通信软件公司清淘得只剩下四五家，腾讯股东之一的IDG急于转让股份却无人问津，香港盈科的支持也越来越淡，腾讯已向两家股东借了3100万美金，无以偿还。马化腾回忆道："要说煎熬，我创业最煎熬的就是这段时间。"一位腾讯员工回忆说，一天上午，他找马化腾签字报销，发现马化腾是在办公室睡的觉，头发蓬乱，脸色焦黄。

面临绝境，奇迹出现了。南非MIH与中国IDG曾有过合作，IDG向MIH集团推荐了腾讯，MIH派中国业务副总裁到腾讯考察，几经商谈看好腾讯，认为庞大的用户群是腾讯的最大财富。双方约定，MIH接受香港盈科与IDG部分的股权。根据股权结构的调整，上市前MIH与创业团队各持腾讯50%的股份。

乘QQ的东风，腾讯不断衍生业务，收入越来越多。2002年，腾讯利润1.44亿元，其中QQ衍生短信服务占大部分，还开拓了QQ秀、游戏、网络广告等新的盈利模式。早在2000年8月，腾讯主要依靠移动梦网，当年盈利1000万元，并与中国移动二八分成，中国移动占两成，腾讯占八成。

经讨论抉择，2004年6月16日腾讯在香港联交所主板上市，造就了5个亿万富翁，7个千万富翁，而腾讯最大的股东——以色列MIH集团收获最大、其调整后所持股份37.5%的市值高达23.33亿港元。

在这一发展过程中，腾讯继续秉持"微创新"的技术路线，放出黑马"微信"拓展多元化的网络服务。2011年1月，腾讯推出了一款专门为智能手机提供即时通信服务的免费应用程序——微信，英文名称为WeChat。用户只需要按住手机屏幕下方的对讲键，对着话筒讲话，松开对讲键后即可将记录信息发送到对方手机，可以互动往复，这引起了人们的极大兴趣。

类似功能的软件，早在国外已经产生，国外的 KIK、BBM，国内的米聊、talkbox 等。腾讯的微信，虽然晚起了一步，却以若干微小的创新，后来居上：除语言对讲功能外，“查看附近的人”与陌生人交朋友，即时通信更快速更方便，灵活、省钱、休闲、娱乐的特色，摇一摇、找一找即可交友，兼容计算机的多种平台，一系列新颖的特点将用户渐渐从 PC 端转移到移动互联网客户端。

新世纪以来，微信的创新不断，功能也不断增加。继功能比较简单的微信 1.0 测试版之后，1.1、1.2、1.3 三个测试版增加了对手机通信录的读取、与腾讯微博私信的互通以及多人会话的功能；增加语言对讲功能；添加陌生人交友功能，通过“查看附近的人”迅速扩大交友圈；增加“摇一摇”和漂流瓶功能，并增加繁体中文语言界面和港、澳、台以及美、日五个地区的用户绑定手机号；吸收 Path 和 Instagram 的相册功能，推出 4.0 英文版以及多种语言支持；支持解绑手机号和 QQ 号；进入电商业务；通过收购开展手机游戏；涉足互联网金融；滴滴打车；发布国内首个“五星 Wi－Fi 标准”；移动支付绑卡，等等。

不停地微创新，不断增加的新功能，使微信用户呈滚雪球式的激增，腾讯的财富随之而来。微信 1.0 发布了 3 个月，就拥有了四五百万注册用户，14 个月后破亿，截至 2015 年，微信及海外版 WeCha 合并越活跃账户数达到 6.97 亿，腾讯位居 2017 年 8 月 3 日公布的“2017 中国互联网企业 100 强”榜单第一名，2017 年 8 月 7 日以 30375 亿港元的市值超越阿里巴巴成为中国最大的上市公司，在全球市值排名中位列第 8。

腾讯以 QQ 和微信为主要技术支撑和产品支撑，其衍生出来的多元化业务才造就了庞大的腾讯王国。新闻直投，“门户＋IM”模式，利用 QQ 平台主动把新闻投递给 QQ 用户；坚持娱乐为核心，把重点压在娱乐频道；捆绑“QQ＋电子商务”，运营“拍拍网”，逐步扩大 C2C 平台的市场占有率；与酷讯网合作，腾讯“搜搜分类”搜索上线，提供火车票、住房、机票、招聘等生活分类信息服务；通过合作，展开地图业务、MP3 和图片搜索业务；各种花样繁多的游戏——休闲竞技游戏、麻将类游戏、棋类游戏等相继推出，通过 QQ 号直接上线的渠道，玩家人数居中国游戏领域第一名，网络游戏也成为腾讯最大的收入来源。

在不断的产品创新和技术创新的微小进步过程中，腾讯通过移动 QQ 增值服务、聊天软件广告以及卖 QQ 秀等虚拟产品、把 QQ 游戏融入聊天软件、Q 币等商业模式，寓钱于玩，使腾讯自然成为付费游戏玩家的首选平台，创造了巨大的财富收入。

稳定的创业团队，管理的人性化，丰厚的期权激励、住房补贴，事业部制的现代化管理体制，按季度的考核制度，有效的管理成为腾讯高速前行的组织保障机制。总而言之，产品、技术的微创新，可持续的盈利商业模式和营销手段，有效的管理，推动腾讯从一家50万元人民币起家的微型公司，历经欲卖难求买家和濒临钱断倒闭以及若干涉权官司和不少非议的洗礼，成长为中国市值最大的上市公司和世界名列前茅的大上市公司。

从创新的角度看，腾讯围绕“微创新”“模仿创新”的路程，也形成了自己的一套可圈可点的产品开发和技术开发的法则：核心功能要做透，把自己的优势发挥到极致，做到人家追不上；要建立产品口碑；产品迭代要快，快速实现，快速响应；产品人员素质全面，关注用户核心需求，关注技术，关注产品体验，关注用户的反馈；开发人员主动参与，不要被动等待；交互设计简洁，做个最挑剔的、最笨的用户。

在中国的万众创新热潮中，崛起了若干创新巨头和创新新秀，形成了中国的各具特色、各放异形的创新百花园。中国的创新型企业，能否从起步发展成长为走得好、走得强、走得大、走得久的优秀卓越企业，取决于中国知名的或者其他不知名的企业能否建立起一个持续的复合的创新机制，也取决于中国能否培育起一个更加利于创业创新的良好环境土壤。

AT&T：抗拒新技术的重挫

美国电报电话公司（AT&T），是美国第二大移动运营商，曾长期垄断美国长途和本地电话市场，2009年4月9日被《福布斯》杂志网络版评为全球2000大企业第7名，2016年6月8日被评为《2016年BrandZ全球最具价值品牌百强榜》第4名。就是这间老牌大电信公司，却曾在20世纪80年代因顽固维护垄断地位而抗拒新兴技术的趋势被迫肢解分裂，2005年被分解出来的西南贝尔公司收购。合并后的新公司保留了AT&T的名称，今天的AT&T实际上已非昔日的AT&T，产权易主，只不过还是沿用了原先的老名称而已。

AT&T由电话发明人亚历山大·格雷厄姆·贝尔在商务人士哈伯德的帮助合作下于1877年成立。历经变革，到1912年，AT&T已经拥有500多万部电话，在1984年以前的70余年时间里保持着公司的完整，长期居于电话行业的霸主地位。

MCI微波网络技术的杀出，结束了AT&T的垄断地位。

20世纪60年代早期，微波技术始于美国，对此十分有兴趣的无线电器材销售商约翰·戈肯和他的三个伙伴于1963年12月合伙创立了MCI公司，并向联邦通信委员会

（FCC）申请在芝加哥和圣路易斯之间建立一个微波中继系统。MCI 开始几年毫无进展，却负债 3 万美元。眼光长远且开阔的比尔·麦高思趁一次查阅公司会计账簿的机会发现了 MCI 的窘境，投资 5 万美元并入主公司任董事长，MCI 开始彻底改变面貌：他并不限于在芝加哥和圣路易斯这两座城市间建立微波中继系统，而是看重微波网络本身，即在美国全国各地建立微波中继站。

麦高思首先必须得到 FCC 的批准，于是派出得力干将去游说 FCC、司法部和国会大厦，被放置 4 年之久的设施申请重新开始受理。AT&T 立即召开会议研究对策，也上书 FCC，要求 FCC 的全体常委官员们对 MCI 的申请提进行公正裁决，希望 FCC 能投票否决该项申请。因声明将切断能使汽车上的人通过双声道收音机借助电话系统与外界通过的“卡特风”设备的电话线路，AT&T 败诉，加强了对 FCC 的游说，但 1969 年 8 月 14 日 FCC 以表决同意 MCI 建立微波中继系统的申请。

MCI 开始在全美设立分公司，数目总共达 17 家，其中 12 家是附属公司，另 5 家是控股公司。经过筹资和股票上市，芝加哥一圣路易斯线路于 1971 年 1 月开始动工，一年后由 44 个中继站组成的微波网络竣工并运行，一些大公司也开始使用微波通信，昔日的 AT&T 老客户被 MCI 用低于 AT&T 公司 30% 的收费吸引过去了。

面对 MCI 的节节推进，AT&T 决心阻挡，以维护自己对长途电话业务的垄断地位。1972 年 12 月，AT&T 公司宣布拒绝将 MCI 客户的专线电话接到当地电话网，董事长德布茨亲自出马游说 FCC，要求 FCC 改变任何公司都可以自由进出公司专线电话服务市场的决定。

MCI 提出诉讼，在费城要求联邦地方法院作出裁决，迫使 AT&T 同意将 MCI 的客户的专线电话接到当地电话网上。同时，游说司法部反垄断官员并提供 AT&T 垄断行径的报告。纽约的国家法官出示传票，要求调查 AT&T 的各种业务文件，费城地方法院判决 MCI 公司胜诉；AT&T 公司必须像为其子公司提供并网一样，为各地的 MCI 公司接通线路。

AT&T 决心反击，向联邦巡回法院起诉 MCI 在 FCC 面前搬弄是非，联邦巡回法院做出裁决——推翻了 AT&T 必须将 MCI 客户连接到电话系统上的原判。次日，AT&T 就动手切断 MCI 客户的线路，拔掉插头，至少切断了九家大公司的线路，严重打击了 MCI 的微波通信业务。

MCI 诉诸 FCC，FCC 明确裁决，AT&T 公司所属各公司必须本着一视同仁的态度，在合理的条件下为 MCI 公司和其他竞争者进行电话联网，同时 FCC 限时 AT&T 公司必须在 10 天之内停止一切可能妨碍或无故拖延为 MCI 和其他各类通信公司建立电话联网的活动，并宣布将对贝尔公司的联网收费做一项全面调查，今后各项收费标准将由FCC确定，而不再由各州当局制定。

AT&T并不甘于竞争者MCI的进入，决定采用价格战的新策略，提出分级收费标准，降低微波路径所经路线的收费，从价格上挤垮MCI。AT&T的价格策略一度奏效，MCI的利润受到严重影响，也阻止了一些投资商投资MCI的计划，MCI几近陷于停滞，直至18个月后，1976年1月FCC宣布AT&T的价格不合理，必须立即予以停止。

MCI和AT&T的博弈并未停止。MCI推出了一种高级网络的新型服务，AT&T上书FCC予以反对，FCC又一次肯定了MCI为其公司专线客户提供更为方便的进入微波网络的方法；AT&T派出专员到华盛顿游说FCC官员，FCC收回了院线判决而要求MCI立即停止高级网络服务；MCI向美国上诉法院提出诉讼，上诉法院要求FCC举行一个全面的意见听证会再做裁决，意见听证会后FCC的裁决再次做出有利于AT&T的结果，并表示从未明确要求对微波通信作出限制，强调直拨长途电话服务是非AT&T莫属的特权。

MCI的业务和融资受到严重影响，大量银行贷款和其他借债已用完，巨额贷款利息需要偿还，MCI的高级网络服务面临现实的财务危机即将搁浅。MCI董事长麦高思和新任财务主管四处奔走求援，暂时缓解了财务危机。接着，MCI向华盛顿的美国上诉法院对FCC的裁决提出控诉，案件审理同时MCI的高级网络继续营业，越来越多的用户从AT&T转向MCI。

法院下达了一项命令，要求MCI停止向新用户提供高级网络服务。华盛顿第二巡回上诉法院花了六个月的时间听取高级网络一案的口头辩论，又花了三个月进行了最后裁决，宣布：FCC最初于1971年做出的对MCI的协定中已经允许该公司提供像高级网络这样的服务。同时还声明，FCC不能重新修改那些条款，除非它能证明高级网络不是为公众服务的。自此MCI就可以公开地、合法地提供长途电话服务。

AT&T再次调整阻扼战略，公司经理们宣布他们没有义务提供地区转接服务，用户们必须把他们的电话和MCI系统连接起来，FCC支持AT&T公司的做法。MCI再次上诉，上诉法院也再一次否定了FCC的决定，同时指出AT&T的立场极不公正，法院要求AT&T承担起提供接线的义务。

AT&T不得不为MCI的用户提供地区转接服务，决定再一次发动价格攻势，要求实行新的价格，新价格是现在紧急情况接线价格的3倍，这样MCI的运营成本将大幅提高而利润会大幅下降。MCI公司派出精干力量游说FCC的官员们，却未得到支持。

白宫开始关注这件事情了，卡特总统派出他的无线电信特别顾问调查此事。总统顾问建议各方谈判。经过三个月的谈判，各方终于达成了一个为期两年的临时协议，对接线价格问题做了折中处理，大大低于 AT&T 提出的新方案，又比 MCI 的其他公司当时支付的高一些。

MCI 的微波通信开始向家庭用户扩展，用半年纯利润的三分之一打出两则广告，用数字宣扬使用 MCI 可节省企业和家庭长途电话的费用。MCI 的用户急剧增加。

AT&T 决定从中作梗，指示丹佛的分公司采取适当的干扰策略，丹佛分公司切断了 MCI 一些用户的线路，也切断了 MCI 在丹佛的临时办公室的线路，时间长达 6 小时。MCI 立即派律师到丹佛去收集各种证据，准备再次诉诸法庭。AT&T 公司不得不道歉，其发言人一在表示："这仅仅是人为的操作失误，我们的公司绝非有意破坏，MCI 是我们的一家用户，我们很愿意为他们提供优质服务。"

除了业务上的阻抗，AT&T 还对 MCI 向参议院司法小组和司法部反垄断官员攻击自己践踏反垄断法的行为进行驳诉反击，但舆论氛围、民意取向、华盛顿政府的反垄断倾向并不利于 AT&T 维护自己的垄断地位。经过一家芝加哥联邦地方法院的审理和芝加哥第七巡回上诉法院的上诉裁决，判定 AT&T 犯有违背反垄断法的 8 条罪名。

此时，美国国内反垄断的呼声高涨，司法部不断地对 AT&T 提出反垄断起诉，法院也驳回了 AT&T 推翻司法部反垄断起诉的要求。社会舆论、司法部、法院、国会的反垄断态度明朗，AT&T 不得不正视现实了，意图阻挡通信技术的进步并维持自己的电信垄断地位已经不可能做到了。终于，在司法部的协调安排下，1984 年 1 月 1 日，AT&T 公司被正式解散，同时政府对通信业实行反托拉斯法。贝尔电话系统脱离了 AT&T，并将分裂成 7 个小的贝尔公司，分布在美国七大地区，而且仅仅只能从事地方短途电话业务，因为当时的电信法规定：电话公司不得兼营长、短途电话业务。

AT&T 的庞大电话垄断系统被肢解，几经变迁，AT&T 迅猛向数据业务的激进扩张导致债务膨胀的速度远远超过市场需求增长的速度；无线电话、互联网、VOIR 等新技术的升起又猛烈冲击了 AT&T 的长途电话业务，AT&T 已经难以为继。2005 年，从 AT&T 分解出来的七个小贝尔之一的西南贝尔以 160 亿美元的价格收购了母公司，合并后的公司沿用了 AT&T 的名称，创造了小的儿辈公司收购大的母公司的奇迹要闻。

从 AT&T 的被肢解到最后被收购可以看出，在现代经济体系中，垄断是不可持续的，新技术是不可抗拒的。如果为了维护自己的垄断特权地位，不惜抗拒、扼杀新技术的兴起扩展，基于其不利于消费者大众和科学技术进步的硬伤，或迟或早总会被社会淘汰。而一个必要的法治环境，则是反对垄断和推进技术创新的重要保障。

环球电信：创新资金链断裂

美国环球电信公司（Global Crossing）成立于1997年，历时5年投资150亿美元，建立起全美高速互联网和电话线网络，连接美国与外界的光缆中有五分之一由环球电信公司海底光纤网络提供，连接了27个国家和地区的200多个主要城市，业务遍及美国、欧洲、亚洲，全球1000多家通信公司、300多家互联网服务公司和6万个企业是其客户。就是这间短期爆发性扩张的电信巨无霸公司，却因缺乏市场需求支撑而致资金无以为继、财务陷于困境，在2002年1月向纽约破产法院申请破产保护，成为美国电信行业史上最大的破产案例。

环球电信的创始人加里·温尼克是一个富有创新意识的投机高手。一次偶然的机会，他看到一盘关于如何铺设海底电缆的录像带，引起了浓厚兴趣，开始寻找做海底电缆工程的机会。到1997年3月，在与AT&T谈成合作做生意仅3个月后，温尼克及其团队就筹集到了所需的7.5亿美元，电缆在14个月内建成，连接了美国和欧洲。为了实现“一个地球，一个网络”的企业目标，环球电信聚集了一批优异的电信人才，吸引到许多商界和政界知名人士作为投资人，采用了最先进的技术（包括DWDM和自愈环结构）建设网络，建立起完善的服务体系，为用户提供多种价格享受灵活服务，短期内取得了爆发性增长；环球电信在1999年开始运营跨大西洋电缆，8根玻璃光束不到一根头发粗，放在一个软管里，从纽约费城大西洋底到达英国，经过德国又返回，这条光缆可以传载10条以前电话电缆传载的信息。1999年2月10亿美元以上的合同签订，股市也热捧环球电信的股票，1999年市值达200亿美元。《福布斯》的封面以“以光速致富”为标题介绍温尼克的故事，说他是美国历史上用最短时间成为亿万富翁的人。

传媒的渲染和股市的热捧，亮丽的会计数字，都掩盖不了环球电信的效益真相。尽管海底电缆的传载技术堪称创新之举，但它的经济效益却几乎微不足道，资金支撑问题始终困扰着环球电信。20世纪90年代，美国本土的主干线容量增长了2000倍，但海底线路仅是42倍，尽管在此期间互联网在迅速上升，国际网上通信在持续膨胀。环球电信通过会计做账不适当地夸大了销售收入，实际上它在一年左右筹集到7500万美元，其中绝大多数是负债资金，投入建设并不断追加投入，却仅仅卖出一部分。投资45亿美元在类似工程上，这些钱却被扔进海洋无底洞里，已经有几百条电缆静静地躺在那里，使用率却十分的低——空线太多了。

但从创办以来，环球电信从未实现过年度赢利。在过去5年的运营中，环球电信一共亏损了70亿美元，它通过一连串代价高昂的并购以及迅速铺设海底和跨洲光纤电缆急剧膨胀了的是实物资产。躺在海底深底的光纤电缆，价值达228亿美元。

但是，光缆需要维护，网络需要维持，工程需要完成，团队需要延续，这一切都需要新的资本投入，而投资人对环球电信已经失去了信心。终于，环球电信无以为继，向法院正式申请破产保护。

同安然一样，环球电信把公司的未来建立在市场对信息高速宽带数据传输的巨大需求上，因而都投入巨资建设高速传输的基础设施。安然试图建立一个用来交易宽带容量的市场，没能成功。环球电信则试图通过直接向电话和互联网服务商以及大型跨国企业提供海底和陆地光缆的通信容量来获利，同样也收效甚微，惨遭失败。这证明，对一个创新型企业而言，技术创新和产品创新是重要的，但是也许更重要的是市场，即你的创新能够创造出超过投资的经济效益，从而使企业的生存和发展获得可靠的资金支撑。缺乏市场需求支撑的创新，缺乏资金财务支撑的创新，即使一时盛享人们的赞誉和传媒的热捧以至股市的响应，终究难以持续，难逃失败覆亡的命运。

太阳神：保健品龙头的衰落

太阳神，曾经是中国保健品市场最响亮、最耀眼的品牌，其无形资产一度高达26亿元人民币，营业额达到创纪录的13亿元，独占中国保健品市场份额的63%，远远领跑在新兴企业如海尔、联想等的前面。但是，后来的太阳神却乏善可陈、节节下沉，以至在传媒、广告、商场上都已经难寻太阳神的踪迹。

太阳神的前身是广东东莞的黄江保健品厂，主要原料从动物身上提取，生产“万事达”牌的生物健口服液，利用新闻、广告和获奖的轰动效应而名震一时。1988年8月8日更名为太阳神，厂名、商品名和商标统一。当年度，太阳神实现销售收入750万元，比预期值高出10倍以上。1990年，太阳神的销售额达到2.4亿元，市场占有率最高时达63%，是当时一个销售神话。

1989年到1998年，太阳神奇迹般地保持销售额的超常增长，1991年被列为“中国500家最大利税总额工业企业”行列。在此期间，太阳神引进CI战略，建立起企业形象识别系统，包括视觉识别系统、企业经营理念系统和员工行为识别系统，掀起了一轮波及全国的CI热潮，将公司推上峰顶，至1993年营业额达到创纪录的13亿元。

从产品开发上看，从1988年创业开始，太阳神的主打产品是太阳神生物健口服液和猴头菇口服液，这两个产品造就了太阳神的辉煌业绩。可是在随后的10多年时间里，太阳神几乎没有推出一个其他成功的产品。在掌门人怀汉新看来，可口可乐仅凭一个“神秘配方”就打造出了一个饮料王国，百年如一，长盛不衰，销遍世界。太阳神完全可以成为中国的可口可乐，只需要在浓缩液的基础上做些新调配就可以了。

在这种理念支配下，太阳神的新产品开发几无成就，脱离市场的科研中心数年间开发研制并报批的20多个新项目无一取得市场成功，太阳神的两大支柱产品老化，市场的消费欲望日渐消退，企业也难免犹如夕阳西下而衰落。

在人才使用上，怀汉新不乏创新之举。自1990年一起创办太阳神的9位元老级高层人物让出位置之后，太阳神重金聘请一大批新人进入，一批年轻人接管企管部、办公室、人力资源部、财务部、市场部、科技部、事业发展部等重要部门，这些一级部门共同组成宏观管理部，太阳神的每个决议都要由7名一级经理签署才能生效。这批年轻经理大多是大学毕业不久的高材生，充满理想却无市场经验，多头议决竟至太阳神的管理模式、经营理念、营销政策一年数变。1995年，怀汉新终于下定决心，以挂职的方式将这些夸夸其谈的高级行政经理全部下放到省级分公司任副经理，以增加其在市场一线的历练。

在发展战略上，从以保健口服液为主到多元化扩展更把太阳神推下深渊，昔日的成功导致太阳神更大的失败。1993年，当销售额达到13亿元高峰的时候，太阳神迈开了多元激进的超常扩张步伐。怀汉新将“以纵向发展为主、以横向发展为辅”的战略口号改变为“纵向发展与横向发展齐头并进”，一年内上马了包括石油、房地产、化妆品、电脑、边贸、酒店业在内的20个项目，在新疆、云南、广东和山东相继组建成立了“经济发展总公司”，展开大规模的收购和投资活动。在两年时间里，太阳神投入到这些项目中的资金达3.4亿元，然而这些对怀汉新来说十分陌生的项目竟无一成功，3.4亿元投资几乎全部没有收益。怀汉新后来坦言：“在追求高速发展时，没有进行专业化体系的建立，没有注重建立体验的投资审核、操作与跟踪、评价、监控体系，导致了混乱及一些不必要的资源耗损。”

太阳神拟通过上市解决资金困境。1995年12月，太阳神在香港上市，招股价每股1.5港元，认购比例只有公开招股数的22%，首日上市即跌破招股价，每股1.17港元，下跌22%。1996年5月，太阳神上市后首次公布业绩，公司6名董事在股价2港元时大笔沽售，套现1051万港元，引发市场信心动摇而大肆抛售太阳神股票。在这一年，太阳神出现创业以来的首次亏损，亏损额1100万元。1997年，亏损急剧增加，全年亏损1.59亿元，股价一度下跌到仅仅9分港币，沦为垃圾股。

尽管怀汉新仍然对自己坚信不疑，但连年亏损的业绩却使太阳神的危机更加深重：2000年上半年，太阳神在股市中亏损6466万港元，全年亏损1.17亿港元。到2001年上半年，太阳神又亏损5573.8万港元。悲惨的负债危机，使太阳神无力再经营太阳神足球俱乐部，以无偿转让俱乐部50%股权的赔钱方式退出足坛，而过去三年中太阳神已在足球上投入了4000万元；2002年1月，怀汉新不得不以每股0.072港元的超低价卖掉了太阳神50.91%的控股权。在1998年8月8日太阳神集团的十年"励志会演"庆典会上，怀汉新心情沉重地道出了对公司节节下坠的真切感受："我们仍处于商品经济的大海中学游泳的阶段，几乎不可避免地面对许多值得反思、总结的挫折与教训。"

怀汉新淡出了人们的视野，太阳神滑入了发展的深谷，给我们留下了"许多值得反思、总结的挫折与教训"。创新是现代企业成长的命运，生存于激烈竞争的市场环境中的企业不能创新必然遭到淘汰。但是，企业创新是一个复杂的课题，它当然关系到新产品开发、新技术开发和新商业模式开发，也涉及理念、人才、资金、体制、执行力和环境等多种多样因素的关联交织，是一种多因素互动的复合型企业经营行为，丢失任何一个必要因素，都会导致企业的灾难。因此，在追求企业创新可能造就的成功辉煌同时，也不能忽视企业创新可能带来的失败风险。

基本法则六：强化执行力

一个企业的成功及其持久发展，必须强化执行力。这就要求企业剖析业务，区分主辅，把创造价值和创造业绩的要事放在第一位，做到人才到位、精力集中、资源保障，坚持按照立项、条件、实施、监控、测评、奖惩的程序强化执行力，同时兼顾企业运作的全盘，确保辅助于第一要事的每一个环节的有效运行。持久成长的企业，还善于把主要精力专注于企业擅长的优势领域和特长方向，不断推动自己在优势领域和特长方向上的升级蜕变。即便为了避免过度专业化可能面临的产业周期和市场变化风险而实行多元化拓展，一般也不能轻易动摇主业的效益支撑地位，并审慎考评多元扩张的有效性、风险性和可行性，做到专注主业和多元扩展的有效统一。

一、 成功取决于执行

现代企业生存于一个激烈变化的环境，新技术颠覆性革命，新产品层出不穷，新模式不断涌现，这就要求现代企业成为一个学习型企业，企业上下通过学习增进知识、技能、智慧，以适应激烈变化的环境。企业学习的目的，不仅在于明理益智，更在于实践运用，在认知层面和执行层面的知行合一的牢固基础上保持企业的产品、服务、技术、模式等的创新活力。

任何企业都要确立自己的理念文化，制定必要的规章制度，培育良好的职业道德，这样才能确保企业的持久成长。但是，理念文化的贯彻，规章制度的落实，职业道德的养成，关键在执行。离开了执行，理念文化就会流于空想空谈，规章制度就会成为摆设花瓶，职业道德就会沦为虚伪掩饰。

企业不同于其他社会组织，企业通过为客户提供适用适价的产品和服务必须创造绩效并取得利润。十分明显，要提供好产品和服务，要创造优异绩效，要取得合理利润，就必须踏踏实实地工作行动。事实证明，花言巧语、失实包装可以行骗受益于一时，但终究不能长久。欺诈者绝不可低估现代消费者的理性眼光和吸取教训的能力，自以为是地误认为凭自己的无限夸张言词可以长期持续，害人者终害己毕竟是不可抗拒的铁律。努力、行动、实践、执行，企业才能走上成功之路。

二、 要事第一， 兼顾全盘

企业的运营，复杂多变；企业的业务，千头万绪。成功之道，并不是每天焦头烂额、穷于应对，而在于将复杂的运营、业务简化剖析，区分清楚主要业务和辅助业务。所谓主要业务，即是创造价值和创造绩效的决策、研发、采购、生产、质保、销售、奖惩和资本运作等的产品流程和服务流程；所谓辅助业务，即是组织、沟通、人事、行政、财务、公关等的产品辅助和服务辅助。尽管一个企业的主要业务可能变化，但除了探索期或过渡期，企业需要分清创效的主要业务和必须的辅助业务，才能避免经营管理中的“眉毛胡子一把抓”，确保企业价值目标和绩效目标的实现，并相应落实各种价值辅助和绩效辅助的重要职能保障。

1. 要事第一

价值创造和绩效创造的业务是企业的要事，理应置于第一的地位，形成人财物保障和业务流程机制。

人才到位。人才是现代企业之本。要以有德有才为标准，严格把关招聘、培训、任用、激励的人才选用机制，确保一线业务集中了本企业最敬业、最有才、最富有创造精神和实干精神的精英人才，无此人才依托则企业的价值、绩效就是一句空话。

精力集中。现代企业管理者日理万机，稍不注意就会陷入小大不分、杂事困身的工作陷阱。企业要创造价值才能生存，企业要创造绩效才能发展，管理者务必牢记这一条，保证自己的主要精力集中于创造价值和创造绩效的第一要事。

资源保障。价值创造和绩效创造不是玩空手道，而需要资金、设备、办公环境等多种资源的投入，这就要求企业务必确保主要业务的必要资金投入、各种工作设备的配置、良好的办公环境，致使人才的潜能发挥和员工工作积极性能被调动起来，并且尽可能使其无资源的后顾之忧，而把精力集中于自己承担的工作职责上。

程序运作。现代企业的运作，不会是一盘散沙式的杂乱无章，即使在高度强调个人自主性、能动性发挥的高科技企业，也会在貌似混乱中存在成治的创造条理。因此，要确保第一要事的有效运转，必须在主业立项、条件匹配、专精执行、进程监控、质量测评、奖惩分明等诸环节的联结上形成具有弹性活力的流程机制，这样才能使企业创造价值和创造绩效的“主机”良性运作。

2. 兼顾全盘

把主要精力集中于创效的第一要事，绝不意味着其他辅助业务是可有可无、无足轻重的，相反，组织、人事、财务、办公、公关等工作职能的到位是完成第一要事的必要保障。显而易见，一个现代企业缺乏良好的管理、组织架构不合理、人事管理无规范、财务制度混乱、办公办事无效率、危机问题不能化解等，任何一个环节的脱落都难以支撑主要创效业务的正常运作。“魔鬼经常潜伏在细节之中”，这句谚语是一个企业经营管理者务必牢牢记住并切实应对的。当然，这并不意味着企业领导人必须事事亲力亲为，当选人的选人，当授权的授权，当检查的检查，形成紧抓要事、全盘在握的工作品格。

3. 要事第一与兼顾全盘的有机统一

在企业的经营管理实践中，不能不坚持要事第一的工作重心，也不能忽视兼顾全盘的全局观念，而要实现要事第一与兼顾全盘的有机统一。这种重点观和全局观在胸，就要善于根据具体情况的变化，始终把握创效业务的第一地位，适时适情地纠正不利于重点业务开展的辅助工作，形成在第一要事带动下的全盘皆活的企业运行机制。

三、 专注主业与多元扩展

强化执行力，不仅是指企业以要事为第一而兼顾全盘，还包括企业的产品生产和服务提供的市场定位上必须专注主业，并向多元化拓展，实现专注主业与多元拓展的有效统一。

1. **专注主业**

主业是一个企业在市场定位中确立的优势领域和特长方向，它利于企业在市场竞争中形成自己的可靠支撑和持久成长。经济市场极其广阔，受企业资源有限的制约，一个企业不可能做尽天下事。它需要在众多领域和众多方向上选择合乎自己优势和特长的领域和方向，集中资源突破，这样才能形成企业的坚固支撑，进而伸展开来以实现持久发展。特别是处于创办初期阶段的企业，更不能不专注于主业，精力分散和资源分散难断形成优势并发展特长。

但是，产业发展是有周期的，市场也是不断变化的，过于专注主业也可能带来忽视产业周期和不适应市场变化的风险，除非企业能在优势领域和特长方向上不断推进产品、服务的升级蜕变以创造、适应市场。

2. **多元扩展**

多元化是指一个企业在市场定位中不局限于一个优势领域和特长方向，而能培育起多个优势领域和特长方向，形成企业风险分散、多元扩展的格局。它利于企业适应产业周期和市场形势的变化，形成企业持久成长的多元支撑，从而克服过度专注主业而在产业、市场变化中可能带来的风险。

无论是在与主业相关领域和相关方向的相关多元化，或者是步入与主业关系不大的其他领域和其他方向的多元化，都存在经验积累、团队建设、资金投入、市场变化等不确定性，这要求企业领导人具备更加全面的商业才智、企业拥有更加雄厚的资源支撑（和好的运气），这样才能避免多元扩展业务易于造成的失控失误，从而陷企业于难免的灭顶之灾。似乎，一般才智、资源的企业家更加适宜在一个领域、一个方向，甚至在一个产品、服务上做深做透，“小的就是美的”“隐形冠军”也是冠军。

3. **专注主业与多元拓展的有效统一**

在企业发展壮大的过程中，为适应产业周期的变化和创造、适应新的市场需求，在主业地位巩固之后往往会走上多元扩展的阶段，这样可能带来企业的大发展，也可能造成企业的大崩盘，这就需要冷静处理好专注主业与多元拓展在能够创造价值和创造绩效基础上的有效统一关系。

一般来说，专注主业不宜排斥多元扩展，因为多元扩展能避免产业周期和市场变化的风险；多元扩展不能舍弃专注主业，因为专注主业能夯实企业的坚固支撑；在专注主业的同时，审慎考评多元扩展的可能后果，扎实迈出多元扩展的步子，切实做到专注主业与多元扩展的有效统一。必须提醒的是，多元扩展必须慎之又慎，市场上因为利令智昏盲目扩张、多向出击而失败的企业太多了。“伟大到荒谬只相差一步。”在专注主业与多元扩展的关系上，也常常系于一念之差、一步之误，从而导致企业的大成功、大失败。

案例

麦当劳：稳扎稳打

麦当劳是全球大型跨国连锁餐厅，遍布全球六大洲119个国家，拥有3万间以上的分店，作为一种美式生活方式的代表——快餐文化享誉世界。

1955年，雷·克罗克在美国伊利诺斯州的迪斯平原开办了第一间麦当劳快餐店。克罗克取得成功的原因在于，他最早发现了当地咖啡馆的弊病，迅速对症下药地推出新产品并扩大规模。

那个时代的咖啡馆，经营的品种几乎无所不包，经营特点是简单、方便、省钱。但是，这种经营方式把商品品种供给线拉得很长，缺乏核心产品和核心竞争力。克罗克观察思考，发现在咖啡馆的菜单上，汉堡包和乳酪汉堡包最受欢迎。

汉堡连锁店出现了，在不存在竞争的情况下，连锁商店迅速扩张开了。创业早期的困难是可以想象的，克罗克甚至不惜去借高利贷，而这种早期扩张却确保了麦当劳的成功并确立了它在正在发展中的汉堡包行业的优势。经过半个世纪的努力，2002年，麦当劳卖出第1000亿个汉堡；2011年的总收入达到254.13亿美元，员工人数为42万人；2012年财富世界500强排行榜排名第410位；2018年5月29日，《2018年BrandZ全球最具价值品牌100强》发布，麦当劳名列第8位。麦当劳公司每年会将营业额的一部分用于慈善事业，创始人雷·克罗克1984年去世时，用他的全部财产成立了麦当劳叔叔慈善基金。麦当劳不仅成为美国，还成为世界的驰名品牌。

麦当劳的成功，在于它稳扎稳打的经营管理风格。

麦当劳的管理理念是“顾客至上，顾客永远第一”，经营理念是质量、服务、清洁和价值，即QSC&V原则。Quality是指麦当劳为保障食品品质制定了极其严厉的标准，例如，牛肉食品要经过40多项品质检查；制品制作后超过一定时间（汉堡包是20~30分钟，炸薯条是7分钟），便丢弃不卖；肉饼必须由83%的肩肉和17%的上选五花肉混制等。严格的标准控制使顾客在任何时间、任何地点吃到的麦当劳食品都是同一品质的。Service是指按照细心、关心和爱心的原则，提供热情、周到、快捷的服务。Cleanliness是指麦当劳制定了必须严格遵守的清洁工作标准。Value是后来加上的价值准则——向顾客提供更有价值的高品质。QSC&V原则，是麦当劳的经营理念，是麦当劳的经营原则，是麦当劳的量化标准，是麦当劳的从业人员行为准则，确保了麦当劳在全球范围3万多间连锁店的统一规范经营。

为了贯彻麦当劳的理念、原则、标准、准则和规范，麦当劳公司严密精致、稳扎稳打、踏踏实实地予以实施。

严格的检查监督。常规性月度考评，公司总部的检查、抽查，三位一体的检查通过报表、资料、面查、微服的方式实现对全球连锁分店的检查监督全覆盖。

完备的培训体系。麦当劳为了对特许经营者进行严格训练，专门设立了麦当劳汉堡包大学，所有加盟的特许经营者都要经过汉堡包大学的基本操作课程和高级操作课程培训，辅以在职培训，保证了麦当劳全球经营的统一形象和共同风格。

设立联合广告基金。鉴于大部分加盟者只能开设一家或几家分店，不可能承担大部分广告费，麦当劳从1966年开始设立了联合广告基金制度，由麦当劳的加盟店和直营店按每年总营业额的3%～4%提取组成，形成了麦当劳的强势广告宣传效应。

多元收入来源。麦当劳公司的核心产品是汉堡包可乐薯条，但收入的主要来源是房地产营运收入、从加盟店收取的服务费和直营店的盈余三部分。由于加盟者一般缺乏足够资金支付分店土地费用和建筑装修费用，于是主要由麦当劳公司长期承担或购进土地和房屋，然后把店面转租给加盟店。由此，房地产收入成为麦当劳的主要收入，其中1/3来自直营店，其余来自加盟店，房地产收入占到这部分收入的90%。

互惠互利的合作关系。麦当劳的总部和分店关系处理得非常成功，其特点就是互惠互利，一是收取的首期特许费和年金都不高，二是采购优惠直接转给各特许分店，三是不通过向受许人出售设备及产品来牟取暴利。这就体现了麦当劳总公司对加盟者和供应商的诚意，换来了加盟者和供应商的忠诚，形成了麦当劳公司与加盟者、供应商互惠互利、共存共荣的良好稳定合作关系。

简洁产品和大众价格相匹配。麦当劳的食品无非是以汉堡可乐薯条为主的几种简洁食品，这是一般平民也消费得起的大众食品。与食品简洁相匹配的，麦当劳锁定的价格目标也是中低端的大众路线。奇妙的是，在麦当劳进餐的人却会因为麦当劳叔叔的欢迎、餐厅开放辐射，以及其乐融融、醒目显眼的建筑装饰情景，收获一种心情愉悦、身份提升的快感。

快速便捷的服务。麦当劳服务的最大特点是快速便捷，提供柜台式和得来速式餐厅两种服务方式。一种是柜台式服务，即室内就餐，也提供室外就餐位。得来速式餐厅是一种顾客不下车就可以购买餐点的快餐服务，你可以驾车在门口点餐，然后绕过餐厅，在出口处取餐，这种餐厅通常拥有几个独立的站点：停车点、结账点和取货点。两种麦当劳快餐厅的员工都经过专门培训，动作干净利落，能快捷地完成售出货品的业务。

人力资源支撑。麦当劳的优秀卓越服务，是因为人力资源政策的支撑。除了完备的培训体系之外，麦当劳尊重和重视员工，注重接受个人的责任，以公司的最大利益为出发点，薪酬等于或高于当地水平，为员工提供满意的福利，强调员工的学习、发展和个人成长，讲究工作和生活的平衡，采用多种手段吸引、激励、奖励和留住人才，让公司发展的同时个人也得到晋升成长。

尽管随着全球性扩张，麦当劳也收到了“高热量导致肥胖”“缺乏足够的均衡营养”“垃圾食品”“美国生活方式入侵”等非议和攻击，但麦当劳仍在稳扎稳打、步步前行，不断提高自己的营业收入、净利润和品牌价值。

宝马：专注品牌产品

最早一台汽车发明在德国，德国也是汽车生产大国和强国，一直是汽车技术革新的先驱者、汽车品质的领先者和发展方向的主导者，奔驰汽车公司、宝马汽车公司、大众汽车公司共同在一百多年的时间里打造了德系汽车的经典品牌。

蓝白标志的宝马（BMW）品牌，象征着旋转的螺旋桨，是高性能汽车的标志，是奔放潇洒和年轻华贵的象征，塑造了“尊贵、年轻、活力、典雅”的品牌形象。

1916年，宝马汽车公司创建于德国慕尼黑，最初是一家飞机引擎生产厂。第一次世界大战后，德国航空业受到严格管制，宝马公司转向民用产品的生产，最初生产摩托车。1928年收购埃森纳赫汽车厂，涉足汽车生产。1929年经英国奥斯丁汽车公司的特许生产出第一辆汽车——迪克西（DIX），在德国热销出5300多辆。第一次世界大战之后，在德国政府的支持下大量生产汽车，宝马公司也成了性能卓越汽车的代名词，在德国汽车工业界占有一席之地。

第二次世界大战爆发，宝马公司成为德国军备武器和军需物品的生产商，为德国军队提供大量军用物资，大量使用强制劳动力，为德军生产大量飞机发动机和武器弹药等。为此，宝马公司的厂房受到盟军的猛烈轰炸，并遭到了毁灭性的破坏。1945 年 5 月德国战败后，宝马公司的大部分机器设备被拆解充当战争赔款，5～10 年间主要厂区的生产能力都未能恢复。

就在这种极端困难的条件下，宝马公司 1948 年恢复了摩托车生产，经过 5 年的准备后恢复了汽车生产，推出一款新型高级轿车。但在整个 20 世纪 50 年代，宝马公司并不景气，公司出现严重财务危机，差点被戴姆勒・奔驰公司恶意收购。在股东赫伯特・科万特的解救和领导下，宝马公司克服了产品结构不合理、市场定位不准确的根本问题，以德国中产阶级为目标客户，生产消费者买得起的、高质量的休闲汽车。宝马公司焕发出生机。

20 世纪 60 年代，宝马公司生产出 1500 型四门房车，受到市场欢迎，订单源源不断，供不应求，公司从 1963 年起开始赢利，并增加投资扩大生产。从 20 世纪 70 年代起，宝马公司成为世界高性能和豪华轿车市场的主角之一，先后推出代代更新的宝马系列轿车，同时走上了国际化的道路。

面对汽车制造技术的升级进步的竞争态势，宝马公司曾想突破高档轿车和跑车的生产领域，收购了路虎、越野路虎、MG、MINI 四个汽车品牌，由于生产线难以统一和英镑升值，发生了严重亏损。为了保护核心品牌产品，宝马公司只留下 MINI 品牌而出售了路虎、MG 品牌和飞机发动机业务。

21 世纪以来，宝马公司明确定位高端豪华汽车和摩托车生产，制定实施“发展、塑造未来、赢利，以及走在技术和客户前沿”组成的“第一发展战略”，其使命是“在变化的时代里，不断赢利和提高长远价值”。到 2020 年，宝马公司的目标是力争成为世界上领先的汽车生产商、卓越的个性化交通工具和服务的提供者。

宝马公司以其旗下的宝马、MINI、劳斯莱斯三个汽车品牌，以及宝马和劳斯莱斯的摩托车品牌赢得了国际市场上的巨大成功。至于取得成功的奥秘，宝马公司认为在于专注，一心一意做好自己擅长做的事情。即使与其他公司进行业务合作，也必须保持核心业务的独立，保持自己在市场上的独到优势。

秉持德国人的严谨彻底精神，宝马公司在营造自己的豪华汽车和摩托车的独到优势中也体现出鲜明的务实特色。在宝马公司，人们对待设计就像对待宗教信仰一样重视。宝马公司对汽车设计的要求就是“精致，精致，再精致”。在国内外市场基本接受宝马的品牌风格的情况下，宝马的设计走了“渐变”路线，即不经常改动款型设计，新型汽车不论从外观还是内在的感觉，都会令人想起旧式款型。

汽车和摩托车同其他商品一样，不仅要适销对路地满足客户的需求，还要以客户可以接受的价格满足客户的需求，商品品质和商品价格是客户乐于购买和能够购买它的一体两面的考量。同样，尽管生产豪华汽车的初衷未变，宝马公司仍在采取多种多样的方法降低车主的拥有成本，甚至在一定年限或一定里程范围内实行售出汽车的免费维修，还会鼓励经销商把旧型号和新型号的汽车放在一起销售以体现宝马的旧车保值。

除了考虑拥有成车，宝马还十分注重汽车产品对顾客的友好性。例如，当顾客对宝马3系列汽车的车内空间、安全性能和价格有所抱怨后，公司即设计了新的款式，让空间更加宽敞，还加装了侧面和前面的防护气囊，还对价格加以限制。

鸿海集团：关键在执行

鸿海集团即鸿海精密集团，是全球3C（电脑、通信、消费性电子）代工领域规模最大、成长最快、评价最高的国际集团。

从1974年郭台铭投资30万新台币创立台湾鸿海塑胶企业有限公司以来，鸿海以其独特的eCMMS代工模式颠覆了传统的EMS（electronic manufacturing service）代工模式：电子专业制造服务，只帮客户生产组装，不负责设计，缺失整体服务能力。2001年，鸿海集团董事长郭台铭首度对外发表独创的CMM（component module move）快速模块制造服务代工模式，在EMS国际大厂普遍不屑一顾的情况下，三年后鸿海以其独特的eCMMS模式称霸全球电子代工产业，成为EMS的龙头。2003年，鸿海通过全球联机，将全球工厂以及研发、制造、采购、行政、法律单位全部串联起来，形成24小时联机服务，制造和质量、设计、工程持续互动的鸿海独特的商业模式——eCMMS代工模式（e：信息化、网络化；Component：关键零组件，例如连接器、面板等；Module：模块化，相关电子组件整合；Move：移动，全球运筹准时快速组装出货；Service：服务、工程、生产、维修等客户服务）。

鸿海自创办以来，一步步稳步成长，直至形成成熟的eCMMS代工模式和商业模式，获得了享誉世界的名声和绩效。1974年鸿海开办年的营业收入仅为50万新台币，此后尽管历经世界经济风波却节节上升。在40多年时间里，曾被美国财富杂志评选为全球最佳声望标杆电子企业15强，成为全球唯一能连续六年名列美国商业周刊科技百强（IT100）前10名的公司。据2018年7月19日公布的《财富》杂志新一期世界500强排名榜，鸿海集团从2017年的27名升至24名，营业收入达1560亿美元，利润为45.6亿美元。截至2017年底，鸿海员工人数超过100万，分布在中国台湾和大陆、日本、北美、欧洲、东南亚等十几个国家、地区，拥有数十家子公司。

作为一个代工企业，鸿海获得如此辉煌绩效，原因是多方面的，除了独特的商业模式之外，全面贯彻的执行力亦是成功的关键因素之一。

郭台铭指出："在全球经济竞争过程中，'执行力'的全力贯彻将是胜出的重要法则。执行力就是速度、准度、精度、深度、广度的全面贯彻，说穿了，就是看你有没有决心。"在郭台铭看来，身为代工之王的鸿海从业的代工，没有高深的学问，也不需要花大钱投入高风险的研发，成功的关键在执行力的贯彻，尽可能满足客户的需求。执行力往往是上行下效，上面重视什么、下属就执行什么。执行力必须从高层做起，主管以身作则，下属自然不敢轻忽，形成负责任的文化。郭台铭对执行力的重视，是这样说的，也是这样做的，它体现在鸿海的核心能力——产品和技术质量、成本控制和服务顾客上。

郭台铭深信：魔鬼都藏在细节里。在鸿海的经营管理中，每个细节都不容忽略，精心做好每一个动作，理清细节与细节之间的每一个联结流程，同时兼顾量产、质量和速度。郭台铭曾经展示过一份鸿海的内部数据给采访记者看，上面从三年前计划建厂就开始规划流程、原材料采购等细节，到中期竞争对手信息、模具制造，甚至直到出货两个小时前，都还有相关的执行细节。即便出差在外，高级主管对每天的工作细节照样不能疏漏一点。董事长郭台铭在主持会议时，找到大小主管，每个步骤都翻来覆去地演练，一个环节一个环节地挑剔，每个细节都要清清楚楚，亲力亲为带领全公司追根究底每一个细节，确保执行无误。郭台铭信奉的"999 纯金哲学"——精确再精确，竟然通过了苛求"每个单一零组件只能有百万分之一的瑕疵率"的美国戴尔计算机厂家的严格质量要求。

在郭台铭看来，时间就是金钱，速度就是成本，没有大的打败小的，只有快的打败慢的。为此，鸿海在少开会、抓先机、赶订单上都是盯住速度，形成了鸿海的四大快速能力：决策执行与稽核的快能力；研发、制造与服务的快能力；沟通协作与竞争的快能力；软硬虚实、相互为用的快能力。一次，一家计算机代工厂的协理亲自带队到机场接客户下机，在出关大厅就看见了广达董事长亲自率队接机，他暗自感叹"没想到一开始就落居下风"。出关时间到了，却看见这个客户有说有笑地出关，身边陪他一起出来的是郭台铭，原来是郭台铭早就掌握了客户的航班行程，在他转机时就上了飞机，抢占了获得订单的先机。速度是鸿海成本的一部分。

鸿海认定企业稳健发展的关键是经营成本。在产品平均售价每年下降 30% 的情况下，鸿海每年还能达成 30% 的增长目标，却没有增加 30% 的人力物力，靠的就是成本管控。

在直接的生产成本上，无论客户的需求是什么电子产品，鸿海集团都可以用最低的成本集中采购、生产，供应给客户便宜而批量的产品；在经常性开支上，鸿海也尽可能省下每一分钱，例如报表尽量避免彩色打印，提倡爬楼梯，减少乘电梯，午休关灯等，各方面都做到能省则省。降低成本，在鸿海是管理者的绩效指标，节俭是一种经营态度，而不是小气。

为了稳居代工市场的前列，鸿海不遗余力地开发模具技术，除了好的模具厂，还要模具开发公式化。当时的台湾盛行师徒制，由掌握模具技术的师傅传带徒弟，维持模具技术的传承。鸿海的这一设想遭到老模具师傅的集体抗议，因为没有人愿意把自己的技术公开。所有的模具师傅集体请辞，鸿海模具开发负责人也未妥协，而是带领一批专科、高中毕业生开发模具，从日本引进先进机器设备，痛下苦功，终于开发出自己的核心技术，鸿海的模具厂也是直到第四年才开始取得绩效。

从本源的模具核心技术能力出发，鸿海推出了自己的第一核心业务——计算机连接器，又拓展出第二核心业务——机壳，又不断地复制成功的经验，跨入新领域制造出第三个、第四个……核心业务。鸿海以自己的核心能力往外推开，创新一代代的核心业务，实现了郭台铭强调的鸿海个人跨越："从心快到行快的跨越，从个人到系统的跨越，从硬件到软件的跨越，从实体到虚拟的跨越。"扎根于核心技术，鸿海从模具到连接器、机壳、专利、研发，直到形成自己独有的 eCMMS 商业模式，成为世界代工行业的龙头霸主。

郭台铭说道："我希望我们的产品、质量、服务在客户心中有不可被取代的地位。"他要求把制造业当服务业做，而且做得比服务业好。郭台铭认为，客户对公司的信任有三个阶段："一个是质量，一个是服务，一个是成本竞争力。"首先，客户要能信任公司产品的"质量"，郭台铭说："我们已经把质量系统建立起来，变成一个制度，这是我们的企业文化。"第二，是对服务的信任。在郭台铭看来，达到客户的要求，不是只有生产，还包括交货期、售后服务。鸿海就有过因技术不能如期突破、后来改用空运出货，自己承担空运费，客户不承担成本。第三，对"成本竞争力"的信任。郭台铭追求的是与客户互利双赢，给客户提供有竞争力的成本。客户有了竞争力就会源源不断地下订单。

客户的需求，这是核心能力检验的唯一标准，鸿海认定："再好的产品，卖不出去也没有用。"市场就是"客户 + 产品"。为了开拓美国市场，郭台铭于 1989 年决定亲自坐镇美国，花了整整两年的时间，他终于拿到了第一张订单。经历东南亚金融风暴

(1998 年)、网络泡沫化（2000 年)、美国 9 · 11 恐怖袭击（2001 年)、SARS 风暴(2003 年)、油价飙涨（2004 年)、国际金融危机和经济危机（2008 年）等国际经济的起伏波动，鸿海从一间不起眼的小公司成长为一家国际性的跨国集团，靠的就是倾听客户的声音，满足客户的需求，再加上质量好、价格便宜、交货期准时所积累下来的信赖。

郭台铭的经营口号是：“我比客户自己更关心客户。”“让我们来拯救水深火热中的客户吧！”在鸿海的 CEO 六绝——选客户、选产品、选人才、选技术、选股东、选策略合作伙伴中，居第一位的最关键的就是“选客户”。选择一流客户的原则是：没有竞争关系、评估核准客户的潜力、比规模。以 2002 年为例，鸿海就和康柏（23%)、苹果计算机（18%)、卡西欧（7%)，再加上戴尔（6%)、新力（6%)、摩托罗拉(5%)、IBM（5%)、联想（5%)、英特尔（5%)、惠普（4%）和升阳（4%）等世界一流客户建立“简单而紧密”的关系，并建立了一些坚固、紧密而持久的战略伙伴关系，如每年消耗的 35 万吨钢铁就只跟烨辉买，在最困难的时候也能够彼此帮助。鸿海的运营是为了客户而存在，鸿海的一切是以满足客户的需求为出发点，公司与客户互助互利一直是鸿海的企业经营之道。

郭台铭认为，优秀业务员最重要的美德，就是能够取得客户信任，“油腔滑调的业务员，最难取得客户信任”。在鸿海业务员的笔记本里，记载着决定订单的关键人物的家庭状况、喜好兴趣等，跟客户做朋友、讲感情，要千方百计争取客户。为培养、造就超级业务员，鸿海销售人员的七大职责是：选对客户并建立分类制度；建立良好的上中下层关系；找到新产品开发机会；竞争对手分析；抢夺订单并配合客户交货计划；忠实传真；应收账款。

董明珠：格力的“铁娘子”

倔强、铁腕、跋扈、凶狠、霸道，这是人们赋予珠海格力电器、格力集团的长期掌门人、大名鼎鼎的董明珠的形象称号。姑且不论这些称号是否合适、是否全面，都明显地反映出董明珠超强非凡的执行力。

当人们把格力成功的原因归结为它独特的“格力销售模式”时，董明珠则清醒地认识到产品质量才是格力制胜的关键，产品销售也是同样重要的业务。而在一个企业中常常有意无意地显露出销售和质量孰重孰轻的争论：销售部门认为没有对市场的拓展，再好的产品也卖不出去；质量部门认为，没有质量好的产品，市场也不会接受“破烂货”。真理不在一端，而在两端的结合上，质量好的产品加上销售好的市场，才能创造企业的良好业绩。

曾任格力电器董事长的朱洪江和曾任经营部长、总经理的董明珠就成功地把空调质量和空调销售两大业务组合起来，造就了格力的辉煌。朱洪江是一个典型的理工男，甘于寂寞，低调扎实地常年泡在车间造“好空调”，使格力电器的技术水平居国内一流，还掌控了空调的核心技术，空调质量具有国际竞争力；董明珠一年到头风尘仆仆，东南西北四方奔波，为销售空调多次病倒住院。朱洪江和董明珠的搭档合作，推动格力空调在质量和销售上双胜出。董明珠的执行力，首先体现在产品质量要求上，也体现在销售人员管理上。

格力电器成立几年后，从1995年开始进行了全面的质量整顿，从零部件的质量入手。格力设立了零部件筛选分厂，进厂的每一个零配件都要经过各种严格的检测，合格后方能上生产线；制定“总经理12条禁令”（后延伸为“总裁14条禁令”），对生产过程中易错操作做了严格规定，任何员工只要违反其中一条，一律予以辞退或除名。

为了确保产品质量，格力下设的技术部、质检部、企管办、总装分厂联合向公司实行空调器质量承包。朱洪江在总装分厂厂部放了一个大铁锤，只要产品质量不达标，就由这四个分厂的负责人当众用这把大铁锤砸烂，并对有关负责人进行处罚。若是质量达标了，就给予重奖。严格的质量管理带来了良好的空调质量，格力的故障率维持在万分之一，而同行仅在千分之一。严厉整理工作秩序，克服国有企业的懒散作风，不仅制定了严格的规章制度，而且严厉地贯彻执行。董明珠的理念是：无规矩不成方圆，她也承认自己是一个霸道的人，为了执行规矩原则不讲情面。一次，董明珠走进办公室，见大家正在抢着吃有人带来的土特产，她厉声问：“谁让你们吃东西的？”这时下班的铃声响了，大家都松了一口气，以为可以躲过一劫。谁知董明珠坚守原则规章不饶人，宣布刚才吃零食的人每人罚款50元。董明珠对经销商也是严格要求，寸步不让。她规定经销商卖什么价，经销商就必须卖什么价，服务不好也会被清退。对普遍拖欠货款的商场痼疾，董明珠底气十足，简单强悍：凡拖欠货款的经销商一律停止发货，补足货款后，先交钱后提货。

21世纪的经济是服务经济，服务不仅是企业中场制胜的必须，更是企业生存发展的要求，格力就强化了自己售前、售中、售后三位一体的服务体系：格力售中抓好售前的空调产品质量，选用优质的元器件，从空调器的源头——原材料抓起；进一步加大售中安装规范化管理的力度，对全国范围内的服务网点的安装技术人员进行培训，对安装质量情况进行监督、奖励和处罚；从2005年开始，格力家用空调器产品一律实行"整机免费保修6年"的售后服务新标准，远远超过了"整机保修1年，主要零配件保修3年"的国家标准，也超过了国际标准。

格力不仅注重规章制度的制定，还把关键放在制度的执行上，把制度的执行落实在业务人员的培训上。可以说，格力创造的一系列质量保障和市场营销的奇迹，归功于完善严格的规章制度，归功于公司上下的执行力，归功于董明珠、管理人才、业务人员等执行人。人本人本，人是产品质量之本，人是市场营销之本，人是服务体系之本，人是强化执行力之本。离开了负责任的、高素质的人，任何企业都没有成功的可能。

优异的执行力创造了格力的多项殊荣和良好效益。据中标院统计发布，自2011年以来，格力电器顾客满意度、忠诚度连续7年保持行业第一。2018年荣获"中国质量奖"。产品远销160多个国家和地区。2017年，公司营业收入1500.2亿元，净利润224亿元，纳税149.4亿元。格力电器堪称"实至名归"了。

秦池："一个瘸子"

秦池酒厂，这个曾经在20世纪90年代轰动一时又陡然倒下的企业，创造了广告包装的惊人奇迹，又留下了执行力瘸腿的深刻教训。

秦池酒厂在1990年3月创立于山东省潍坊市临朐县。当军人出身的新掌门人姬长孔初到秦池酒厂的时候，工厂一年的销售额不足2000万元，员工却达500多人。

在中国的经济格局中，历来有"得三北（东北、华北、西北）者成诸侯、得京沪（北京上海）者得天下"的说法。姬长孔身为秦池酒厂的厂长，合乎地利地首先把市场目标锁定在气候寒冷、喝酒人数众多的东北上。刚刚上任，姬长孔就赶到吉林，想依靠昔日的战友朋友开拓市场。吃了不少次饭也喝了不少酒，但身居行外没有商业经验的战友朋友帮不了多大的忙，依靠故旧的情感路线行不通，姬长孔揣着一张50万元的现金支票移师沈阳，决心以工厂最后的底本在沈阳背水一战。

姬长孔在沈阳的攻城战是成功的。他在当地电视台买断广告段位，到大街上请市民免费品尝秦池白酒。建立与技术监督部门的关系，拿到质量鉴定报告并向消费者推荐。最轰动的是，他租了一艘大飞艇在沈阳上空游弋，撒下无数雪片般的广告传单。不到20天，秦池白酒在沈阳已经为人熟知并开始热销。姬长孔不失时机，又及时在媒体上发出“秦池白酒在沈阳脱销”的新闻，配以轰动震人的文字：两个山东大汉，各怀揣50万元，19天踹开沈阳大门。

仅仅1年时间，广告轰炸下的低价位秦池白酒攻占了“三北”市场，销售额节节上升，到1994年年销售额就突破了1亿元。姬长孔奔走“三北”各地，住十来元甚至几元一天的地下室，每天的主食是面条，从家乡开出的运货车还必须带上大袋青菜，他和秦池推销员就用大葱放几株青菜作为主菜。姬长孔以非常的节俭积累了秦池初期的财富。

但是，追求更大财富的欲望却让他利令智昏，秦池酒厂争当央视标王的豪举把企业推上声名顶峰，而没有立足于坚守产品质量，以致一朝坍塌沉没。1994年，女强人谭希松出掌中央电视台广告信息部，央视的年广告收入从不足10亿元跃升至40亿元以上，央视也理所当然地成了中国电视媒体界的巨无霸。谭女士的绝招是：央视的黄金时段实行广告招标，投标最高的企业授予“标王”称号。

谭希松遍访各地著名企业家，把招标会的日期定在每年的11月8日，谐音为“要要发”，地点选在央视投资的综合型商务宾馆——梅地亚中心。1994年11月8日，中央电视台第一届广告时段招标会隆重开幕。当人们普遍认为标王之争将在山东的孔府家酒和广东的太阳神之间展开时，孔府宴酒以3079万的标底一举夺冠。这虽然是孔府宴酒全年利税的1/3，却在央视的主炒下一夜成名。一间默默无闻的小酒厂突然变成了举国皆知的知名品牌，销售收入也随之而起。在中国市场尚不成熟、广告妙作大见成效的20世纪90年代，竞争标王并非孤案：就在这一年，宁波一家企业花1700万元买下了天安门城楼上的两只退役大灯笼。1995年，秦池酒厂的销售额已经过亿，在北方市场拥有一些声誉。秋天，姬长孔收到了朋友的推荐电话：“老姬，梅地亚中心去不去?”

11月8日，姬长孔来到了群英荟萃的梅地亚中心，孔府宴酒、孔府家酒、娃哈哈、乐百氏、飞龙、三株口服液、太阳神等，各路豪杰准备放手一搏。姬长孔带来了3000万元，这是秦池酒厂一年的利税之和。当得知3000万元不足以制造轰动新闻的时候，姬长孔在临朐地方政府的竭力支持下，以6666万元的标底力压群雄，胜过誓夺标王的两个山东老乡——孔府家酒的6298万元和孔府宴酒的6398万元，一举拿下1995年央视标王的冠冕，央视也给予了秦池酒厂巨大的造势回报。1996年，据秦池酒厂的对外通报，当年度实现的销售收入9.5亿元，利税2.2亿元，分别为上年的5倍、6倍。

1996年11月，尝到标王甜头的姬长孔又来到了梅地亚中心，而他的身边围绕着一批策划大师、点子大王。在这批新潮财经人士的推动下，秦池也实施了品牌提升工程：

确定了“永远的秦池，永远的绿色”的形象宣传主题，投入数百万元运用世界最先进的三维动画技术拍摄了数部主题形象广告片，画面精致，气势宏大。为包装形象，符合“中国标王”的称号，秦池一下购买了3辆奔驰豪华轿车，开始投入几千万元改造办公大厦。姬长孔的豪言壮语震撼上下：1995年，我们每天向中央电视台开进一辆桑塔纳，开出的是一辆豪华奥迪。1996年，我们每天要开进一辆豪华奔驰，争取开出一辆加长林肯。

姬长孔实际上是向中央电视台开进了一辆“豪华奥迪”：广东爱多VCD抢先取得报价8200万元以为超出1995年秦池1000多万元可操胜算；江苏春兰空调随后报出1.6888亿元，引起全场轰动；几分钟后，广东乐百氏以1.9978亿元冲出居上，广东小老虎似乎声势逼人；企图一鸣惊人的山东白酒金贵酒厂喊出了2.0099亿元的广告报价新高峰，又被从不闻名的山东齐民思酒厂以2.1999999999亿元压下；主持人念到“秦池酒厂”的名字时，全场一片寂静，等待可能的奇迹报价，秦池酒厂不负众望：“秦池酒，投标金额为3.212118亿元！”

在一片狂欢呼声中，一记者问：“秦池的这个数字是怎么计算出来的?”姬长孔回答：“这是我的手机号码。”记者进一步问：“秦池的报价比第二位整整高出1亿元，在判断上是否有一点失误?”姬长孔予以断然否认。事实是，秦池报出的3.2亿元，相当于1996年秦池全年利润的6.4倍，还不知道秦池是否拿得出这笔天文数字般的巨款。而实际上秦池酒厂1997年的广告投放远没有达到3.2亿元的“标王”价，支付给央视的广告费只有4800万元，还达不到1996年的6666万元。对第二次中标的秦池酒厂，央视广告信息部的负责人、“标王”招标项目的始创者谭希松也惊呼：“酒疯子疯了！”

市场不相信欢呼，秦池酒厂也没有每天从央视开出一辆加长林肯，而是转头直下倾覆的泥潭。刚刚从央视戴上“标王”冠冕，1997年一则“秦池白酒是用川酒勾兑”的系列报道开启了秦池酒厂的厄运之门。几乎在荣登声名顶峰的同时，《经济参考报》的4名记者开始了对这间县级小厂的暗访调查，结果发现秦池的酒源主要是由远在四川的邛崃县春泉白酒厂在当地收购后提供的。春泉白酒厂厂长告诉记者们：1995年春泉供给秦池4000吨散酒，1996年又供给了7000多吨，春泉收购了当地小酒厂的散酒供给了秦池。另外还有几家中小酒厂向秦池提供了散酒。事实是，秦池每年的散酒生产能力只有3000吨左右，而以四川购进的大量散酒，再加上本厂的原酒、酒精，勾兑成低度酒，然后以“秦池古酒”“秦池特曲”的品牌销往全国。记者们通过采访还发现，秦池的罐装线基本是手工操作，每条线周围有十多个操作工人，酒瓶的内盖是专门由一个人用木榔头敲进去的。就是这间粗陋的小厂，购进低档散酒，包装成“品牌”

白酒，通过“标王”造势，欺骗性高价售出。

《经济参考报》的系列报道，揭穿了秦池白酒“品牌名酒”的真面目，它们在很短的时间被全国无数家报刊转载，和“标王问世”时的轰动一样震撼人心。消费者迅速做出了反应：1997 年，秦池白酒远不及预期的 15 亿元销售额，而是 6.5 亿元；1998 年，又下滑到 3 亿元，并继续下行不止，直至“资产整体出售”而无人问津。辉煌一时的姬长孔也离开酒厂，调往北京一部委任职，最后在北京开了一家面积 40 平方米的五粮液专卖店，继续着他的白酒生意……

在企业的供应链中，产品和产品质量、产品创新是营销的前提和条件，这只有通过扎扎实实的执行创造才能长久经营，无此牢固的基础和坚实的支撑，任你天花乱坠般的夸张宣传和形象包装，也难逃被消费者抛弃和市场淘汰的命运。

秦池白酒奇迹的创造者、掌门人姬长孔在离开酒厂时说：“秦池是一个瘸子。”这是对秦池白酒厂极度夸张的营销包装和极其低下的执行力之间严重失衡所导致的倾覆命运的真实刻画。

三九：大扩张的崩解

1985 年，广州第一军医大学下属南方医院药局主任赵新先受命在深圳笔架山创办南方药厂。

带着十几个医院员工和招聘工人，依靠上级拨付的 500 万元开办费，赵新先率先成功建立了中国第一条中药自动化生产线，又开发出专治胃病的中药配方——“三九胃泰”，身着军装到各大中城市举办宣传性学术报告会，在出租车上安装了“胃药之王，三九胃泰”的顶箱广告，特邀著名影星李默然在中央电视台开启第一个明星代言广告。疗效好的产品加上有效的营销拓展，短短 3 年时间南方药厂的产值就达到了 18 亿元，实现利税 4 亿元，跃升为国内知名度最高、赢利最好的中药企业。

又过了一年，1989 年前后，赵新先接连推出壮骨关节丸、正天丸、皮炎平等系列中药产品，它们的营业额都超过了 1 亿元，南方药厂迅速崛起，似乎会稳立于中药市场，赵新先也先享有了极高的荣耀：优秀军队企业家、二级英雄模范、国务院“全国劳动模范”，军队总后勤部还向全军发出了《关于向赵新先同志学习的决定》。

1991 年 10 月，军队总后勤部出资 1 亿元从广州第一军医大学手中买下了南方药厂，第二年南方药厂更名为三九集团。在军队总后勤部的竭力支持下，三九集团走上了迅速扩张的道路。

总后勤部三次将71家军队企业划归三九集团管理，这些企业属于旅游、农业、汽车、食品、酒业、房地产等多个行业，全部与药业无关。赵新先兴奋异常，认为“靠三九机制完全可以把它们改造好”。实际上，“改造”并不成功，三九集团每年必须投入上亿元资金维持这些企业的正常运作。

1996年，眼见国有企业经营困难，社会上出现大量闲置资产，赵新先积极“下山摘桃子”，实施了大规模收购的战略：三九第一次收购雅安制药厂取得成功，接着宣布成立三九投资管理公司，派出60多名干部，奔赴全国各地专事企业收购工作。赵新先每到一个省，省委书记、省长必定出面接待；到了市里，五套领导班子集体迎送；各地媒体追踪报道，热烈吹捧。从1996年到2001年，三九出售并购了140多家地方企业，平均每个月并购两家。其中，全购式占45%，控股式占35%，托管式占20%。三九集团迅速扩张成为全国最大的中医药企业，总资产高达186亿，所属企业遍及全国各地，形成了横跨医药、汽车、食品、制酒、旅游饭店、商业、农业和房地产八大行业的巨型企业，旗下甚至还包括了一家华南最大的夜总会。美国通用电器公司CEO韦尔奇见到赵新先和其他一些中国企业家，回国后谈了观感：“他们好像是在演戏。”

据统计，三九在医药行业内的并购成功率达70%，而非医药行业基本以失败告终。扩张之初，企业负债率为19%，到1998年却已高达80%。

三九集团继续前进，强势向资本市场和互联网两大领域进军。

2000年前后，资本市场和互联网的新经济业态在中国大地兴起。2000年4月，三九集团的旗舰公司“三九医药”在深圳证券交易所上市，国家药监局副局长亲自为三九股票敲槌开市，开盘当日“三九医药”股一路上扬：升幅达177.5%，募集资金16.7亿元。同年，三九购买了江西一家以生物制药为主的上市公司“宜春工程”，成为第一大股东，并将“宜春工程”改名为“三九生化”；11月，再度出手收购了上海胶带股份有限公司29.5%的股份，成为“上海胶带”的第一大股东，2003年公司更名为“三九发展”；在三九医药上市的同时，三九还获得特许，注资3.08亿元成立了三九深圳金融租赁有限公司。赵新先意气风发，信心十足，接连收购上市公司和“重组包装”可能上市的公司，进一步提出了培育十个上市公司的设想。

赵新先除了在资本市场崭露头角，在互联网行业也玩得风生水起。2000年4月24日，三九医药上市的同时，号称全国最大的医药健康网站——999健康网开通，三九将采用“四网合一”的思路，以三九的全国销售网络为依托，以全国医药连锁店为端口，以三九健康网为枢纽，以中药远程诊疗网为延伸，组成一个超级医疗健康服务体系。在“概念就是一切”的互联网热潮中，三九的愿景设想受到市场的一阵热捧。但是，“四网合一”无法实现，健康网定位摇摆不定，从健康门户网站到学习型网站到电子商务，每次转型都是大笔资金投入。为迅速发展壮大，赵新先不断收购中小网站，到2003年三九已拥有13个公众服务网站和29个企业网站，网站投资巨大、内容庞杂。

至此，三九的发展战略已经从之前的“八大产业并举”演变成“以生命健康产业为主营，网络信息和金融租赁两大产业为支柱”，开发高新技术产品，一系列耀眼的医药医疗设备纷纷问世。但是，无论医药主业还是互联网与金融，三九都缺乏执行的精耕细作，自1990年后便无一款成功的中药问世，诸多高新技术产品也未实现规模化和产生效益，长期以来三九集团一直靠三九胃泰及皮炎平等老药支撑。

纸包不住火，虚张声势掩盖不了执行力短缺带来的产品乏力、市场不畅、效益不佳的企业真相。2001年8月27日，三九突然遭到中国证监会的警告：中央电视台新闻联播报道，中国证监会公开通报批评三九医药，称其在募集资本的使用上与招股说明书不符，大股东及关联方占用上市公司资金超过25亿元，占公司净资产的96%，严重侵占了广大中小投资者的利益，直接威胁到上市公司的资产安全。公报还点了三九医药董事长的名，称赵新先“有重大失职行为，情节特别恶劣，应当予以谴责”。三天后，赵新先出现在中央电视台记者的镜头前，第一句话是“接受批评”，第二句话是“道歉”，尽管他内心一直认为自己并没有错。但是，“公开谴责事件”仍使三九集团遭受重创：到2002年底，三九集团的净利润只有2271.3万元，资产负债率高达92%，债务总额为191亿元，资产回报率仅为0.1%。

多元化扩张受挫，赵新先及时转型，提出了三九专业化的“三化战略”，即“中药现代化、中医专业化、健康服务化”。看得出来，赵新先仍旧豪言壮语，雄心勃勃；提出了在国际市场和国内市场两个市场同时出击，分别实施“麦当劳计划”和“沃尔玛战略”。

“麦当劳计划”是在全球建立一个连锁型中药诊所网络。5年内，计划在全球开办1000家连锁诊所，在美国一年可收入1000万美元，总额可达到100亿美元。美国有大约1万家小型的中医诊所，加拿大有2000家，如果整合起来可以十分轻易地建成全球性的中医连锁诊所。为实施这个计划，三九在加拿大多伦多创办了第一家中医药医疗中心，接着又在英国、美国、马来西亚等国家相继开设350多家类似的中心，还在美国洛杉矶开办了一家现代中医药研究院。这些所谓的“麦当劳计划”的成果，大体成了虎头蛇尾的“半拉子”工程。

“沃尔玛战略”则是在国内编织一张最大的连锁药店网络。这个计划早在2000年就已开始，初期提出筹资13亿、建立5000家连锁药店的发展计划，后来又增加到1万家店。提出连锁药店战略短短一年多，三九连锁药店发展到了1000家的规模。但是，战略定位宏大，实施执行不力的老毛病又拖了赵新先的后腿：开店成本很高、规范化管理不足、运营支出控制力偏弱等严重问题很快使三九的连锁药店后继乏力，无以扩展。

三九的另一个“专业化”工程是筹建一家中医院集团，赵新先与海南省达成协议，收购海南中医院，还打算收购一些中医院，又筹划在深圳东部开建一个规模宏大的健康城，其中包括90个洞的全世界最大的高尔夫城、一个超豪华的五星级健康宾馆，以及一个包括疗养院、临终关怀医院和特殊护理医院在内的大型综合健康服务系统，总投资将超过40亿元。

在赵新先率领三九医药和三九集团一波波扩张升级的过程中，一批批地方企业的并购、资本市场和互联网的大胆进取，“三化战略”“麦当劳计划”“沃尔玛战略”、筹建中医药集团等，战略不可谓不高远，计划不可谓不宏伟，雄心不可谓不壮大。但是，企业就是企业，一个企业不能提供有效供给，不能满足市场的有效需求，不能通过扎扎实实的执行实施，一切的“高远”“宏伟”“壮大”都会像肥皂泡一样，开始时五光十色，不久就会归于破灭。

2003年，四处出击、四方奔波的赵新先带领三九冲到了悬崖边缘，但他却没有清醒地认识到这一点，竟然一步滑下了深渊。5月，每月需支付12万美元的纽约时代广场的“三九药业”广告牌因缺乏资金被悄然撤掉。9月28日，《21世纪经济报道》披露，三九共欠银行贷款98亿元，已经陷入严重的财务危机。报道后一个多月来，“讨债大军”纷纷涌到三九总部。一些债权银行开始封存三九资产，冻结质押股权，向法院提起了诉讼。三九在全国的数百家子公司、孙公司都成了银行逼债的对象。

在银行信用破产的紧急关头，赵新先把矛头对准了国资委，认为三九负债率偏高的根源在于“国有出资人没有履行出资义务”。三九的产权与赵新先无关：1998年底，中央下令军商脱钩、三九与军队总后勤部脱钩，归中央大型企业工委管理。2003年国务院成立国有资产监督管理委员会后作为中央直属企业归属管理。在三九财政危机总爆发的时候，赵新先提出了产权问题。2004年3月的全国政协会议上，作为全国政协委员的赵新先在接受中外记者采访时，指责国家并没有对三九投入资本金，要求作为国有资产的管理机构，“国资委应当负担起企业股东为获得发展的流动资金增加投资，投入新的资本金的职能”。换句话说，如果国资委不能作为企业股东投入资金化解三九债务，三九要自己解决债务问题就必须进行股份制改造。

这样做的后果是，在全国政协会议发言两个月后，2004 年 5 月 16 日，国资委党委书记李毅中亲赴深圳，突然宣布免去赵新先三九集团总经理、党委书记职务，原因是他已经 63 岁超过了国资委干部 60 岁必须退休的年龄，而且还称赞赵新先“40 年如一日，为我国的医药事业，为三九企业集团的发展，作出了突出贡献”。

退休两年多后，赵新先因“国有公司人员滥用职权罪”于 2007 年 6 月被判处有期徒刑一年零九个月。因为军转民衔接不顺，赵新先的退休手续一直办不下来，没有退休金、医疗保险、产权房，出狱后的他居住在三九集团的职工宿舍。赵新先自嘲是“中国最老的农民工”“三无”人员。而三九集团几经出售，归属于央企华润集团，更名为“华润三九医药股份有限公司”。

赵新先一手创办，一度轰轰烈烈，终至出售转让的三九医药和三九集团，败北的原因是多方面的，但是善定战略、善制计划、大胆扩张却无扎扎实实的执行力去支撑匹配，无疑是其由盛转衰的重要原因。

基本法则七：
优化外部环境

任何企业都生存在一定的外部环境中，经济环境和自然环境、政治环境、社会环境、文化环境等即是企业生存的外部环境。一方面外部环境在很大程度上决定企业的命运，企业需要适应自己的生存环境，适者生存；另一方面，企业对外部环境又不是完全无能为力的，企业在一定程度上能够改造自己的生存环境、创造环境。在现代社会中，一国的企业与外部环境存在着相互作用的互动关系，这就既要建设有利于企业生存发展的良好外部环境条件，又要发挥企业改造外部环境的积极作用。同样，企业的国际化也必须认识国际经济环境和其他非经济环境，实施适宜的国际化策略。

一、 企业生存的外部环境

经济体制、经济法规、财政政策、货币政策、产业结构、行业特点、市场形势等经济因素构成企业成长的经济环境，而自然环境、政治环境、社会环境、文化环境等非经济因素构成企业成长的非经济环境，经济环境与非经济环境的交织联结构成企业成长的外部环境。

仅仅研究经济环境而忽视非经济环境，势必脱离企业生存环境的实际，因为非经济环境间接决定着企业的命运；一味强调非经济环境而忽视经济环境，就会脱离企业生存发展的特殊土壤，因为经济因素直接决定着企业的命运；首先把握经济环境因素，也要分析非经济环境因素，从经济环境因素、非经济环境因素的交织联结中进行研究，才能正确认识企业生存的外部环境。

1. 经济环境因素

经济体制是一国经济制度及其运行方式的基本规定，它往往记载于国家的宪法、法律之中。生产资料的所有制形式：生产资料公有制、生产资料私有制或生产资料公有制与生产资料私有制的并存混合，产权形式务必明确，因为它关系到财产的所有权、处置权、决策权、受益权。经济运行的方式：市场经济即为土地、资本、劳动力、技术等生产要素、生产资源为市场配置，或称市场在生产要素、资源配置中起决定性作用；计划经济即为土地、资本、劳动力、技术等生产要素、生产资源为计划配置，或称计划在生产要素、资源配置中起决定性作用。现代经济发展史证明，现代经济的运行极其复杂，由一个机构按计划分配资源的计划经济已不合时宜，由市场供求关系的变化决定资源分配的市场经济，才是现实合理的。尽管市场经济运行和资源调配中也存在政府干预，但这主要体现在经济法规、财政政策、货币政策等的良好经济环境和经营环境的营造上，而一般不是政府直接参与到具体的经营活动之中。即使政府的直接投资项目，也必须审慎考量投资的必要性、公益性和财政的承受力。

经济法规是企业正常运行的法律保障。要确保市场的正常秩序，化解经济活动中难免的矛盾、冲突，避免伤害、侵占其他人和社会利益的行径，务必制定、执行公正公平正义的法规。政府的主要经济职能在制订并执行合理法规保障市场的正常秩序，创造利于市场正常运行的经济环境条件。

财政政策是社会经济正常运行的财务保障。公共财政费用的税收和收入的再分配，政府的管理费用和公益活动的预算和支出，这些政策对企业的运行关系极大。

货币政策是货币当局为保证货币流通、币值稳定从而令经济正常运行的货币保障。在现代经济社会中，土地、资本、劳动力、技术等生产要素和生产资源的价值都是以货币的形式体现出来的，货币发行量、货币供应量、货币流通速度、货币币值的稳定事关经济安全的大局。

产业结构是一国产业的构成状态。产业重点的构成：一次产业、二次产业、三次产业。产业要素密集度的构成：劳动密集型、资金密集型、技术密集型。产业产品的构成：初级产品、中间产品、最终产品。它反映一国产业的重点、要素、产品的优势及其转化升级。

行业特点是现代分工经济的各个行业的特殊特点，分工使现代经济更趋专业化和相互依存化。农林牧渔、石油化工、机械机电、交通运输、建筑建材、轻工食品、服装纺织、办公用品、家居用品、银行金融、信息产业、环保绿化等，各行各业各具特点，各有走势，实为企业经营不可忽视的行业环境。

市场形势是企业运营直接关涉到的外部环境，市场的供求状况、景气状况、竞争状况、法治状况等环境因素直接影响到企业的盈亏升降，是观察分析企业的外部环境最直接的市场因素，对企业的生死荣枯影响极大。

2．非经济环境因素

自然环境是天赋的经济活动和经济发展的自然依托，地形、土壤、气候、水文、矿藏、资源、灾害等是企业运行离不开的自然环境要素。善于利用有利的自然条件，规避不利的自然因素，保护生态的自然环境，及时化解自然灾害，对企业的发展关系重大。

政治环境是经济变迁和经济发展的权力保障。宪政规范、法治建设、勤政廉洁等现代政治体制的设计和实施，对企业的诚实经营和正常运作带有决定性的影响。经济离不开政治，良性的经济发展离不开良性的政治制度，这在现代经济运行特别是发展中经济体的经济运行中已是普遍共识。

社会环境的建设是企业正常运行的必要社会保障。失业保险、医疗保险、养老保险、公共福利、社会救济等，有效的社会保障措施才能给国民特别是老弱病残和贫困人口以生命、生活安全保障，从而保证社会环境的人道、安宁、平和。

文化环境可称为企业运营的软环境，它看起来没有政治权力、法律法规、社会保障一样对企业、经济的作用那么显著，却通过国民的精神信仰、价值观念、意识形态、道德习俗、开放封闭等文化取向深深地浸透在企业的领导者、管理层、专业技术人员以至普通员工的脑际心中，极大地影响着企业人员的行为从而联动企业的变化。信仰、精神、价值、道德、文化、理念之类的精神文化要素，在经济活动愈趋复杂多样、科学技术愈趋高速升级的现代社会，正在发生着越来越重要的作用。

3．经济环境因素、非经济环境因素的交织联结

经济、自然、政治、社会、文化诸环境因素相互之间不是彼此孤立的，而是交织联结的。经济与自然、政治、社会、文化互联互动，自然与经济、政治、社会、文化互联互动，政治与经济、自然、社会、文化互联互动，社会与经济、自然、政治、文化互联互动，文化与经济、自然、政治、社会互联互动。企业生存的外部环境就是一个由经济、自然、政治、社会、文化诸环境因素交织联结成的复杂网状结构，应该用相互联系、相互作用的系统观点来观察、分析、研究、认识这一环境结构。

二、 适应环境

适者生存是自然界的生存法则，也是人类社会的生存法则，当然也是企业的生存法则。企业创办后，生活不再只由自己安排，还要适应客观存在的经济和自然、政治、社会、文化环境，如果不能适应环境而取得自己的生存空间，虽然可以带着豪言壮语义愤一拼，但失败覆亡的命运不可避免。经营企业，要懂得适应环境的道理，否则企业难以生存。

企业适应环境，并不是机械的、呆板的、完全被动的消极应对，而是有机的、灵活的、带有主动的积极应对，即尽量弘扬利于企业良性成长的环境因素，努力克制不利于企业良性成长的环境因素，在把握有利和不利、良性和恶性两端中坚持有利、良性的一端而抓住另一端不松手，犹如人性必从善恶两端来一样，环境也会存在利弊两端性。

在有利的、良性的因素占上风主流的环境中经营，企业禀常执正就是了，就可以生存发展了。在不利的、恶性的因素占上风主流的环境中经营，企业仅知禀常执正就不足够了，还必须懂得权变通达之道：禀常执正，方可长久；权宜变化，才能生存；禀常权变，生存长久。不过，我们也要明白，无论禀常执正也好，权宜变化也好，禀常执正加权宜变化也好，都带有不确定的风险性。禀常执正，风险在不适应环境难过今天；权宜变化，风险在环境变化难过明天；禀常执正加权宜变化，风险在分寸尺度难以把握。但是，谁又告诉你企业会生活在一切可预测的确定性之中呢？不确定性、风险、运气永远在变迁发展的道路上伴随企业行进。这是企业的命运。

三、 改造环境

如果说，一般生物只能适应环境才能生存发展的话，那么作为万物之灵的人类具有的自觉性、能动性除了适应环境之外，还能够改造环境，以便更适宜人类生存发展。企业作为现代人类社会的基本经济组织，除了适应环境也能够改造环境，改造外部环境中不利于企业生存发展的不良因素、恶的因素，助力企业持久成长。

企业是一个经济组织，对环境的改造主要是通过经济职能的实现完成好自己的社会职责，也存在其他非经济活动影响环境。

任何企业和企业家都必须牢牢记住，作为一个现代人类社会的基本经济组织，企业的首要职能和社会职责是满足客户的产品和服务需求，而且是以可以接受的价格满足客户的产品和服务需求。离开了这一职能和社会职责，企业就失去了存在的价值，企业家也就失去了劳作的价值。以可接受价格满足客户的产品和服务需求，是企业和企业家影响、改造外部环境的主要方式和第一要义，特别是企业的各种创新产品和创新服务，影响、改造外部环境的价值更不可低估。

满足员工及其家庭的生计福祉也是企业和企业家的基本职能和社会职能。正是企业支付给员工的薪酬、福利、待遇，使员工能够赡养家庭、丰裕家庭、充满自信、拥有自尊，从而以家庭为基础营造一个温馨和谐、充满活力的社会环境。

在现代社会中，提高社会的就业率，使具有劳动能力的人都最大限度地能得到工作的机会，不仅是企业的基本社会职责，也是衡量一个国家政府治理水平和经济活动状况的重要指标。在新技术、高技术日益替代人类繁重、单调、重复劳动的同时，创造新的就业机会，提高就业率，仍旧是诸多企业应该考虑的重要议题，也是政府应该关注的重大问题。人，人的需求，人的劳作，人的创造，才是人类社会最根本的基础，才是企业经营的最重要依托。离开了人，社会就失去了基础，企业也就失去了依托，尽管我们一刻也不能忘记新技术、高技术的价值。

纳税是企业履行社会职责的重要表现，也是企业支持公权力治理社会的主要方式。没有纳税人的付出，公权力无以运转，社会治理流于空谈，生存环境一团混乱，一切都完了。企业纳税，企业家及其员工的纳税，是政府运转和国家生活的主要财政基础，是企业外部环境改善的主要财政依托。

企业不是政府机关，也不是慈善团体，它是提供有效供给、满足客户有效需求而取得利润的经济组织。赢利，企业才能生存，企业才能发展，企业才能在满足客户需求、提升员工薪酬、增进就业率、完成更多的纳税等经济职能后，做出更大的贡献。赢利，合理赢利，合法赢利，是企业的职责，也是企业必须做到的。这是企业的光荣，而绝不是企业的耻辱。

除了履行基本的经济职能改造环境之外，企业还通过一些非经济活动改造周围的环境。一个从业风气良好的企业，虽然主要是注重“从我做起”，却能够“由内及外”，用自己的理念信念、契约精神、价值准则、职业道德等自觉或不自觉地影响、改造外部环境。企业存在于一定的社会环境之中，享受社区为自己提供的种种服务，也通过物质的或非物质的举措回报社区，为改善社区环境贡献一分力量。不少成功的、有大格局的企业家都说，自己的财富来源于社会，也应回报于社会。这类企业家热心参与各种公益活动甚至将自己的大多数、绝大多数、全部财富用于成立、捐助公益慈善组织，对各种社会问题的缓解功不可没——这是值得赞赏的。但是我们须知，利润财富是企业和企业家履行供给职能的合理合法回报，是企业和企业家享有的占有权利，是他人和公权力不应也不能剥夺的权利。至于公益赞助、公益捐助，这是企业和企业家“锦上添花”般的自觉行为，可以赞赏褒奖，却不能强制逼迫。强行摊派无异于掠夺抢劫！

四、 环境和企业的良性互动

环境和企业之间的相互关系就是这样的：一方面，环境决定企业的命运，有什么样的环境就会孕生出什么企业，企业必须适应环境才能生存，才能发展，才能持久成长；另一方面，企业又在相当程度上影响环境，通过实现供给职能和其他社会活动影响环境，改造环境。环境和企业之间的关系就是这样一种相互作用、相得益彰的关系。

因此，要实现企业的持久成长，只探求企业的内生机制是不符合实际的。没有良好的外部环境条件，没有有效的经济体制、健全的经济法规、合理的财政政策和货币政策等经济环境条件，没有自然、政治、社会、文化等非经济环境条件的良性匹配，企业就谈不上持久成长、长盛不衰。建设一个利于企业生存、发展、持久成长的经济和非经济的良好环境条件，不仅是企业的改造责任，更是政府的治理责任，也是全体国民的公共责任。请记住，没有良好的环境，就没有企业的生存，就没有企业的发展，就没有企业的持续成长。

五、 顺应国际化趋势

国际化是现代经济发展的必然趋势。在现代世界，任何一个国家受到地理、资源、基础等条件的限制，不可能实现产品生产、服务提供、价格定位的十全十美，而必然存在优势和短板，于是就出现了取长补短、优势互补的国际化需要，而现代信息传输技术、交通运输技术、货币流通手段的发展则为国际化提供了必需的条件。

企业的国际化，是指企业展开国际业务，即信息、产品、服务、技术、资源、人员、管理等的跨国流动，它在发达国家、发展中国家以及发达国家和发展中国家之间都是普遍存在的，任何国家都不可能长期处于绝对孤立化的境地。即便为了保护本国企业和本国经济的健康发展，一些国家在一定时期也会采取一些保护主义措施，但这是国际化的必要辅助、补短手段，而不是国际经济的普遍趋势。

在发达国家，由于科技含量高、产业基础好、市场经济成熟、对外经贸关系广泛，短缺的资源需要补充、过剩的产品、服务、技术、资本等需要输出赢利，跨国企业的国际化早已有之。发展中国家，由于科技含量低、产业基础弱、落后的经济需要输血，引进产品、服务、技术、资本以至管理的需求比较大，某些优势产品、服务也需要拓展海外市场。无论发达国家之间、发展中国家之间、发达国家与发展中国家之间的企业国际化，不仅是一个道义互援互助互学的问题，更是一国企业取长补短、优势互补、扩大生存发展空间的必然要求。企业国际化，是现代开放型经济发展的必然趋势，尽管同时必不可免地存在保护、发展自身利益和平等交易、互利共赢的问题。

企业的国际化，并不是一个轻而易举的事情，而是一件困难不少的事情，不能正视企业国际化的困难，势必付出重大的损失和代价，因为这是企业在完全陌生的新环境展开的经营活动。这里，首先遇到的是对国际环境、东道国环境的认识熟悉问题。

国际经济环境、国际自然环境、国际政治环境、国际社会环境、国际文化环境是企业国际化过程中必须关注的生存发展环境。经济状况、经济政策、金融市场及其直接相关产业行业、自然地理与环保要求、政治制度与法律规范、社会保障与公民社会组织、宗教信仰与文化价值等，这些国际环境领域、要素是企业国际化应该了解、认识、熟悉的。

这些国际化的环境要素是国际化企业进入东道国前应该掌握的，要素差异在不同东道国中会有不同的具体表现。国际化企业必须适应东道国的经济、政治等环境，又能通过自己的企业文化、经营往来、员工风貌、人员交往等对东道国产生一定程度的积极影响。也就是说，国际化企业必须适应东道国环境，同时能够影响东道国环境，从而形成与东道国之间的良性互动关系。

实现企业的国际化，务必遵循一些理论探索和实践经验基础之上的策略。

首先，必须再次强调适应东道国环境的重要性。企业来到了一个全新的经营环境，尚不熟悉陌生的环境，过去形成的那一套工作、生活方式也许不适合异国他邦环境，此时企业的思维定式又可能自觉或不自觉地沿袭本国本邦环境形成的思维行为习惯。因此，企业必须“痛改前非”，适应新环境。

在国际经贸关系中，难免产生一些矛盾、冲突，化解它的公认办法是遵循国际经贸的共同准则、共同惯例以及交往双方签订的合同、协议。以此为基础维护自己利益、不侵害对方利益、化解双方利益矛盾冲突，这是企业国际化最重要的行为准则。

明确企业需要重点关注的领域。国际化企业进入的东道国环境包罗广泛，堪称无所不有，这并不意味着你必须面面俱到、小大不分、事务主义。应结合企业国际化的主要目标和主要任务，重点关注与之相关的法律制度、产业环境、合作伙伴、气候变化等，兼顾其他经营要素的关联，做到既有重点又顾全盘的工作风格。

秉持跨文化的人类共性价值，培养求同存异的包容度量。不同的国度存在文化的差异，要善于寻找那些跨文化的人类共性核心价值，如对自然万物的敬畏、共同的人性、法律和规章的遵守、互敬互爱的美德、灵活的处世态度、实干的精神等，而对若干差异的文化习俗应予尊重包容。

实行总部指导和海外分公司自主相结合的管理模式。与国内分公司相比，海外分公司所处的环境差异更大、变化更难测，理应在总部工作原则的指导下，赋予海外分公司更大的自主权，更多的业务灵活性。时时处处发出指令直接管理远在海外的分公司，很难符合海外分公司当时当地的实际情况。

精心挑选合适的海外工作人才。由于远离公司总部工作并享有更大的自主权，务必从工作纪律、职业道德、业务能力、人际相处、视野开阔等德才标准出发精选海外工作人才。海外人才的任用和国内人才的聘用相比，一旦出现识别、任用、考评上的失误，其损失和影响都大得多甚至难以挽回。

实施必要的国际化培训。国际化企业外派人员出国工作，社会环境、工作环境、生活环境、文化习俗等与国内大不相同，因此必须对海外工作人员进行必要的国际化培训。从气象气候、法律规章、宗教信仰、社会习俗、行为准则诸方面给予海外工作人员最起码的或许更多的教育培训，帮助海外工作人员尽快地适应东道国的工作环境和生活环境，以便更好地完成在东道国的工作任务并创造绩效。

案例

卡洛斯·斯利姆：世界首富的致富秘密

2010 年，一个名不见经传的 70 岁墨西哥老头卡洛斯·斯利姆出人意料地以 535 亿美元的财富首次成为《福布斯》财富排行榜上的世界首富；2011 年，斯利姆以 740 亿美元第二次排名世界首富；2012 年，斯利姆再以 690 亿美元第三次名列《福布斯》世界首富；2013 年，斯利姆还以 730 亿美元第四次蝉联世界首富。

人们惊异，是什么原因使这个来自黎巴嫩的移民后裔成为墨西哥的“电信大王”、数届世界首富？毫无疑问，和任何持久成长的富豪一样，斯利姆成功的推动力不是单方面的：良好的家庭背景、小心翼翼地不卷入政治斗争、对国家经济充满信心、从小经商的历练、诚信和道德为基础的价值观念、富有远见的战略眼光、卓越的管理能力、创新创造精神等，这些都是斯利姆持续发展的重要因素。但是，善于适应环境，在种种环境条件下抓住机遇拓展扩大，亦是其不可忽视的成功要素。

20 世纪初期，卡洛斯·斯利姆的祖父一代为逃离奥斯曼帝国的残暴统治，追求更好的生活，顺应黎巴嫩的移民大潮，来到了墨西哥。卡洛斯的父亲朱利安·斯利姆从开办“东方之星”杂货铺起步经商，受到语言、习俗、经验、资金等多种困扰，但他和其他黎巴嫩人一样观察利用了墨西哥新兴企业家快速发展的商业环境，发现存在一些未开发的市场。在市场尚未开放的情况下，可以引进必要的消费品和其他适销商品，从全球主要制造业城市购进日用百货、香水、珠宝、帽子和丝绸，降低进货成本，增加销售利润，在“东方之星”低价大批出售。投资不动产和做好商业经营，是朱利安的致富之路。

对于父亲的成功之道，斯利姆说：“我父亲取得商业成就的原因很简单：找到适合自己的职业，然后勤劳工作。”对于自己身为商人的“获利”追求，“以严格的道德观和真诚来平衡这些行为”。

1940年1月28日，卡洛斯·斯利姆出生了，他10岁时就在自家楼梯下开办了一个小卖部，用来向自己的叔叔和堂兄弟们销售饮料和糖果，还学会了储蓄、投资债务和股票、收支记账。尽管斯利姆的父亲为家庭积累了雄厚的经济基础，却在斯利姆13岁时就去世了，他的勤俭奋斗、道德价值、善于交友、长于思考、眼光敏锐等特质也深深地影响了斯利姆。对于父亲对自己的影响，卡洛斯·斯利姆承认，他从一开始就得到了家庭的支持，这不仅仅指物质上的支持，最主要还是家庭言传身教的精神力量。斯利姆从父亲朱利安留下的家庭资产和投资中取得自己的六分之一的份额，他卖掉了两处房产，迎娶了黎巴嫩名门望族家庭的女儿，成家时还得到母亲100万墨西哥比索的支持，购置了一块土地。1966年1月，卡洛斯·斯利姆创办了第一家公司“卡尔索房地产公司”，同时还成立了一间证券交易投资公司。从这两间无足轻重的公司起步，斯利姆洞察墨西哥和国际社会经济环境的变化，及时抓住难得易失的商机，一步步建成了一个庞大的世界商业帝国。

20世纪80年代是斯利姆家族生意快速发展的黄金时期，这是与墨西哥的经济环境变化紧密相关的。80年代以来，全球经济衰退，墨西哥经济形势急剧恶化，外汇储备骤降，债台高筑，外债达到将近800亿美元，通货膨胀率达到3位数，货币贬值，财政赤字达到国内生产总值的16.9%。为缓解经济压力和财政危机，墨西哥政府开始出售国有企业推行大规模私有化，743家国有企业实行了私有化，国有企业数从1155家减少到412家，在国内生产总值中所占的比重从18.5%下降到13.5%。危机危机，危中见机。在国内外投资家都知难而退、见危而止之际，斯利姆却独具慧眼地逆流而上，将墨西哥国内外经济的“危”转化为自己发展的“机”，实现了斯利姆家族财富的决定性“飞跃”。

在这些年间，卡洛斯·斯利姆参与国际财团一举收购了经营问题严重的墨西哥电信公司，并接着收购了一个又一个的公司。斯利姆回忆道：“在那些年中，众多国内外的投资大腕都不愿意继续投资，甚至不愿意继续持有他们的投资份额。在这种情况下，我们就可以以大大低于其实际价值的价格购买许多公司，包括将其中的一些公司墨西哥化。”斯利姆在经济危机的形势下以低于实际价值的价格收购了一些国有企业、外资企业并适时转让以墨西哥化，把一家普通的公司发展成由众多大公司组成的集团公司。至于斯利姆敢于这样逆流而动的原因，他说得很清楚，这是源于对自己的投资眼光和墨西哥国家的信任：“我们都记得那时墨西哥正处于经济发展的困难阶段，在那个阶段，人们似乎对未来失去了信心。因此，当很多人拒绝投资的时候，我们则反其道而行之。对于卡尔索集团为发展而做出这一决定的理由，既是出于对我们自己的信任，也是出于对我们国家的信任。”

1991 年，世界第一个网站诞生，互联网公司开始出现，卡洛斯·斯利姆的敏锐“嗅觉”闻到了信息技术的新鲜气息，及时跟上了科学技术的革命——计算机技术和互联网技术革命引发的新兴产业革命。斯利姆坚信：“卡尔索集团如果要有好的前途，就一定要跟上信息技术的发展步伐。”

1994 年，斯利姆在美国设立“东方之星”控股公司，标志着他开始向新技术革命和新产业革命的策源地进军。从以 2.5 亿美元的价格从美国 IBM 和希尔斯集团手中收购当时濒临破产、后来发展成为墨西哥及拉丁美洲主要的西班牙语门户网站 Prodigy 起步，成立美洲电信，收购美国最大的计算机关联产品连锁经销商——美国计算机公司（CompUSA），购买国际无线、美国计算机公司的连锁商店、厄瓜多尔手机公司、阿根廷手机公司的股份，在乔布斯和“苹果”处于低潮之际入股“苹果”、与比尔·盖茨以 5000 万美元购买西班牙语网站 yupi.com 的全部股份，等等。一系列令人眼花缭乱的并购、收购，不仅使斯利姆在新兴的计算机、互联网、移动电话行业站住了脚跟，而且扩展到新闻传媒、跨国电信、矿业、房地产，以至奢侈品精品销售，从墨西哥到美国，从北美到南美，被人们称为“无处不在的上帝”。

2008 年，从美国兴起席卷全球的金融海啸和经济危机爆发，欧洲也陷入了国民福利过度而财政收不抵支的欧债危机，卡洛斯·斯利姆这个墨西哥大亨的身影又出现了。斯利姆首先在 2012 年年底收购了奥地利电信 26% 的股份，成为奥地利最大的电信运营商——奥地利电信的第一大股东，并在几个月就使这家公司在白俄罗斯、保加利亚、克罗地亚、列支敦士登、马其顿、塞尔维亚和斯洛文尼亚拥有 2100 万移动用户、300 多万固定电话用户，向东欧和中欧扩展。在西欧，斯利姆又收购了荷兰电信 20.92% 的股份，在西班牙也进入金融、新闻、足球、慈善等领域。就这样，在欧债危机的日子里，斯利姆又以比较好的条件入股了欧洲的准垄断行业。

卡洛斯·斯利姆从一家无足轻重的专业房地产小公司起步，从墨西哥到美国到拉丁美洲到欧洲，从电信到金融到零售、矿业、建筑和建筑材料、酒店、餐饮、印刷、轮胎和橡胶、新闻传媒等行业，终于构建了一个震撼世界的商业帝国。

斯利姆的卓越成就，是 20 世纪 80 年代以来墨西哥和世界经济环境的产物，有趣的是这并不是顺风顺水的景气经济环境助生的，而是逆风逆水的不景气经济环境孕生的。他不止一次生活在经济逆境中，却能够转“危”为“机”，在危难的经济形势下拿到低于其价值的“好货”，实现了斯利姆家族集团财富的突破、飞跃和飙升。可见，精明的企业家并不会呆板、被动、消极地适应环境，而善于灵活、主动、创造性地创造环境，创造适于自己生存发展的环境。这当然需要优异企业家非凡的眼光、实干的精神、健全的管理，许多因素的匹配。

西门子：曲折的发展之路

德国西门子公司是由维尔纳·冯·西门子于1847年，依托绝缘材料技术和指针式发报机技术创立的电子电器工程公司。经过170多年的发展，历经两次世界大战的冲击，西门子走过了一条充满艰难曲折的道路，至2017年营业额达915.8亿美元，净利润为66.6亿美元，总资产为1581.6亿美元。2017年6月6日名列《2017年BrandZ最具价值全球品牌100强》第77位，2018年7月19日又位列《财富》世界500强排行榜第66位，成为德国最大的跨国和跨行业的综合性企业集团，广及制造业、能源和医疗保健等领域，在全球拥有372 000名员工，业务遍布190个国家。

西门子公司创立后，主要技术是发报技术和电报网络，而这些设备在政府、军队中运用最为广泛。西门子家族适应这一行业特点，充分利用垄断权和私人关系，与政府、军队和垄断行业密切互联共生，在德国、英国和欧洲其他国家建立了牢固的业务网络。利弊并存：西门子的经营也受到了政府和军队的干预压力，被迫与通用电气公司和舒克特公司合作、合并，削弱自身的垄断竞争优势。

这一军政背景的发展路径，在两次世界大战之际彰显无遗，也差点葬送了西门子的前程。也算盟军和德国新政府的宽容，西门子才得以在第二次世界大战后重新发展。这一发展过程，显示了西门子善于适应环境的变化，也能够影响环境的变化，在企业与环境的互动中实现自身的发展。

从1949年第一次世界大战爆发，西门子一直受到战争的巨大影响。在第二次世界大战前，西门子公司为纳粹党的崛起和德国的秘密军备提供资金。战争期间，西门子公司给希特勒政府以实质性的支持，为德国纳粹的侵略战争出力，也获得德国的战时经济的好处。“二战”中帮助纳粹政党、军队的参战行径，在战后遭到了严厉惩罚，西门子资产被盟军瓜分和处置，建筑物和生产设施全部被摧毁，所有的物资资产、商标和专利悉被没收，损失高达25.8亿马克，占其总资产的4/5。

根据盟军和德国政府的要求，西门子公司从1946年进行了重建重组，业务全部转向有关公共服务和公共设施的工程建设上，如城市轨道网络、邮电服务网络和发电机设备。在国内业务恢复的同时，20世纪50年代中期后，西门子的海外业务也得到拓展，到60年代中期基本恢复了公司在国际市场的地位。在战后经济繁荣时期，西门子公司迅速恢复当时流行的家用电器如洗衣机、电冰箱、收音机、电视机等和汽车的生产。

90年代初期，西门子公司实际上进入了一个低速发展时期。在自由化浪潮的冲击之下，以国家机构或国家控制下的机构为主要客户的西门子难以维持其紧密的业务关系，企业必须另寻新的客户和合作伙伴。西门子公司为了克服保守的公司文化传统，推进了多项改革，把业绩贡献作为重要标准列入考评体系之中。

90年代以来，西门子重新调整了多元化战略，先后出售和剥离了娱乐电子、移动电话和半导体等的业务，形成了工业生产、能源和医疗保健设备三大核心业务领域，并大力发展适应时代要求的环保技术。至今，西门子的绿色产品和解决方案创造了大约230亿欧元的营业收入，约占公司总营业收入的1/3。

在21世纪，西门子公司以"为可持续发展的城市而创造"为企业文化价值观念，提出了"工业化中的城市化"的发展战略设计，认为自己长期以来的所作所为就是提高城市的工业生产能力、能源利用效率，提供人们能够负担得起的、个性化的健康医疗服务，为智能化的基础设施提供一整套的解决方案。为了达到这一"工业化中的城市化"的发展目标，西门子公司更加关注由创新驱动的市场增长，更加接近顾客，满足顾客的需求。

在西门子公司创立以来的170多年发展历程中，企业经历了两次世界大战的战前、战中、战后的激烈环境变化，它不断地适应政治、军事主导的生存环境，也算运气好未遭遇彻底清算、覆灭的命运，而且能够在第二次世界大战以来几十年的和平时期及时迅速拓展民用消费品的生产和服务，创造"可持续发展的城市"的人类生活新图景，也许可以成为"适应环境、创造环境"的典型企业了。

盛田昭夫：索尼的神话

盛田昭夫被誉为日本的经营之圣。在世创造了日本的几个第一，推动"日本制造"成为高品质电器的代名词。1950年，制造出日本第一代磁带录音机和磁带；1955年，生产出第一台日本自制的半导体收音机；1960年，索尼生产出世界上第一台家庭录像机；1970年，索尼公司成为日本第一家在纽约股票交易所上市的公司；1972年，成为第一家在美国建厂的日本公司；20世纪80年代，索尼开发生产出Walkman随身听微型收录机。

1944年9月，盛田昭夫从日本大阪大学物理系毕业。1945年3月正在第二次世界大战末期，他接到军部命令，被授予中尉军衔参与海军的军事技术设备研制；10月日本无条件投降后退役，得一位教授的推荐到东京工业大学专业部任讲师。战时的日本环境使他当了一名海军技术军官，战后美国占领军当局决定从所有教师中将以前当过职业军人的清洗出去。1946年5月，盛田昭夫就与自己在海军服役期间的挚友——技术天才井深大合作创立了东京通信工业股份公司，开始研发生产新的电子产品。1946年10月，盛田昭夫收到清洗令，从大学讲台回归到技术产业舞台。

公司创立后，他们生产出了日本的第一台箱式录音机，首批共50台推向市场。但是，体积过大、售价偏高的磁带录音机，普通市民对它并不感兴趣，它遭到了大众市场的冷遇。现实给刚步入实业界的盛田昭夫上了深刻的一课：仅仅有独特的技术、制造出独特的产品是不足以使企业生存下去的。必须把产品销售出去，为此必须让潜在买主知道你的产品对他有什么实际价值。要想把自己的录音机卖出去，就必须找到可能承认录音机价值从而可能购买它的客户。幸运的是，新创公司有井深大这样一个专注创造性设计、开发和生产产品的技术天才，而盛田昭夫义不容辞地担负了学习做生意、经营销售的重任。产品与销售，这是一切初创公司行驶的必备双轮。

首先是由依靠少量速记员承担过量工作的法院看中了录音机。通过在日本最高法院的演示，他们一下就卖出了20台。法院看到了磁带录音机的实际价值，也有财务实力购买这种一般人嫌贵的新型产品。盛田昭夫和井深大把第二个目标放在学校上，磁带录音机对日语和英语教学十分有用。他们进而设计了体积小一点的中型机和个人使用的便携机，在学校、学生中打开销路，并且在日本广播热潮中的需求越做越大。新创的磁带录音机生产成功，新推的磁带录音机销售成功，东京通信工业公司在日本市场站住了脚跟。

盛田昭夫和井深大的眼光并没有局限于日本，而是放眼美国、欧洲更发达的国家，他们希望学习欧美的先进技术，也观察进入欧美市场的可能性。早在20世纪50年代初期，井深大和盛田昭夫就先后到美国、德国、荷兰进行了商务旅行，什么“晶体管”“高保真”“低音喇叭”“高音喇叭”“失真”“反馈”等若干新电器名词不绝于耳，盛田昭夫还实地考察了德国大众、奔驰、西门子和荷兰的飞利浦等著名公司，收获了很多启发：飞利浦可以在一个小农业国——荷兰的边远小镇上建成一个巨大的高技术的世界著名公司，我们在日本也能做到；用晶体管取代笨重、发热、不可靠的真空管，难道不可以生产出小型化、紧凑化的便携式收音机吗？

为了便于欧美国家称呼，盛田昭夫把“东京通信工程株式会社”改名为“SONY”

公司（“索尼”公司），公司名称也是产品标志。为保护自己的知识产权，他们在170个国家和地区注册了“SONY”的商标。在盛田昭夫看来，代表企业的商标是企业的生命，必须全力加以保护。

和日本的工业家们一样，盛田昭夫也认为，日本的资源和市场是十分有限的，日本的公司必须出口产品才能生存下去。1955年，盛田昭夫带着29.95美元一个的晶体管收音机飞到了美国纽约推销，可是遭到了很多人的拒绝。终于，一家叫布诺瓦的公司看中了这款小型的新晶体管收音机，打算进货10万台，总价值是索尼公司全部资产的几倍，但却提出了要把布诺瓦的名字贴在收音机上，尽管初进美国的大单诱人，日本公司本部让他同意接受订货，而盛田昭夫还是着眼于公司的长远利益，坚持拒绝了布诺瓦公司的订单及其附加要求。

怀着对索尼产品的坚定信心，盛田昭夫继续在美国奔波推销晶体管收音机，又一位经销商出现了，但盛田昭夫报出了令人不解却充满智慧的价格：5000台是正常价格，10000台打折扣，30000台时价格回升，50000台的单价比5000台的高，10万台的单价比5000台的高出许多。盛田昭夫的道理是：索尼的生产能力低于月产10000台，如果仅仅为一次10万台的订单而把生产能力扩大一倍，第二年拿不到同样的订单，索尼就会遇到大麻烦了，盛田昭夫并不认为为一次订单而扩大生产能力是一个好主意，因为可能会遭遇破产。而且，如果10万台的开价太低，经销商声称进货10万台，先以10万台的低价进10000台使用，以后就不再购买了，索尼就亏大了。美国经销商听了盛田昭夫的解释，不再感觉惊奇，按10000台的价格订了10000台收音机。这就是盛田昭夫的经营智慧。他深知定价对产品销售的举足轻重，后来逐步在商务实践中形成了索尼的定价政策。

在20世纪50年代中期，大多数日本公司都是依靠了解海外市场、在海外建立了办事处的日本大贸易公司出口产品。盛田昭夫并不认同这种做法，因为这些贸易行不懂得索尼的创新产品，也不了解自己公司的经营哲学。索尼公司决定寻找一条分销的途径，但这是一个很长的学习过程。

开始，盛田昭夫决定委托达尔莫尼克公司作为索尼公司的美国代理。一次偶然的事件又使索尼大大受益：在达尔莫尼克公司存有各种产品的仓库里，一帮小偷独独看中了索尼的产品，盗走4000台索尼收音机。报纸的报道给索尼做了一次特别的广告宣传，索尼收音机一夜成名。但是，索尼与达尔莫尼克公司之间的合作却出了新问题：达尔莫尼克公司不考虑保证索尼的商品质量，却总是降低价格，一次甚至擅自将收音机的皮套降低出售。不久后达尔莫尼克公司又重犯旧错，索尼公司公布了晶体管电视研制成功的消息，达尔莫尼克公司又以代理店的名义自作主张地做起了广告宣传，盛田昭夫不惜以75 000美元的代价解除了达尔莫尼克公司的代理关系，还买下了代理公司大约 30 000 台收音机。在盛田昭夫眼中，原则比一时的赚钱更重要。

初到美国，盛田昭夫知道交朋结友、找到老师的重要性，形成自己的人脉关系网：制造商代表阿道夫·格罗斯做了索尼公司的代表，日籍美国人嘉川义延受聘为顾问，最好的老师爱德华·罗斯尼成了盛田昭夫的律师等。盛田昭夫从自己的美国老师那里学习了美国经商、商业会计、法律知识、商业合同等，避免了在美国盲人摸象式的脱离实际的经营错误。为了立足美国市场，盛田昭夫认为需要更深入地了解美国。他在美国成立了索尼美国公司，在纽约曼哈顿中区的第五行开设了商品展示室，还把家也搬到美国以体验一个美国人的生活。盛田昭夫每天乘公共汽车去办公室，与纽约人挤在一起，听他们的英语，观察他们的生活习惯，给客户打电话销售产品，还抽空去曼哈顿为孩子们找学校。

当然，盛田昭夫虽然在美国奠立了扎实的商业根基，创造了辉煌的美国绩效，但也犯过一些错误，甚至有严重的错误，可见“经营之圣”也是有短会错的。索尼曾经上市特殊的计算器，称作音乐库，因残酷的价格战令很多计算器厂商破产，其他也损失惨重。盛田昭夫为保音像和电视产品，决定退出计算器行业，从长远来看是失去了数字技术先导的地位，造成了索尼技术一度落后于数字潮流的被动局面。井深大和盛田昭夫曾推出游戏显像系统，却造成了亏损。开发生产大型宽式盒装录音磁带也遭到了失败。盛田昭夫经常对手下人员说：“向前走，去做你认为正确的事。如果犯了错误，你可以得到教训，只是不要再犯同样的错误。”

盛田昭夫和井深大在漫长的年月精耕细作，创造了国际市场上“索尼的神话”，其国际化战略也显示出鲜明的特征。

坚实的技术依托，不断创新的产品。索尼以突破磁带技术起步，连续掌握晶体管技术、电视成像技术、音响技术、精密机械技术、数字技术等新兴技术，向市场提供磁带录音机、半导体收音机、家庭录像机、彩色电视、便携式“随身听”“音乐盒”计算器，始终站在电子技术和电子产品的前沿。

以创新产品创造海外市场。依托电子新技术和电子新产品，索尼以自己的销售力量创造海外新市场，开拓出适应海外市场特点的新产品占领海外新市场，建立了美国和瑞士、香港、加拿大、巴拿马、德国、波多黎各、荷兰、巴西、西班牙、法国、澳大利亚、中国等销售网点，还在美国、西班牙、英国、德国、新加坡、巴西、墨西哥、法国和中国投资设厂，以海外的本地化生产和本地化销售创造了一个又一个的海外市场。

先外后内，在美国市场销售成功后再返回日本销售。针对美国市场大、日本市场小和美国市场成熟、日本市场不够成熟的战后日美市场比较，索尼产品往往先在美国销售再到日本和其他国家销售，这有助于充分发挥索尼在美国市场的销售能力，也不忽视日本国内和其他国家的市场销售。

拓展海外市场，减少贸易摩擦。索尼一边开拓扩大海外市场，但注意互惠互利，避免单边出口的现象。索尼建立海外销售网点，还在海外投资建厂，成立索尼进口公司，与海外公司合办企业，努力开放日本国内市场，实施减少、回避贸易摩擦的方针。

就地取材，文化互补，改善经营环境。索尼公司尽量录用东道国当地人才，任命具有当地国籍的经营者担任海外公司的法人，经营管理具有当地特色。例如在美国，具有创新的企业文化，却存在短期利益的取向。索尼学习美国的创新精神，但把日式的长远观点结合在企业经营中，主导企业走向持久发展的道路，并通过日式重参与、不解雇的人力资源政策影响当地的社会环境和社会习俗。可以说，因地制宜，以人才为中心开展活动，是索尼经营管理工作的基本出发点。

在盛田昭夫眼中，同时看到了外部环境和内部机制的相辅相成，二者缺一不可："企业要发展必须有良好的外部环境，但任何外部环境的改善都不能取代企业内部管理。"索尼的国际化是成功的，被誉称为"世界的索尼"。而索尼的基本理论和基本理念就是以创新创造环境：开展技术革新，开发新的产品，从而开辟新的市场。

宗庆后：娃哈哈崛起之助力

宗庆后，1945 年 11 月生于浙江省杭州市，娃哈哈创始人，现任杭州娃哈哈集团有限公司董事长兼总经理。2010 年，宗庆后首次荣登胡润全球百富榜内地榜首。2012 年 10 月，以 100 亿美元的净资产重登福布斯中国富豪榜首。至 2018 年 10 月，宗庆后家族以 900 亿财富排名 2018 年胡润百富榜第 16 位。

宗庆后算得上一个中国改革开放新时代的成功人士了。1978 年冬天，年龄已达 33 岁的宗庆后，按照当时中国的政策，城镇职工退休后可以由知青子女顶替上岗，于是宗庆后顶替母亲去一个校办工厂——"工农纸箱厂"当了一名工人。正好在这个时候，中国进入了改革开放新时期。宗庆后终于迎来了适合自己发挥能量的生存环境和发展环境。

宗庆后在早期的孤寂生活中，悟识了许多生活的真谛，形成了一些珍贵的意念。

他回忆说："事实上你的观念这么多年沉淀下来，你把最基本的问题看明白以后，就知道自己该做什么，不该做什么。关键是要通过经历把道悟出来。而'道'，在任何一个事物达到完美时，就会自然呈现。"实际的生活经历也涤荡了宗庆后的豪言壮语，回归到人类本性的平和认知。他对社会和人性的认识直达根本："有了物质基础，老百姓道德水平和自制意识提升后，你不用管他，他知道什么事能干，什么事不能干，这样社会才能管好。这就是社会转型时期。这就是整个社会的燃点、沸点。你得看明白，人的本性是自私的，满足一定的条件才会有无私，物质文明有了才会有精神文明。"宗庆后还学会了从变化与不变的并存中观察坚执道义的重要性："世界每天都在改变，不变的是我们内心亘古的准则与律令。"在宗庆后看来，看似无形的道义才是决胜的核心，若非站上道义的制高点，则难以维系天长日久的持续力。

可以想见，有这样的思想意念的武装和这样的精神力量的支撑，宗庆后的功成名就只待环境变化的匹配而已。

宗庆后在工农纸箱厂糊了很长一段时间的纸箱，厂长又"人尽其才"而让他当了推销员，宗庆后在纸箱厂中创办了"厂中厂"——电表厂、仪表厂，还做起了蚕丝生意，也就是说做什么能够生存就做什么："市场变化太快，任何一个变数都可能置你于死地。所以我们其实一直在为生存而战，来不及制定什么战略，也没那么多时间去思考所谓的战略。我思考的只是生存，更好地生存。"

42岁的时候，宗庆后迎来了自己的商务机会。宗庆后承包了工农纸箱厂的经销部，但条件苛刻：经销部连经理在内共3个人，开办费4万元，其余14万来自贷款，承包者用利润偿还，当年利润指标4万元。在大家的沉默中，宗庆后说了："我干吧，不过当年创利4万元好像少了点，我可以保证上缴10万元。"宗庆后承包经销部，并进一步约定：先投入的4万元中每年还1万元。利润上缴逐年上升：第一年10万元，第二年20万元，第三年30万元。就这样，宗庆后踏上了独立经营的第一步。

起步开始，宗庆后是一个校办厂经销经理，主要是向上城区各家小学推销、供货、批发文具、纸张、饮料以及拖把、扫帚等日常用品，后来经营的"中国保灵"的"中国花粉口服液"基本改变了经销部的经营状况，采购订单接连不断。

宗庆后见"中国保灵"产能不足，又及时提出了代工加工的建议。保灵食品厂依托杭州上城区幼儿园和中小学网络，3个月就推销出120万盒"中国花粉口服液"。为建造一条罐装生产线以扩大生产，宗庆后寻求政府支持，后建成日产量达1万盒的口服液罐装生产线，一年间这条生产线生产出了180万支"中国花粉口服液"，产值超过270万元。

1988年5月，经销部成立一周年之际，效益大大超额完成：销售总额436万元，上缴利润22.2万元，比10万元的上缴指标超出一倍以上。但是，问题渐渐出现了：过低的代工加工费，“中国花粉口服液”含激素的传闻，使经销部出现困难。宗庆后知难而转，知难而进，开发自己的儿童营养液，这一产品的关键在配方。经过三顾茅庐拜访浙江医科大学的首席营养专家，结合专家的“营养逻辑”和宗庆后的“市场逻辑”，新的儿童营养液配方问世了。它包含朱教授提供的桂圆、红枣、山楂、莲子、胡核、米仁、鸡肝等基础配方，和宗庆后提出的添加钙、铁、锌等微量元素。有了营养依据的“儿童营养液配方”，宗庆后的底气足了，又挖到了设计提取工艺和设计生产线流程的工程师，宗庆后开始展开了自己的开发儿童营养液蓝图。

首先是为创新的儿童营养液正名。经过带有广告效应的产品名字征集，宗庆后还是灵机一动想到了为儿童熟唱的儿歌“娃哈哈”三个字，据说这是一位语文老师建议的。其次是对“杭州保灵儿童营养食品厂”进行增资，注册资本扩大到100万元，资金来源为利润上缴积累拨款和自有资金积累。1988年10月20日，“娃哈哈儿童营养液”正式投产，10月20日也成了娃哈哈的厂庆日。

宗庆后算得上创业成功了，但他并不把它看得多么神秘。他相信，人生的成败都只是几步路，无非是走对了或走错了几步路。创业成功固然有诸多因素，但最重要的无非是在几个关键的节点做了正确的判断和选择，朝向了对的方向；创业失败虽然有无数的理由，但归根到底无非是踏错了步点而已。在这个意义上可以说：选择重于努力。

开发出了质量上乘、营养价值优异的产品，娃哈哈展开了营销攻势，全力甚至超力把产品推向市场：通过对报纸、电视、广播广告的大力宣传，配合专业座谈会的论证，娃哈哈迅速从上城区到杭州市再到浙江全省，建立了稳固的市场根据地，又冲向上海、天津、北京、广州，直至向全国拓展。

娃哈哈奇迹般的成长。每天催货的电话、电报和信函不断，提货的车队在公司前面道路排成长龙，甚至有时得请警察维持秩序，宗庆后的办公室门口站满扛着装满钞票的蛇皮袋等待批条的人们，公司仓库空空荡荡，杭州一些拿到提货条子的销售商干脆干起倒卖指标给外地商人的生意。

中国式的营商环境又显示了它的特色，得到政府支撑的项目落实速度也是惊人的。1991年7月的新华社内参刊登了一篇长篇报道——“发生在小学校里的经济奇迹”。国务院办公厅印发报送给了国务院各领导和各省、市、区负责人参阅，“娃哈哈”和“宗庆后”也成了国办红头文件上的名字，受到中央和各地主要领导人的关注，令陷于困境的娃哈哈实现了发展历史上的第一次跨越。

兼并杭州罐头厂：由娃哈哈出资8411万元整体收购杭州罐头厂，同时负责接收原企业的500名合同制工人。“杭罐”厂的其他员工解除劳动合同，通过提前退休、下岗等途径分流，退休人员由杭州市政府负责安置。同时，“杭罐”厂原有欠款，由债权银行挂账停息，待企业扭亏为盈后再还款。宗庆后基本接受了兼并方案，并提出：人员分流问题不用市政府解决，他愿意接受“杭罐”厂的全部2200多名员工，并在半年内扭亏为盈。杭州罐头厂的干部职工们迅速安定了下来，娃哈哈也实现了一次从校办小厂到规模大厂的非常跨越。

中国的改革开放给宗庆后成为巨富首富提供了最重要的良机——企业改制。1993年，国家国有资产管理局制订了《国有资产产权界定和产权纠纷处理暂行办法》，其中明确规定“产权界定应遵循‘谁投资、谁拥有产权’的原则进行”。此后几年，国家开始对一批国有企业进行了较大规模的改制。

1998年，娃哈哈所在的上城区颁布了《关于区属集体企业改制为股份合作制企业的若干意见》，明确了“产权界定按照‘谁投资、谁所有、谁受益’的原则，从原始资产入手，界定产权，同时还规定“上级主管部门给企业的借款，企业应予归还。”

从中央到地方的一个个红头文件，为浙江企业提供了明晰产权的制度依据，也给娃哈哈提供了企业改制的制度保障。娃哈哈集团公司改制为杭州娃哈哈集团有限公司。

根据当时的改制方案，娃哈哈继续保留51%的国有股，其余49%的股权由宗庆后和员工所组成的职工持股会共同出资买下，不久之后上城区国资局又将5%的股份转让给职工持股会。此后，宗庆后与持股会又联合起来成立了多家投资公司，不断扩大投资规模，直至娃哈哈的资产达到300亿元以上，名义上的国有股东只占集团股权的百分之一点几。娃哈哈成了名副其实的民营商业帝国，宗庆后也成了货真价实的超级富豪。

痛定思痛，喜定思喜。宗庆后登上巨富榜首以及娃哈哈成为商业帝国的原因是多方面的，精神、信仰、勤奋、创新、诚信、为孩子、营销等都是必要的因素。但是，从宗庆后进厂、承包、推销、注资、开发、管理、兼并、企业改制诸重要环节看来，外部环境的匹配，政府权力的扶持，为宗庆后和娃哈哈的崛起腾飞创造了最关键和最重要的外部条件。

Credia：破产于政治

政治法律制度，是一个国家立国的权力纲纪，自然对一国的命运举足轻重，也会对一国的企业休戚相关。日本一家著名的消费信贷企业 Credia 就是因为政治——新的法律出台而破产倒闭。也许可以说，在影响企业成败生死的诸种外部环境因素中，政治是最重要的了。没有良好政治，没有良好的法律制度，就没有经济的良性运行，更没有企业的持续健康成长。这一现象，在发达国家可以见到，在发展中国家更是屡见不鲜。

Credia 创立于 1950 年 3 月，从一家典当铺起家，后来成长为一个从事消费信贷的上市金融公司，促进了日本消费者金融行业的发展。但是，这间红极一时的知名公司，却在 2007 年 9 月 4 日，通过申请日本的适用民事再生法，宣告彻底破产。

Credia 开设了典当铺之后，从 1957 年开始逐渐转变为以房地产担保贷款和贴现票据为主要业务的股份制公司，逐步形成了以消费者金融业为中心的业务形态，并从静冈县扩大到全国各地，开设了多家店铺。后来，又展开了房地产担保融资、女性消费专卖店、贷款新业务以及以法人为对象的借贷活动，业务范围越来越宽。

公司依托各种金融服务业务取得迅速发展，1995 年 11 月 Credia 成为上市公司，1997 年后位居东京证券第二位，2000 年年销售额达到 187. 44 亿日元，跃升为东京证券第一位。此后，公司还与地方银行、合作金库等合作，继续扩大法人借贷业务。还充分利用便利店和银行的自动提款机，构建个人随时可无抵押担保贷款的系统。2003 年 3 月，Credia 以这种连锁扩张方式使年销售额达到约 259. 18 亿日元，居于日本金融界前十名。

但是，2006 年 1 月，公司的厄运开始了。这是由于消费者金融信贷过高的利息导致了社会问题不断恶化，从而遭到舆论的诟病。同时，日本最高裁判所在“投资法的利率和利益限制法”中一直围绕上线利率的基准，对不断有争议的模糊地带利率作出无效判决。于是，过去消费者金融企业在利益限制法中合法的高息收入，被要求利益返还的诉讼请求相继出现，以致这类金融企业不得不返还过去所获取的部分利息收入。

更严重的是，日本国会同时通报根据最高裁判所的判决而修改了法律，2006 年 12 月宣布通过修改的贷款法案。截至 2009 年末彻底消除模糊地带利率，同时实施贷款金额限制在申请者年收入的 1/3 内等限制融资总额的措施。按模糊地带利率法律修改的新法规，高利息贷款不能再发放，不得不实行低利息贷款，从而导致利息收入骤减。因此，Credia 公司的收益急剧下降，并且为了偿还诉讼所要求返还的利息资金，公司自 2007 年 1 月至 3 月在全国关闭了 142 处自动服务营业点。

Credia 为摆脱财务困难，还关闭了大阪、名古屋、横滨等主要城市的人工服务营业点，但公司 2007 年 3 月的财务状况并未好转，年销售额为 240. 82 亿日元，损失约达 194. 98 亿日元。再加上因诉讼请求需要偿还的 215 亿日元，损失总额约高达 410 亿日元，仅2007年3月一月的损失额就达到了213.41亿日元。连续亏损不仅造成了Credia的严重财务困难，也对其信用产生了极大影响。

为摆脱困境，Credia指望调节资金，为此将公司所持有的债券流通化，融资145亿日元，以期重整旗鼓。但事与愿违，随着收益减少和业绩萎缩，其信用等级已经下降为B+，因此资金调节的救难举措遭到失败。从2007年4月到8月，Credia的可调节资金只有30亿日元左右，而偿还资金从原来的平均30亿日元增长到70亿日元左右，公司已无力承担这些债务。

Credia决定引入外援，从2007年下半年开始寻求候补赞助商。但是最终没有出现可接手的合适人选，而9月份面临的票据支付又使其陷入新的困境。最终，公司自救无策，外援无人，终于在9月14日申请适用民事再生法，成为最早的一家消费者金融业破产公司，也是日本金融史上最先破产的大型消费者金融公司。而到2010年，日本消费者金融业的领头羊之一的武富士与Credia一样，也因为受到金融法律修订的影响而破产倒闭。

出自对企业内生动力的器重，人们在审视企业失败的原因时经常容易把关注重点放在企业的内部，即经营不善、盲目扩张、财务混乱等内部因素上，而忽视了企业外部环境因素的影响、制约，这是不符合实际的。不仅发达国家存在，发展中国家更是常见，企业的失败不是或主要不是内部原因，是或主要是外部环境因素导致了企业的失败。日本Credia公司的破产，就不是因为内部经营管理不善，而是因为最高法院判决“消费者金融企业利息模糊地带利率”的合法性无效，以及国会对相关法案的修改。

因此，不论在发达国家还是在发展中国家，企业经营者理应关注政治、法律因素对企业发展的影响，主动学习相关政治、法律变化的知识，并且善于通过一些合法的手段来维护企业健康运行所需要的政治、法律环境。因为，没有健康的经营环境，就不会有企业的健康成长！

健力宝：李经纬的悲剧

广东某地健力宝公司原本只是一个小酒厂，是一个只有几口米酒缸的作坊工厂，一年利润最多几万元。但在改革开放之后，经过李经纬的苦心经营，到1997年，产品销售额突破50亿，被国家工商行政管理总局评定为第一批“中国驰名商标”，中国饮料协会也公布健力宝在产量、总产值、销售收入和税利4项上均排名第一。令人感叹唏嘘的是，由于没有处理好和当地政府的关系，健力宝的创始人、经营者、掌门人李经纬竟然在

2011 年 11 月因“贪污罪”被判决有期徒刑 15 年，后于 2013 年 4 月 22 戴罪病故。

一个偶然的机会，身为酒厂厂长的李经纬听说广州体育科学研究所研究员欧阳孝研发出了一种“能让运动员迅速恢复体力、而普通人也能喝”的饮料，于是主动找上门去要求合作。在欧阳孝的主持下，称为“促超量恢复合剂运动饮料”被开发出来，实际上这是一种含碱电解质的饮料，取名“健力宝”，首家开创用易拉罐包装。

1984 年 4 月，通过深圳百事可乐公司代工生产的 200 箱健力宝出现在亚足联的广州会议上，当年 6 月又毫无疑问地成为中国奥运代表团的首选饮料。1984 年 8 月的洛杉矶奥运会，中国运动员取得了中国参赛以来的空前纪录——15 块金牌，8 月 7 日的女排决赛上中国女排又实现了“三连冠”的宏愿，而奥运中国代表团和中国女排的首选饮料都是健力宝。

一日本记者在《东京新闻》上发布了一篇新闻稿《靠魔水快速进击?》，也发现中国女排运动员在比赛期间一直在喝一种从未见过的饮料，他猜测“中国运动员取得了 15 块奥运金牌，可能是喝了其中具有神奇功效的新型运动饮料——健力宝的缘故”。一位随团采访的《羊城晚报》记者把这篇新闻稿改写成《‘中国魔水’风靡洛杉矶》，“出口转内销”，《羊城晚报》的新闻在全国广泛转载，为健力宝做了一次效果奇妙的广告。

李经纬和健力宝的好运来了。1984 年，健力宝的年销售额为 345 万元，第二年跨越到 1650 万元，第三年达到 1.3 亿元。在此后的 15 年里，它一直是“民族饮料第一品牌”，紧销时当地到处是全国各地赶来拉货的大卡车，一车皮健力宝的批条被炒到了 2 万元。

1987 年 11 月，在广州举办的第 6 届全运会上，李经纬和健力宝又迎来了一次好机会。在这届运动会上，健力宝竟和世界性品牌饮料可口可乐竞争“六运会指定饮料”的名号，可口可乐愿出 100 万元，李经纬一举抬高到 250 万，外加赠送 10 万元饮料，健力宝胜出。六运会期间，比赛场馆天河体育中心大到墙壁，小至痰盂、垃圾桶，都遍天盖地印上了健力宝的广告。最引人惊异的是，在闭幕式上，200 多名工作人员在会场入口处一律穿上清一色的印有健力宝标志的运动服装，8 万名入场观众每人还得到一罐赠送的健力宝饮料。

全运会一过，李经纬趁热打铁又及时举行了全国经销商订货会，近两个小时订单就达到 2 亿元，1988 年销售额达到 2.7 亿元。健力宝的广告也第一次出现在中央电视台上：“你想身体好，请喝健力宝。”1991 年健力宝在美国成立了分公司，1992 年策划了大选中可能胜出的美国第一夫人克林顿夫人和第二夫人戈尔夫人畅饮健力宝的新闻事件，健力宝还被摆上了联合国安理会的圆形会议桌。健力宝的声名风靡一时。

此后，健力宝依托产品质量上乘，配以赞助国内外大型运动会和大型活动的市场营销，在10多年时间里一直是中国销量稳定、效益最好的饮料品牌。

1994年，产权归属问题开始困扰李经纬。健力宝从产权上来说是地方国有企业，实际上虽是李经纬独立做大的企业，但他却没有一点产权。尽管地方政府在土地划拨、优惠政策的扶持上也不遗余力，但是，政府对健力宝的限制也很严重：完成就业率，当地人占健力宝的员工比例为45%，各种裙带关系输入月月都在发生，健力宝在行政掌控下管理难到位之中摇摆前行。对此苦衷，李经纬曾指着办公桌对记者激动而言："健力宝好比这张桌子，始终有一条腿是行政上级，另一条腿是军心不稳、行事涣散的中层，这两条腿很容易垮，我的这点老本也很容易吃完的。"

20世纪90年代中后期，国有企业显示种种疲态，中国政府开始完成"国退民进"的政策，国有资本将从竞争性领域逐渐退出，经营者可以以各种方式购买企业的资产。这时，健力宝的发展突破了销售额50亿元，达到历史最高峰，而李经纬与地方政府之间的关系也到达了严重恶化的地步。如果不能妥善处理好这一政商关系的话，李经纬的发展前程就危险了。权力环境决定企业命运，这几乎是中国商界的常识。在这个命运攸关的问题上，李经纬犯了错误，地方政府对之也毫不宽容。在将近6年的时间里，豪爽耿直的李经纬始终没有放下尊严的架子而主动与政府部门沟通缓和关系，事态反而越来越严重，最终毁掉了这个几乎辛劳一生的铁汉子。

1997年，38层高的健力宝大厦落成，李经纬按计划把公司总部搬到了广州。据称，建造健力宝大厦并没有取得地方政府的批准，其高造价也出现了转移资产的嫌疑。这年秋天，李经纬精心策划了健力宝在香港上市的方案，其中包括了经营层的股权分配，地方政府拒绝批准这个方案，李经纬愤怒地放弃了健力宝上市。

从1998年开始，地方政府加强了对健力宝资金的掌控：集团的每一新产品开发都要通过市政府审批，列入市政府的财政预算，才能划拨经费。健力宝的经营举步维艰。1999年，地方政府新老班子交替，对健力宝的防范进一步加剧。健力宝集团提出在公司内部实行员工股份合作制改造的方案，由管理层自筹资金买下地方政府持有的股份，开价为4.5亿元，分三年付清，被地方政府断然拒绝；后来，深圳市一家咨询公司又设计出李经纬团队持股75%，地方政府再给李经纬5%的股权奖励，这个方案也遭到地方政府的拒绝。这时，健力宝成了该地区最后一个待改制的大型国有企业，地方财政状况也欠佳，而改制的纠纷使健力宝经营业绩从1997年的54亿降到2001年的31亿——地方政府决定把健力宝尽快卖出去。2001年，一次会议决定了健力宝和李经纬的命运：地方政府为健力宝召开了转制工作联席会议，市委、市政府领导全部到场，与会政府官员要求依次当场表态。最后，90%的人主张卖掉健力宝，但绝不能卖给李经纬。

健力宝的出售把李经纬和地方政府的矛盾冲突推到了顶峰：新加坡第一食品公司与地方政府草签协议，以3.8亿元的价格购买健力宝100%的股份。李经纬事后策划了新闻媒体“健力宝被无情贱卖”“中国第一民族品牌旗帜被砍”的舆论风潮，健力宝对外宣称愿以4.5亿元的价格为健力宝赎身，还对试图进入公司审核查账的新加坡人全面抵制，拒不交出相关资料。地方政府又试图与娃哈哈商谈购买健力宝事宜，也被李经纬做工作搁浅。到了2002年1月9日，地方政府与健力宝团队再次开会对话，而这时李经纬在舆论上已占了上风。他质问市长，“为什么不让我们买回来?”市长当场拍板：“要买可以，我给你们一个星期的时间。”双方商量，李经纬团队一次性拿出4.5亿元买走全部的健力宝股份。双方冷冷地一拍即散。李经纬志在必得，四处奔波筹集资金。2002年1月14日，开赎买会议后的第六天，李经纬突然被紧急召到市政府，还没坐下，市长就告知他：“这事已经定了，我们现在决定把健力宝卖给浙江国投。”第二天，在健力宝小庄，举行签字仪式。地方政府向浙江国投转让75%的股份，作价3.35亿元作为地方国有企业健力宝的股权机构，地方政府有权决定卖出健力宝的全部股份。李经纬默默地坐在会场一角，神情悲凉。第二天，李经纬“含泪仰天，不发一言”的照片刊登在国内所有的新闻网站和财经媒体上，令人摇头感叹。

事情并没有结束。签字仪式后第九天，李经纬突发脑溢血，亲属急拨“120”将他送至医院，手术后长期住院。2002年10月中旬，病榻上的李经纬收到一纸通知，广东省人大常委会通过决定，以涉嫌贪污犯罪为罪名罢免了他的全国人大代表资格。2010年4月，广东省高级人民法院终审认定李经纬的下属犯有贪污罪、受贿罪，其中一人执行有期徒刑18年，其余2人各获刑14年，而李经纬“因身体健康状况不能参加庭审，法庭中止对他的审理。”70岁的李经纬在健力宝改制后中风，身体偏瘫，长期住院治疗。2011年11月，佛山市中级人民法院一审判决李经纬有期徒刑15年。2013年4月22日，李经纬病故于医院病床，享年74岁。

至于健力宝，改制成功后几度转让，也取得了一些新的发展，而已经亡故的创始人、前掌门人李经纬，也渐渐淡出了人们的视野和世人的记忆。

基本法则八：
构建系统机制

任何组织都具有一定的功能和结构。组织的功能决定组织的结构，功能的协调和结构的互动，系统联结成具有特定功能以及相应结构的组织生命体。可以说，人体就是这样存活成长的。作为人类组织中的基本经济组织，企业的功能是通过供给价格适宜的产品和服务以满足客户有支付能力的需求。为实现这一功能以达到企业的持久成长，现代企业必须构建企业运行法则的系统联结机制，即以供求关系原理为核心，系统联结共同信念，做到以人为本，坚持制定合理的规章制度、培育职业道德、永葆创新活力、强化执行力、优化外部环境、创造良好绩效等基本法则，推动企业走上长盛不衰的长青之道。

一、 把握八大法则

任何有机体都存在一定的功能和结构，有机体的功能决定有机体的结构。有机体的功能是指有机体的作用、用途和价值，有机体的结构即为实现一定功能所形成的特定原理为核心实质的大部分合成的系统。比如，作为高级物种的人类，人体的功能是健康的身体和正常的精神，承载人的一切活动。为实现这一活动功能，人体遵循新陈代谢的核心原理，形成运动系统、消化系统、呼吸系统、泌尿系统、生殖系统、内分泌系统、免疫系统、神经系统、循环系统九大系统的生理结构。

与此雷同，为实现满足客户需求的功能，现代企业也必须把握企业持久成长的核心法则和诸基本法则，即供求关系原理和共同信念、以人为本、规章制度、职业道德、创新活力、执行力、优化环境、创造绩效诸基本法则。

我们须知，人类的认知是有局限的，犹如我们不可能认识人类身体的一切变化一样，我们也不可能把握企业成长，更不用说持久成长的一切变化和全部原理原则。因此经营企业总带有一定的不确定性和不可预测性，这就是许多经济学家和企业家说的“运气”，这也决定了企业家们在经营管理中必须抱有一定审慎态度及相当的灵活应变能力。

但是，这并不意味着我们在面对企业这一复杂人类组织的时候是完全无能为力的，是全然无知无识的。传承古圣先哲的最佳智慧，吸取经济大师的思想营养，鉴戒中外企业的成败经验教训，我们可以认识、把握现代企业持久成长的核心原理和基本法则，这是我们认识把握现代企业持久成长的核心关注点和基本关注点。

首先，我们要真正认识和牢固把握供求关系的核心原理，真正认识和牢固把握这一原理，即供求关系决定企业的运营盈亏和长短成败的原理，十分注重客户的消费利益、消费体验、消费心理、消费情感。同样，我们也要认识到，要实现企业的持久成长，就必须把握一系列基本法则。

共同信念是灵魂。企业是人类组织，而人类是万物中有精神、灵魂、灵性、灵气的高级种类，树立共同信念是现代企业作为人类组织的必须。

以人为本是根本。作为人类经济组织的企业，设计、策划、研发、生产、营销等的目的、动力、主体都是人类，人类才是企业运作的根本，尽管我们丝毫不会低估土地、资本、原材料、技术等的价值。客户和员工，这才是一个企业最重要的根本。

规章制度是保障。制定必要的规章制度，是企业正常运行的保障。可以想象，一个没有必要规章制度的企业，只会陷入毫无秩序的混乱状态，这就不是人类社会的有序组织，而是“一盘散沙”。

职业道德是支柱。人类是存在善性美德的，企业上下员工都有职业道德，才能遏制邪性恶德的滋长，形成扬善遏恶的风尚，免遭“劣币驱逐良币”的厄运。有了职业道德的支撑，企业才能立于不败之地。

创新活力是生命。企业要生存发展就必须适应时间、地点、对象、情况的变化以权衡适宜而变化。而在当代，权宜变化的最大特点就是创新，因此企业务必永葆创新活力，追求理念、技术、产品、营销、服务、市场、管理以至环境的创新。创新，企业才能永葆生命活力。

执行力是关键。任何好的想法、规划、计划、策划、设想，说到底，都是思想、意识层面的东西，它虽然是实践行动的前提和指导，但只有执行力，实践行动力，才是将思想、意识转化为现实成果的关键。离开执行力，我们将一事无成。

优化环境是条件。任何事物的成长，都离不开一定的环境条件，优化外部环境不仅是企业、更是整个社会的职责。适应环境才能生存，改造环境义不容辞。环境，缺乏适应企业成长的环境，断无企业的持久成长。遍览中外企业案例，虽不乏内生机制缺失导致的覆亡，但因外部环境的不佳造成的失败又少见吗？

求实创效是归宿，即通过结合实际创造良好的绩效。理论再好也只是理论，原理再好也只是原理，只有当理论、原理结合企业运行的内外实际，才能创造出良好的绩效。而绩效，才是衡量企业是否持久成长的真正标准，也只有通过绩效反馈才能检验企业的信念是否正确以及机制是否良性，或强化，或调整，或改变……企业的运作，归根结底是为了向客户供给满足其需求且价格合宜的产品和服务，从而获得自己应得的合理利润和正当回报。离开创造绩效，企业就失去了存在的理由和条件。

显而易见，作为一个人类社会的基本经济组织，供求关系原理是贯穿渗透一切的，作为企业的经营者、管理者、领导者、投资者不可须臾忘记：供给价格适宜的产品和服务以满足客户有支付能力的需求，是一切企业存活的价值所在，也是一切企业持久成长的理由所系。在供求关系原理的作用和引导下，树立共同信念、坚持以人为本、制定规章制度、培养职业道德、永葆创新活力、强化执行力、优化外部环境、创造良好的绩效等基本法则相辅相成，才能决定企业的存活以至持久成长。核心原理或基本法则的缺失，必然导致企业的挫败以至短命夭折。

二、 认识核心原理和基本法则的系统联结

正如我们认识人体的生理结构，必须认识新陈代谢的核心原理和九大系统之间、九大系统之间以及九大系统内部的各个器官之间的内外联系作用，即人体的生理系统联结机制。人体的结构—机制正常、协调、互联，人体就能健康并完成事功；人体的结构—机制病变、失调、断裂，人体就会患病并贻误事功。

一个企业的正常运行，首先要求我们牢固把握供求关系的核心原理，自觉将

其贯穿、渗透于诸基本法则之中，贯穿、渗透于共同信念、以人为本、规章制度、职业道德、创新活力、执行力、优化环境、创造绩效各个基本法则之中。也就是说，我们在任何时间、任何地方都不能忘记企业的初衷，不能忘记满足客户需求的企业功能，而且是以供给可接受价格的产品和服务，满足客户有支付能力的需求。谨记：供求关系原理贯穿、渗透于各大基本法则之中。

同样，各大基本法则之间也是互联互动的。企业经营管理，应在共同信念的指导下，坚持以人为本，恪守规章制度，也要内在修德讲职业道德，坚持信念、人本、制度、道德必须辅以应变创新，强化执行力，并懂得适应并改造环境，创造良好的绩效，以实现企业的持久成长。可以说，各大基本法则之间是逻辑连接、相互影响的，我们要学会在互动联系中理解企业持久成长的各大基本法则。诸基本法则内部还存在若干要点并相互影响，我们还要学会理解诸基本法则的构成要点及其互动影响。

概而言之，我们须认识企业持久成长的核心原理和诸基本法则之间、诸基本法则之间、诸基本法则内部若干要点之间的内外纵横互动联结关系，即核心原理、诸基本法则、若干要点的系统联结机制。只是还要记住，我们作为人类，认知具有局限性，断然不可能全面把握、完全认识企业持久成长的一切原理原则。保持开放包容的心胸和随机应变的智慧，才能真正实现企业的持久成长。尽管我们须自尊自信，但也勿忘增添一些恭谦、审慎，因为我们是人，有血有肉的人，必然存在缺陷短板的人！

三、 企业长青框架图

只有构建现代企业持久成长的供求关系核心原理和树立共同信念、坚持以人为本、制定规章制度、培育职业道德、永葆创新活力、强化执行力、优化外部环境、创造良好绩效诸基本法则的系统联结机制，我们才能实现企业的持久成长。如果不能把握现代企业持久成长的核心原理和诸基本法则的系统联结机制，就会导致企业的核心丧失、结构失衡和支离破碎，不说企业的持久成长是不可能的，就是企业的生存也会困难重重。

依据现代企业持久成长的核心原理和诸基本法则的系统联结机制，我们设计出企业长青框架图（图1）。

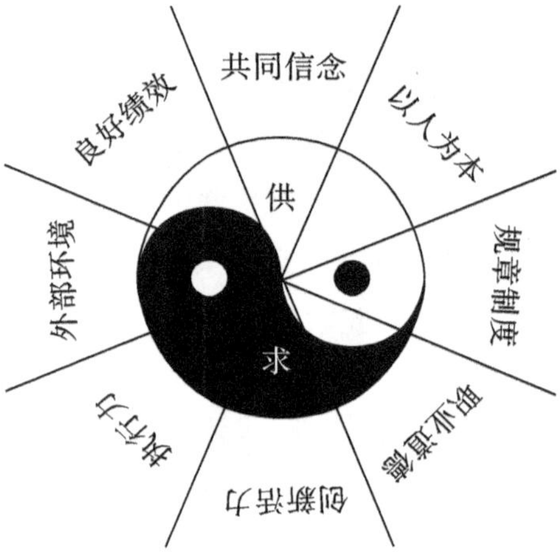

图1　企业长青框架图

企业长青框架图显示，现代企业的持久成长，必须以供求关系原理为核心法则，构建树立共同信念、坚持以人为本、制定规章制度、培育职业道德、永葆创新活力、强化执行力、优化外部环境、创造良好绩效的基本法则的系统联结机制。

案例

亨利·福特：伟大的企业家教父

亨利·福特身为汽车制造商，不仅是一个伟大的企业家，还是一个伟大的教父，他以自己的一生经历、实践，传递了企业经营的核心理念服务精神和服务原则，深深地影响了无数的企业家。

亨利·福特，1863年出身于美国密歇根州迪尔伯恩的一个农夫家庭，从小对机械、机器、零部件、工具兴趣浓厚。17岁时，亨利·福特离开了学校，当起了一名机械学徒工，并顺利由学徒成长为一名机械师。1892年，福特经过周密的计划，终于制成了自己的第一台机动车。他一直是以这样的方式做事：在开始动手之前把每一个细节都计划好。否则的话，一个人在工作进行时却不断地做改变，直到最后还无法统一，那就会浪费大量时间。

随着机械制造工作的历练，福特也渐渐接近了工商业的真谛。在日夜计划甚至计划几年的产品开发中，他首先考虑的是什么东西最能满足人们的需要，然后考虑该怎样生产它，生产的具体过程会自己形成。然后，把生产从利润的基础上移到服务的基础上，便拥有了真正意义上的工商业，产品的利润也就可以满足所有人的需要。

1904 年，福特生产了一台拥有四个大气缸、80 马力发动机的“999”号赛车，找来一个“为速度而生”的职业赛车手驾驶，汽车飞速向前冲，拐弯处也没有刹车减速，到达终点时领先了后面的车 800 多米。“999”完成了自己的使命，为亨利·福特能制造高速汽车做了最好的广告。亨利·福特在这次赛车后一个星期就成立了福特汽车公司，连续生产出 A 型、B 型、C 型、F 型、N 型、R 型、S 型和 K 型 8 种车型，并在充分经验积累和实践检验的基础上于 1908 年至 1909 年成功推出了 T 型车。

亨利·福特出其不意，在众人都不理解的情况下宣布以后只生产一种车型：我将为广大的普通人生产汽车。它足够大，可供家庭使用，同时又足够小，可让一个人就能驾驶和保管。它采用最好的材料，由最好的工人根据现代机械能提供的最简单的设计制造。同时它的价钱非常低廉，任何一个有一份好工作的人都能买上一辆，并和他的家庭享受美好的时光。

对亨利·福特的宣言，普遍的评论是：如果福特照他所想的去做的话，6 个月之内他就要破产。但是，在市场上起作用的不是某些人的评论而是不可逃避的商业原则。亨利·福特只是发展了一种观念，那就是想出一种新的更好的方法来满足人们固有的需要。福特车性能越来越好，特技比赛、表演效果越来越佳，销售量也越来越大，生产量也越来越大。

当时的汽车生产，通常需要一个工人独立干完一个小零件所需要的全部工序，快速的生产使工人之间常常不协调。为改进生产模式提高生产效率，福特迈出了生产流水线的第一步，确定了流水线工作的原则：按照操作程序安排工人和工具，适用工作传送带或别的传送工具，运用滑动装配线。

1913 年 4 月 4 日，福特公司第一次试验了一条装配线，实现了生产的高效率。此后，生产装配线应用到所有的地方，逐渐整部车都在流水线上装配。经过反复试验、反复调整，装配线也越来越成熟。福特改变了汽车制造的生产方式，大大提高了汽车制造乃至工业生产的工作效率。

工作效率的提高必然带来工资报酬的问题。亨利·福特认识到，降低工资只能意味着降低购买力和抑制国内市场。资本家、老板与工人是伙伴，两者都是不可缺少的。基于对工资重要性和劳资相互关系的认识，亨利·福特将给工人支付更高的工资视为雇主的目标。1913 年，福特公司对整个企业上千种工作进行时间研究，确定每天的工作量，把所需的技能再考虑进去，以此确定了工资等级表。这个表准确反映了一份工作所需的技能和努力，以及干这份工作可以指望得到多少工资回报。1914年1月，亨利·福特宣布并实行了一种利润分享计划，该计划规定：任何一项工作在一定情况下的最低工资是一天5美元。同时，每天的工作时间缩短为8个小时——原先是9个小时，每周工作时间为48小时。

制造出第一台机动车，创办福特汽车公司，研发生产出T型车，开发出第一条生产装配线，确定每天8小时最低5美元工资制，亨利·福特不愧为一个杰出的工商企业家。亨利·福特不仅善于实干行动，他还总结出一整套企业经营的自然本性、基础原理和基本原则，给后世企业家以无尽的指导、启发和帮助，的确不愧为一个影响巨大的企业家教父。

亨利·福特晚年最感兴趣的，是证明自己用于指导实践的理论可以在最大的范围适用——它们并不只是关于汽车和拖拉机的特殊理论，而是有着普遍的自然规律性的东西。他很确定它就是一种自然法则和自然本性。

亨利·福特相信劳动的价值。在他看来，人们理所当然要去做的事情就是工作——就是认识到财富和幸福只有通过诚实劳动才能够获得。人类大多数的问题都源于对这一自然法则的逃避，许多人都脱离了真实，脱离了最真实的原则。劳动是人类的天性，它使得地球成为人类可以生存的家园。人类的经济基础就是：我们每个人都在使用自己无法创造的大自然的原料去劳动，这些原料是大自然提供给我们的无价财富。

亨利·福特认为，对金钱的追逐绝不是商业，商业的职能应该是为客户提供产品，而不是为了赚钱或者投机。为了消费而生产，意味着生产出的产品不仅质量要好而且价格要低，意味着产品是用来服务于人民的，而不只是用来服务生产者的。当然，如果获得金钱的渠道是正当的，那么产品也会为生产者提供服务。

生产者的发达要依赖于他为客户所提供的服务。如果只是追逐自身的利益，他也许能得逞一时，但这只是偶然。一旦人们醒悟，发觉他们并没有得到服务，那么这位生产者的末日也就指日可待了。因此，对金钱的贪婪追逐肯定是行不通的，当一个人为服务而提供服务——为了满足一个人认为该做的事而去努力——那时候自然会财源滚滚。金钱是作为服务的结果自然而然得到的。

亨利·福特指出，我的理念的核心就是：浪费和贪婪阻碍了真正的服务的实现，两者都不可取。浪费主要是由于人们不知所为，或者对于所做的事情毫不在意所致，而贪婪则是一种鼠目寸光的行为。我努力在资源和人力两方面以最小的浪费来进行生产，然后以最低的利润销售，以销售量来获取总利润。在生产过程中我支付最高的工资，这也就是最大的购买力。由于这同时也是以最低成本和最低利润进行的销售，这样我们就能将销售与购买力协调一致。每一个与我们相关的人——不管是管理者、工人还是购买者——都可以为我们提供更好的生存环境。我们所建立的原则是以服务为基础的，这是我探讨它的唯一理由。

亨利·福特的服务原则如下。

无惧未来，不忘过去。一个人如果惧怕未来、害怕失败，他就会作茧自缚。失败是更理智地东山再起的唯一机会。失败并不丢人，丢人的是害怕失败。过去的经验，只有能为未来指明方向和出路时才是有价值的。

不要纠缠于竞争。不论是谁，如果能将一件事干得更好，就理应由他去完成这件事。试图破坏他人商业活动的行为是一种犯罪——这是出于个人的利益妄图降低别人的竞争条件，这是用权力使坏而不是用智慧较量。

服务第一，利润第二。没有利润，企业无法生存，因此谋取利润当然没有错。诚实经营的企业不会得不到利润的回报的，但利润必须作为良好服务的报酬而实现。利润不是服务的出发点，而是结果。

拒绝低买高卖。做生意是这样一个过程：以公平的价格买进原料，以尽可能低的成本把这些原材料转化为可消费的产品，再把它提供给消费者。赌博、投机和损人利己的交易，这些只会阻碍商业的进一步发展。

亨利·福特坚信，我们必须生产，但生产背后的精神才是更重要的，服务精神贯穿在一切服务的信条之中，这条总原则就是：企业只有提供服务才是正当的企业，企业必须从社会获取很少而给予很多，除非每个人都能从一个企业的存在中获利，否则这个企业就不应该存在。

读完这些文字，我们不得不承认，亨利·福特的确是一个伟大的企业家教父。

贝索斯：电子商务和云计算之王者

杰夫·贝索斯是世界上最大的电子商务网站亚马逊公司的创办人和掌门人，这个“火星人”以世人难以想象的速度和方式一手打造了全球互联网上的第一个电子商务品牌，堪称名副其实的电子商务之王者，但他并没停止扩张的脚步。2006 年，贝索斯在不断提高亚马逊的 IT 能力的过程中，发现传统的架构做扩展的难度和成本很大，要求内部架构设计得更加开放化、模块化，并最终基于该系统发明了影响深远、革命性的商业模式——云计算。此外，亚马逊在线下零售、影视、物流、消费电子等领域均有许多涉足。

贝索斯有一个轻松自由的童年，而他10岁那年随祖父母外出旅行留下的印记，一直贯穿在亚马逊的经营活动之中，令他终身受益。10岁的贝索斯和外祖父母一起出游，外祖父驾车，外祖母吸着烟坐在外祖父身边，而他坐在后座上，那时候他极讨厌烟味。小贝索斯想起了自己看过的一则小广告，说人每吸一口香烟便会减少大约两分钟的寿命，他估计外祖母一天要吸几支香烟，得意地向外祖母宣布自己计算出的结果："如果你每天吸两分钟的烟，那么你将少活9年。"小贝索斯以为自己的计算结果会得到外祖父母的赞许，结果却完全出乎他的意料。外祖母大声哭了起来，默默开着车的外祖父把车停靠在了路边，下了车注视着小贝索斯，平静地说："杰夫，我的孩子，总有一天你会明白，善良要比聪明重要得多，也更难得多。"后来，贝索斯进而认识到，对于一个人来说，聪明是上天赋予的天赋，而善良则是一种选择。天赋与生俱来，选择由自己做出。人们会为自己的天赋感到自豪，更为自己的选择感到骄傲。这种来自外祖父的选择善良、发挥聪明的价值观，对贝索斯的影响是深远持久的。这个道理，看似平凡，却有很强的普适性和价值性的意义。

贝索斯从小受到母亲和外祖父母对科技感兴趣的影响，中学毕业后进入普林斯顿大学主修物理学科，但他发现自己不够聪明成为一名物理学家。很快他发现自己更愿意学习一些关于计算机科学的知识，并且开始转移学习重心，以优异的成绩取得了电子工程学和计算机双学士学位。青年时期的这一专业选择，驱使贝索斯扬长避短，走上了计算机开发、应用的道路。

大学毕业后，贝索斯进入华尔街，从事对冲基金的金融业务，成为一个基金公司副总裁。两年后，正当事业红火之际，贝索斯决定辞职创业，得到了父母和妻子的全力支持，他的父母把自己手中30万美元的养老金全交给贝索斯作为创业启动资金。

1994年，在从纽约到西雅图的长途旅行中，贝索斯创业的商业计划初具雏形。7月5日，亚马逊正式诞生。贝索斯解释道，所以命名"亚马逊"，是因为亚马逊是世界上最大的河流亚马逊河的名字，这一世界之最也将预示着自己公司的未来不可限量，而且亚马逊的英文名的首个字母是A，在网络搜索引擎中始终会排在首位。

犹如名字所预示的，从互联网书店起步，网络书店—音像制品—网络零售—网络游戏—云储存—网页浏览—宇宙飞船—进军平板—收购邮报，贝索斯带领亚马逊一步步前行，一代代升级，登上了财富的巅峰。2018年2月，胡润研究院2月28日发布了《2018胡润全球富豪榜》，贝索斯财富上涨71%，以7750亿元财富成为世界首富；

2018 年 3 月 6 日，《福布斯》以 1120 亿美元的身价荣登世界首富之位；2018 年 4 月，获《时代周刊》2018 年全球最具影响力人物荣誉。

伴随亚马逊的成长发展，贝索斯总是在不断地要求自己，要求自己不变，也要求自己变：不变的是始终在某一方向上的信念，变的是根据市场变化、客户需求在公司服务细节上的调整。

一个企业的失败可能因为一个原因，一个企业的成功、特别是持久的成长，则不会因为一个原因而是因为一些原因——遵循一些正确有效的原理原则所导致的。同样，贝索斯的荣登财富、荣誉巅峰也是因为坚持了一系列既有不变又有变的经营管理原则。

1994 年，亚马逊创立。1997 年，亚马逊的客户就达到了 150 万人，营业收入比上一年增长了 838%，总收入达到 1.478 亿美元，公司仅三年就进入了快速发展期。在 1997 年致亚马逊股东的信中，贝索斯提出了自己的经营管理理念和思想，其核心理念和思想是创造长远价值，这种价值“直接来自我们巩固并拓展自身目前市场领导地位的能力”。创造长远价值作为亚马逊的核心理念和思想一致贯穿在亚马逊的发展中，成为亚马逊持久成长的核心原则。其他的几个要点是：客户至上；选择最大化未来现金流要比选择最优化 GAAP 报表（公认的会计准则）更为重要；创建并留住集聚创造力的工作团队；适应公司快速增长的流量、销售、服务水准，提高公司基础设施的配置；公司之所以可以获得更多的收入、更多的利润、更快的资金周转率和资金回报率都与它所处的市场领导地位有关等。这封致股东的信，每年都被重复强调，直到现在。以此核心原则为支撑，贝索斯带领管理团队凝聚全体员工形成了崇高使命感和担负社会职责。

亚马逊的文化和领导力准则有 14 条：客户至尚、远见卓识、主人翁精神、崇尚行动、创新简化、勤俭节约、决策正确、赢得信任、好奇求和、刨根问底、选贤育能、敢于谏言服从大局、最高标准、达成业绩。

客户至上是贝索斯最重要的经营原则。他常常有个习惯，就是在开会时留出一把空椅子，以此向与会人员提示未在场的客户才是“这个房间里最重要的人”。贝索斯总是将客户的需求作为首要关注的对象，然后再去考虑如何赢利，从而有效地将客户的需求转化为利润。为此，贝索斯最为关注亚马逊服务体系的建立并日益完善，一直执着于客户体验，长期坚持阅读每一封来自客户的电子邮件，并认真回复。而服务客户上还要求公司员工尽可能地注重细节，在日常琐碎的细微环节上服务好客户。

在客户至上原则的指导下，贝索斯创建了一套团队管理制度，它包括四个部分：亚马逊的团队制度、团队结构、管理层团队和精神管理。在贝索斯看来，企业离不开合理的管理制度，管人管物管钱管事，管人是最关键的部分。

首先是团队制度，这是整个管理得以实现的制度保障，有了基本的管理制度，亚马逊才能实现真正的管理。亚马逊的团队结构，贝索斯用扑克牌的四种花色来做比喻，认为一个完整的团队必须具备四种人才：方块形人才，专门可以为项目初期设计创意方案的人才；梅花型人才，可以稳定地为项目的实施提供支持的人才；红心型人才，可以在团队中协调各类关系、激励他人士气的人才；黑桃型人才，实干家，富有执行力。除了拥有四类人才，贝索斯认为还要了解他们的不同长处，合理分工，达成人才的协调合作和最优配置。管理层团队是亚马逊公司的组织领导核心，贝索斯就是通过这个管理层团队来管理整个公司，指挥全体员工紧密团结，共同创造亚马逊的经营业绩。亚马逊的巨大成功，得益于这一群乐于付出、富有牺牲精神、激情充沛的管理团队。

精神管理包括亚马逊的团队文化、团队情感和团队凝聚力等的企业文化管理。亚马逊的企业文化独具特色，形成团队的核心价值体系，主要体现在要求员工对共同事业理想的追求、遵守公司的规章制度，也包括对工作的热情、团队的执行力、员工的协作、对困难的挑战精神以及学习能力，等等。亚马逊团队成员之间并不仅仅是工作上的联系，贝索斯更希望员工彼此之间互相关怀、互相理解、互相信任、互相支持而形成一种团队情感，他认为团队情感是员工积极工作的强大积极内动力。团队的凝聚力是团队文化和团队情感的自然结果，即通过具备共同的清晰的奋斗目标和信仰共同的团队文化，让团队成员建立起深厚的团队情感，积极合作努力，实现亚马逊持久发展的长远目标。亚马逊的团队管理制度，凸显出贝索斯注重管理层团队的核心组织领导以及全体员工的工作精神文化建设，体现了贝索斯“以人为本”的现代经营管理原则。

亚马逊围绕“以人为本”的思路，为了提高效率，有以下几个管理特点：①抵制形式主义。随着公司越来越大，最常见的大公司病就是形式主义，企业运作的过程中不再关注结果，而只是确保流程正确，但亚马逊却是一个特别讨厌流程的大公司。②小团队。亚马逊有 24 万员工，但大多数团队都非常小，员工们组成一般不多于 10 个人的独立团队，由于在加夜班时，一个小组的晚餐可以通过 2 个以内的比萨解决，因此布拉德·斯通在《一网打尽》里描述道：“整个公司都要按照‘两个比萨团队’的模式进行重组。”③有效的会议。在亚马逊，每一场会议的开始都是沉默，这是因为在谈话开始前，参会者都要花 20～30 分钟安静地读一份 6 页的议程简报，贝索斯发现共同阅读可以让每个人的注意力都集中在当前紧要的问题上。简报遵循一个结构：首先，有一个冲突或问题需要被解决，而结论必须包括解决方案，还要有一定的创新，解决方案必须确保客户满意。这样的结构让整个会议有了明确的方向，因为团队在花时间阅读后，可以专注在有价值的话题上——理解分享和更深入地分析数据信息。最重要的是，团队可以做真正有意义的辩论。

为了更好地服务客户，亚马逊不仅注重的服务品质，而且还讲求服务价格的低廉。他最喜欢对媒体说的一句话就是亚马逊已经"向浪费宣战"，通过减少不必要的成本，为客户提供最可能低的价格。亚马逊的低成本直接体现在亚马逊的仓库利用率和商品分拣两个方面：仓库利用率每年都在提高，商品分拣也不断推出新的动作，包括先分好包裹种类，以提高货物的送达效率。

这些亚马逊引以为豪的特点并非巧合，在一次采访中，贝索斯说道，"我非常频繁地被问到这样的问题：'在未来10年里将会发生什么变化?'这是一个非常有趣的问题，也是一个非常常见的问题。我几乎从来没有被问过相反的问题：'在未来十年中什么不会发生变化?'第二个问题实际上是更加重要的，因为你可以围绕未来一段时间内不会变化的东西建立经营战略……在零售行业中，我们知道客户希望低价，而且从现在开始十年里都将如此。他们希望快速交货；他们希望有更多选择。在未来十年内，不可能会有一个客户跑过来对我说：'杰夫，我爱亚马逊，我只希望价格高一点。'或'我爱亚马逊，我只希望你能慢一点交货。'这是不可能的。所以，我们在这两件事情上努力，我们知道我们今天的投入将会产生回报。当你对某个东西有把握的时候——即使从长远来看也是如此，你就可以为它进行大投资。"

亚马逊对员工的管理也适用低成本理论。贝索斯严格管理各项费用的支出，例如公司内部几乎不用彩色打印机，而偏好黑白打印机；员工出差不坐头等舱，都选坐经济舱出行；各种实验团队都尽可能地小；高管们的年薪都控制在不高的水平。截至2011年，亚马逊顶级的5位高管的年薪都不高于17.5万美元，贝索斯的年薪也只是8.148万美元，并且从1998年起就没有多大的变化，他们和员工的收益突出体现在亚马逊服务创造的股票和期权收入上。

价位平民化的平板电脑kindle fire的推出和热销，也反映了亚马逊对价廉物美的产品和服务的追求。贝索斯一直关注产品的价格，而且在价格上从不妥协。生活在一个快速变化的时代，现代企业必须具备创新的精神和创新的能力，否则便无以生存，更谈不上持久成长。亚马逊的创新颇富特色，而且形成了成熟的机制：贝索斯的创新不是炫耀技术，也不会关心竞争对手在想什么，而是从用户的体验出发，每一次技术创新和服务升级都是为了满足用户不断提高的需求。

在创新探索中，贝索斯不惧怕失败，懂得用失败的代价去换取创新的进步。他说："如果你想变得有创造力，那你必须愿意接受失败。"他将亚马逊的自营电商业务扩展到AWS云服务、FBA物流体系。亚马逊初始以自营的电商模式为主，但后续引入了第三方卖家，让他们跟自己的自营店铺竞争。亚马逊起家靠的是在网上卖纸质书，但贝佐斯并没有停留在已经获得巨大成功的业务里，而是开发出kindle电子书阅读器来和自己的纸质书业务竞争。贝索斯说过：我相信，如果你要创新，你必须愿意长时间被误解。你必须采取一个非共识但正确的观点，才能打败竞争对手。

贝索斯懂得，如果亚马逊只是停留在自己看似非常强大的自营电商业务里，在一段时间内，它虽然能够获得稳定的利润、更低的业务风险，但是，随着时间的推移，企业一定会越来越缺乏活力，在这个创新和变化的年代被逐渐替代，最终走向死亡。

贝索斯重视信息时代的"信息"，总是要求亚马逊的员工通过图书、报刊、电视、网络以及市场反馈等途径获取第一手材料，并对这些信息进行认真分析，把握市场的动向，寻找到创新的可能。这样也可以从不同的见闻中了解新事物和新思想，开阔视野，并适应新的变化。

除了公司全员创新精神的培养之外，贝索斯还十分注重知识型员工的作用。贝索斯一直以自己有一个具备丰富专业知识和技能的创新团队而感到自豪，因为这个团队几乎每一次都能从技术层面实现他的"奇思怪想"。贝索斯没有忘记把借鉴的原则贯彻到创新活动中去。他并不认为创新有时机好坏之分，无论出于顺境或逆境，都应当围绕客户关心的事情来进行创新，遇到困境或困难时可以用节俭来促进创新。

贝索斯不仅重视创新精神、用户体验、正视失败、广搜信息、创新团队、节俭创新等，他还在亚马逊建立起了一整套多方面构成的创新机制：以市场需求为创新的出发点，以一整套制度来保障和激励公司全员的创新活力，坚持运用科技创新作为亚马逊的基础支撑，等等。

从创业之初以来，贝索斯一直都在积极考虑亚马逊所处的外部环境的变化。他不止一次地说，一个成功的CEO不只是简单地掌握外界的发展趋势，而且要学会在这些趋势之下判断会发生什么样的变化，这才是所谓的前瞻性。对于外界环境的变化，哪怕是一点小的变化，他都会敏锐地观察到，特别是对亚马逊客户的数据跟踪，几乎一刻都没有停止过。

贝索斯深识亚马逊的成长必须依靠外部环境的推动。在多年的经营生涯中，他发现了关于外界环境问题的一些重要特点：首先是市场，市场是举足轻重的，亚马逊的成功只能是市场上的成功；亚马逊的价值，体现在对外部环境主要是客户市场产生作用上；亚马逊的影响力大多来源于外部，来源于外部市场树立起的形象。很明显，贝索斯注重外部环境的变化，最主要的是关注客户市场的变化。

他反对竞争对手中心论，他评论到："不要管竞争对手在做什么，他们又不给你钱。"事实是，如果贝索斯整天盯着 eBay 和沃尔玛，他不太可能做出 AWS 云服务。他也反对股价中心论，而是坚持他的长线思维，他评论道："如果你做的每一件事把眼光放到未来 3 年，和你同台竞技的人很多；但是如果你的目光能放到未来 7 年，那么可以和你竞争的就很少了，因为很少有公司愿意做那么长远的打算。"

有人曾经问过贝索斯，自己创造了一个如此庞大的零售帝国究竟靠的是什么，他的回答十分简单明确，不论是什么，最重要的还是要让自己时时刻刻保持学习的姿态。贝索斯不仅自己重视学习，而且也很重视管理团队的学习。

亚马逊作为一个在商业市场上活动的企业，其学习模式主要包括了实践和理论两部分内容：一方面，贝索斯重视员工在具体的商业实践中摸索出适合亚马逊发展的管理方法和工作方法；另一方面，对于理论界新思路的吸收，贝索斯也丝毫不放松。实践和理论的学习相结合，亚马逊才能在不断变化的环境中应对自如。更难能可贵的是，贝索斯不仅向实践学习，向理论学习，而且还认真向失败者学习，从鉴戒失败企业的案例中吸取教训，避免亚马逊也走上同一样的失败道路。

2001 年，美国统计数据显示有 257 家公司宣布破产，总资产损失达 2580 亿美元，其中还有一些世界 500 强企业。贝索斯根据这份报告进行了详细的研究和分析，最后发现这些企业的败落和人体生病有许多相似之处，起初没有太多让人觉察的症状，也容易被治愈，但当病情恶化到一定程度时，症状开始变得明显了，到病入膏肓之时，治愈的难度就非常大了。企业与此相似，表面上一开始并无太大的问题，也容易解决，但是当企业顽疾明显暴露出来，也就难以挽救了。

一般认为，这些公司的败落是由经济低迷、市场动荡、竞争激烈等不可控的原因造成的，而贝索斯在对数据的分析中发现，除了外部的原因之外，一个重要的原因在于内部管理的失败：短暂的成功会让人一时头脑发热；应对市场变化不能及时作出调整；下属比怕对手还怕自己的上司；盲目要求高风险；频繁改变经营战略，公司在变化中很难保持稳定。

本田宗一郎：传奇的经营之圣

本田宗一郎被世人称为"日本的福特"，一生拥有 470 项发明和 150 多项专利，是历史上继亨利·福特第二位能获美国机械工程师学会荷利奖的人物。本田宗一郎一手创立了HONDA（本田）品牌，被誉称为“亨利·福特以来唯一的最杰出、最成功的机械工程企业家”，与松下公司的松下幸之助、索尼公司的盛田昭夫，京瓷公司的稻盛和夫并称为日本“经营四圣”。

本田宗一郎出生于静冈县滨松市磐天郡光明村（现天龙市）的一个铁匠家庭。读小学时，他讨厌学习，成绩很差，喜欢搞恶作剧，几乎没给别人留下什么好印象，可是他对机械类的东西却兴趣浓厚。高等小学毕业后，本田宗一郎在《自行车的世界》杂志上无意间看到了东京汽车修理厂“亚特商会”的招工启事，便写了一封自荐信过去，后来成了一名汽车修理厂的小学徒工。开始半年，本田每天都在为老板看孩子。由于亚特商会的生意兴隆，人手忙不过来，老板才突然叫本田帮忙。他的机械能力显露出来，更多的时间用在了修车上。本田后来总会庆幸自己坚持了下来，想到那时的辛苦和快乐，就会觉得无论怎样的痛苦都是过眼云烟。从长远的眼光来看，人生中没有无意义的时刻。

在亚特商会当了6年的修理工，本田宗一郎学习努力，熟练掌握了汽车的结构、修理和驾驶技术。老板很信任本田，让他以“亚特商会”的名义开了分店，于是主营汽车修理业务的“亚特商会滨松分店”在本田的家乡附近挂牌营业，而店里只有他和一个小伙计，而他也才22岁。开始，店里接不到什么活儿。只有一些别的修理厂修不好的车会被送来碰碰运气，本田却总能修好，渐渐形成了口碑，后来甚至被说成没有他修不好的东西。店里生意也越来越好，工人增加到五十多人，规模也不断扩大。

28岁时，本田宗一郎关闭了生意兴隆的修理厂，创立了东海精机株式会社，开始创造生产自己的产品——活塞环，从此从修理行迈向了制造业。但是，活塞环的制造并不像想的那么简单，因为缺乏铸造方面的基础知识，本田拼尽全力仍不见起色。经过拜见滨松高工的藤井教授和田伐教授，本田到滨松高工旁听补习基础知识，终于在开始生产后9个月成功地制造出第一个活塞环，批量化生产却遭受重挫：一次，供给丰田3万个活塞环，收货检测时对方抽检了50个，竟只有3个合格。两年后本田的研究逐渐取得突破，活塞环终于通过了丰田的检测，也得到了丰田的资金注入，东海精机的活塞环生产步入了正轨，同时还要生产军方要求的军舰和飞机上的零部件。但是，好景不长。1945年滨松地区大地震，工厂破毁，设备受损。正在抢修之际，“二战”结束了，活塞环生产完全陷入绝境。丰田提出让东海精机专为他们生产零部件，但被本田断然拒绝，并把自己的股份全部卖给了丰田。

虽然东海精机卖给丰田得了45万日元，但战后一片混乱，诸事不宜，本田决定歇一年观察情况，默默地为将来打算。一次偶然的机遇，激起了本田的灵感，改变了他无所事事的生活：他在拜访一个朋友家时偶然看到了一种小型发动机，一台军用发电引擎，他想到“把发动机装在自行车上当辅助动力”。这次偶遇决定了本田的未来，也决定了后来Honda品牌的诞生。

当时的日本，自行车是人们的代步工具，也常常是运输工具，而把小型发动机装在自行车上增加动力，可以大大节省人们的体力。本田造出了第一辆机动自行车，让阿幸夫人首次试骑，并根据她的意见做了改良。为了筹集资本金开始生产，本田把父亲辛苦购置的山林卖了。开始只有十来个人的小工厂开始生产机动自行车，困难是难以想象的。当时聘用的第一位有大学学历的工程师河岛回忆说：“曾经有这样一件事。一天，阿幸夫人来到山下工厂的办公室，经理连忙去问有什么事，没想到夫人说孩子爹一分钱也没有给家里，现在什么东西都买不了，问能不能借点钱。可见老爷子把员工的工资放在第一位，老婆孩子倒排在后面。他就是这样的人。”后来，机动自行车热销于市场，得到人们的热捧。

本田不满足于改造发动机和改装自行车，他决心自制发动机，生产摩托车。第一台自制的发动机失败了，而新型的“Honda A型”和逐渐升级的B型、C型、D型发动机受到用户的欢迎，第一台“梦想D型”摩托车也在1949年开始销售。到1997年10月，Honda摩托车的累积生产台数已突破1亿台。

此后，本田宗一郎的发明创新步伐持续不断：开发第一辆汽车——S360跑车，进军汽车市场；1964年首次参加F1大赛，第二年F1墨西哥分站赛上第一次获得冠军；轻型车N360大卖，发售三月销量居首位；决心进军小型车市场，N360小型车热销日本，却因意外事故被迫停止生产；成功开发低污染低公害CNCC发动机，在全球发生巨大影响。

从1937年生产出第一个活塞环起，一年年、一步步，本田宗一郎在1973年卸任本田技研社长和1983年卸任董事的四五十年间，不仅给世界留下了一代代、一款款的新颖质优发动机、摩托车和汽车，还给世人留下了一条条、一个个珍贵的经营经验和经营教诲。

本田公司把尊重理论作为经营的根本。只要是和业务相关的理论他们都十分尊重并合理运用。正确的理论适用于古今内外、具有普遍性、合理性，不受时空的制约。在本田宗一郎看来：“在理论正确的基础上尊重每个人的创意，公司才会发展进步。人类的体力只有二十分之一马力，但人类拥有思考并分析问题的智慧和能力，这才是人类独有的价值。要说我们公司有什么过人之处，除了我们的员工都很年轻，还因为我们一直尊重理论，不拘时空限制。不可否认，我们公司今后的进步与发展要更加依靠理论。”似乎，本田宗一郎所说的“理论”和松下幸之助的“道”如出一辙，都是指合于自然万物之理、适用于古今中外、具有普遍性、合理性、超越时空的普遍真理和人类智慧。

以正确的理论为指导。本田把公司的基本理念定为实现“三种喜悦”，也就是创造的喜悦、销售的喜悦和购买的喜悦。第一种喜悦只有技术人员才能享有。第二种喜悦是销售商品的喜悦。而能否获得第三种喜悦，也就是购买者的喜悦，才是衡量商品价值最公正的手段。最了解一种商品的价值做出最后判决的，既不是制造商也不是销售者，而是消费者。实现三种喜悦是本田公司的基本理念，本田宗一郎表示会竭尽全力，言出必行。全新经营理念是新时代的要求。

商品由大众判断。本田宗一郎十分注重产品，立足于产品。在他看来，具备实用价值只是商品学的入门第一课，在这个基础上结合艺术价值，才能成为一件完整的商品。他认为，一位杰出的技术人员同时也应该是一位出众的艺术家，必须兼具科学家的智慧和艺术家的灵感。本田宗一郎提醒人们注意，“我们都应该牢记，要相信大众的判断，不要自以为是。”企业的好坏是由大众说了算的。商品好坏不是由企业自己说了算，而是应该由大众判断，这一点绝不能忘记。

在本田看来，每个人都各有所长，只要互相认可，取长补短，形成良好的合作关系，工作就能顺利展开。世界上没有完美的人，自己的不足、力所不及的事可以由他人弥补，同时自己也要竭力发挥所长。这就是团体协作的关键所在。他希望大家能够充分认识到，没有“人和”，一个企业不但得不到发展，甚至会无以为继。“人际关系最重要。”本田宗一郎认为，在信息时代，人际关系最重要。只要做到这一点，什么知识、什么信息都能得到，事业也才能做好。

本田回忆道，在还没创办东海精机时，我就暗自决定决不跟与自己性格相近的人搭档。那样的话，我一个人就够了，两个反而多余。实现目标需要大家各展所长，因此我更喜欢和性格、能力各不相同的人共事。在本田公司流传这样一句话：技术要看本田社长，销售要数滕泽专务。本田说，第一次见到滕泽我就很喜欢他。他在机械方面完全外行，但销售上是顶尖高手。换句话说，他拥有我不具备的能力。1949 年 8 月，本田宗一郎和滕泽武夫初次见面就约定，要共同开创事业。

本田认为，用人应该不拘一格、广泛吸纳，如果任人唯亲，那这家企业的发展也就到头了。每个人都应该不加掩饰地把自己的长处和短处暴露出来，石头就是石头，钻石就是钻石。而作为领导人则应该尽快掌握部下的特点，让他们发挥所长，各尽所能。这样，石头也好钻石也好，都会成为真正的珍宝。本田知道，出于种种原因，公司里也有大大小小的派系，横向派系之间，往往竞争大于合作。但他认为，每个人想的都是怎么去打压对方，把大好年华浪费在这些地方，而在壮年时碌碌无为。这就是仅仅计较眼前利益和当下的事的后果。如果高层之间，部门领导和职员之间都一门心思明暗争斗，就无法实现公司的远大目标——让产品走向世界，也浪费了我们这个优秀民族的智慧。

自由和法治要统一起来。本田宗一郎指出，每个社会都有保障它运转的法律和秩序，社会成员都必须遵守。想要自己的生命、财产和自由受到尊重，就必须尊重别人的生命、财产和自由。大家自觉行使权力，同时也要履行义务。人，在这个前提下为自己的所作所为负责，绝不能把犯错的理由推给别人。无论在什么情况下，都要对自己的行为负责。被人牵着鼻子去做出格的事是最不负责任、最应羞愧的。不管受到多大压力，只要不是出于自己的意愿，就要断然拒绝。每个人都要有这样的勇气。有了这样的想法，才能有自由而不越界的良知。没有“良知”的年轻，是野兽的利齿，也是一把双刃剑，在伤害别人的同时伤害自己。

职业道德：利己利人利社会。本田宗一郎总在强调，不要只为公司工作，其实为自己工作才是前提，然后用你的努力让公司越变越好。为自己而工作也就是忠于自己的内心，我并不是要说独善其身，为了让自己变得更好，我们也要帮别人变得更好。本田特别强调，只要我们还在生产交通工具，肩上就负有绝对的责任，不负责任的人可以立即离开。如果公司有这样的人，我会点名辞退他。交通工具关系着人们的生命安全，我们尤其要有强烈的责任感。如果我们卖了有瑕疵的产品，后果将非常严重。因此，一旦选择了这一职业，就一定要认清责任所在。

本田觉得，一个人是否“了不起”取决于他对社会的贡献。真正高尚的技术人员应该用合理的价格制造出符合大众需求、对大众有益的产品，努力用自己的技术对社会做出贡献，时刻不忘自律自勉。一个技术人员，不管它多么笃信诚实、品行无缺，做不出优秀的产品，也算不上品格高尚的技术人员。

创意与创新。1952 年，本田宗一郎就意识到了创意与创新的价值。他分析说：在社会发展速度缓慢的时代，资本是生产经营的根本。但在只要半年、一年就能实现过去十年、二十年发展速度的现代，经营的根本由资本变成了创意。领先于时代的创意会使企业走上一条繁荣发展之路，否则财力再雄厚也会被时代淘汰。我时常听人说，因为没有资本，事业发展得不怎么顺利。其实不顺利的原因不是因为没有资本，而是没有创意。有些企业虽然缺乏资本，但凭借全新的创意日渐壮大，也有不少企业虽然资本雄厚、人力充足，却经营不善出现危机。时代的快速进步，对调了资本和创意的重要程度。

本田不主张拘泥于经验，但并不是说要大家完全无视过去。只有正视而不依赖过去、不受过去束缚，才能催生精彩的发明。植根于过去的智慧，才是属于新时代的发明和创意。能够出于大众意料的才是发明和创意，也就是全新的设计。

从手艺人到技术者，再到经营者，在不断攀登的过程中，本田最看重独创性，最讨厌模仿。所有员工都知道他最生气的就是模仿其他公司或用其他公司当借口，这种时候他肯定会挥拳头的。本田宗一郎说："我成功的全部秘诀，就在于永不模仿别人，永远立志创造出别人从没有过的高质量产品。正是这样不懈的努力，才让本田走上了汽车产业的巅峰。"1960 年 7 月，本田宗一郎在本田技术研究所的独立挂牌仪式上致辞说："本田就是靠创意发展起来的。激烈的市场竞争下，如果没有完全独创的创意，就无法参与世界竞争。"

不停失败中的成长。本田宗一郎在回顾自己的成长历程时说：我是个莽撞的人，我做过的所有工作中成功的只占百分之一，其余的百分之九十九都是不停地失败。但正是这些失败孕育出了百分之一的成功，成就了现在的我。我永远不会忘记那些因为我的失败而受到影响的人。一个人的成败只有到了最后才会有定论。在引退致辞中，本田宗一郎再次强调：回顾过去，我经历了不少艰辛与失败，也常常固执己见让大家为难。但每项重大成功的背后，都有百分之九十九的失败累积。正是明白这一点，大家才一起努力到现在。

效率为本。本田宗一郎对效率的理解，并没有多少书本文墨味，而散布着生活工作气息。他说，我认为所谓效率，就是为了尽情享受私人生活而最大限度地利用工作时间。现代社会以效率为本。效率具有以下三个要素：时间、金钱、尊严。本田并不认为时间加金钱就等于效率，那样岂不是去当小偷、骗子就行了吗？这可不是什么光彩的事。用正当方法获得足够的时间和金钱，尽可能多地纳税，通过自己的事业为国家和社会做贡献，这才是真正值得骄傲的事情。

干净利落的引退。早在 1958 年的 F1 大赛期间，空冷发动机和水冷发动机之争便已在本田技术研究所内展开，本田技研的英雄赛车手约翰·休烈沙因比赛中的空冷赛车故障被活活烧死已使技研人员蒙上阴影，但是本田宗一郎的固执坚持仍使"空冷"研发继续，直到"空冷"本田 H1300 在市场销售上完全达不到预期销量而遭受挫折，本田宗一郎才勉强同意研发水冷发动机。在年轻的四位本田技研专务已能承担经营重任的情势下，副社长首先做出了辞职的决定，本田宗一郎也干脆地做出了辞去社长职务的决定。他对年仅45岁的专务河岛喜好说："滕泽副社长感觉有些疲惫了，我的思想好像也跟不上年轻人的步伐了，所以重担落在了你的身上。你是我们的后继者。"

1973年8月，本田宗一郎正式辞去了本田技术研究所的社长职务，发布了漂亮干净的"引退致辞"。本田宣告："据说美国也是这样，一些处于成长期的企业，领导人大多是40多岁。而由60多岁的社长领导的企业则往往没有活力，发展有趋于停滞的倾向。""就算心志再年轻，副社长和我也都年过60了。我们在第一线带领大家前进的时代已经过去，也不该再干涉公司的经营管理。从目前来看，公司以四位专务为中心运营，既充满活力，又灵活变通，能够继续蓬勃发展。我们可以安心隐退了。""感谢大家。真的非常感谢。"

就这样，本田宗一郎安静平和而又干净利落地从本田技研工业社长的职务上引退了。

美的：复合性变革

美的集团从何享健与23位居民每人出资50元和其他渠道集资共5000元，在1968年创办隶属于广东顺德县北滘街道办的"北滘街办塑料生产组"以来，经过风风雨雨的50年，已进入《财富》世界500强和福布斯2017全球企业2000强名单，建立了一个遍布全球的业务平台。

美的创始人何享健认定："唯一的不变就是变；不变就是死路一条，只有不断变革才有生存空间。"所有制的变革、管理的变革、销售的变革、产品技术的变革等贯穿在美的发展历程的始终，成为美的集团突出的复合变革特色和最大亮点。

所有制的变革。美的原属街道集体企业，1992年大胆实行股份制改革，第二年在深圳证交所成功上市，成为中国第一家上市的乡镇企业。2001年，美的又顺利完成了MBO杠杆收购（管理层收购），政府从美的退出，管理层成为第一大股东控制公司，美的转制为地地道道的民营企业，解决了企业经营自主权和管理者激励机制的难题。从公私联营—全员持股—管理层控股，美的一步步实现了民营所有制的转变。2002年，何享健回顾道，30多年来，企业的产权问题一直是自己的一块"心病"。他颇有眼力地尖锐指出："产权制度改革奠定了美的发展的百年大计，这是一个基石，要不然以后会面临很多后遗症，后患无穷。一家企业哪怕管理再好，产权制度不清晰、不科学的话，你的管理相当于建立在沙滩之上，顷刻间就会倒塌，很多企业都印证了这一点。”

管理的变革。1985 年，何享健到日本参观考察了松下电气公司，对松下的事业部制留下了深刻的印象。完成了股份制改造之后，到 1997 年何享健决心实行管理体制的变革——由集权制改变为事业部制。当时，担心忧虑的人不少，当请来专家宣扬事业部制的好处时，台下议论纷纷、窃窃私语，甚至有人公开反对，掌门人何享健毫不犹豫地冲上讲台，从专家手中抢过话筒，厉声宣布：“美的只有搞事业部才有出路，事业部是美的必须要走的一条路。”变革关头，领导者的坚持往往决定进退成败。在这次管理体制的变革中，美的以产品为中心划分为 5 个事业部，空调、风扇事业部率先成立，厨具、电机、压缩机事业部相继成立。总公司将利润下放，各事业部以利润为中心，各事业部下属工厂以成本为中心，而最重要的决策权如投资权由总部集中控制，形成一个“集权有道、分权有序、授权有章、用权有度”的管理体制。

2005 年，针对各事业部各自为政、难以协调和集中开拓海外市场的现状和需要，美的对事业部制又进行了大幅度变革。在处于起步阶段的海外市场设立跨产品、跨部门的区域事业部来推进美的集团的国际化，所有产品、事业部的海外市场部由区域事业部推进，形成“产品事业部 + 区域事业部”的管理模式。这次变革，美的集团的权利削弱，制冷（白色大家电）和日用电器（小家电）两个二级平台的权力增强并收紧，把原来分散在各个事业部的研发、营销职能集中到二级平台的公共平台，达到集团式协同发展。这次变革，是对事业部制的重大改革。

2009 年，何享健主动辞去美的电器董事局主席的职务，只担任美的集团董事局主席，进一步放权给职业经理人。美的逐渐建立董事会、监事会、经营层的决策权、监控权、经营权“三权分立”的管理模式和运作机制。

销售的变革。1992 年，美的集团开始从传统的经销商为中心的销售模式转向以全新的消费者为中心的营销模式变革。在转变的这一年中，电影明星巩俐代言的广告，美的有奖知识竞答和发展佳策征集活动，盛大的北滘电器工业城落成庆典，把美的形象植入了无数消费者心中。利用巩俐的知名度、美誉度和张艺谋的执导效应，广告词由巩俐含笑推介：“美的生活，美的享受。”巩俐、空调、100 万让普通百姓留下深刻的印象。

美的同时在北京、上海、广州、武汉等地通过新闻媒介向全国发出了数 10 万份“美的”空调知识有奖竞答及“美的”发展结果有奖征集活动。20 天后收到大量图文传真、电报、电话、邮政特快专递，3 个月内来信 30 万封。这次活动给人们留下这样一个印象：美的是一家真诚热情、务实进取的企业。

1992 年底的庆典活动才把美的推上形象打造和形象包装的高潮。11 月 29 日，顺德北滘镇彩旗飘飘，数千面“美的”广告旗、30 组七彩巨型气球条幅、少年鼓乐队、儿童彩花环长蛇阵、军乐团方阵、香港醒狮分布、特大号花篮簇拥的美的不锈钢标志——绿岛雕塑，一派盛大的节日设置；集团写字楼前，20 多名身穿国际礼服的礼仪小姐，列队欢迎来自世界各地的嘉宾，为他们送上“美的”赠品，大厅两台大屏幕彩电播放巩俐为美的集团做的“93 系列”广告——柔情似水，夏日经典；夜幕降临，整个工业城万灯亮起，不夜城呈现在来宾面前，“美的之夜”庆典晚会拉开序幕，众多重量级明星相继登场，奉上了一场欢乐喜庆的声光视听艺术盛宴，给来宾留下久久难忘的印象……

产品技术的变革。美的集团的前身——顺德县北滘工业电器厂，生产的第一台明珠牌 40 厘米台式电风扇于 1980 年 11 月问世，随后产品逐步扩展到空调、电饭煲、微波炉、饮水机、吸尘器、消毒柜、洗衣机等系列产品，美的“咬住家电不放松”，专注于家电产品的生产。在 20 世纪 80 年代，光是电风扇的开发与生产，美的从金属风扇转向自主研发的全塑风扇，相继生产出壁扇、鸿运扇、排气扇、豪华型落地扇等十多个系列产品，产量产值每年成倍增长，其技术路线基本上是“先仿制别人，再自己创新”的“渐进式改良”的稳中求进路线。在空调领域，美的经过长达 10 年的准备期，于 2009 年 2 月推出美的变频空调，并承诺在不虚标价格的基础上，将变频 5 大系列为主打的美的空调全线降价，市场占有率达 23.95%，位居行业第一。至 2012 年，美的已经拥有中国最完整的空调产业链、冰箱产业链、微波炉产业链、洗衣机产业链和小家电产品群及厨房家电产品群。2015 年美的成为首家获取标普、惠誉、穆迪三大国际信用评级的中国家电企业。

除了巩固家电产品群的主体地位之外，考虑到家电产品的劳动密集型性质及其成本上升、利润降低的压力，21 世纪以来，美的进军互联网（电子商务）和生产汽车的尝试遭到失败之余，大规模进入房地产行业，并向机器人及工业自动化系统、物流云技术智能供应链等领域进发。

战略的变革。美的集团的发展战略不是一成不变的，而是顺应时势和企业成长节节推进。开始时以顺德为基地，然后扩大及广东，再就是向全国进军，再后就是走向世界，至今形成了以顺德为中心、扩大到广东、辐射至全国、走向全世界的战略。顺德以其独特的务实、开放、低调、商品文化氛围，孕育了若干美的一类的企业，这也是美的一类企业得以成长壮大的土壤。美的的发展，首先是立足于顺德、立足于北滘，在顺德、北滘精耕细作，夯实基础。广东号称南粤大地，是中国最早的对外开放地区，改革开放的先行者，具有和顺德类似的商业文化氛围。在顺德立稳脚跟，美的到广州、中山建立了生产基地，把美的的生产、销售扩大到广东全省。

从1997年起步，美的一方面强化“内涵提升”，一方面实施“外延扩张”的战略，派出战略考察小组到全国多地考察，首选安徽芜湖先后设立了空调公司、电机公司、电子科技公司、物流公司和物业管理公司，并建立了美的日用家电生产基地，迈出了在广东省外建立工业园的第一步。接着，到武汉工业园、重庆工业园等相继设立公司，美的的生产基地走向全国。

进入新世纪，美的“国际年”迈开步伐。经过多方国家考证，美的没有选择欧美发达国家为进取首选，而是奉行“立足越南、辐射东盟”路径，谨慎地于2006年在越南设立越南工业园和空调基地，再在泰国合作生产，与俄罗斯政府合作，投资设厂，在一年之内实现了国际化三级跳。2007年12月，美的正式成立了全球化领导小组，创始人兼掌门人何享健亲自挂帅，以“有计划、有步骤、有目标地推动全球化战略”。而这一战略的含义在于：第一是制造基地和国际化；第二是品牌的国际化，瞄准合适的时机推自己的品牌；第三是市场的国际化，全球营销；第四是要与国际化的大公司、大资本合作，技术、资金、市场的合作；第五是管理的国际化，提高整体竞争能力。

制度的变革。尽管在美的发展成长的几十年中，创始人何享健起了举足轻重的领航作用，但是他认为整个美的集团的发展最后不是靠个人，而是靠制度，因此他一直注重着美的的企业制度建设。“其实我心里很清楚，企业要持续稳健经营，要成为现代化的国际企业，靠老板、靠感情、靠物质激励是不可能长远的，迟早都会出问题。美的依靠的是一套行之有效的选拔机制，通过完善的放权机制、培养机制、激励机制、约束机制，培养大批职业经理人”。

美的对制度变革的注重，集中体现在人事制度的改革上。1997年7月，方洪波受命接手美的集团空调事业部国内营销公司总经理一职，对美的销售体系进行了大刀阔斧的改革，90%的本地人在这轮更换中被撤换掉，几乎所有的顺德本地市场代理龙头被取代。同时，美的在全国范围内招聘大学生入职任销售业务员，1997年一年共19批营销人员进入美的空调。

激进的变革在一个老企业难免遭到很大阻抗。企业高层中有90%的人反对改革，一位美的高层愤怒而言：“方洪波把本地人都干掉了，他想干什么？”23位创业“老战友”也不理解不支持这场改革，何享健召集了元老会议，讲经验，谈教训，提出了“能者上、庸者下”的口号，与会有人指责他“喜新厌旧”“过河拆桥”，但何享健不为所动，断然而言：“没什么价钱可讲，道理摆在面前，能干就干，不能干就下来。”

见还有人不服气，何享健叫人搬来一台电脑，指着电脑说："试试看，你们谁能玩得转它？谁行，我就立即提他一级。"这些只有小学、初中文化的创业元老面对刚刚兴起的电脑办公只能低头。何享健深明老战友、老搭档们的忧虑之心，安抚众人道："大家可以放心，公司在生活上尽可能会照顾你们，美的永远不会忘记我们23个人艰苦创业的光荣史。"这就是美的的"电脑释兵权"。而早就冲在前面的则是何享健的太太梁凤钗。她是创业者之一，在美的起步15年间，一直在车间干最苦最累的工作，1969年临产前一天还在干重活，她以仓库管理员的身份在1993年被劝退。一些退下来的创业者还主动承担力所能及的工作，在"美的城"扫街、看管仓库，等等。

在人事制度改革的风浪中，何享健以言以行坚定地支持方洪波："你想怎么干，就怎么干！"经过几年经营实践的考验，46岁的方洪波接任美的集团董事长，又开启了产品、技术、经营、人事诸个领域的改革，朝着"产品领先、效率驱动、全球经营"的方向继续前行。

春都：全面危机导致坍塌

春都集团从洛阳肉联厂发展而来，早期主要从事生猪收购和屠宰，1986年转产对猪肉进行深加工，展开高温肉制品生产加工业务。一年后，中国第一根火腿肠——"春都火腿"诞生。

通过不遗余力的广告宣传，"春都进万家、宾朋满天下"的广告语和"会跳舞的火腿肠"的广告画面冲击人心。20世纪80年代后期，春都火腿肠热销全国，"春都"声名远播。几年时间，春都集团已成长为一个年收入超10亿元、利润过亿元的著名大型肉制品生产加工企业。春都火腿肠也多次被评为全国名牌产品和著名商标，成为中国火腿肠的代名词。春都可谓名利双收。

可是，成功没有带来新的成功，成功反而导致了新的失败。也是大概从90年代中期开始，春都集团逐渐陷入扩张失控、质量恶化、用人不当、财务混乱、改制折腾和管理迷误等的全面危机之中，终至坍塌破产而不能自救。90年代，中国的市场经济逐渐推开，火腿肠等肉制品市场竞争日趋激烈，"双汇""郑荣"等火腿肠名牌兴起，火腿肠市场的销售利润下降，春都决定走相关产业多元化的道路，拓宽公司的利润渠道。但是，春都的这一步跨得太大了，过犹不及，过头和达不到一样弊害重重。

走多元化的道路、扩大企业的规模，成了春都的当务之急和中心任务。在当地政府和金融机构的大力支持下，春都集团兼并收购了若干中小型企业，如安阳冬夏枣茶饮料公司、南阳猕猴桃饮料厂、西峡罐头食品厂、大同肉联厂、周口清真食品公司、平顶山肉联厂、商丘肉联厂等几十家企业；新上低温肉制品、茶饮料、饲料、包装材料等项目；参股郑州航空食品有限公司、南都塑胶公司、河南金运房地产公司等企业。春都的经营范围涉及生猪屠宰加工、熟肉制品、茶饮料、饲料、包装材料、医药、旅馆、酒店、房地产、木材加工、商业等众多产业。如此之多的项目，需要巨额资金的支撑，而春都当时的年利润才 1.5 亿元，只能走上大举借债的道路。由于种种原因，多家兼并企业出现亏损，有的被迫停产，这些兼并扩张没有给春都带来利润，反而令春都背上大量债务，负重运行。

过高的债务冲击了春都的主业，春都失去了昔日的品牌优势。为了在价格竞争中取胜，春都降低了火腿肠的含肉量，一降再降，从 85% 降到 15%，职工们戏称春都火腿肠为“面棍”。产品质量大幅下降的后果异常严重——春都火腿肠的销量直线下滑，市场占有率急剧萎缩。

在用人方面，春都集团也闹出大笑话。春都任用人才，不拘企业需要，唯学历是视，不止一次宣称：“只要是大学生，不管学什么的，统统都要。”数千名大学生、研究生慕名而来，充斥在春都的各个岗位。这些人和临时工一样被分配到了车间拉板车、干粗活，甚至杀猪卖肉。失望的人才们纷纷选择了离开。

春都集团财务管理的混乱也是惊人的。财务造假数额惊人，如 1997 年春都集团一年的销售额是 18～20 亿元，但上报到洛阳市政府、河南省政府乃至内贸部、国家统计局的数字竟成了 25 亿元；账目混乱，春都曾投资某药厂 200 多万元，药厂方面记录在案，而在春都的账上却不见踪迹；铺张浪费也常见到，如一个处级干部一月报销的招待费竟高达 20 万元，公司副总一月报销手机费几万元。

为了实现大扩张、大发展而不是激发内在活力，春都招招频出、不断改制，造成的却是日益陷入臃肿的困境。从定向募集资金搞股份制改造到实行中外合资，从组建企业集团到组建母子公司体制，从资产重组到选择集团公司部分资产重组上市，春都的改制一手接一手，公司却日陷债务困境而不能自拔。

在春都集团困难重重而危机四伏的紧要时节，春都高层祭出了“菩萨”改运的点子，一批“算命大师”成了春都的智囊团。从 1997 年“算命大师”讲用意念一年重振企业雄风，到 2001 年全国各地一批“算命大师”“风水大师”为春都指点迷津、出谋划策（作为顾问，直接参与人事任免、投资决策等重大事宜）。危机之际，春都没有从企业经营管理的各方面反思检讨，反而迷信“算命大师”的指点，管理势将陷入迷雾，企业命运也难以逆转了。

从1997年开始，激烈的市场竞争，内部的诸多严重问题，春都的销售收入下跌，经营首次出现亏损，市场占有率从最高的70%跌到10%。到2002年7月，资金周转失灵，春都上百条生产线全线告停，企业亏损达6.7亿元，并且欠下了13亿元的巨额债务，另外还欠职工养老金2000多万元、医药费600多万元、职工工资5个月、税款300多万元左右、水电费120万元。春都气数已尽，与金融机构、合作伙伴的关系全面恶化，市场几乎全部丧失，人员大量出走……

2003年，春都宣告破产倒闭。春天不再了！

本来，在扩张、质量、人才、财务、体制、管理等经营要素环节上，仅一项失误就可能导致企业坍塌，何况诸要素环节全面陷入危机，春都集团除了破产倒闭的确无路可走了。

马文·鲍尔：麦肯锡的先行导师

马文·鲍尔，是世界上大名鼎鼎的管理咨询行业、管理咨询品牌企业麦肯锡的创业人物和先行导师。从1933年加入詹姆斯·O. 麦肯锡开办的会计和工程管理事务所（当时只有两个分所和15名员工），马文在1935—1950年担任纽约分公司经理，1950—1967年担任公司董事长兼总裁，到1992年89岁正式退休，马文在麦肯锡公司工作了整整59年，而麦肯锡公司已经拥有2500名咨询顾问，马文也成为美国管理咨询协会的创立会员和首任会长，盛享入选《财富》杂志商业名人堂等荣誉，是管理咨询业以至一般企业当之无愧的精神导师。

马文·鲍尔的父亲从事土地所有权转让的复杂工作，家境平平。马文的重视道德和价值观来自他的童年，住在俄亥俄州克利夫兰的这一家人把为人正直和受人尊敬看得远高于金钱。他们一家非常注重学习，且家庭气氛民主，给马文留下了深刻的印象。从中学起，马文已表现出思想的独立性。他善于与人沟通，表达不仅条理清晰，而且说服力很强。敢于冒险运动也是他的一大特点。高中毕业后，马文·鲍尔入读布朗大学，学习哲学和新兴的经济学；毕业后，进入哈佛大学法学院，并连续四个暑假为克利夫兰的TH&F律师事务所工作；从法学院毕业后又到哈佛商学院求学，特别关注营销、战略、财务以及公用事业管理。从哈佛商学院毕业后，马文如愿以偿进入著名的众达律师事务所。1933年，马文离开了众达事务所，入职了商界。从这一年马文·鲍尔加入了詹姆斯·O. 麦肯锡开办的会计和工程事务所，6年后把这家事务所买了下来，指导、带领这家公司成为开创管理咨询行业的第一家公司。

在投身管理咨询业的漫长生涯中，马文·鲍尔曾为一些知名公司领导人乃至白宫总统德怀特·艾森豪威尔提供咨询。到了20世纪50年代，马文已经确立了专业地位，成为咨询业的终极标杆，赢得了众多企业以至组织的信任与尊重。除了本职管理咨询工作外，马文还长期致力于提高商界以及其他领域的福利，身体力行地参加了许多商业和社区服务工作。1955年，他接受了经济学教育联合会主席的职务，连任了三届，影响深远。他认为每一个人都应该对经济学有所了解。马文还积极为哈佛商学院出谋划策，出任哈佛商学院校友联谊会会长兼董事长，在50年时间里与哈佛商学院的五位院长都保持着密切联系，努力推进哈佛商学院的教学、组织工作。马文身为布朗克斯韦尔中学校董会成员，对学校一些成规提出质疑。他还和妻子海伦在布朗克斯韦尔开办了一所专门教育青少年远离毒品的机构。马文还鼓励人们努力回报他们所在的社区。他积极参与并支持“志愿咨询团”的工作，为非营利组织提供义务咨询。到马文已经70多岁的时候，他还成为布朗克斯韦尔归正宗教会的长老。

马文·鲍尔是在1927年即将从哈佛法学院毕业前的最后一个暑假里，和他在中学与之结识而父亲不准她恋爱的海伦结了婚，共育三个儿子，后来还有了六个孙子孙女，九个曾孙曾孙女。他是孙子孙女眼中最棒的爷爷，会在每年圣诞节坐火车带着娃娃屋来看他们，和他们一起看《明斯特一家》，为他们的工作和生活鼓劲加油，还总是带来他认为他们可能感兴趣的文章。

马文99岁去世，印证了托马斯·爱迪生的一句话：“我的创意太多而时间太少。我想只要活一百来岁也就够了。”在近百年的一生中，珍贵的是，马文·鲍尔不仅为世界咨询成就了一个个优秀卓越的企业，还为世界培育出了一批批德美才异的企业家，更为世界留下了一条条可资学习借鉴的管理原则。

任何企业都需要根本和基本的一致性。马文认为，任何服务型企业的合伙人都不能同床异梦，而要与公司、与其他人同心同德，这样的企业才能发展壮大。如果连指导原则、根本目的、理念、政策、价值观和态度都无法从理性和感性上得到调和，那么多数派最好索性把持异议者赶走。

为了抵制和带领大家摆脱层级制和商业化的倾向，秉持麦肯锡的价值观和一体运营的理念，马文的根本主张是，作为麦肯锡的合伙人，你的唯一义务就是要让公司变得更好。我们要使麦肯锡长盛不衰，而不仅是维持运营。要做到长盛不衰，每一位合伙人都必须努力让公司变得更好。马文·鲍尔不止一次地强调，不仅是麦肯锡公司，而且对于一切企业，不是为了维持短期运营，而是要实现长盛不衰，就必须让公司不断变好，使合伙人和其他人员保持根本的和基本的一致性——“专心务本”。

1964 年麦肯锡公司合伙人年度会议上，马文·鲍尔明确指出了公司的两个目标：第一个，当然也是最主要的一个，是以高超的方式为组织解决问题；第二个目标是在规模、水平和盈利方面不断发展。马文坚信，任何一个组织要求得生存和赢得成功，都必须拥有一套健全的信念并以此为基础决定它的所有政策和行动。而当我们的信念变得更加强大、我们的奉献变得更加深刻时，我们也将更加坚定地去实现我们的两大目标。这就告诉我们，持续成长的公司必须有明确目标，并以一套健全的信念为支撑来实现自己的目标。

以人为本、客户为首和员工为本的内外结合机制。从马文的大量言行看来，他始终坚持以人为本的原则，但他是把客户放在首位，以咨询顾问、精英人才、员工作为工作根本，即以麦肯锡的内外两方面来理解以人为本。麦克·斯图亚特这样总结了马文的以人为本的指导原则：缺乏客户的信任，你就不会有像样的客户；没有员工的投入，企业就不会持续发展。因此，以人为本，必须结合客户和员工的内外两方面。马文指出，我们没有顾客，我们只有客户。他认为管理咨询是一种专业，而不是一种买卖。他相信，麦肯锡应该像医生和律师那样，通过把客户的利益置于首位，时时遵循道德准则，仅仅接受自己确信可为客户创造价值的项目，始终对客户讲真话而保持独立性，从而最终赢得声誉和客户。

为了给客户提供专业化的咨询服务，马文把客户按行业分类：石油行业、化工行业、食品行业、钢铁行业、纸制品行业、民航行业、铁路行业、保险行业、银行业，以及一些中性公司。并且在肯定通才服务价值的同时，强调专业化深度服务对解决复杂问题的重要性。

马文一生坚信，商业组织是由人来运营的，对于全球竞争市场条件下的民主的资本主义制度中的企业而言，只有全体员工一起高效和谐地工作，并且对实现企业目标充满热情，企业才有可能繁荣昌盛。故此，马文一生都在与层级制作坚决地斗争。

马文还认为，对于一家专业公司而言，最重要的资产莫过于良好的声誉和人员的素质与专业水准，因此需要构建一个能够吸引并留住优秀人才的企业。麦肯锡一体化地抓好优秀人才的相关环节：直接从学校招募人才，大力投资于培训，给咨询顾问较高的收入，使其符合公司文化高效协调地工作。

这种以人为本的坚定信念，使马文一方面特别尊重客户，一方面也非常尊重身边的人。在长期的咨询顾问工作历练中，马文逐渐认识到尊重是促使自己身边的人更好地发挥能力的关键，他一生都把尊重和诚信看得至关重要。1979 年，在描述他愿意选择的工作环境时，他说：“那是一个别人和我互相尊重的地方，是适合我工作一生之处。”有人问他尊重是不是比金钱、地位或某种专业更重要，他毫不犹豫地回答：“是！”

建立公司的各种制度。马文明白，一个公司要实现长盛不衰，就需要一套合理合宜的制度，这包括公司制度、组织制度、不上市制度、培训制度和收费制度等。

从合伙制到公司制。麦肯锡原来实行合伙制，所有合伙人承担法律责任，正常运营不大可能有什么大问题，但优秀人才不愿意自己无故承担法律责任，因此不愿加入或希望离开，这是合伙制下的大问题。尽管合伙制具有培养投入感、限制所有权份额、伙伴式的管理风格等优点。从合伙制改为公司制，则具有合伙人一人一票、个人的公司所有权不得超过5%、标准化的持续业绩评估、筹措发展资金、提供利润分享和退休计划等明显优势。这种公司产权制度，一直是一人一票，避免了个人专断的弊端，得到了马文的首肯，也长期坚持下来。

组织制度。马文在麦肯锡制定了一套组织制度，任何人（包括马文本人）都不可能获得过多的控制权，公司每三年重新选举一次董事长兼总裁，限制一个人的任职届数，当然也限制了一个人所能获得的股份数，以业绩而不是多大的股份决定给一个人在公司的地位，用制度保证公司的精英之治。

马文不遗余力地打破企业层级制，源自他就业早期的一项专门研究。马文通过对大萧条时期 11 家倒闭公司的第一手调查，发现根本原因并不是倒闭公司的总裁愚蠢，问题在于他们没有获得足够的信息，因而无法做出正确的决策。马文认为，造成信息屏蔽的罪魁祸首是企业层级制度，致使员工根本不敢向上级报告真实情况。而要打破这种封闭信息的层级制不仅是必要的，而且应该有客观独立的顾问可以求助。这就是“管理咨询”这一新兴专业领域的由来。

不公开上市，向合伙人出售股份。麦肯锡公司本来没有把公开上市作为一个议题正式讨论过，马文认为麦肯锡不宜公开上市。因为上市要对股东负责，满足市场大势的期望，由此产生的经济业绩方面的压力会削弱麦肯锡的独立性。他还认为，上市会促使人们为了收入季报好看而接受不恰当的客户委托，从而损害麦肯锡的声誉，破坏其长期发展能力。麦肯锡不上市，这是马文确定的公司基本原则。马文认为，早晚有一天会有合伙人想把股份公开上市，但他严厉指出：如果真的出了这种事（这是违反我们的政策的，我希望永远也不要出现），我们当中不少人在九泉之下也是无法安息的。那种行为只能说是为了满足某些合伙人的贪欲，彻底违背了我们麦肯锡代代相传、一代比一代强的根本方针，也违背了我们建设一个能够长盛不衰的公司的初衷。

以价值为基础的收费制度。马文强调，麦肯锡合伙人应该讨论的唯一主题就是如何为客户提供更好的服务。如果我们能为客户提供更好的服务，我们就会有很好的收入。而如果我们把注意力放在收入上面，那么就既不会有客户，也不会有收入。他渴望创造一个把为客户提供优质服务作为衡量成功的最根本、最重要标准的价值体系，但他个人还是挺实际的。

既要稳定公司的财务状况，又要维护公司的独立性和其他重要的价值观，马文在接受麦肯锡不到一年就建立起了以价值为基础的收费制度，并开始据此向客户收取服务费。这种方式与当时占主流的按日计酬方式不一样，但马文觉得这样按照客户所获得的价值计算才算公平。马文经常说，虽然公司必须要有一定的经济基础才能生存，但是过分追求收入目标和接受无法给客户创造价值的项目却会给咨询公司以至专业公司造成严重的负面影响——破坏公司的声誉，损及公司未来的员工，甚至断送公司的前途。

奥美广告公司的创始人之一大卫·奥格威从麦肯锡获益匪浅："马文·鲍尔……认为每一家公司都应该有一套书面的原则和目的。所以我也起草了一份，然后送给马文请他提提意见。我在第一页写下了七个目的，其中的第一条就是'年年实现利润增长'。马文说任何一家服务性企业如果把盈利看得比客户服务更重要，那就活该倒闭。于是我就把利润放到第七条去了。"

培养人才制度。马文视人才为企业兴盛之本，不仅努力发掘比自己更优秀的人才，而且还对人才加以大力培训。除了正式的培训之外，他还利用自己的个人时间对人才提供帮助。马文十分注重麦肯锡的招聘工作，强调不能把这项工作交给资历浅的员工去办，并且把招聘工作的十大戒律交代得清清楚楚，如招聘的重要性，拒绝不合适人选的重要性和拒绝他们的方式，以及决策时需要注意些什么等。早在马文 1933 年加入麦肯锡的时候，公司就有一个正式的培训工具——创始人詹姆斯·O. 麦肯锡的总体调查提纲，马文还记得正式开始工作前三个星期的总体调查提纲使用方法培训。尽管后来有了内容更广泛的培训课程，但总体调查提纲仍然起了核心作用。马文指出，总体调查提纲依然是运用高层方式的首选工具，顺着总体调查提纲的思路，我们可以考虑到各种外部因素，而且我们不会在思考政策与组织问题之前开始程序方面的工作。

从 1949 年到 1957 年，阅读培训课程的重点都是实现变革，马文坚持认为那是应当学到的最为关键的能力。麦肯锡的培训活动分为若干个阶段，可以把一个完全不知道如何进行咨询的人培养成合格的咨询顾问，并进而将他培养成管理顾问的管理者乃至管理顾问的领导者，这是重点之所在。但是培训的内容并不仅限于此——培养还需要反复灌输公司的价值观。因此，培训课程不仅仅是培养技能，它还是一个文化传承的过程。

马文还会利用与咨询顾问共同进餐、探望合伙人的机会，传输麦肯锡的工作原则和价值观。但是，大家也会记得流行于麦肯锡的警句："没错我很关心你，但是你要做出业绩。""不晋升就出局。"共同的价值观是凝聚组织和团队运作的基础。随着麦肯锡公司的不断发展，马文越来越坚信价值观、职业道德和一些关键品质的重要性。

马文认识到，领导工作的最高成就之一就是塑造一套共同的价值观，从而推动公司走向成功。因为共同的价值观能够产生很好的自控和自律的效果，因此能够指导人们行动的强有力的文化和引导人们命运的思想显得尤其重要。在麦肯锡，坚持专业价值观基础上的人人共同领导，马文从来不"王权独断"，公司中的所有人都具有领导的权利。

马文认为，优秀的领导应当具有一些关键品质，其精髓在于：诚信、可信；从现实出发规划愿景，采取实用的"星期一早晨"方法把愿景变成现实；坚持原则、价值观；谦虚敬人；强劲的沟通能力、个人说服力；个人参与、率先垂范。这一系列品质会带来勇气，使每个人追求卓越，使组织整体大于各个部分之和，以至达到非凡境界。

对于马文坚持良好道德品质和价值观，麦肯锡的同仁们留下了深刻的印象。一位曾在麦肯锡洛杉矶分公司工作的咨询顾问格雷·麦克道尔离开麦肯锡后，出任马克控制公司的首席执行官，他领导的伊利诺斯州福利体系的大改革取得了巨大成功。格雷回忆道，马文的影响无处不在。他发布的蓝色备忘录内容多样，从犹太教与基督教的道德规范到他所介入的偶然事件，不一而足。当涉及道德规范的问题时，公司中总是有这个绝不妥协的中坚力量。退休的百事公司总裁、百胜餐饮集团创始人和董事长安德罗·皮尔森这样说，麦肯锡的文化是建立在一整套价值观的基础上的，特别是诚信和把客户的利益置于首位——绝不能为了做项目而做项目。大自然保护协会会长兼首席执行官约翰·沙义尔回忆说，马文对我的影响主要是强调组织的价值观的重要性。我始终认为，对一个组织的领导人来说，至关重要的是要向组织内的人员明确告知组织所赞同和支持的价值观。

创新行业和创新企业。马文从接掌麦肯锡公司就和他的三位合伙人有着清晰的愿景：他们要缔造一个全新的行业，即后来所说的管理咨询业；他们要革新一个全新的企业，即后来所称的麦肯锡公司。可以说，麦肯锡的发展历程一直充满着创新精神和创新行为。新的管理咨询业的目标行业是：向各类企业的首席执行官就各种重大管理问题提供深受尊敬的、独立的、公允的建议。新的麦肯锡公司的目标企业是：分支遍及全国，设有多家地区分公司；有一致认同的鲜明的公司个性，包括共同的价值观

（包括提出异议的权利和义务、共同解决问题的方式和以行动为导向的理念）；有才干的敬业的精英人士加入公司共创大业，他们要积极参与体现公司的个性，并且有良好的收入；对外部因素保持敏感、永不自满；有不断更新的领导层，绝不使公司的生存发展依赖于某一代领导人。

在职业生涯的60年中，马文·鲍尔在关键时刻作了麦肯锡的九大决策：1939—1945年——企业形象统一的全国性公司；1953年——招募MBA；1955年——创立麦肯锡管理研究基金会并推出哥伦比亚系列讲座；1956年——公司化改制；1959年——以统一的企业形象走向全球；1968年——任用女性管理咨询项目；1996年——不公开上市，向合伙人出售股份——；1967年——坚持世代交替；1969年——反对与DLJ（美国帝杰证券公司）合资。这九大决策，涵盖了企业文化、任用人才、理论结合实践、国际化、公司制度、代际交替、女性管理、资本合作等广泛领域，充分体现了马文丰富的想象力、创造性和不断进取、不断创新的精神。

成功系于执行力。马文加入麦肯锡不久偶遇的一件事，给他留下了深刻印象，使他牢记再好的方案若不去执行都会毫无价值。1933年，马文坐夜班火车到纽约报到，车上碰到了一家银行的副总裁艾姆斯·科尼，艾姆斯得知他去一家管理工程事务所，告诉他：管理工程师的通病，就是他们写下装订精美的计划书之后就忙别的事情去了。我案头上就放着不下六份报告书，内容看起来都很不错，都是很好的建议，可就是没有人来执行。如果你的这家新公司能够让客户真正采用执行建议，那前景一定会非常光明。自此，马文十分注重自己建议的实施，尽量让客户认同建议，形成与客户的伙伴合作关系，促使客户把麦肯锡公司的建议落在实处。他坚持麦肯锡应该与首席执行官直接合作，这样才能使客户公司专注于解决真正的“重大问题”。1953年的年度总结讲话中，马文指出麦肯锡的工作目标在于，把所有的工时都放在重大的问题上，可以把不涉及重大问题的项目拒之门外。这要求公司人员拿出更多的信念、决心、勇气和技能来识别那些常规的、不重要的问题，并且告诉客户我们对这样的问题不感兴趣。

1963年，马文把一位花费太多时间为美赞臣去解决一些不属“重大问题”的资深董事解雇了。马文的断然举动告诉大家，维护麦肯锡公司的愿景和声誉意味着要顶住诱惑，不能什么业务都接，什么钱都挣。解决重大商业问题，这是麦肯锡专业精神的核心。而专业化就意味着实话实说、严守正直、超越客户的期望。

马文曾经把决策和执行联系起来，写过一个题为《决策制定和执行的步骤》的备忘录，列出了制定决策和执行决策的具体步骤。第一步：决定是否要制定决策；第二步：评估情况；第三步：思考问题，得出结论；第四步：确定决策执行程序；第五步：

落实责任；第六步：跟踪。

在马文·鲍尔亲自主持的普华永道会计师事务所咨询项目中，明显体现出他的求实精神和执行力。项目分三阶段实施。第一阶段：通过对普华的合伙人进行访谈来从一线调查实际情况。开始访谈前，咨询小组前后修改了大约10遍才完善访谈大纲；小组对普华的50多位合伙人进行了访谈，还对外部的一些企业管理人员、政府官员进行了访谈，对访谈的分析奠定了整个项目的核心事实基础。第二阶段：研究小组起草了基于共同价值观的战略。第三阶段：小组制订了实施计划，并找出了管理流程和组织中有必要加以修改之处。马文的咨询研究，彻底改变了普华永道合伙人的思想，形成了他们独到的创新方式，维护了普华永道后来的良性发展。

善于与外部环境互动。马文曾经见到很多大企业因为自满，以及与不断变化的外部现实环境脱节而毁于一旦，因而十分重视麦肯锡以及客户公司成长的外部环境。他明白任何一家企业要想成功，就必须随时对环境做出有效反应。

马文不止一次地谈到认识行业的重要性，即认识行业趋势、竞争地位和其他外部经济因素的重要性，这些研究为麦肯锡后来形成“高层”方法打下了基础。为了清楚地看到某一客户企业所处的行业环境，麦肯锡的客户是按若干行业分类划分的。

马文在一次培训中详细解释了麦肯锡的高层工作方式。采取高层方式需要考虑外部因素，如行业趋势和竞争地位等。如果我们想建立起重大管理问题解决专家的声誉，就必须能够分辨和评估各种经济、社会乃至政治趋势的影响。我们在提出有关政策和组织的建议时，必须要考虑到这些因素。所以说，高层方式有以下几个基本特点：在下决心解决具体问题之前，首先要对整体情况进行诊断。要由我们来决定解决问题的先后顺序，要努力说服客户让我们按照轻重缓急来做事情。在解决问题的过程中，我们要采取综合的方式，并且要认识到外部因素在内部问题的解决方案中往往相当重要；很少有问题能在企业或政府的某一单个部门内得到解决。

马文洞识现代社会的变化速度正在日益加快，强调因外部变化不断加速而造成的商业问题，必须采用综合方式加以解决。这种整体性和综合性的思维模式是麦肯锡首创的咨询工具，它通过总体调查提纲形成公司正式文件，用于在解决具体问题之前先对企业的整体情况有一个了解。林道尔·厄威尔在《管理功勋录》中这样赞扬了麦肯锡的高层方式：“参透了这一总领全局的原则之后，他的思想水平就远远超越了同时代的大多数管理人士。”

马文在麦肯锡的59年中，所参加的每一次业务会议无不以他询问某个问题与大背景之间的关系开始，接下来他就会问这种关系应如何体现在行动计划中。问题——所处大背景——问题与所处大背景的关系——在这种关系中看待问题、做出决策和行动计划，马文的综合思维方式和综合行动方式值得注意。而观察美国与所处的国际环境关系变化形成的国际化意识，是马文·鲍尔1953年到葡萄牙旅行的结果。正是这次旅行，使马文认定随着美国公司进入欧洲市场的步伐加快，麦肯锡为了满足帮助美国公司外出的需求，必须成为一家国际化的公司。事实证明，马文对麦肯锡和美国公司的国际化预测是正确的。在国际化客户公司的推动下，麦肯锡稳扎稳打地、审慎地在英国伦敦和欧洲其他国家开设了分公司，逐渐走上了国际化的道路。

遵守企业生存并成长的若干基本原则。马文·鲍尔认为，一个企业要能够生存、成长，更不用说要做到长盛不衰，就必须遵守若干基本原则。马文认为麦肯锡的成功，将源自以价值观为基础的领导特性及其基本原则。它们可以归结为六大要点，这些要点在马文的领导工作中达到了巧妙的平衡，从而把这些碎片拼接成一幅和谐连贯的引航图：将客户的利益置于首位，把自我与工作相分离；始终如一而又思想开放；以事实为根据，从一线出发来解决问题；从全局背景的角度和后续行动的角度来看待问题的决策；激励并要求所有人拿出自己的最佳状态；反复宣讲公司的价值观，确保每一个人都能理解、接受这些价值观并落实到行动上。马文不仅提出了这些价值观原则，而且不允许任何人违背。若有违背，马文就会迅速果断地采取行动。

一次，麦肯锡公司中业绩最好的咨询顾问格里·安德林尔正在给斯特龙伯格·卡尔森公司做一个有关最高管理层组织的项目。他建议进行组织变革，设立一个新的主管职位，并自荐出任这个职位。这个客户是马文的一个好朋友，给他说到了这件事。马文问格里那是不是真的，格里说是，于是马文就说："你在30分钟内离开这里吧。你完了。要是需要，我可以叫物业来帮你把东西搬走，你走吧。"几位公司合伙人得知此事对格里说："格里，我听说了，真替你难过。"格里说："不，他是对的。我违反原则被抓住了，被开掉是理所当然的事。"

哈佛公司的一个成员荣·丹尼尔表示：我始终都记得，马文在公司用人之际竟然毫不犹豫地把一个顶尖人才给开掉了——他做出这个决定连5秒钟时间都没花。当我问他这是不是一个损失的时候，马文回答说："你要是不尽力去遵守原则，那还要原则干什么。"

在麦肯锡，马文完成了一个个项目，帮助了一个个客户，培养了一个个公司领导人。原麦肯锡员工、退休的IBM董事长、卡莱尔集团董事长郭士纳回顾了马文的原则性：在商业方面，我认为马文使我懂得了确定一套指导员工行为的原则的重要性。这比用一大堆程序和规章进行领导要有效得多，特别是在像咨询公司这样的知识密集型公司中。原则赋予了员工们一种正确意识，促使他们去遵守原则，追随遵守这些原则的领导者。这是我从马文那里学到的，我把它带到了我工作过的每一个公司。

1964年，麦肯锡公司发出了一份名为《专业成长的战略》的备忘录，这份文件总结了公司的理念、信念和宗旨，以及对未来的思考。它是在麦肯锡执行委员会的领导下起草的，经过管理委员会和所有分公司七易其稿才完成，并且汇集了麦肯锡在世界各地许多员工的意见。马文要求全公司达到这些标准，遵守某些纪律，为实现公司的规模、水平和宗旨而实行六项基本要求和基本原则：第一项要求是要带来信念和道德价值观，这对开展专业咨询业务至关重要；第二项要求是设定高标准并愿意执行高标准而付出代价，尤其重要的是专业的方式；在未来取得成功的第三项要求是，要有感性和理性思维，能够发现客户的机会和需求，能够发现影响公司的内部和外部因素，能够通过开发经改进的新的服务和制定更好的公司管理方法与计划来利用这些因素；未来取得成功的第四项要求是，始终注意在公司维持一个好的工作氛围，以吸引、留住和充分激发我们开展咨询业务所需的高素质人才；我们的第五项要求是，在服务客户和管理公司的过程中，对待向前迈进和冒风险的问题要抱着发展、创新和前瞻的观点；我们的第六项要求，也是最后一项要求，我认为就是要始终注意改善内部的管理和领导。我们认为公司的进步不仅需要有通才，还需要有专才。马文·鲍尔深知健全的基本原则及其实施的极端重要性。他肯定地说："我们解决问题的流程有什么特点呢？那就是我们会全面考虑问题。"他还轻松地说道："成功就建立在几件简单的事情上，关键就看你是否去做它们。"

2008年全球金融危机和经济危机爆发后，工商财经界流行一句新的箴言警句：回归基本。是的，是时候了，我们要实现现代企业的真正成功和持久成长，就必须贯彻实施能够造就这种成功和成长的核心原理和相应基本法则。

这是马文·鲍尔的启示，这是我们的时代职责，这是我们的时代使命，这是我们的时代意义。

实践操作：

结合实际创造绩效

我们能够把握现代企业持久成长的供求关系核心原理和树立共同信念、坚持以人为本、制订规章制度、培育职业道德、永葆创新活力、强化执行力、优化外部环境诸基本法则，就从认知层面而且仅仅是从认知层面上掌握了现代企业持久成长的普遍道理。认知的目的在于行，行的目的在于效，离开了实践操作，离开了创造绩效，我们将一事无成。为了在企业运营的实践中有效地操作应用企业持久成长的原理法则，我们就必须坚持原理法则，结合具体实际，创造良好绩效，真正实现企业的持久成长。

一、 坚持原理法则

企业持久成长的原理法则，建立在中华古圣先哲的最佳智慧、现代经济大师的思想营养、中外典型企业的成败经验的复合基础之上，因此是实现企业长青的可靠依托。为了实现企业的持久成长，首先必须坚持企业长青的核心原理和诸基本法则。如果背离了这些原理法则，或者会丧失企业的功能宗旨，企业也不称其为企业了；或者会在企业的经营管理中顾此失彼，企业也难逃失败夭折的命运。

二、 结合具体实际

企业持久成长的原理法则再好，它也只是普遍存在的指导准则而已，它的实际操作运用必须结合具体实际，即结合企业所处的时间、地域、行业等外部环境实际和企业本身的规模、发展阶段、员工素质、具体条件等内部实际，在原理法则与企业内外实际的结合中实现企业的持久成长。

企业运营处在不同的时间环境中，所遭遇的处境必有差异。经营企业，首先要善于根据时代、时势、时间的变化，不脱离具体的时间环境而具体贯彻企业持久成长的原理法则。

企业运营处在不同的地域环境中，所呈现的特点也有差异。经营企业，还要善于分析国度、地区的变化，不脱离具体的空间环境而切实落地企业持久成长的原理法则。

企业所属的行业不同，也会存在不同的运营特点，不可不顾行业特点而“一刀切”“一风吹”式地粗放笼统地推行原理法则，而要根据企业所处的行业，比如说具体的服务行业、产品行业、实业行业、虚拟行业、传统行业、新兴行业、劳动密集型行业、资金密集型行业、技术密集型行业、科技型行业等的具体行业特点，结合行业实际贯彻实施企业持久成长的原理法则。

贯彻实施企业持久成长的原理法则，最重要的、最关键的是必须结合企业的具体实际，即结合企业的行业地位、规模大中小微、员工素质的优良中差和初创、扩张、成熟、蜕变发展阶段等具体情况的不同，找到贯穿持久成长共性并合乎企业具体实际的个性方略。

三、 创造经营绩效

劳作活动是人类的本性需求，而劳作活动产生绩效也自然是人类的本性要求，很难想象一个人从事劳作活动会毫无绩效地追求。反问一句，若无绩效你怎么养活自己呢？更不用说持续、持久支撑劳作活动了。创造业绩是人性的需求。

作为人的组织集合体的企业，理所当然地要以创造绩效作为自己的职责。创造绩效，企业才能满足社会客户的产品和服务需求，才能满足投资人、管理者和员工的投资、劳动回报要求，才能持久地实现企业的成长；若无绩效，企业就无以满足社会客户的产品和服务需求，就无以满足投资人、管理者和员工的投资、劳动回报要求，不说持久地实现企业的成长，就是企业的生存也是不可能的。创造绩效是企业的职责。

经营绩效是企业持久成长的指标。我们说，结合具体实际贯彻执行企业持久成长的原理法则可以指导企业走上长青的道路，这不能是我们自己的自以为是和自吹自擂，而必须以企业的经营绩效来衡量和证明。

企业经营绩效的增长指标，是企业持久成长的衡量指标。只有企业不断满足客户的产品、服务需求而带来经营效益的持久增长，才能证明企业的持久成长：企业净利润年平均增长率是衡量企业持久成长的基本指标，企业投资年平均回报率是衡量企业持久成长的辅助指标，企业股票价格年平均增长率是衡量企业持久成长的客观指标，等等。

四、 实现持久成长

坚持原理法则，结合具体实际，创造经营绩效，就能够实现现代企业的持久成长。之所以如此，是因为企业持久成长的原理原则，是建立在古圣先哲的最佳智慧、吸取经济大师的思想营养、鉴戒中外企业的成败经验的复合基础之上的，基础坚实；企业持久成长的原理法则，是由复合基础奠基、核心原理贯穿、基本法则展开、成败案例印证构成的完整、系统的企业经济思想和企业经济理论；企业持久成长的原理法则的实践操作，是坚持原理法则、结合具体实际、创造良好绩效三位一体的，既有真理指导又存绩效证明的知行合一的行为方式和经营模式。

一句话，只有在长期的企业经营实践中，坚持原理法则，结合具体实际，创造良好绩效，我们才能真正证明企业持久成长的原理、法则的真理性和价值性，也才能切实引导现代企业走上成功的长青之道并实现现代企业的持久成长。

案例

DeepMind：让人工智能为人类服务

阿尔法狗（AlphaGo）横空出世，震惊围棋界，震惊世界——2015 年 10 月，阿尔法狗以 5：0 战胜 2013 年至 2015 年蝉联三届欧洲围棋冠军樊麾；2016 年 3 月，阿尔法狗以 4：1 战胜韩国世界顶级围棋手李世石；2016 年末到 2017 年初，阿尔法狗以 Master（大师）为网名在快棋赛中以 60：0 完胜中日韩数十名围棋高手；2017 年 5 月，阿尔法狗以 3：0 的总分战胜世界排名第一的世界围棋冠军柯洁。

在一场场击败世界围棋高手的胜局面前，围棋界公认，阿尔法狗的棋力已经超过人类围棋顶尖高手。人们不禁要问，阿尔法狗来自何方神奇之力？人工智能还会走多远？它给人类带来的是喜讯还是悲剧？

阿尔法狗是人工智能的程序，由一个叫做 DeepMind 的谷歌团队开发。这个团队是谷歌公司于 2014 年收购的英国人工智能团队。

DeepMind 的创始人戴密斯·哈萨比斯 13 岁时就在国际象棋世界等级分排名的 14 岁以下选手中排名第 2 位。1997 年毕业于剑桥大学计算机科学系，2005 年从自己创立的电脑游戏开发公司返回校园，在伦敦大学攻读了认知神经科学的博士学位，2010 年在伦敦创立了人工智能技术公司 DeepMind，2014 年谷歌以 4 亿英镑收购了 DeepMind。

哈萨比斯团队知道自己所研发的深度学习、增强学习等人工智能技术在医药、金融、自动控制等众多领域都会有广泛的应用前景，却选择青少年喜爱、大众熟悉的电子游戏为亮相社会的突破口和试金石。2015 年 2 月，DeepMind 的人工智能程序在大约四分之三的雅达利街机游戏中，达到或超过了人类高手的水平。类似技术被应用于开发围棋人工智能程序，创造了阿尔法狗连续战胜世界围棋高手的奇迹。

阿尔法狗的竞技还在进行中。2016 年 11 月，DeepMind 正式宣布与暴雪游戏公司合作，开展基于《星际争霸》游戏进行人工智能研究。这种游戏要求参与者在全局未明的情况下，只依据少数信息，预测对手可能的战略战术布置而设计自己的游戏策略。

在游戏领域取得的成功，树立了 DeepMind 的技术优势和技术信誉。DeepMind 开始向更多的领域进发：用人工智能技术帮助谷歌的数据中心合理调度、分配电力资源，与牛津大学合作开发了根据人类说话时的口型猜测说话内容的唇读技术 LipNet，与英国国家医疗服务体系（NHS）合作推出了综合性的医疗辅助应用 Streams，与眼科医院合作帮助眼部疾病诊断……哈萨比斯充满信心地说："我坚信 DeepMind 正在从事的研究对人类的未来至关重要，而且这值得我们做出一些牺牲。"

虽然 DeepMind 堪称世界人工智能技术领域的领先者，但人工智能的研发与应用却绝非能够为一家所独占，诸多国家的政府、大学、研究所和公司纷纷步入人工智能领域，形成了一股冲击科技、教育、经济以至社会的浪潮，其研发、应用也远远突破了游戏业而向更深更广的领域扩展，图像识别、语音识别、机器翻译、无人机、无人驾驶汽车、服务机器人、日用机器人、战地机器人、智能机械臂、仿人形机器人、生化电子人、创作机器人、情感机器人、人工智能记者和人工智能编辑、智能法律顾问、股市高频交易程序等，数不清的人工智能技术研发成果和应用产品相继推出，前景令人惊异。

在人工智能能够造福于人类的同时，也引起了世人的极大担忧。世界著名理论物理学家霍金还在阿尔法狗掀起的人工智能热潮之前，就忧心忡忡地告诉大家："完全人工智能的研发可能意味着人类的末日。"他担忧的是人工智能和人类在进化速度上的不对等性："人工智能可以在自身基础上进化，可以一直保持加速度的趋势，不断重新设计自己。而人类，我们的进化相当有限，无法与之竞争，终将被淘汰。"霍金还担心人工智能普及可能导致的人类失业问题："工厂自动化已经让众多传统制造业工人失业，人工智能的兴起很可能会让失业潮波及中产阶级，最后只给人类留下护理、创造和监督工作。"

SpaceX 航天公司和特斯拉汽车公司的掌门人马斯克也十分担忧人工智能对人类的威胁。他说："我们必须非常小心人工智能。如果必须预测我们面临的最大现实威胁，恐怕就是人工智能了。"马斯克呼吁实施对人工智能的监管并采取了积极行动。他说："我越来越倾向于认为，也许在国家层面或国际层面，必须有一种规范的监管机制，来保证我们不会在这方面做任何蠢事。"他还与萨姆·奥尔特曼一起创立了非营利性机构，以鼓励立法监管，"将那些特别关心如何用安全的、对人类有益的方式来开发 AI 的人合理地组织起来研发 AI。"

其实，早在 1942 年，美国著名科幻作家艾萨克·阿西莫夫就提出了"机器人三定律"，即：一、机器人不得伤害人类，或坐视人类受到伤害；二、除非违背第一定律，否则机器人必须服从人类的命令；三、除非违背第一及第二定律，否则机器人必须保护自己。后来，他又加了一条新的"第零定律"——机器人不得伤害人类整体，或因不作为使人类整体受到伤害。

2017 年年初，霍金和马斯克均表示，为了防止人工智能威胁人类，他们支持美国加州阿西洛马会议通过的 23 条基本原则。在未来生活研究院组织机器人专家、物理学家、经济学家、哲学家等数十名专家共同参加 Beneficial A. I. 2017 大会之后，正式发布了《艾斯罗马人工智能 23 定律》，并取得 892 名人工智能或机器人研究人员以及其他 1445 名专家在这份定律上签字，其中包括霍金和马斯克。在《艾斯罗马人工智能 23 定律》中，对人工智能的研究目标、安全性、责任、与"人类的尊严、权利、自由以及文化的多样性"的价值观保持一致、保护个人隐私、共享利益和繁荣、由人类控制、非破坏性、避免人工智能军备竞赛、对风险的规划和缓解措施、不断自我完善辅以严格的安全和控制措施、服务于普世价值和全人类利益等做出了原则性的规定。

可以看到，人工智能一方面在向深度学习、超级层级升级并向人类科技、教育、经济、社会广泛领域的应用扩展，另一方面也受到人工智能业界和业外若干专家、人士的风险关注并提出了许多值得赞赏的监管建议和安全措施。似乎可以说，人工智能和一切技术一样，是一把双刃剑——它可以服务人类，造福人类；也可以伤害人类，致祸人类。而到底是服务、造福人类，还是伤害、致祸人类，则取决于人类的选择——开发人员、应用人员和社会大众的选择。在这种选择上，人类的价值观念和伦理道德的自我提升和相关条例准则、原则措施的外部监管是完全必要的。

三星之父：李秉喆

三星创始人——教父般的韩国企业家李秉喆被誉称为“创业之神”，一手缔造了韩国最大的世界级企业集团的雏形。

李秉喆生活在朝鲜沦为日本殖民地、受日本统治的日治时期，经受日本侵华战争、太平洋战争的冲击；“二战”后又经历朝鲜战争及其后的韩国政局变换的动荡岁月。他命中注定一生难以平安度过，经营也充满了坎坷。

李秉喆 1910 年出生在原朝鲜大邱一个偏僻的小山村的大户农家，自幼在私塾读书、识字，临近中学毕业决心到日本留学，考入早稻田大学政治经济学。不到两年因病退学回家。李秉喆的父亲从小培养他正直、善良、诚实的品行，凡事要按照事物的规律走正确的路，以和为贵。这对他的一生影响很大。回国后的李秉喆一时困惑无路：到首尔找工作不顺利，在家务农又不甘心，一度饮酒麻醉自己，他决定要干点像样的事业出来。

在“干一番事业”的人生目标引导下，李秉喆变卖了父亲留给他的 300 亩地做本钱，先后到釜山、大邱、首尔等大城市考察市场，与两个从小好友选择了第一个创业项目——开办碾米厂，初期从众经营亏损，改变为低进高出的顺应市场波动规律经营之后，碾米厂开始盈利。他又顺应市场需求，接管了一家运输公司，从银行贷款买地成了“年轻富豪”。1937 年日本发动侵华战争，军部向银行下达命令，中断银行一切业务，收回已经发放的贷款，实行战时非常措施。李秉喆不得不卖了土地，还处理了碾米厂和运输公司，清算了一切财产去还贷款。辛苦经营数年的财富旦夕之间化为乌有，他回到了当初的起点。李秉喆第一次领悟了国内外形势变化对企业发展策略影响的道理，懂得兴办企业需有风险防范才能应对不测的变化。

李秉喆重启经营，用两个多月考察了整个朝鲜和大半个中国，确定了贸易方向，成立了新公司——“三星商会”（取朝鲜习俗认为“大、多、强”的激励数字“三”和清澈、明亮、深远、大放光芒的“星”字），向中国东北、河北一带出口朝鲜苹果和水产品，开了一家面粉加工厂，生产冷面出口，又买下酿酒会社，生意节节向上。但好景不长，1941 年太平洋战争爆发，日本军部对物资实行统制，只允许经营面粉、苹果和水产品的会社自己支配 5% 的产品，其余全部作为军饷上缴。沦为日本殖民地的朝鲜无生意可做，李秉喆把三星商会和“朝鲜酿造”交给其他人打理，自己回到家乡休养三年多，直到日本宣告无条件投降为标志的“二战”结束。

在“二战”后混乱的岁月里，李秉喆四处观察，发现生活必需品最紧俏。他及时成立了“三星物产公司”从事国际贸易，从国外大量进口铁板、棉丝、缝纫机、针、药品、白糖、肥料等数百种产品，又从国内收购干鱼等海产品向国外销售。但是，命运又一次重挫了李秉喆。当他的进出口生意日益兴隆之时，1950 年朝鲜战争爆发，公司完全被破坏，李秉喆先避难在地下室、公司司机家阁楼，躲了几个月又逃难回到家乡——大邱。

在大邱，“朝鲜酿造”的忠义同仁们不仅保住了工厂，还交给了李秉喆 3 亿元的积累资金。他又冒着战火危险到各地考察市场，创立了“三星物产株式会社”，从事进口贸易。朝鲜停战后转向进口替代，又开办制糖厂和毛纺织厂满足国民日用品的需求，进而进军肥料工业，得到了总统李承晚的支持。但是顺境不长，随着李承晚用暴力非法操纵选举遭到强大抗议运动，李承晚下台，李秉喆和三星也因偷税漏税被告上了法庭，补交 50 亿韩元税款而结束了“非法敛财事件”。一波方平一波又起，朴正熙发动军事政变上台，三星副社长被捕，军政当局发出通缉令，日本政府发出驱逐令，在日本调养的李秉喆只能回国，并再度追缴税款。

历经波折，李秉哲终于建成了化肥工厂，却由于往昔三星员工非法处理糖精被海关查获罚款的旧事重提，政府、检察院、新闻舆论掀起轩然大波，国会也在辩论化肥厂事宜。李秉喆果断决定把耗资数十亿元国内资金和四千多万美元辛苦建设的韩国化肥厂全部交给国家。在韩国政治势力频繁交替的折磨中，李秉喆思考难以避开的政商关系，采取了“不可近也不可远”的立场。为了清除不良影响，李秉喆离开了三星，到远离三星集团的农场退隐养性，栽树、剪枝、管理农场，一呆两年多。

在反思历经的磨难中，坚韧而自信的李秉喆又在思索三星集团的出路，决心回到 26 岁时创业的心态，一切从零开始。经过多次出国考察，将近 60 岁的他重回三星，把三星带上高科技产业的电子工业之路，黑白电视机、彩色电视机、半导体产品、随机动态存取存储器芯片，三星电子成功自主开发了一系列电子产品的核心技术，一步步向尖端电子技术和尖端电子产品前行。第一条生产线，第二条生产线，第三条生产线逐步建成。

可是上天再次降下磨难，这次是李秉喆的肉身抗不过的磨难。在三星电子创业的十年间，紧张繁忙的李秉喆在66岁时被诊断患了胃癌，坚持十年辛苦工作被确诊患了肺癌，76岁的他已不堪支撑工作了。77岁，李秉喆带着发展半导体和三星事业的梦想离开了人世。临终前，他对接班的三儿子李健熙气喘吃力地说道："健熙呀，半导体是我们的梦想……半导体事业不仅是为了三星，三星不只是我们的事业，更是国家的企业。你一定要记住。"三星在李健熙的带领下继续成长……

令人感叹沉思的李秉喆不仅为我们塑造了在艰难时局中一次次创业奋斗的范例，也为我们留下了企业经营成长的珍贵经验。

社会政治环境极其重要。李秉喆从亲身经历中认识到，社会政治环境对企业的生存影响极大，在可能的情况下，当退则退；在能自己做主的情况下，唯有确立并坚持政经分离的原则，才能排除外部政治因素的干扰，保障企业的生存与发展。在政治环境、政治权力和政府干预的直接影响下，李秉喆主张在企业内部实行合理化经营为主，同时处理好和政府的关系，"不可近也不可远"，既可取得政府的协作，又保持一定距离以避免政权更迭交替的过大影响。

培育良好的企业文化。三星的企业文化，已经形成了一个完整的体系。主要包括"三星原则"和"三星精神"两大部分。三星原则为：事业报国、人才第一和合理追求；三星精神含义广泛，包括创造精神、道德精神、第一主义：完美主义、和存共荣。事业报国是三星企业文化的基础，一切企业经营活动围绕这一基础原则展开。

创建事业须遵循四大原则。深感国家环境对企业命运影响的李秉喆，不仅把"三星"作为一个企业，更把它视为报效国家的事业。创建事业的四大原则是：第一，必须敏锐地洞察时代的动向；第二，必须抑制贪心，不能超越自己的能力去经营企业；第三，必须绝对避免投机心理；第四，办企业要有多种准备，当上策受挫或失败时，你要果断地放弃上策，毅然采取中策或下策，做到有备无患。

弄清市场需求是把握时代动向的前提。李秉喆多次受挫，多次创业，但每次创业都不会贸然行事或主观臆断，而是认真周密地进行多行业、多领域、多地区的市场调查，以把握市场需求的现状及其发展趋势。通过敏锐的商业眼光和比较选择找到市场需求的热点和亮点以正确把握时代变化的动向，顺应时代的变化发展及时研发、生产和销售热点产品或亮点产品以满足市场需求，企业也就能越做越大、越做越强，在重重艰难挫折中把一个小企业发展成世界级的大企业集团。

穷人的银行家：穆罕默德·尤努斯

穆罕默德·尤努斯是孟加拉国的银行家——穷人的银行家。他创立了世界上第一家专门贷款给穷人的银行，无需抵押，资金由自身资源支撑，银行为穷人拥有的——“格莱珉”模式（孟加拉语“乡村”的意思）。经过30年的发展，格莱珉模式已经从孟加拉国遍布全世界。基于对穷人的金融帮扶，尤努斯于2006年获诺贝尔和平奖。

穆罕默德·尤努斯，1940年出生于孟加拉国吉大港郊外的巴图亚村。父母亲的虔诚、勤劳、关爱，给尤努斯留下了深刻的印象。尤努斯从小学习努力，小学和中学期间常常是班里拔尖的学生。吉大港的达卡大学毕业后，他如愿留校教了四年的经济学，任校期间还创办过一家包装和印刷工厂。

1965年，尤努斯获得了富尔布赖特奖学金赴美国范德比尔特大学留学，取得经济学博士学位。留学期间，尤努斯师从严格的杰奥杰斯库－勒根教授，认识到“没有必要去死记硬背经济学定式，而是要理解驱使它们起作用的那些基本原则”。这对日后尤努斯创立格莱珉银行起了基础性作用。留学期间，尤努斯以极大的热情投入到孟加拉国独立运动，组织各种政治活动。孟加拉国独立之后，尤努斯断然回国参与国家的建设。

1972年，尤努斯被派到政府计划委员会工作，后辞职到吉大港大学做经济学系主任。大学任教期间，他被附近农村的贫困所震撼，开始了专项解贫研究和专项解贫试验，投资帮助农夫获得农用生产资料，因一些农夫违约未将收成的三分之一交给他，第一年赔了13 000塔卡。在对乡村操作和最贫困家庭的走访中，他发现穷人之穷在于国家的银行不能帮助他们获得必要贷款，而只能向高利贷者借贷支付高昂利息。关心穷人的尤努斯决定帮助穷人们摆脱高利贷者的盘剥，第一次他是自掏27美元借给42个赤贫的村妇。经过6个月努力，尤努斯自任担保人取得了银行贷款，并放弃了银行最基本的抵押担保原则，将这笔贷款无抵押放贷给穷人，还款率竟超过了98%。

1977年1月，尤努斯周密研究了其他银行的放贷业务，开办了一家专为穷人服务的银行，经过试验、调整、修改，逐渐开发出格莱珉的放贷和还贷机制：放贷机制——自发成立贷款人小组，组员经过银行政策培训和单独面试，每一组员贷款请求由小组批准，经格莱珉银行认同或认证。还贷机制——贷款期一年；每周分期付款；从贷款一周后开始偿付；利息是10%；偿付数额是每周偿还贷款额的2%，还50周；利息为每1000塔卡贷款，每周付2塔卡的利息。

格莱珉银行获得了成功，在向贫困地区最穷的穷人服务的同时，一直保持高还贷来为穷人解决饥饿和贫困，也维持了自身的生存。一赤贫农村寡妇过去靠乞讨维持自己和几个孩子的生存，1979 年加入格莱珉银行，借了 500 塔卡开始自己的竹制品加工营生，一年半的时间即为孩子们买了新衣服，添置新厨具，基本能够维持一家的生计。

为专注格莱珉银行的建设，尤努斯辞去教职。在孟加拉国政府要员的支持下，成功转型为自主产权和自主经营的独立乡村银行并形成了自己独特的运营模式，从达卡地区推广到孟加拉国全境，复制格莱珉模式。在 20 世纪 80 年代，格莱珉银行每年新增 100 个分行，经讨论制定了反映银行价值观和具体目标的“十六条决议”，明确了“纪律、团结、勇气与苦干”的四项生活原则，通过会员的自助互助、自帮互帮尽可能多地解决孟加拉国的贫穷问题，发展起自己存款、做股东的“民众经济”。

80 年代末和 90 年代初，在孟加拉格莱珉小额贷款模式取得成功的基础上，尤努斯首先推广到马来西亚和菲律宾，进一步辐射到 27 个国家的 65 个格莱珉复制项目，到 2002 年末向 14 万个穷人发放了 4.44 亿美元的贷款。自 1976 年格莱珉的小额贷款为世界许多贫穷国家以至美国、欧洲等富国的穷人减轻贫穷、摆脱贫困起了明显的作用。2006 年穆罕默德·尤努斯获得诺贝尔和平奖，可谓实至名归。

赴美留学经济学博士穆罕默德·尤努斯完全可以享受富贵尊荣的舒适生活，但他却选择了一条艰辛离奇的帮扶穷人的独特道路。钦佩之余，我们还能从中受到可贵的启发，帮助我们为国人以及人类解贫脱贫的伟大事业作出新的贡献。

美好的愿景和共同的原则。尤努斯有着美好的追求，他希望看到这个世界摆脱贫困：“这意味着，在这个星球上没有一个人，会被描述为穷人，没有一个人的基本需求不能得到满足。到那时，‘贫困’这个词将不再具有实用的意义，它将只被用来理解过去。贫穷的位置，只应在博物馆里。”在这个远大愿景的指导下，尤努斯带领他的上万人团队，遵循“纪律、团结、勇气与苦干”的原则和美好生活的“十六条决议”，从达卡到孟加拉国，再到全世界一步一步地推进摆脱贫困的伟大事业。

职业道德是“穷人的银行”成功的最大亮点。尤努斯没有遵循“利润最大化”的资本经营原则，也没有奉行回报社会最大化的公益慈善路线，而是把合理利润和社会效益平衡起来，通过格莱珉的自我发展并能为社会作出贡献。在格莱珉的银行体系中，几乎所有专职职员都具有超乎寻常的敬业精神和奉献精神，几乎所有的孟加拉国贷款申请人都是有着强烈传统观念的善良的人，大多一天祷告五次，虔诚地信仰伊斯兰教宣扬的乐于帮助人的信条。

对人类的信任。和传统商业银行建立在贷款抵押和合同法律基础上的运作方式不同，格莱珉银行更加信任贷款者的诚实信用，并用人际关系的互动和必要的措施弘扬人类的善性，贷款小组对贷款人的集体批准和银行认证，贷款金额一般为小额放贷，不按期还款将取消续贷资格，等等。正是通过宗教信仰的虔诚、人际关系的制约、必要的底线确保，格莱珉银行的穷人贷款者们甚至体现了比富人更大的诚信度，贷款坏债率能够低于1%。

银行经营模式的创新与传统商业银行相比，格莱珉模式无论在放贷机制和还贷机制上都堪称独具一格的创新：无抵押担保，贷款人小组组织，按周小数额还贷。尤努斯的创新，不是一般意义上的技术创新，它是一次具有革命意义的创新，经营理念的创新，商业模式的创新，服务对象的创新，经济方式的创新，其意义绝不亚于任何形式的技术创新，使我们对创新的理解从狭隘的技术创新扩大到理念、模式、对象、方式、制度等的广袤创新，大大拓宽了我们对创新一词的理解与认识。

“民众经济”的生命力。尤努斯置疑传统经济理论的核心概念，即资本和佣工、厂主和劳工之间的两分法，认为作为个体的人可能是消费者，可能是劳动者，也可能是自雇者，还可能是资本者，是集消费、劳动、自雇、资本于一身的新型现代经济人，他称这种经济形式为“民众经济”。在民众经济中，人民大众不仅是生产资料的消费者，也是生产资料的生产者，还是生产资料的管理者，更是生产资料的占有者，“任何真正理解社会的经济学家都会来增强这个民众经济的有效性，而不是去破坏它。在没有来自经济学家的支持时，格莱珉这样的组织必须挺立中流”。

政府以及政府官员的支持。由于市场经济发育的不充分和民主制度成长的不成熟，第三世界发展中国家在宏观或微观经济的运行中遇到了绕不开、避不掉的政商关系问题，尤努斯也未能绕开与孟加拉国政府及其官员的关系。他坦然承认孟加拉国“完全被一小撮人掌控”。这些执政者大多是他大学时期的朋友。作为一个孟加拉国的现实银行家，尤努斯充分正视这一现实，充分利用自己的私人朋友关系克服了成立“穷人的银行”的种种关键障碍。美国留学时的朋友——财务大臣一手推动了格莱珉转变为一个独立银行的会议，格莱珉的朋友——财政部长将独立银行提案直接提交总统和内阁批准，财政大臣的好友——财政部终身部长更改格莱珉的股权结构为贷款者控股，美国任教时的学生——总统秘书长尽力组织专题会议通过了董事经理由董事会任命而不是政府任命的银行条款等。尤努斯利用这些朋友故旧关系，争取了政府官僚的支持，争取了政府的支持，突破了前进道路上的关键障碍，使格莱珉从达卡地方金融组织发展为孟加拉国独立银行再发展为国际性银行集团，为一地到一国乃至全世界的穷人提供信贷支持，在特定环境下的这种政商关系起到了良性的促进作用。

滞后潮流：王安公司

王安是美国王安电脑公司的创始人和掌门人，曾是20世纪80年代美籍华裔的首富，名列美国400名巨富的第8名，一度与杜邦、福特、洛克菲勒等巨头齐名。但是，好景不长，从1985年开始，由于在个人计算机（PC）的开发上滞后和封闭，王安落后于新兴个人电脑的时代潮流，创新乏力，利润骤降，股价暴跌，直至破产。

王安，1920年生于中国上海，从小热爱科学知识，以入学考试第一名入读上海交通大学电机工程系，后被公派至美国留学，入读哈佛大学，获博士学位，进入哈佛计算机研究所工作，曾发明记忆磁性圈提高计算机的储存能力。1951年，王安从哈佛大学辞职，以600美元的积蓄创办了王安实验室，靠自己开发的小磁芯一年盈利3000美元，不到他在哈佛任职年薪的1/3。

1955年，王安正式创立了王安电脑公司。王安开发的存储磁芯引起了业界的很大兴趣，他最终以40万美金把发明专利权卖给了国际商用公司。从1964年开始，王安公司连续推出了最新的晶体管桌上电脑、两代半导体文字处理器、对数计算机、小型商用电脑、文字处理机以及其他办公自动化设备等电子新产品，占有很大市场。

但是，由于扩张太快，王安公司负债累累，被银行追债，被迫发行股票上市融资。公司股票受到市场热捧，几天就提高王安公司的资产总值达8000万美元。在充足资金的支撑下，王安公司又研制出王安电子数据控制器，半导体自动齐行打字机、无线电打字印刷机、记录带辨认机等新产品，并首次推出世界上第一台具有编辑、检索功能的文字处理系统，受到从白宫、州政府到大小公司文秘和专业人员的普遍欢迎，也为公司带来了巨额利润。从1972年到1982年十年间，IBM从占有85%的市场下降到10%，王安公司则占有48%。王安公司位列《幸福》杂志500家企业的第146名，分公司遍及世界上100多个国家和地区，员工人数超过3万，营业额高达30亿美元，被评为美国成长率最高、最优潜力的精英公司第一名。这时的王安，体现出非凡的创新天才。

科技在高速发展，市场在急剧变化。80年代后期以来，小型、微型、多用途个人计算机（PC）成为市场追捧的潮流产品，客户们的兴趣从小型计算机和文字处理机转移到个人电脑和小型工作站。王安没有认识到及时变革的必要，对个人计算机的出现不以为然，也不想让公司搞什么个人电脑，认为这是“闻所未闻的荒唐事”，继续让自己的技术精英们关注小型机和文字处理机。这时，IBM等大公司看好个人计算机，认为这才是办公发展的新方向，并大力开发更廉价、多功能的个人电脑。IBM 的个人电脑不断挤压王安公司赖以维持、发展的核心产品——小型机、2200 型机和文字处理机，王安不得不正视这一严峻的现实，开始开发自己的个人电脑。

尽管晚起步，但王安公司凭借强大的计算机实力，开发的个人电脑性能稳定，速度是 IBM 机的三倍。但是，王安公司电脑的软件与 IBM 机的 100 多种近于成为行业标准的软件不兼容，这引起了客户们的反感和不满，而自信至固执的王安置之不理，并鉴于小型机和文字处理机的销售利润急剧下降对已售出的设备的维修、软件换代等收取不合理的高费用，这更加剧了客户们的不满。至 1985 年四季度，王安公司亏损了 1.09 亿美元，出现了十年来的第一次亏损。

1986 年，王安退出一线管理，但他的继任人——大儿子王列却不能胜任，引起了股东和董事们的不满，亏损继续加大至 4.24 亿美元，王安被迫命令儿子辞职。新上任的危机管理专家靠出售分公司资产和生产工厂暂时缓解了王安公司的财务困境，却不能解决顺应个人电脑市场潮流、推出适时新产品的根本问题。终于，1990 年 8 月，王安公司被迫向法院提交了破产保护申请，向社会公开宣布公司破产。

对于王安公司盛极而衰的经历，比尔·盖茨这样做出了认真的评价：如果在 20 世纪 80 年代眼光远大的工程师王安没有贻误战机的话，今天可能就没有什么微软公司了。他可能就在某个地方成了一位数学家或一位律师，而且少年时代在个人计算机方面的迷恋只会成为个人的某种遥远的回忆。

从王安以 600 美元起步，一手打造出世界计算机行业老大又沦落到破产境地的案例可以看出，一个科技型公司更不用说高新技术公司，能否持续开发生产出引领时代潮流、适应时代潮流、满足市场需求、产生市场效益的新技术、新产品、新样式，将决定企业的生与死、成与败的命运。在这个生死成败攸关的重大问题上，的确“从伟大到荒谬只相差一步”。

乐极生悲：八佰伴

阿信，作为一个历尽坎坷、勤苦奋斗的日本女人，随着 20 世纪 80 年代电视连续剧《阿信》风靡日本、中国和亚洲而为世人所熟悉、钦慕、感慨。当年的阿信原型——和田加津从困境中白手起家，创办了家庭小菜店“八佰伴”。几年后，八佰伴发展成了一个环太平洋的和田家族的巨型连锁集团。而在 1997 年 9 月，八佰伴突然宣布破产倒闭，成了日本第一家上市的破产零售企业，而“阿信”的长子、闻名亚洲的百货巨头、日本八佰伴国际流通集团总裁和田一夫则“从一位拥有400家跨国百货店和超市集团总裁，变成一位穷光蛋”。

和田一夫出生于一个农民家庭，父亲和田良平与母亲和田加津都在工厂做工。在家境窘迫的情况下，加津开始了带着孩子推车叫卖的卖菜生意。由于联系到几个菜农长期作为自己的供菜商，加津卖的蔬菜又新鲜又便宜，加上她亲切待人并与家庭主妇们拉家常聊天，大家都愿意买她的菜，生意慢慢好了起来。后来，接受买菜妇女的提议，她不再拖着经常哭闹的孩子走街串巷，而在家中临街房间开了一间蔬果杂货店，店名取为“八佰半”（后称为“八佰伴”），日文意思即为“和田家的菜店”。加津打理下的小小菜店，生意做得越来越好，但真正让八佰伴成长为跨国零售巨头的，却是她一手带大的和田一夫。

和田一夫出生于1929年日本静冈县热河市，从小跟着母亲到处奔波亲睹卖菜生意，3岁就懂得做生意，被当地人誉称为“经商神童”。

1950年4月13日的日本热海市大火，烧毁了市内1000多间店铺和民房，4000多人无家可归，和田家也未能幸免于难；1930年创建、经营了20年的小蔬菜水果杂货店被毁，全家房屋化为灰烬。20年的勤苦心血变成眼前的一片废墟，令和田一夫的父母当场晕厥过去，但和田一夫面对惨状却暗暗发誓：不能就这样屈服！一定要重建新家！一定要重兴家业！就这样，一场大火改变了他的命运。正在准备入读日本大学经济系的和田一夫一边帮助父母重建新家，一边租下附近一间未被火烧的旧仓库，重新挂起了“八佰伴”的招牌。和田一家不仅重建了家园，还把八佰伴的店面扩大了5倍，把“八佰伴商店股份公司”正式改名为“八佰伴食品百货店股份有限公司”。

20世纪60年代中期，日本的百货超市联合组成了NICHII集团和UNT百货超市集团，和田一夫也吸收一些同行组成了静冈县最大的百货超市集团。面对实力雄厚的国内大集团的竞争，和田一夫做了一个重要决策：向海外市场发展。1971年9月，巴西八佰伴开始经营，带着日式经营理念和经营方法进入巴西的八佰伴不但货品齐全，而且服务周到，受到巴西顾客的欢迎。接着，新加坡八佰伴也取得了成功。1989年7月，和田一夫新组建了“国际流通集团八佰伴”并出任总裁，进一步明确了八佰伴的全球发展战略，重点在亚洲，集团总部也从日本静冈搬到香港。

以香港为基地，八佰伴快速出击。在一年间，八佰伴购买了纽约1.6万平方米土地，伦敦4.3万平方米，槟城6.6万平方米，温哥华2.1万平方米，芝加哥3.3万平方米，在雅加达也购置了一些土地。在香港的几年时间，八佰伴除了在蓝田购买32万平方米土地用于建造八佰伴第5号购物中心和斥资8.5亿港元购进号称天下第一豪宅“天比高”房产并装修成迎宾馆之外，还开设了10家百货超市，同时涉足饮食业、地产业、娱乐业、食品业等，收购圣安娜饼屋、欢乐天地妙丽等公司。八佰伴在香港共有5家上市公司，3年多时间市值由2亿扩大到20亿以上，成了香港发展速度最快的日资百货集团。至1996年年底，八佰伴拥有中国酒楼、餐厅及快餐店、圣安娜西饼屋、面包廊四大饮食系列。八佰伴不走租店开店的传统路子，而是买店开店、经营房地产。

八佰伴全盛时期，海外业务除中国大陆外，共有分店34家，包括香港9家、澳门1家、台湾2家，以及其他各国的分店：新加坡5家、马来西亚4家、泰国2家、文莱1家、印度尼西亚1家、智利1家、哥斯达黎加1家，美国7家、加拿大1家、英国1家。八佰伴在中国和日本之外的房地产投资也急速增长，至1997年9月破产前已经拥有或正在筹建的物业总面积达到26万平方米。海外大举扩张的同时，八佰伴在日本国内的业务也得到发展：在爱知县建设“新世纪半田”大型综合商场，在札幌开设了大型购物中心。

但是，国内外同时扩张的八佰伴尽管声势显赫，在其发展的顶峰期也未能进入日本100家最大营业额企业之列，而零售商进入此榜的已达7家。八佰伴的市场回报力和资金支撑力凸显危机。

当然，和田一夫也不会忽视中国内地的巨大市场，他计划于2000年之前在中国沿海城市建立1000～1500个超级市场，在中国内地建立3000家以上的汉堡快餐店，并着手实施投资计划。1992年12月，豪华的北京第一号分店八佰伴赛特开业，不到两年因文化差异和水土不服经营失败，八佰伴退出赛特，完全撤出北京；号称世界上最大的商厦——新世纪商厦于1992年在上海动工修建，1995年12月开业头10天每天客人数均达100万，开业首日甚至超过100万人次，但客流大而消费量并不乐观；至1995年年底，八佰伴在上海已成立了三个大公司——第一八佰伴、八佰伴联农超市、八佰伴南方商城。八佰伴国际集团于1996年4月24日，宣布将总部迁往上海。到1997年年中，八佰伴在中国内地的投资追至3.5亿美元。尽管以“八佰伴”为先锋、以日资为主力的外资财团都看好中国潜力巨大的内地市场，但实际上赚钱并不容易，在上海开业的26家外资百货公司竟有17家亏本。

和田一夫走的是一条大投资、大冒险的日本内外快速扩张以占领市场的路线。由于最终消费上不去，八佰伴集团的财务状况越来越严重，只能靠信贷维持：八佰伴在中国大陆的信贷利息从1993年的8500万元扩大至1997年的1亿元，占其经营利润的比例由原先的24%倍升至49%，即是说1997年近一半的经营收益都要用来支付贷款利息。

日本经济低速和中国内地市场消费的疲弱，八佰伴海外经营的持续不景气，终于推动八佰伴拖欠的贷款越积越多而无以偿还，难以避免地走上了破产之路。

1997年9月18日，日本八佰伴集团向法院提出“会社再生法”使用申请，实际上就是宣布公司破产，集团最高负责人和田一夫引咎辞职。日本本土八佰伴集团公司的破产迅速引起连锁反应：日本八佰伴股票停牌，拟于年内取消挂牌；新加坡停止了日本八佰伴第二上市的挂牌，债权银行宣布冻结两家八佰伴分店的资产；香港5家八佰伴上市公司于当天下午被停牌。香港八佰伴百货公司公开在11月20日发表声明：由于无力偿还债务，已于当天向香港最高法院申请清盘。该下属9间香港百货店和澳门八佰伴全部10家百货店于21日停业。

八佰伴百货清盘后，香港母公司的资产接近于零。至2000年3月，八佰伴被日本零售商永旺集团收购，改店名为东海株式会社，包括中国大陆的大部分八佰伴分店也被陆续收购并改名，“阿信”勤苦创业、和田一夫大力扩展的八佰伴集团轰然坍塌，几近全盘覆灭。

八佰伴盛极而衰、乐极生悲的历程给商界留下的教训是十分重要的，诸多企业忽视这一教训已经付出、正在付出、还将付出惨痛的代价。企业的扩张是必要的，负债经营也是可以的，但一定要量力而行，量自己扩张、负债从市场取得回报之力而行。若无销售、营业市场的支撑，企业的扩张就是盲目的扩张、失败的扩张。八佰伴的快速扩张急剧转衰的悲惨下场就给我们留下了违背市场规律盲目扩张和失败扩张的深刻教训。正如和田一夫之子、八佰伴原日本公司总经理和田光正所言：“当时我们认为投资计划是绝对没有错误的。从结果来看，我想是因为公司对日本和海外的经济形势及对自己企业的能力过于乐观了。”

领跑之殇：瀛海威

瀛海威信息通讯公司是中国互联网服务早期的领跑者，是张树新于1995年5月在北京中关村最早创立的互联网公司。经过1年多的发展，瀛海威从开始的3个人增加到100多人，和世界软件巨头微软结成了战略伙伴关系，在上海、广州等8个中心城市开设分站，成为中国大小媒体争相报道的热点对象。瀛海威在地方报纸刊登了12个专版广告，亮出口号“星星之火，可以燎原”。可是，来得迅速去得也快。1998年，张树新在股东大会和董事会的压力下被迫辞职，除总经理之外的管理团队也于5个月后集体辞职，瀛海威随之渐渐淡出了人们的视野……可以说，张树新不愧为中国信息行业的开拓者，也堪称“中国互联网的先烈”。

张树新1963年7月出生于辽宁抚顺，1986年毕业于中国科技大学应用化学系，自幼希望成为“居里夫人”的张树新是该大学的第一位女学生会主席、诗社社长，公认的才女。大学毕业后，张树新放弃了出国和升研的机会，入职《中国科学报》当一名记者。3年后，这位“报社最好的记者”又调职到中国科学院高新企业局从事企业策略研究工作，参与制定了中国科学院2000年的产业规划。又过了3年，张树新离开了中国科学院，创立了北京天树策划公司，做一名企业策划人。同时，她做起了传呼业务，后来又因为“传呼台是短期生意，不久我们就出手了。在1994年，我们又没事可干，于是就闲着”。

1994年年底，张树新与丈夫姜作贤一起到美国游览。在一个同学家，他收到了一张印有E-mail地址的通信录，互联网进入了张树新的视野。100天后，她到中国邮电部第一个申请做互联网服务，谁也不知道该把这份互联网服务申请归于哪一类，也不知道它将怎样收费。张树新成了中国互联网界第一个吃螃蟹的人。她在号称中国硅——北京中关村南大门入口竖立广告牌：“中国人离信息高速公路有多远——向北1500米”，这在某种程度上象征了瀛海威在中国互联网界的领先地位。

瀛海威开业后，张树新与丈夫共同设计出的“瀛海威时空”是设置在中国科学院的中文界面的交互网络，是国内唯一立足大众信息服务、面向普通家庭开放的网络。进入瀛海威时空，你可以阅读电子报纸，到网络咖啡屋同不见面的朋友交谈，到网络论坛中畅所欲言，还可以随时到国际互联网上走一遭。仿效“美国在线”的早期模式，登录瀛海威的用户必须登记注册，缴纳一定入网费。瀛海威很快提高了知名度，张树新也成了中国新兴互联网行业的领跑人。

但是，互联网市场在中国并未成形，世人对此也知之甚少，张树新不可避免地充当了启蒙者的角色。瀛海威在北京办起了第一家民营科教馆，人人都可以在科教馆免费使用瀛海威网络，免费学习网络知识。瀛海威还开发了一套中文媒体网络系统，廉价为普通人群打开进入信息高速公路的大门。张树新在各大媒体开设专栏，在普及网络知识、传播网络文化的同时，反复告诉国人：信息产业是中华民族崛起于世界的一个重要机会。她向中国科学技术馆无偿提供“中国大众化信息高速公路”展区，同北京图书馆合作在“瀛海威时空”网上提供北京图书馆书目查阅，亚特兰大奥运会期间为新闻单位开通亚特兰大到北京的新闻信息通道……

瀛海威为中国人进入国际互联网起了积极的启蒙和引路作用，也引起了社会的关注。1996 年 6 月，国家经贸委属下的中国兴发集团决定投资瀛海威，总股本扩充为 8000 万股，大股东兴发集团与北京信托投资公司占 60%，中国通信建设总公司占 600 万股，张树新的天树公司与其丈夫的巨人公司的无形资产加上其他的股权，比例占 26%，股值 2120 万元。与投资进入同时，瀛海威的业务也迅速扩张，在全国各大中心城市以至全国影响越来越大，公司上下一片欢腾振奋。张树新公开宣布，在未来 3 年内投资总额将达到 5 个亿，节点建设超过 60 个。

可是，2 年多后的张树新在回顾这些日子时却感叹而言："1994 年底到 1995 年底，我们走入 IT 行业，是一种不幸。"张树新是中国第一个提出"百姓网"概念的人，但她并不清楚老百姓需要一个什么样的网，也不知道这个网将靠什么支撑，更没有认真研究市场和预测市场。这就在瀛海威表面繁荣之下潜伏了致命软肋：新技术产品的市场接受度和市场扩张力问题。

1997 年，张树新接受一位点子大师的建议，香港面临回归，中共十五大即将召开，三峡工程开工在即，爱国主义肯定是年度第一主题，开设"网上延安"，把延安的历史、现实、人物都放在网上，通过教委组织全国中小学生观看，进行爱国主义教育，同时也可以增加公司收入。对这个项目，张树新指示，要做"海量"，用最好的技术，先延安，再西安，再全国，最后推出"网络中国"，打造出瀛海威的经典品牌。新闻发布会，大小传媒的炒作，"网络延安""网络中国"一时沸沸扬扬。制作部门加班加点，一个多月后，200 个网页，500 幅图片，10 多万字的"网上延安"上网了。可是，后来的事实却是，"网上延安"的点击率非常低。张树新和瀛海威寄予厚望的经典品牌——"网上延安"并未得到中小学生和社会大众的市场积极反应。除"网上中国"之外，张树新还有许多美好超前的互联网项目：1997 年瀛海威的网上游戏利润要达到 100 万元，员工 3 个月内拿出 10 个高水准的游戏软件；尽力开发网上交费系统……

而 1996 年春天起，互联网界已进入一场革新转型之中，杨政远的雅虎在纳斯达克上市受到热捧，门户网站正在取代全能型网站，免费模式也在取代收费模式。张树新却执迷于"信息服务全过程"的全能型模式和收费模式，未能及时跟进新的技术、模式、市场的变化，瀛海威的经营状况恶化起来。1996 年 6 月，国家邮电部门投资 70 亿元启动 169 全国多媒体通信网，全国入网价格大调整。到 9 月份，瀛海威月收入下跌到 30 余万元。除北京站点有 2 万余名网民外，其他 7 个站点网民人数加起来不足 4 万。张树新感受到了来自市场的寒意。

1998 年 6 月 22 日，瀛海威第一届董事会第九次会议召开。上午 10 点，会议开始。张树新承认数月以来公司状况不太好，但仍然满怀信心。两个多月前，她还向媒体宣布，不久我们将会出台一系列重大举措。中午12点，会议自由讨论。瀛海威的最大股东——中国兴发集团突然提出，把它的股东贷款转为股份，债权变股权，持股比例上升到75%。中国兴发集团的董事会名额新增3个，全体股东同意。下午1点左右，有人给张树新送来一份《瀛海威章程》，并在下列条款划上重点符号：公司总经理人选应由2/3以上的董事决定。按《瀛海威章程》，控股股东中国兴发集团在一个小时前完成的债转股之后，可以罢免总经理。张树新迅速进行了分析和判断，明白了兴发集团的意向，在"总经理任命"条款后打了一个"√"，然后交回。下午2点，瀛海威公司总裁张树新提出辞职。全体股东一致同意。下午3点，张树新走出了瀛海威，神情恍惚……

瀛海威创始人，中国互联网服务第一品牌的女企业家、创业开拓的总裁张树新被迫辞职，引起了传媒界的一片情绪化轰动，处于幕后一直低调的中国兴发集团在重重压力下公布了瀛海威的财务报表。瀛海威总共投入1.4亿元，按张树新原来向董事会报告的投入产出目标，收入应当是1.1亿元，扣除公关宣传费用，最低估计也应该是9000万元，但实际收入只有963万元。如此收入过低、投入产出过于悬殊的比例，导致瀛海威的经营对追加资金和借调款的过于依赖，而贷款所产生的过高的财务费用，更使得瀛海威经营无法进入良性循环，直至发展为连生存都成问题的地步。张树新曾一再宣称，她进入IT行业绝不是为了赚钱，而是来"捐钱"的，看来这种"慈善"举措是不合乎企业的基本职能而不可持续的。

1998年11月，张树新被迫辞职，5个月后，瀛海威公司除总经理外15名高级管理人员集体辞职，宣告公司管理团队的崩解。张树新一度想通过收购夺回瀛海威，遭到中国兴发集团的多方拒绝，彻底告别了瀛海威的张树新，做起了风险投资人，互联网思考者和NGO活动家。瀛海威的互联网影响力也节节下降，直至近于销声匿迹，湮没无闻。在新技术新经济的浪潮中，作为中国互联网服务先行者的张树新和瀛海威的升降浮沉，给予前仆后继的创业、创新人士们的启发是十分珍贵的。新科技企业也是一种企业，离不开技术创新规律和企业发展规律的制约：科技型企业如果不能适应科技创新而及时变革，必然因为落后于科技创新的实施，而陷于落伍泥潭；科技型企业摆脱不了企业运行规律的支配，没有市场需求的支撑，任何企业哪怕风光一阵，红火一时，规模庞大，最终恐怕也难逃消亡失败的命运。经营企业更不用说经营科技型企业，不能不讲规律，不能不讲技术创新的规律和企业发展的规律的决定性作用，学会把不断革新的技术创新和不断变化的市场需求结合起来，形成企业持久成长的综合机制。否则，日新月异的科技创新和瞬息万变的市场环境，就会发挥规律的"司令效应"，将落后企业淘汰。

参考书目

1. 许嘉璐. 十三经：上、下册［M］. 广州：广东教育出版社，1995.

2. 荀子［M］. 安继民，注译. 信阳：中州古籍出版社，2008.

3. 道德经［M］. 徐澍，刘浩，注译. 合肥：安徽人民出版社，1990.

4. 南华经［M］. 仲兆环，车子，刘玉香，等，注译. 合肥：安徽人民出版社，1994.

5. 佛陀遗教经典［M］. 李英武，释大恩，注. 成都：巴蜀书社，2001.

6. 赖永海. 四十二章经［M］. 尚荣，译注. 北京：中华书局，2011.

7. 佛学十三经［M］. 哈尔滨：北方文艺出版社，1997.

8. 印度三大圣典［M］. 糜文开，译. 台北：文化大学出版社，1980.

9. 许鼎新. 旧约［M］. //塔纳赫，中国基督教协会，1998.

10. 蒋佩芬，彭萃安. 圣经：简释本［M］. 中国基督教协会，1998.

11. 古兰经［M］. 马坚，译. 北京：中国社会科学出版社，1996.

12. 李申. 儒教简史［M］. 桂林：广西师范大学出版社，2013.

13. 李申. 简明儒学史［M］. 北京：中国人民大学出版社，2006.

14. 朱越利，陈敏. 道教学［M］. 北京：当代世界出版社，2000.

15. 李富华，等. 佛教学［M］. 北京：当代世界出版社，2000.

16. 黄陵渝. 犹太教学［M］. 北京：当代世界出版社，2000.

17. 段琦，陈东风，文庸. 基督教学［M］. 北京：当代世界出版社，2000.

18. 王俊荣，冯今源. 伊斯兰教学［M］. 北京：当代世界出版社，2000.

19. 汉斯·昆. 世界伦理构想［M］. 北京：生活·读书·新知三联书店，2002.

20. 休斯顿·史密斯. 人的宗教［M］. 海口：海南出版社，2001.

21. 尼尼安·斯马特. 世界宗教［M］. 北京：北京大学出版社，2004.

22. 塞缪尔·亨延顿. 文明的冲突与世界秩序的重建［M］. 北京：新华出版社，1998.

23. 卓新平. 宗教比较与对话：第一辑［M］. 北京：社会科学文献出版社，2000.

24. 卓新平. 宗教比较与对话：第二辑［M］. 北京：社会科学文献出版社，2000.

25. 卓新平. 宗教比较与对话：第三辑［M］. 北京：社会科学文献出版社，2001.

26. 卓新平. 宗教比较与对话：第四辑［M］. 北京：社会科学文献出版社，2003.

27. 司马迁. 史记：上、下［M］. 上海：上海古籍出版社，1997.

28. 王玉哲. 中华远古史［M］. 上海：上海人民出版社，2003.

29. 宋一霖. 中华开源大圣：上、下卷［M］. 北京：中国广播电视出版社，2006.

30. 宋一霖. 儒家道义记［M］. 广州：广州出版社，2007.

31. 宋一霖. 儒家故事解读［M］. 广州：中山大学出版社，2010.

32. 宋一霖. 儒家道义新解［M］. 广州：中山大学出版社，2010.

33. 宋一霖. 儒家精义：道［M］. 广州：中山大学出版社，2014.

34. 亚当·斯密. 道德情操论［M］. 北京：中央编译出版社，2016.

35. 亚当·斯密. 国富论［M］. 南京：译林出版社，2011.

36. 阿尔弗雷德·马歇尔. 经济学原理［M］. 长沙：湖南文艺出版社，2012.

37. 约翰·梅纳德·凯恩斯. 就业、利息和货币通论［M］. 重译本. 北京：商务印书馆，1982.

38. 约瑟夫·熊彼特. 经济发展理论［M］. 北京：商务印书馆，1991.

39. 弗里德里希·奥古斯特·冯·哈耶克. 通往奴役之路［M］. 北京：中国社会科学出版社，1997.

40. 保罗·萨缪尔森，威廉·诺德豪斯. 经济学：上下册［M］. 19 版. 北京：人民邮电出版社，2011.

41. 刘光耀. 德国社会市场经济：理论、发展与比较［M］. 北京：中共中央党校出版社，2006.

42. 埃伯哈德·丢费尔. 企业的国际化管理［M］. 6版. 北京：北京出版社，2009.

43. 彼德·德鲁克. 管理的实践［M］. 北京：机械工业出版社，2006.

44. 彼德·德鲁克. 卓有成效的管理者［M］. 北京：机械工业出版社，2015.

45. 彼德·德鲁克. 巨变时代的管理［M］. 北京：机械工业出版社，2015.

46. 彼德·德鲁克. 管理未来［M］. 北京：机械工业出版社，2015.

47. 马克斯·韦伯. 新教伦理与资本主义精神［M］. 桂林：广西师范大学出版社，2010.

48. 肯尼斯·韦博，威廉·韦博. 清教徒的礼物［M］. 北京：东方出版社，2016.

49. 理杰德·泰勒. “错误”的行为［M］. 北京：中信出版社，2016.

50. 王志伟. 现代西方经济学流派［M］. 北京：北京大学出版社，2004.

51. 何晖，吴义能. 西方经济学［M］. 武汉：武汉大学出版社，2010.

52. 特伦斯·迪尔，艾伦·肯尼迪. 企业文化［M］. 北京：中国人民大学出版社，2015.

53. 特伦斯·迪尔、艾伦·肯尼迪. 新企业文化［M］. 北京：中国人民大学出版社，2015.

54. 威廉·大内. Z理论［M］. 北京：机械工业出版社，2013.

55. 巴斯卡·艾索斯. 日本的管理艺术［M］. 台北：台北市经济日报社，1988.

56. 汤姆·彼特斯，罗伯特·沃特曼. 追求卓越［M］. 北京：中信出版社，2012.

57. 约翰·科特，詹姆斯·赫斯克特. 企业文化与经营业绩［M］. 北京：华夏出版社，1997.

58. 吉姆·柯林斯. 从优秀到卓越［M］. 北京：中信出版社，2009.

59. 吉姆·柯林斯. 基业长青［M］. 北京：中信出版社，2009.

60. 史蒂芬·柯维. 高效能人士的七个习惯：精华版［M］. 北京：中国青年出版社，2011.

61. 史蒂芬·柯维. 高效能人士的第八个习惯［M］. 北京：中国青年出版社，2010.

62. 史蒂芬·柯维，鲍勃·惠特曼，布瑞克·英格兰. 不可预知时代的可预知结果［M］. 北京：中国青年出版社，2012.

63. 彼得·蒂尔. 从0到1［M］. 北京：中信出版社，2015.

64. 沃尔顿. 富甲美国：沃尔玛创始人山姆·沃尔顿自传［M］. 南京：江苏凤凰文艺出版社，2015.

65. 静涛，牧之. 沃尔玛家族全传［M］. 武汉：华中科技大学出版社，2011.

66. 埃里克·施密特，乔纳森·罗森伯格，艾伦·伊格尔. 重新定义公司——谷歌是如何运营的［M］. 北京：中信出版社，2015.

67. 姜炳俊，柳玹净. 谷歌之神——艾瑞克·施密特［M］. 长春：吉林出版集团有限责任公司，2012.

68. 刘海鹰. 日本经营四圣的人生智慧［M］. 北京：九州出版社，2010.

69. 松下幸之助. 道路无限宽广［M］. 海口：南海出版公司，2012.

70. 松下幸之助. 经营沉思录［M］. 海口：南海出版公司，2009.

71. 北康利. 从3个人到20万员工的管理进阶：经营之神松下幸之助［M］. 南京：江苏凤凰文艺出版社，2013.

72. 稻盛和夫. 稻盛和夫自传［M］. 北京：东方出版社，2015.

73. 稻盛和夫. 活法［M］. 北京：东方出版社，2012.

74. 稻盛和夫. 敬天爱人者成［M］. 北京：中国华侨出版社，2012.

75. 稻盛和夫. 经营十二条［M］. 北京：中信出版社，2011.

76. 石川康. 稻盛和夫全传［M］. 北京：电子工业出版社，2011.

77. 巫云仙. 德国企业史［M］. 北京：社会科学文献出版社，2013.

78. 朴恩梦. 别谋杀你的梦想：三星之父李秉喆传［M］. 北京：中国友谊出版公司，2012.

79. 青云. 王者无畏：三星总裁李健熙和他的商业帝国［M］. 北京：中国财政经济出版社，2014.

80. 穆罕默德·尤努斯. 穷人银行家［M］. 北京：生活·读书·新知三联书店，2015.

81. 李忠海. 李嘉诚传：峥嵘［M］. 香港：国际文化出版社，2014.

82. 重石. 李嘉诚想的和你不一样［M］. 北京：北京工业大学出版社，2011.

83. 袁飞. “王者”心法——经营之神王永庆独家管理秘笈［M］. 北京：清华大学出版社，2013.

84. 曲智. 任正非内部讲话：关键时，任正非说了什么［M］. 北京：新世界出版社，2013.

85. 田涛，吴春波. 下一个倒下的会不会是华为：故事、哲学与华为的兴衰逻辑［M］. 北京：中信出版社，2016.

86. 赵凡禹，燕君. 任正非正传［M］. 武汉：华中科技大学出版社，2010.

87. 朱甫. 做内心强大的自己：马云的正能量［M］. 深圳：海天出版社，2013.

88. 王利芬，李翔. 穿布鞋的马云［M］. 北京：北京联合出版公司，2014.

89. 史玉柱，冯仑，任志强，等. 近视马云［M］. 北京：北京时代华文书局，2014.

90. 林画. 柳传志内部讲话：关键时，柳传志说了什么［M］. 北京：新世纪出版社，2014.

91. 李永. 柳传志的经营管理哲学：柳传志给创业者的商业智慧课［M］. 北京：中华工商联合出版社，2014.

92. 孙光雨. 不战斗不成功：刘强东和京东商城的“野蛮”奋斗史［M］. 北京：中国发展出版社，2013.

93. 周俊，王拥军. 马克·扎克伯格传［M］. 武汉：华中科技大学出版社，2013.

94. 比兹·斯通. 一只小鸟告诉我的事［M］. 北京：中信出版社，2015.

95. 黄铁鹰. 海底捞你学不会［M］. 北京：中信出版社，2011.

96. 杰克·韦尔奇，约翰·拜恩. 杰克·韦尔奇自传［M］. 北京：中信出版社，2013.

97. 松井忠三. 无印良品成功90%靠制度［M］. 台北：远见天下文化出版股份有限公司，2016.

98. 狄振鹏. 制度才是真正的老板—— 一流的执行必有一流的制度［M］.

北京：人民邮电出版社，2012.

99. 艾丽斯·施罗德. 滚雪球——巴菲特和他的财富人生：上、下［M］. 北京：中信出版社，2013.

100. 林军. 从不竞争——7 天连锁酒店自动自发成长法则［M］. 北京：中信出版社，2010.

101. 于成龙. 比尔·盖茨全传［M］. 北京：新世界出版社，2005.

102. 聂荣杰. 比尔·盖茨的微软梦［M］. 长春：吉林出版集团有限责任公司，2014.

103. 沃尔特·艾萨克森. 史蒂夫·乔布斯传［M］. 北京：中信出版社，2011.

104. 邱恒明. 这个星球不配我死：埃隆·马斯克传［M］. 南京：江苏凤凰文艺出版社，2014.

105. 李开复，王咏刚. 人工智能［M］. 北京：文化发展出版社，2017.

106. 杨澜. 人工智能真的来了［M］. 南京：江苏凤凰文艺出版社，2017.

107. 陈润. 生活可以更美的：何享健的美的人生［M］. 北京：华文出版社，2010.

108. 金圣荣. 马化腾：我的互联网哲学［M］. 深圳：海天出版社，2015.

109. 熊江. 小 QQ 大帝国：马化腾传奇［M］. 北京：中央编译出版社，2013.

110. 方诚意. 马化腾：未来如此艰难，你要尽力而为［M］. 上海：文汇出版社，2014.

111. 王樵一. 创造奇迹的郭台铭［M］. 北京：印刷工业出版社，2012.

112. 米晓海. 解密中国女 CEO——董明珠［M］. 北京：企业管理出版社，2010.

113. 何塞·马丁内斯，郭传成. 世界首富卡洛斯·斯利姆的秘密［M］. 北京：中信出版社，2014.

114. 迟宇宙. 宗庆后：万有引力原理［M］. 北京：红旗出版社，2015.

115. 江波户哲夫. 盛田昭夫：上、中、下［M］. 北京：东方出版社，2010.

116. 李勇. 盛田昭夫［M］. 北京：中国社会出版社，2015.

117. 亨利·福特. 我的生活与工作［M］. 北京：北京邮电大学出版

社，2005.

118. 伊丽莎白·哈斯·埃德莎姆. 麦肯锡传奇［M］. 北京：机械工业出版社，2016.

119. 高文喆. 谁是互联网下一任帮主：亚马逊 CEO 贝索斯传［M］. 北京：中国华侨出版社，2013.

120. 本田宗一郎. 梦想力［M］. 北京：新星出版社，2015.

121. 罗启亮. 本田宗一郎传奇［M］. 杭州：浙江人民出版社，2012.

122. 胡泳，郝亚洲. 张瑞敏思考实录［M］. 北京：机械工业出版社，2014.

123. 赵志远，李卫明. 哈佛商学院 MBA 案例全集 1－10［M］. 长春：吉林摄影出版社，2002.

124. 吴晓波. 大败局Ⅰ：修订版［M］. 杭州：浙江大学出版社，2013.

125. 吴晓波. 大败局Ⅱ：修订版［M］. 杭州：浙江大学出版社，2013.

126. 黄日强. 中小企业老板不可不知的 22 个经典败局［M］. 北京：中华工商联合出版社，2007.

127. 尹敬勲. 28 个世界顶尖企业的失败［M］. 北京：龙门书局，2012.

128. 李莉. 世界十大经营经典败局［M］. 北京：清华大学出版社，2005.

129. 张雪莹. 世界十大投资经典败局［M］. 北京：清华大学出版社，2005.

130. 王伟，郭鹏. 世界十大营销经典败局［M］. 北京：清华大学出版社，2006.

131. 戴维·A. 里克斯. 跨国经营失败案例［M］. 北京：中国标准出版社，2000.

132. 潘晓时. 中小企业成败案例比较［M］. 北京：经济管理出版社，2005.

133. 周培玉，黄飞. 迷途：解码企业从成功走向失败：第一部［M］. 北京：中国经济出版社，2010.

134. 剑琴. 商鉴：中外知名企业的“滑铁卢”［M］. 北京：中国财富出版社，2012.

135. 范莱布. 创业之殇：初创企业为什么失败［M］. 北京：人民邮电出版社，2014.

136. 创业家 & i 黑马. 创业小败局：创业公司长演不衰的 21 种经典死法（案例集）［M］. 北京：北京时代华文书局，2014.

137. 中国企业家杂志社. 失败英雄［M］. 北京：中国经济出版社，2001.

138. 王子雄. 中国民营企业失败原因分析［M］. 北京：中国工人出版社，2004.

139. 黄建宏. 民营企业成功与失败［M］. 北京：冶金工业出版社，2009.

140. 白小刚. 企业失败与内部控制建设［M］. 北京：航空工业出版社，2013.

141. 查普曼. IT 大败局［M］. 北京：电子工业出版社，2004.

142. 约翰·S. 戈登. 伟大的博弈——华尔街金融帝国的崛起［M］. 北京：中信出版社，2005.

143. 安德鲁·罗斯·索尔金. 大而不倒［M］. 北京：中国人民大学出版社，2010.

144. 贝萨妮·麦克莱恩，乔·诺塞拉. 众魔在人间——华尔街的风云传奇［M］. 北京：中信出版社，2012.

145. 戴维·斯托克曼. 资本主义大变形［M］. 北京：中信出版社，2014.

后　　记

在本书的成书过程中，我不能不时时忆及一些竭诚支持我撰著、出版、发行这本书的亲人朋友们：儿子宋佳临以其敏锐的思维和专业知识，对本书的架构和若干提法提出了中肯的建议。学生赖一涵长年如一日，在繁重的工作压力下，帮助处理各种电子文件并打印一遍又一遍的书稿，劳苦而功高；学生何峻安放下本职工作，为本书稿的打印尽心尽力；诸多学生无不鼓励、支持我的写作、出版、推广。弟弟宋建生一直鼓励支持本书的撰写，不惜牺牲春节休假时间帮助整理“参考书目”。

在埋首书案的数年生活中，我的身体受到重病困扰，而正是李静、陈刚等医护人员的关心爱护和精心治疗，使我得以化险为夷，维持正常的工作生活，保持创作激情，一步又一步地完成了本书的撰写。

本书搁笔之际，谨对关心、爱护、支持、帮助我的诸多亲人、朋友、学生、医护人员，致以殷切的谢意，谢谢！

亦望本书的出版，能给企业界以致经贸界的读者朋友们以新的启发，推进企业在长青的大道路途上步步前行，取得更加优异的绩效。

宋一霖